U0800615

铁路职业教育铁道信号类系列规划教材

铁路信号基础

付　兵　李福建　主　编
任　远　李文超　王锡奎　副主编
林瑜筠　主　审

中国铁道出版社有限公司

2025年·北　京

内容简介

本书为铁路职业教育铁道信号类系列规划教材之一。全书全面、系统地阐述了铁路信号基础设备的基本知识和基本原理，共包括六部分，分别是：绪论、信号继电器、信号机和信号表示器、轨道电路、道岔转换与锁闭设备、防雷和接地装置。本书内容密切结合现场实际，并注意纳入最新的科技成果。

本书是铁路职业教育铁道信号类专业教材，可作为铁路技术培训用书，同时也可供现场信号工程技术人员和信号维修人员学习参考。

本书内容如有不符最新规章标准之处，以最新规章标准为准。

图书在版编目(CIP)数据

铁路信号基础/付兵，李福建主编．—北京：
中国铁道出版社，2017.7(2025.12 重印)
铁路职业教育铁道信号类系列规划教材
ISBN 978-7-113-23339-6

Ⅰ.①铁… Ⅱ.①付… ②李… Ⅲ.①铁路信号-
职业教育-教材 Ⅳ.①U284

中国版本图书馆 CIP 数据核字(2017)第 153345 号

书　　名：铁路信号基础
作　　者：付　兵　李福建

策　　划：吕继函
责任编辑：吕继函　　**编辑部电话：**(010)51873205　　**电子邮箱：**312705696@qq.com
封面设计：王镜夷
责任校对：苗　丹
责任印制：赵星辰

出版发行：中国铁道出版社有限公司(100054，北京市西城区右安门西街 8 号)
网　　址：http://www.tdpress.com
印　　刷：三河市兴博印务有限公司
版　　次：2017 年 7 月第 1 版　2025 年 12 月第 8 次印刷
开　　本：787 mm×1 092 mm　1/16　**印张：**14.5　**插页：**1　**字数：**380 千
书　　号：ISBN 978-7-113-23339-6
定　　价：45.00 元

前　言

本书为铁路职业教育铁道信号类系列规划教材之一，是根据铁路职业教育铁道信号类专业教学计划“铁路信号基础”课程教学大纲编写的。

我国铁路以提速为载体，以技术创新为依托，推动了铁路信号的技术改造与升级；广泛采用新技术，促进了铁路信号技术向数字化、网络化、智能化、综合化方向迈进。在提速过程中，对完善铁路信号的显示制式、机车信号主体化、强化转辙设备、改造道口信号、改善轨道电路，以及对车站联锁、自动闭塞、超速防护等提出了一系列要求。在提速过程中，主要基础设备在一定程度上和一定范围内进行了更新改造，有了长足的进步。而高速铁路的建设更加促进了铁路信号技术包括信号基础设备的发展，提到了更现代化的层次。

在铁路快速发展的背景下，急需重新编写反映铁路信号基础设备现状和发展的适用教材，为铁路信号的技术进步和人才培养提供支持和保证。本教材引入了新的信号基础设备，适合于专业发展及职业教育教学使用。

在信号基础设备更新换代的今天，新旧设备并存，为了使本教材既有先进性，又有适用性，采用了既推陈出新，又兼容并蓄的做法。尽量纳入新的科技成果，删除已渐淘汰或已停止发展的设备的内容，保留仍大量使用的既有设备的内容。

臂板信号机、探照式色灯信号机、道岔机械转换和锁闭装置、燕尾式外锁闭装置、交流计数轨道电路、极频轨道电路、不对称脉冲轨道电路以及相关器件，本教材不再进行介绍。

驼峰信号基础设备，包括驼峰信号机、驼峰轨道电路、驼峰转辙机，本教材未介绍。欲了解，可阅读《编组站自动控制系统维护》等书籍。

考虑到职业教育的实际需要，尽量不纳入数学公式推导，减少做定量分析，而着重物理概念和基本原理的讲解。

第一章信号继电器，以安全型继电器为主，兼顾了其他类型的继电器，继电电路基础并入本章。第二章铁路信号中信号显示按2014版《铁路技术管理规程》(含普速铁路部分和高速铁路部分)规定进行介绍。第三章轨道电路突出了25 Hz相敏轨道电路。第四章转辙机，大量使用的ZD6系列电动转辙机，与迅速发展的交流转辙机并重。第五章防雷和接地装置为新增内容，是考虑到防雷接地的重要性而增设的。各型变压器纳入相应章节。电缆在《铁路信号设计与施工》教材中介绍，本教材不再重复。

本教材由成都工业职业技术学院付兵、洛阳铁路信息工程学校李福建任主编，南京铁道职业技术学院任远、李文超、王锡奎任副主编，南京铁道职业技术学院林瑜筠任主审。付兵编写绪论、第一章，李福建编写第二章，李福建、李文超编写第三章，王锡奎编写第四章，任远编写第五章。

在教材编写过程中，得到许多单位和同行的大力支持和帮助，于此一并表示感谢。

由于时间过于仓促，加上资料搜集不全，编者水平所限，教材中疏漏、错误、不妥之处在所难免，望读者提出批评和指正，以不断提高教材质量。

编　者

2017年1月

目 录

绪 论

铁路信号设备是组织指挥列车运行、保证行车安全、提高运输效率、传递行车信息、改善行车人员劳动条件的关键设施。铁路信号设备是铁路主要技术装备之一。铁路信号的装备水平和技术水准是铁路现代化的重要标志。

铁路信号基础设备，包括信号继电器、信号机和信号表示器、轨道电路、道岔转换与锁闭设备、防雷和接地装置等，它们的质量、安全性和可靠性直接影响信号系统效能的发挥、安全的保证、可靠性的提高，在铁路信号现代化的进程中，信号基础设备在不断地更新和改造。

信号继电器是铁路信号中所用各类继电器的统称，信号继电器不仅是构成各种继电式控制系统的核心，而且是计算机控制系统的接口部件，因此在铁路信号中得到广泛的应用。安全型继电器是信号继电器的主要定型产品，是直流 24 V 系列的重弹力式直流电磁继电器。它的基本结构是无极继电器，利用电磁作用原理，当线圈中通过规定数值的电流时，继电器励磁，衔铁被吸合，带动动接点运动，使前接点接通。当断电或电流小于规定数值时，继电器失磁，衔铁依靠重力及接点弹力复位，带动动接点运动，使后接点接通。用继电器接点的通断即能控制有关电路。在无极继电器的基础上，派生出加强接点继电器、缓放型继电器、整流式继电器、有极继电器、偏极继电器等，以满足电路的不同需要。安全型继电器多采用插入式结构，便于更换。时间继电器是一种缓吸继电器，它借助电子电路或单片微机获得所需的延时。交流继电器的特殊之处是交流磁系统，铁芯用硅钢片叠成，铁芯端面加短路铜环。灯丝转换继电器为交流继电器，用于监督信号灯泡灯丝完整，有弹力式和重弹力式的不同结构。交流二元继电器是交流感应式继电器，因具有可靠的频率选择性和相位选择性，在 25 Hz 相敏轨道电路中作为轨道继电器。由继电器可构成各种形式的信号电路，对它们要采取一定的安全措施。

信号机和信号表示器构成信号显示，用来指示列车运行和调车作业的命令，是各种信号系统的重要组成部分。我国铁路主要采用色灯信号机，臂板信号机和探照式色灯信号机已淘汰。色灯信号机的关键部件是光系统，要满足信号显示远且方向性好的要求。可根据需要配置信号机的灯位和颜色，选用高柱或矮型。组合式色灯信号机是新型的信号机，它解决了曲线区段信号连续显示的问题。信号光源由铁路直丝信号灯泡和定焦盘式灯座组成。LED 信号机是最新型的信号机，它具有众多优点。各种用途的信号机和信号表示器在满足设计原则的基础上，根据需要进行设置，以完成各自的功能。信号显示是行车和调车的命令，必须严格按照《铁路技术管理规程》(含普速铁路部分和高速铁路部分)的要求，显示正确且满足显示距离的要求。信号显示制度是表达信号显示意义的基本体系，我国现行的信号显示制度基本上属于简易速差式，速度意义表示尚不完善，须进一步完善和改革。在列车提速的情况下，迫切需要机车信号作为行车凭证，其显示方式也必须逐步实现数字化。

轨道电路是重要的信号基础设施，用来监督列车对轨道的占用和传递行车信息。一般的轨道电路利用钢轨作为传输通道，配上发送设备和接收设备及钢轨绝缘而组成。当有列车占用时，电流被分路，接收设备即可反映轨道电路被占用。工频交流连续式轨道电路(JZXC-480 型)

是以前最常用的站内轨道电路,钢轨中传输交流电,轨道继电器采用整流式,结构十分简单,但性能上存在较多问题,逐步被相敏轨道电路等替代。25 Hz 相敏轨道电路,采用交流二元继电器作为轨道继电器,要求其局部电源电压的相位必须超前线路电源电压相位 90°,轨道继电器才吸起,因此具有安全、可靠性高的优点。微电子相敏接收器更进一步提高了性能。道岔区段轨道电路因有分支,为保证分路良好,分支长度超过一定长度时,必须采用一送多受方式。为防止钢轨绝缘破损造成轨道电路错误动作,必须进行极性交叉。移频轨道电路是移频自动闭塞的基础,通过它发送各种行车信息。移频轨道电路分为有绝缘和无绝缘两种。无绝缘移频轨道电路主要采用谐振式。轨道电路有调整状态、分路状态和断轨状态三种基本工作状态,其基本参数是道砟电阻和钢轨阻抗。轨道电路调整,是根据每个区段的具体情况,按照调整表,调整送电端轨道电路的电压值,要求做到一次调整。

道岔转换与锁闭设备包括转辙机、外锁闭装置、密贴检查器等,用于道岔的转换和锁闭,是关系行车安全的最关键设备。ZD6 系列电动转辙机采用直流电动机作为动力源,用行星传动式减速器减速,是内锁闭方式,按不同的需要,又有各种派生型号。由于列车提速,ZD6 型电动转辙机不能满足需要,必须改联动内锁闭方式为分动外锁闭方式,即由转辙机外的外锁闭装置来实现道岔的锁闭。外锁闭装置由转辙机带动动作。目前多采用钩式外锁闭装置。钩式外锁闭装置为垂直锁闭方式,锁闭可靠,安装调整方便。HRS 锁闭装置是专用于无砟道岔的锁闭装置。用于提速的转辙机有 S700K、ZDJ9、ZYJ7 型。S700K 型电动转辙机采用三相交流电动机,用滚珠丝杠作为驱动装置,结构先进、工艺精良、故障率低。ZDJ9 型电动转辙机结构借鉴 S700K 型,有交流、直流不同供电方式。ZYJ7 型电动液压转辙机采用交流电动机,液压传动,机械转换和锁闭。密贴检查器用于多点牵引道岔的密贴检查。辙叉下拉装置使用液压下拉夹具来防止可动心轨和弹性支撑翼轨之间的高度相对移动,使得高速列车通过心轨尖端时不会产生惯性力。高速铁路需安装电加热道岔融雪设备,当发生降雪或温度变化时可自动或人工启动电加热融雪电路。

铁路信号控制设备易遭雷击,造成设备的损坏或误动,严重影响运输生产,对信号设备必须采取必要的防雷措施。雷电主要从交流电源线、轨道电路、电缆等处侵入信号设备,与外线连接的信号设备必须设防雷装置。目前使用的防雷元件主要有金属陶瓷放电管、氧化锌压敏电阻、瞬变电压抑制器和防雷变压器。将各种防雷元件组合起来,构成浪涌保护器和防雷组合单元,做到取长补短,可获得最佳的防雷效果。各种信号设备要根据具体情况选用不同的防雷组合单元。为保证安全,信号设备应根据需要设防雷地线、安全地线和屏蔽地线。电气化区段等应设贯通地线。地线应接地良好,接地电阻符合规定。各种地线一般不能共用或互相取代。接地装置由接地体和接地体引接线组成,应构成地网。接地体应导电良好,埋设符合要求。接地体引接线要短,导电良好。接地电阻达不到标准时,可采用埋设多根接地体、添加化学降阻剂等措施,以降低接地电阻。

在实现信号设备现代化的进程中,要进一步提高信号基础设备的技术性能和可靠性,积极发展分动外锁闭道岔转换技术。在高速及提速区段采用高可靠、高安全、少维修的大功率三相交流转辙机。积极开发新一代模块化信号智能电源屏,并应具备自动检测和联网功能。采用新技术、新工艺、新材料、新器件,从结构上、工艺上全面提高轨道电路、信号机、计轴设备和信号电缆等设备的可靠性。要根据信号新技术发展的需要,积极开展信号设备电磁兼容、系统防雷、抗电气化干扰的研究。积极采用冗余热备技术,以提高信号设备的可靠性。

第一章　信号继电器

继电器是自动控制系统中常用的电器，它用于接通和断开电路，用以发布控制命令和反映设备状态，以构成自动控制和远程控制电路。各个领域的自动控制系统均采用继电器。铁路信号技术中广泛采用继电器，称为信号继电器（在信号系统中，可简称继电器），是铁路信号技术中的重要部件。继电器动作的可靠性直接影响到信号系统的可靠性和安全性。

第一节　信号继电器概述

信号继电器是用于铁路信号中的各类继电器的统称，是各类信号控制系统不可缺少的重要器件。

一、继电器的基本原理

继电器是一种电励开关。继电器类型很多，性能各不相同，结构形式各种各样，但都由电磁系统和接点系统两大主要部分组成。其中电磁系统由线圈、固定的铁芯和轭铁及可动的衔铁构成，接点系统由动接点和静接点构成。当线圈中通入一定数值的电流后，由于电磁作用或感应方法产生电磁吸引力，吸引衔铁，由衔铁带动接点系统，改变其状态，从而反映输入电流的状况。最简单电磁继电器的基本原理如图 1-1 所示。

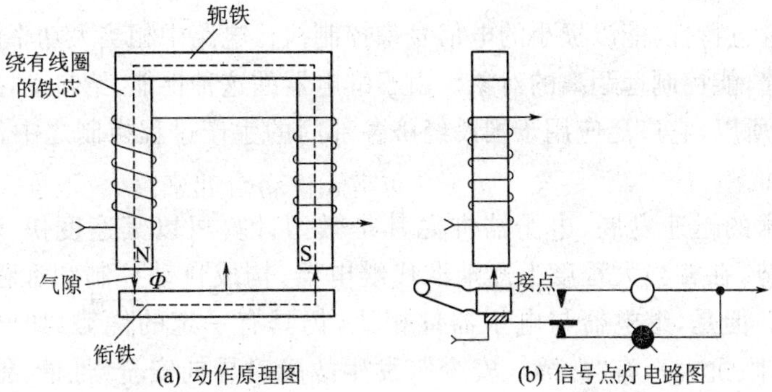

(a) 动作原理图　　(b) 信号点灯电路图

图 1-1　电磁继电器的基本原理

继电器就是一个带接点的电磁铁，其动作原理也与电磁铁相似。当给线圈中通以一定数值的电流后，在衔铁和铁芯之间就产生一定数量的磁通，该磁通经铁芯、衔铁、轭铁和气隙形成一个闭合磁路，铁芯对衔铁就产生了吸引力。吸引力的大小取决于所通电流的大小。当电流增大到一定值时，吸引力增大到能克服衔铁向铁芯运动的阻力时（主要是衔铁自重），衔铁就被吸向铁芯。由衔铁带动的动接点（随衔铁一起动作的接点）也随之动作，与动合接点（前接点，以下称前接点）接通。此状态称为继电器励磁吸起（以下简称吸起）。

吸引力随电流的减小而减小，当吸引力减小到不足以克服衔铁重力时衔铁靠自重落下（称为释放），衔铁带动动接点与前接点断开，与动断接点（后接点，以下称后接点）接通。此状态称为继电器失磁落下（以下简称落下）。

可见，继电器具有开关特性，可利用它的接点通、断电路，构成各种控制和表示电路。图 1-1(b)的信号点灯电路，前接点接通时点亮绿灯，后接点接通时点亮红灯。

二、继电器的继电特性

继电器的特性是当输入量达到一定值时，输出量发生突变，如图 1-2 所示。继电器线圈回路为输入回路，继电器接点所在回路为输出电路。当线圈中电流 I_x 从 0 增加到某一定值 I_{x_2} 时，继电器衔铁被吸引，前接点闭合，接点回路中的电流 I_y 从 0 突然增大到 I_{y_2}。此后，若 I_x 继续增大，由于接点回路中阻值不变，I_y 保持不变。当线圈中电流 I_x 减小到 I_{x_1} 时，继电器衔铁释放，输出电流 I_y 突然从 I_{y_2} 减小到 0。此后，I_x 再减小，I_y 保持为 0 不变。

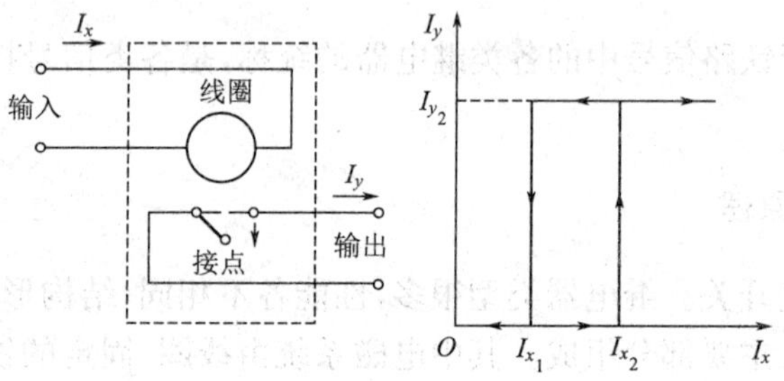

图 1-2　继电特性图

三、继电器的作用

继电器具有继电特性，能以极小的电信号来控制执行电路中相当大功率的对象，能控制数个对象和数个回路，能控制远距离的对象。由于继电器的这种性能，给自动控制和远程控制创造了便利的条件，所以，它广泛应用于国民经济各部门的生产过程控制之中，也广泛应用于铁路信号的各个方面。

随着电子技术的迅速发展，电子器件尤其是微型计算机以其速度快、体积小、容量大、功能强等技术优势，在相当大程度上逐渐取代继电器，构成自动控制和远程控制系统，使技术水准大大提高。但是，继电器与电子器件相比，仍具有一定的优势，如开关性能好（闭合时阻抗小、断开时阻抗大），有"故障—安全"（发生故障时导向安全）性能，能控制多个回路，抗雷击性能强，无噪声，不受周围温度影响等。因此，它仍然具有广阔的应用空间，将长期存在。

目前，信号继电器在以继电技术构成的系统中，如继电集中联锁、继电半自动闭塞等，起着核心作用，这些系统仍然大量存在，还将使用相当长的时期。而信号继电器在以电子元件和计算机构成的系统中，如计算机联锁、自动闭塞、机车信号、驼峰自动化等系统中，作为其接口部件，将系统主机与信号机、轨道电路、转辙机等执行部件结合起来。虽然已出现全电子化的系统，但要全部取消继电器仍然需要相当长的时期。所以，不仅现在，而且未来，信号继电器在铁路信号领域仍将起着重要的作用。

四、铁路信号对继电器的要求

信号继电器作为铁路信号系统中的主要(或重要)器件,它在运用中的安全、可靠就是保证各种信号设备正常使用的必要条件。为此,铁路信号对继电器提出了极其严格的要求,具体如下:

(1)动作必须可靠、准确。

(2)使用寿命长。

(3)有足够的闭合和断开电路的能力。

(4)有稳定的电气特性和时间特性。

(5)在周围介质温度和湿度变化很大的情况下,均能保持很高的电气绝缘强度。

五、信号继电器分类

继电器类型繁多,信号继电器种类也不少,可按不同方式分类如下。

1. 按动作原理分类,可分为电磁继电器和感应继电器

电磁继电器是通过继电器线圈中的电流在磁路的气隙(铁芯与衔铁之间)中产生电磁力,吸引衔铁,带动接点动作的。此类继电器数量最多。

感应继电器是利用电流通过线圈产生的交变磁场与另一交变磁场在翼板中所感应的电流相互作用产生电磁力,使翼板转动而动作的。

2. 按动作电流分类,可分为直流继电器和交流继电器

直流继电器是由直流电源供电的,它按所通电流的极性,又可分为无极、偏极和有极继电器。直流继电器都是电磁继电器。

交流继电器是由交流电源供电的。它按动作原理,有电磁继电器,也有感应继电器。

整流式继电器虽然用于交流电路中,但它用整流元件将交流电整流为直流电,所以其实质上仍是直流继电器。

3. 按输入量的物理性质分类,可分为电流继电器和电压继电器

电流继电器反映电流的变化,它的线圈必须串联在所反映的电路中。该电路中必有被反映的器件,如电动机绕组、信号灯泡等。

电压继电器反映电压的变化,它的线圈励磁电路单独构成。

4. 按动作速度分类,可分为正常动作继电器和缓动继电器

正常动作继电器衔铁动作时间为 0.1～0.3 s。大部分信号继电器属于此类,一般无需加此称呼。

缓动继电器,衔铁动作时间超过 0.3 s,又分为缓吸、缓放。缓放型继电器是利用短路铜环产生磁通使之缓动,主要取其缓放特性。时间继电器是利用脉冲延时电路或软件设定使之缓吸。

5. 按接点结构分类,可分为普通接点继电器和加强接点继电器

普通接点继电器具有开断功率较小的接点的能力,以满足一般信号电路的要求,多数继电器为普通接点继电器。一般不加此称呼。

加强接点继电器具有开断功率较大的接点的能力，以满足电压较高、电流较大的信号电路的要求。

6. 按工作可靠程度分类，可分为安全型继电器和非安全型继电器

安全型继电器（N型）是无需借助于其他继电器，亦无需对其接点在电路中的工作状态进行监督检查，其自身结构即能满足一切安全条件的继电器。N型继电器主要依靠衔铁自身重力释放，故又称重力式继电器，其特点是：

(1)当线圈断电时，衔铁可借助于自身重量释放，从而使前接点可靠断开。

(2)选用合适的接点材料，构成非熔接性前接点，或采用能防止接点熔接的特殊结构（如接断路器、接点串联）。

(3)当一组不应闭合的后接点仍然闭合时，结构上能防止所有前接点闭合。

非安全型继电器（C型）是必须监督检查接点在电路中的工作状态，以保证安全条件的继电器。C型继电器主要依靠弹簧弹力释放衔铁，故又称弹力式继电器，其特点是：

(1)由于继电器在使用时已检查了衔铁的释放，因此不必采用非熔接性接点材料。

(2)当一组不应闭合的前接点仍然闭合时，结构上能保证所有后接点不闭合。反之亦然。

一般说来，N型继电器的安全性、可靠性高于C型继电器。

第二节　安全型继电器

AX系列安全型继电器是我国自行设计和制造的。它经现场几十年的运用考验，证明其安全可靠、性能稳定，能满足信号电路对继电器提出的各种要求。它是我国铁路信号继电器的主要定型产品，应用最为广泛。

一、安全型继电器概述

安全型继电器是直流24 V系列的重弹力式直流电磁继电器，其典型结构为无极继电器，其他各型继电器由无极继电器派生。因此，绝大部分零件都能通用。

1. 插入式和非插入式

安全型继电器分为插入式和非插入式。插入式多为单独使用，非插入式常使用于有防尘外壳的组匣中。两者的区别仅在于，插入式继电器带有透明性能很好的外罩（由聚甲基丙烯酸甲酯或聚碳酸酯制成），用以密封防尘，同时为了与插座配合使用，插入式继电器安装在酚醛塑料制成的胶木底座上。插入式无极继电器的结构如图1-3所示，尺寸单位为：mm。

插入式继电器的外形尺寸为163 mm×48.5 mm×160 mm，质量1.2～1.8 kg。在实际使用中，为便于维修，多采用插入式继电器。

2. 安全型继电器的型号表示法

安全型继电器型号用汉字拼音字母和数字表示，字母表示继电器种类，数字表示线圈的电阻值（单位：Ω），例如：

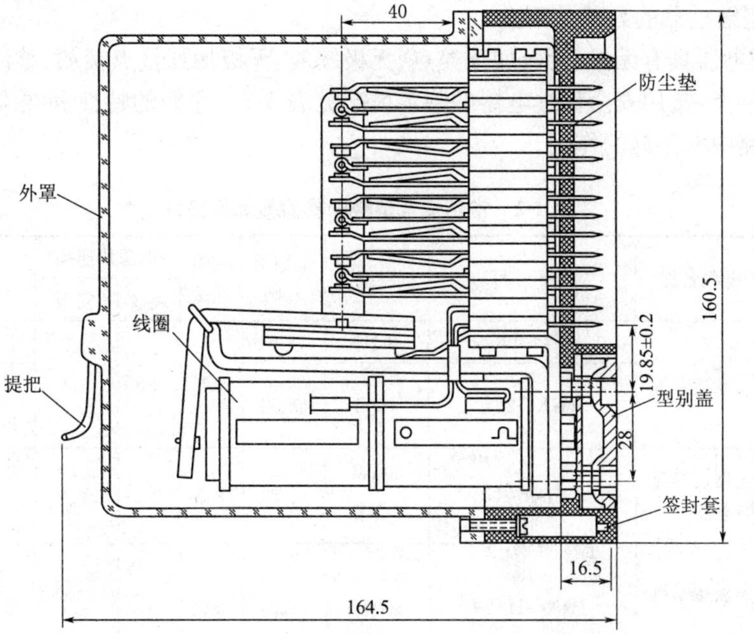

图 1-3　插入式无极继电器的结构图(单位:mm)

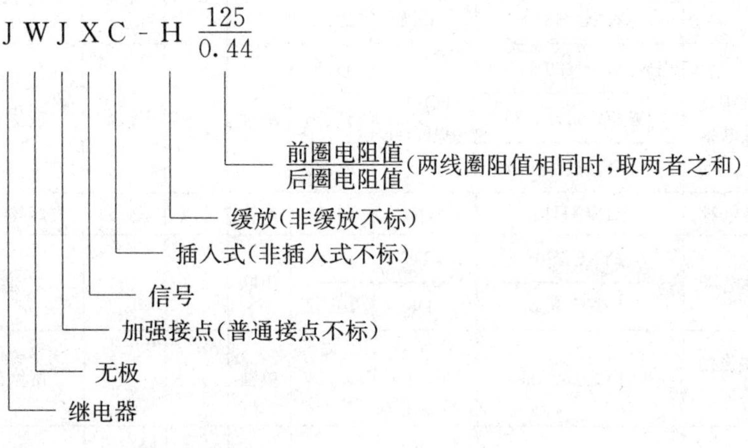

继电器型号的文字符号含义见表 1-1。

表 1-1　继电器型号的文字符号含义表

代号	含义		代号	含义	
	安全型	其他类型		安全型	其他类型
A		安全	S		时间、灯丝
B		半导体	W	无极	
C	插入	插入	X	信号	信号、小型
H	缓放	缓放	Y	有极	
J	继电器、加强接点	继电器	Z	整流	整流
R		二元	P	偏极	

3. 安全型继电器的品种及用途

安全型继电器具有无极、无极加强接点、无极缓放、无极加强接点缓放、整流式、有极、有极加强、偏极等种类，常用安全型继电器的基本情况见表1-2。它们的特性和线圈电阻值各不相同，在信号电路中有不同的作用。

表1-2　常用安全型继电器的基本情况表

品种序号	规格序号	继电器名称	型号	接点组数	鉴别销号码	线圈连接	电源片连接		用途
							连接	使用	
1	1	无极继电器	JWXC-1700	8QH	11、51	串联	2-3	1、4	通用继电器
	2		JWXC-2.3	4QH	11、54				驼峰轨道电路的轨道继电器
	3	无极加强接点继电器	JWJXC-480	2QH、2QHJ	15、51	串联	2-3	1、4	通用继电器
	4	无极缓动继电器	JWXC-H310	8QH	23、54	单独	—	1、4	25 Hz相敏轨道电路的轨道复示继电器
	5	无极缓放继电器	JWXC-H340	8QH	12、52	串联	2-3	1、4	通用继电器
	6		JWXC-H600	8QH	12、51				
	7	无极加强接点缓放继电器	JWJXC-H125/0.44	2QH，4QJ，2H	15、55	单独	—	1、4	道岔启动电路
	8		JWJXC-H125/80		31、52				
	9		JWJXC-H125/0.13		12、22				
2	10	整流继电器	JZXC-H18	4QH	13、53	串联	1，4	53、63	灯丝继电器
3	11	有极继电器	JYXC-270	4 DF	15、53	串联	2-3	1、4	方向继电器
	12		JYXC-660	6DF	15、52				
	13	有极加强接点继电器	JYJXC-160/260	2DF、2DFJ	15、54	单独	—	1，2 3，4	道岔启动电路
4	14	偏极继电器	JPXC-1000	8QH	14、51	串联	2，3	1、4	道岔表示电路、计算机联锁接口继电器

注：例如，8QH表示8组普通前后接点组，2DFJ表示2组加强定反位接点组。

4. 继电器插座

安全型继电器组成插入式，需加装继电器插座板，其结构如图1-4所示。

插座插孔旁所注接点编号系无极继电器的接点编号，其他各型继电器的接点系统的位置及使用编号与之不同，而实际使用的插座仅此一种，所以必须按图1-5的插座接点编号对照进行符号对照使用。

安全型继电器有多种类型，为防止不同类型的继电器错误插接，在插座下部鉴别孔内铆以鉴别销。鉴别销号码详见表1-2中所列。

不同类型的继电器由型别盖上的鉴别孔进行鉴别，根据规定的鉴别孔逐个钻成，以与鉴别销相吻合。型别盖外形及鉴别孔位置如图 1-6 所示。

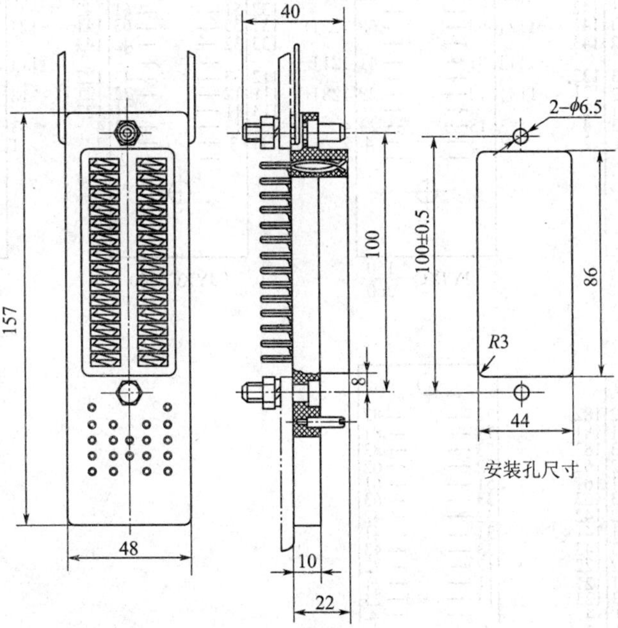

图 1-4　安全型继电器插座(单位:mm)

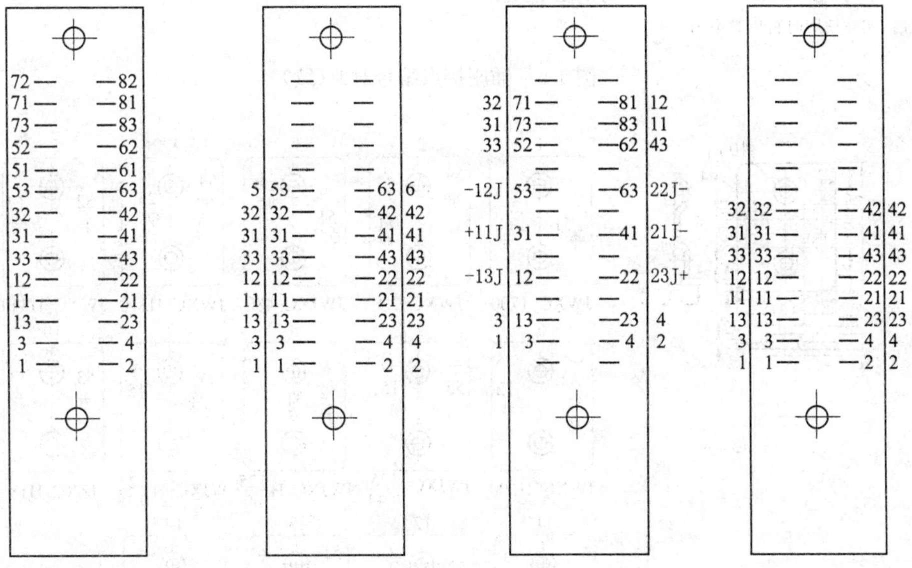

JWXC-H340　JWXC-H600　　JZXC-H18　　JWJXC-480　　JWXC-2.3

JWXC-1700

图 1-5　插座接点编号对照

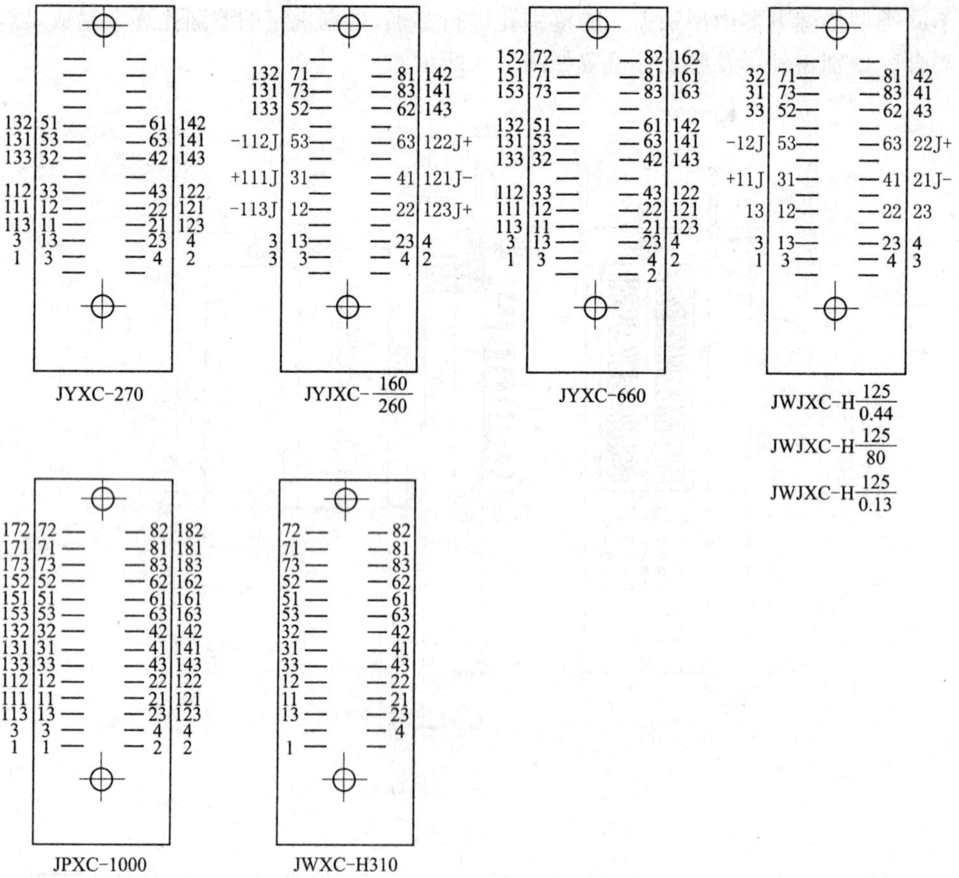

注：实际使用时百位数不用。

图 1-5　插座接点编号对照(续)

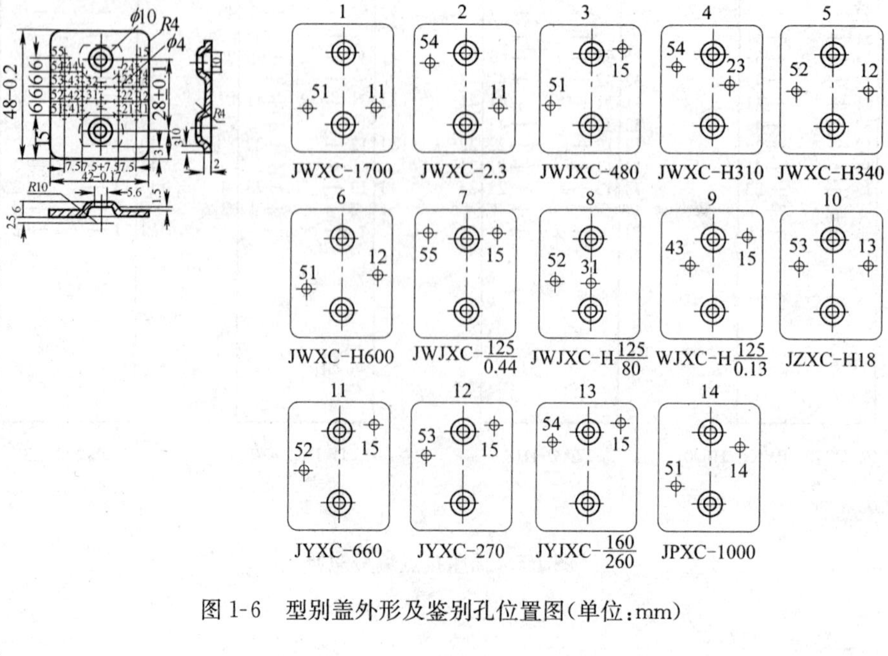

图 1-6　型别盖外形及鉴别孔位置图(单位:mm)

5. 安全型继电器的特点

在铁路信号系统中，凡是涉及行车安全的继电电路都必须采用安全型继电器。所谓安全型继电器是指它的结构必须符合“故障—安全”原则（发生安全侧故障的可能性远远大于发生危险侧故障的可能性；处于禁止运行状态的故障有利于行车安全，称为安全侧故障；处于允许运行状态的故障可能危及行车安全，称为危险侧故障）。它是一种故障不对称器件，在故障情况下使前接点闭合的概率远小于后接点闭合的概率。这样，就可以用前接点代表危险侧信息，用后接点代表安全侧信息。

为了达到“故障—安全”要求，安全型继电器在结构上有以下特点：

(1)前接点采用熔点高、不会因熔化而使前接点粘连的导电性能良好的材料。

(2)增加衔铁重量，采用“重力恒定”原理在线圈断电时强制将前接点断开。

(3)采用剩磁极小的铁磁材料构成磁路系统，并在衔铁与极靴之间设有一定厚度的非磁性止片，当衔铁吸起时仍有一定的气隙以防剩磁吸力将衔铁吸住。

(4)衔铁不致因机械故障而卡在吸起状态。

6. 安全型继电器的寿命

继电器的寿命指的是接点的寿命，包括电寿命和机械寿命。继电器的电寿命，规定为普通接点 2×10^6 次，加强接点 2×10^5 次，有极继电器的加强定位、反位接点接通 1×10^5 次，断开 1×10^3 次。机械寿命 10×10^6 次。

二、安全型继电器的结构和动作原理

1. 无极继电器

常用的无极继电器有 JWXC-1700、JWXC-2.3 及缓放的 JWXC-H340、JWXC-H310、JWXC-H600 型等品种。

(1)直流无极继电器的结构

JWXC 型直流无极继电器的电磁系统结构如图 1-7 所示。无极继电器由电磁系统和接点系统两大部分组成。电磁系统包括线圈、铁芯、轭铁和衔铁，具有结构紧凑、加工方便等特点。

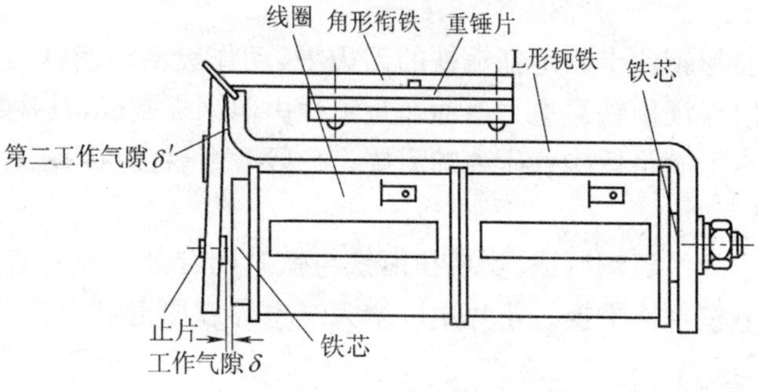

图 1-7 无极继电器的电磁系统结构图

①线圈

线圈水平安装在铁芯上，分为前圈和后圈，之所以采用双线圈，主要是为了增强控制电路的适应性和灵活性，可根据电路需要单线圈控制、双线圈串联控制或双线圈并联控制。

线圈绕在线圈架上，线圈架由酚醛树脂压制而成。缓放型无极继电器为了增加缓放时间，采用铜质阻尼线圈架。线圈用高强度漆包线密排绕制，抽头焊有引线片，线圈及其与电源片的连接如图 1-8 所示。

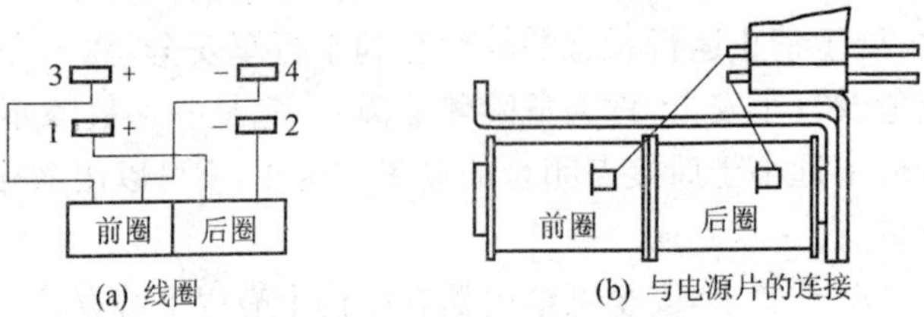

图 1-8　线圈及其与电源片的连接图

②铁芯

铁芯由电工纯铁制成，其为软磁材料，具有较高的磁通密度和较小的剩磁，以利于继电器的工作，外层镀锌防护。铁芯如图 1-9 所示。它的尺寸大小，根据继电器的规格不同而有区别。缓放型继电器尺寸大些，以加大缓放时间。图中，D_T 为铁芯外径；D 为极靴外径；H 为极靴厚度。

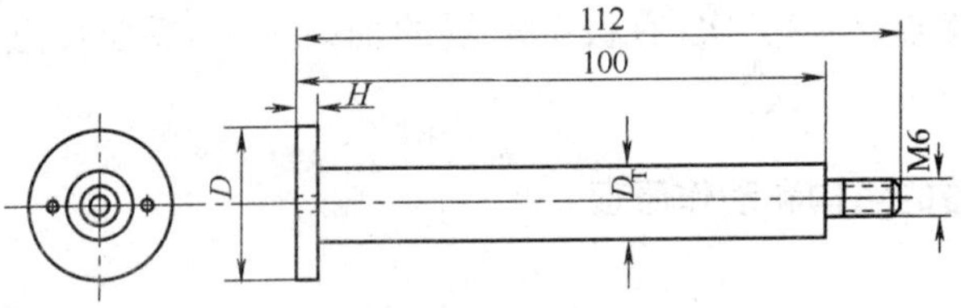

图 1-9　铁芯结构图(单位：mm)

极靴在铁芯头部，用冷镦法加粗。在极靴正面，钻有两个圆孔，是为了组装和检修时，紧固和拆装铁芯用的。

③轭铁

轭铁呈 L 形，由电工纯铁板冲压成型，外表镀多层铬防护。

④衔铁

衔铁为角形，靠蝶形钢丝卡固定在轭铁的刀刃上，动作灵活。衔铁由电工纯铁冲压成型，衔铁上铆有重锤片，以保证衔铁靠重力返回。重锤片由薄钢板制成，其片数由接点组的多少决定，使衔铁的重量基本上满足后接点压力的需要。一般 8 组后接点用三片，6 组用两片，4 组用一片，2 组不用。

衔铁上有止片，止片由黄铜制成，安装在衔铁与铁芯闭合处。止片有 6 种厚度，因继电器规格不同而异，可取下按规格更换。止片用以增大继电器在吸起状态的磁阻，减小剩磁影响，保证继电器可靠落下。

在电磁系统中，除衔铁和铁芯间工作气隙 δ 外，在轭铁的刀口处尚有第二工作气隙 δ'，以减小磁路的磁势降，从而提高继电器的灵敏度。

⑤接点系统

无极继电器的接点系统如图 1-10 所示。处于电磁系统上方，通过接点架、螺钉紧固在轭铁上，两者成为一个整体。用螺钉将下止片、电源片单元、银接点单元、动接点单元及压片按顺序组装在接点架上。在紧固螺钉前，应将拉杆、绝缘轴、动接点轴与动接点组装好。

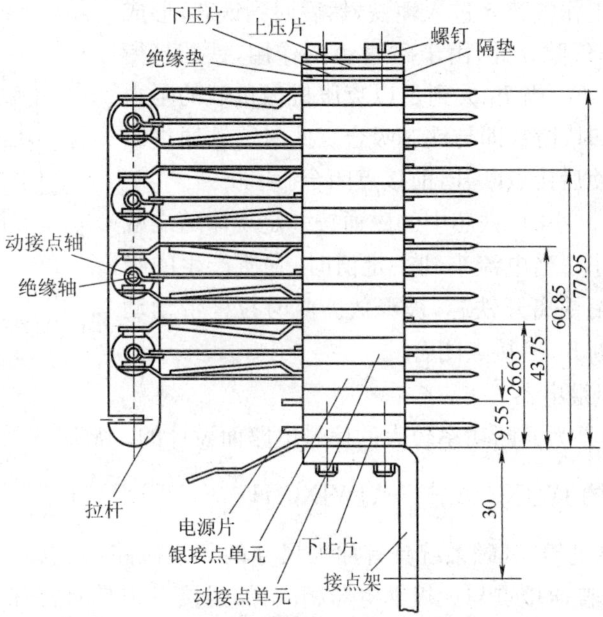

图 1-10　无极继电器的接点系统图(单位:mm)

无极继电器的接点系统采用两排纵列式联动结构,因此,接点组数只能成偶数增减。拉杆传动中心线与接点中心线一致,以减少不必要的传动损失。为减少接点组组装时的积累公差,将接点片与托片组合压在酚醛塑料内以形成单元块。单元块之间为平面接触,易于控制公差,同时提高了接点组之间的绝缘强度。

银接点单元由锡磷青铜带制成的接点片与由黄铜制成的托片组成,两组对称地压制在胶木内。在接点簧片的端部焊有银接点。

接点接触时碰撞会产生颤动。颤动将形成电弧,对接点有较大的破坏作用。为消除这种颤动必须设置托片。

动接点单元由锡磷青铜带制成的动接点簧片与黄铜板制成的补助片压制在酚醛塑料胶木内。动接点簧片端部焊有动接点。动接点由银氧化镉制成。

电源片单元由黄铜制成的电源片压在胶木内。

拉杆有铁制的和塑料制的,衔铁通过拉杆带动接点组。

绝缘轴用冻石瓷料(一种新型陶瓷材料)制成,抗冲击强度足够。动接点轴由锡磷青铜制成。

压片由弹簧钢板冲压成弓形,分上、下两片,其作用是保证接点组的稳固性。

下止片由锡磷青铜板制成,外层镀镍。它在衔铁落下时起限位作用。

接点架由钢板制成,用稳钉与轭铁固定,保证接点架不变位。接点架的安装尺寸是否标准,角度是否准确,对继电器的调整有很大影响。

无极继电器均为普通接点。

(2)无极继电器的动作原理

无极继电器的磁系统为无分支磁路,其结构如图 1-11 所示。在线圈上加上直流电压后,线圈中的电流 I 使铁芯磁化,在铁芯内产生工作磁通 Φ,它由铁芯极靴处经过主工作气隙 δ 进入衔铁，又经过第二工作气隙δ'进入轭铁，然后回到铁芯，形成一闭合磁路。在工作气隙δ处，由于磁通Φ的作用，铁芯与衔铁间产生电磁吸引力F_D，当F_D大到足以克服机械负载的阻力F_j（主要是衔铁自重）时，衔铁即与铁芯吸合。此时衔铁通过拉杆带动动接点运动，使后接点断开，前接点闭合。

当线圈中的电流减小时，铁芯中的磁通按一定规律随之减小，吸引力也随着减小。当电流小到一定值时，它所产生的吸引力小于机械力时，衔铁离开铁芯，被释放。此时拉杆带动动接点运动，使前接点断开，后接点闭合。

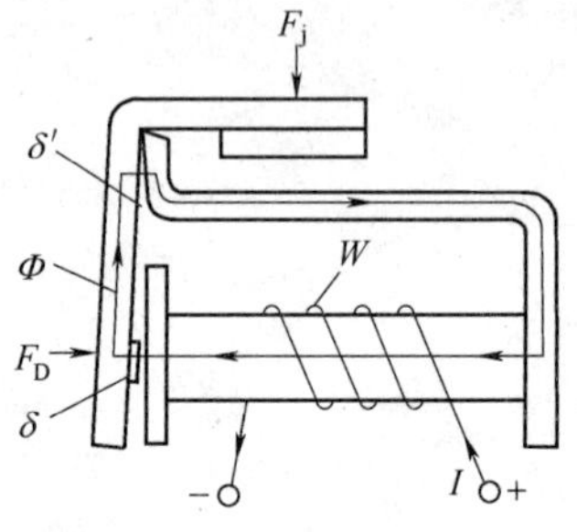

图 1-11　无极继电器磁路结构图

2. 无极加强接点继电器

加强接点继电器是为通断功率较大的信号电路而设计的。常用的无极加强接点继电器有JWJXC-480型、缓放的JWJXC-H$\frac{125}{0.44}$、JWJXC-H$\frac{125}{80}$、JWJXC-H$\frac{125}{0.13}$型等品种。

JWJXC-480型继电器，其磁系统具有加大尺寸的无极磁路，接点系统由两组普通接点和两组加强接点组成。普通接点与无极继电器相同，加强接点则具有特殊设计的大功率接点和磁吹弧器。

JWJXC-H$\frac{125}{0.44}$、JWJXC-H$\frac{125}{0.13}$、JWJXC-H$\frac{125}{80}$型无极加强接点缓放继电器，它们的电磁系统和无极缓放继电器相同。接点系统由带磁吹弧器的加强前接点、不带磁吹弧器的加强后接点和普通接点组成。前圈为主线圈，后线圈为电流保持线圈。JWJXC-H$\frac{125}{80}$型继电器则是专为交流转辙机设计的缓放继电器，其后线圈为电压保持线圈。JWJXC-H125/0.13型继电器主要用于双机牵引的直流转辙机启动电路。

无极加强接点继电器电磁系统虽与无极继电器相同，但由于接点系统结构的改变，引起磁系统的结构参数有较大变化。无极加强接点继电器的线圈与电源片连接方式与无极继电器相同。

无极加强接点继电器的接点系统如图1-12所示。它的普通接点与无极继电器相同。加强接点组由加强动接点单元和带磁吹弧器的加强接点单元组成。为了防止接点组间的飞弧短路，在两组加强接点间安装既耐高温，又具有良好绝缘性能的云母隔弧片。隔弧片铆在拉杆上。为保证加强接点的安装空间，增加了空白单元。图中用虚线表示的熄弧磁钢，只有带熄弧器的加强后接点才有。

由锡磷青铜片冲压成型的加强动接点片头部，铆有由银氧化镉制成的动接点。而加强静接点片头部，同样铆接银氧化镉接点，在接点的同一位置点焊了安装磁钢的熄弧器夹。

熄弧磁钢由铝镍钴合金或铁镍铝合金制成，其熄弧原理是利用电弧在磁场中受力运动而产生吹弧作用，使电弧迅速冷却而熄灭。为避免电弧烧损接点及对磁钢去磁，加强接点端部设有导弧角，使电弧迅速移到接点及磁钢的前部位置。由于磁钢吹弧方向与极性有关，因此，熄弧磁钢极性的安装有特定的要求。磁熄弧器的极性安装与接点电流方向，如图1-13所示。

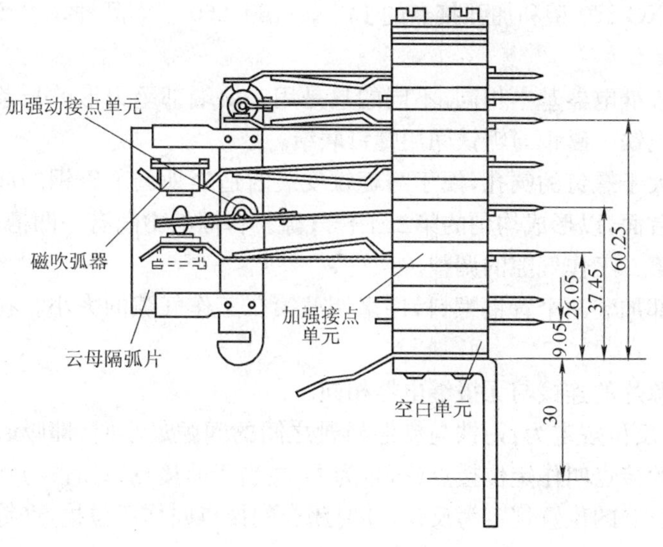

图 1-12　无极加强接点继电器的接点系统图(单位:mm)

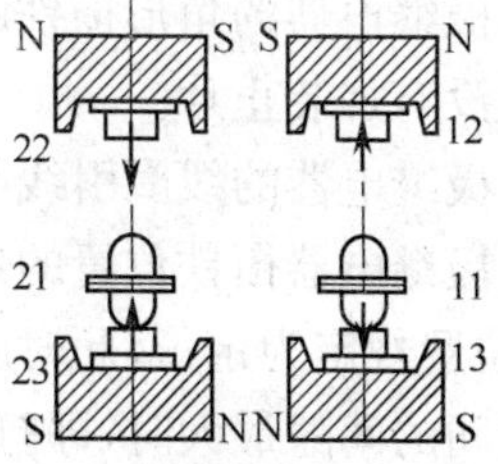

图 1-13　磁熄弧器的极性安装与接点电流方向图

3. 整流式继电器

整流式继电器用于交流电路中。它通过内部的半波整流电路或全波整流电路将交流电变为直流电而动作。之所以如此,是为了避免在 AX 系列继电器中采用结构形式完全不同的交流继电器,以提高产品的系列化、通用化程度。

整流式继电器的电磁系统与无极继电器相同。只是磁路结构参数有所不同。更主要的是,在接点组上方安装由二极管组成的半波整流电路或全波整流电路。

常用的整流式继电器有 JZXC-H18 型、JZXC-16F 型等品种。

JZXC-H18 型继电器为具有缓放特性的整流式继电器,其采用铜线圈架。在接点组上方,安装由二极管 2CP25 组成的桥式全波整流电路。JZXC-16F 具有防雷性能,以保护整流二极管免遭击穿。

JZXC-H18 型整流式继电器的线圈、整流器与电源片连接如图 1-14 所示。

整流式继电器的接点系统的结构与无极继电器相同,零部件全部通用,只是接点的编号有区别。

整流式继电器动作原理与无极继电器相同,但由于交流电源通过整流后动作继电器,在线圈上加上的是全波或半波的脉动直流电,其中存在交变成分,使电磁吸引力产生脉动,工作时发出响声,对继电器正常工作带来不利影响。

4. 有极继电器

有极继电器根据线圈中电流极性不同而具有定位和反位两种稳定状态,这两种稳定状态在线圈中电流消失后,仍能继续保持,故又称极性保持继电器。它的特点是磁系统中增加了永久磁钢。在线圈中通以规定极性的电流时,继电器吸起,断电后仍保持在吸起位置;通以反方向电流时,继电器打落,断电后保持在打落位置。

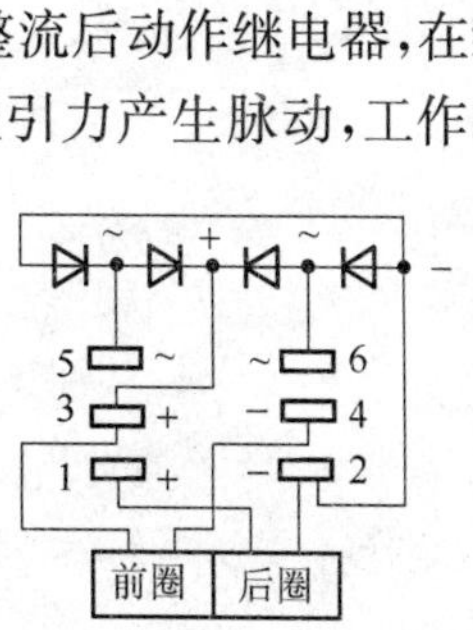

图 1-14　整流式继电器的线圈、整流器与电源片连接图

有极继电器有JYXC-660、JYXC-270型和加强接点的JYJXC-160/260型等品种。

(1)有极继电器的结构

有极继电器的磁路结构与无极继电器基本相同,不同的只是用一块端部呈刃形的长条形永久磁钢代替无极继电器的部分轭铁。磁钢与轭铁间用螺钉联结。

在与轭铁联结的部位有两个大于螺钉的圆孔,便于与轭铁安装时适当地调节磁钢的前后位置。磁钢上部的中间位置有一台面,以形成均匀的第二工作气隙。台面的中间有一凹槽,使拉杆下部不致与磁钢抵触而影响第二工作气隙的调整。

有极继电器的角形衔铁的尾部加装两个青铜螺钉,用来调节第二工作气隙的大小。在铁芯部位没有加装止片。

有极继电器的线圈引线与电源片的连接与无极继电器相同。

有极继电器衔铁位置的定位、反位规定为:衔铁与铁芯极靴之间的间隙最小时(即吸起状态)的位置规定为定位,此时闭合的接点叫作定位接点(符号为D,相当于前接点);衔铁与铁芯极靴之间的间隙最大时(即打落状态)的位置规定为反位,此时闭合的接点叫作反位接点(符号为F,相当于后接点)。

对于两线圈串联使用的有极继电器,如JYXC-660、JYXC-270,电源片1接电源正极,4接电源负极,为定位吸起,反之为反位打落。对于分线圈使用的有极继电器JYJXC-160/260,则规定前圈的电源片3接电源正极,4接电源负极时为定位吸起;而后圈的电源片2接电源正极,1接电源负极时,为反位打落。

有极继电器的接点系统与无极继电器相同。加强接点继电器磁熄弧器的极性与接点电源极性的配合如图1-15所示。

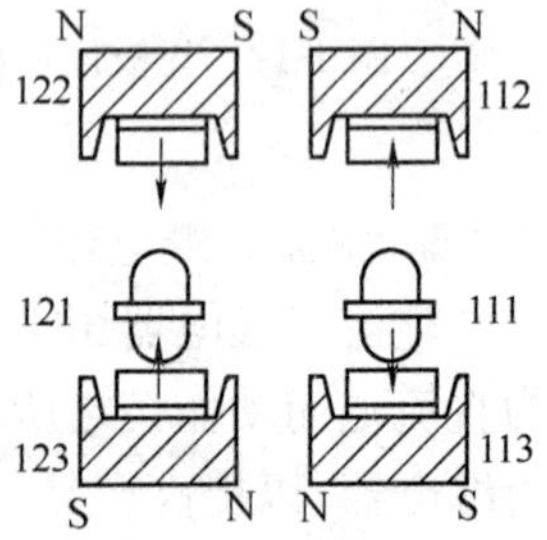

图1-15　磁熄弧器的极性与接点电源极性的配合

(2)有极继电器的工作原理

有极继电器的磁路系统由永磁磁路与电磁磁路两部分组合而成,为不对称的并联磁路结构,如图1-16所示。

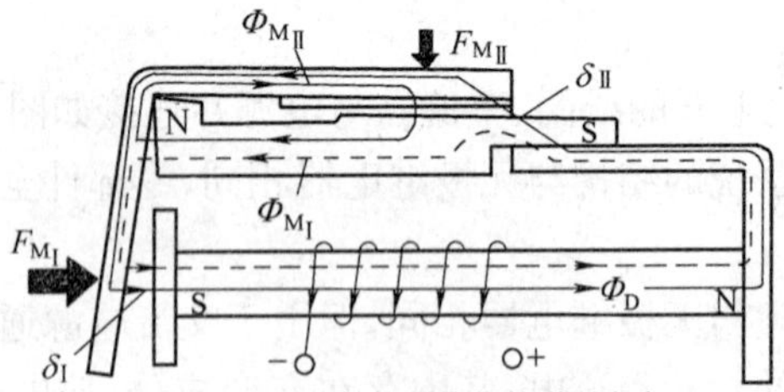

(a) 由反位转换至定位的磁通方向

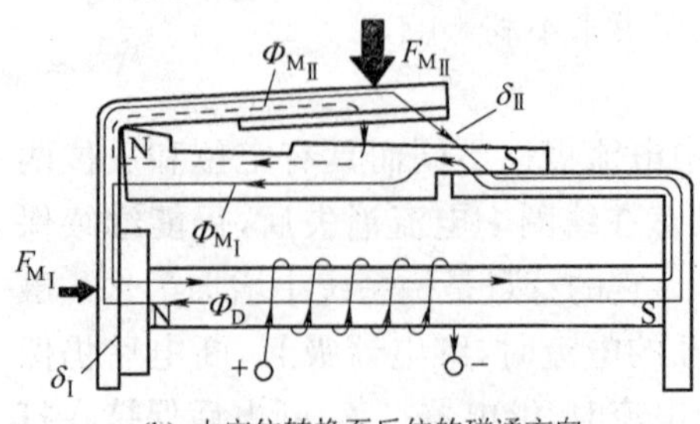

(b) 由定位转换至反位的磁通方向

图1-16　有极继电器的磁路系统图

永久磁钢的磁通分为$\Phi_{M_{I}}$和$\Phi_{M_{II}}$两条并联支路。$\Phi_{M_{I}}$从N极出发，经衔铁、第一工作气隙δ_{I}、铁芯、轭铁，到S极；$\Phi_{M_{II}}$从N极出发，经衔铁上部、重锤片、第二工作气隙δ_{II}，到S极。这两条支路不对称，磁路的不平衡就形成有极继电器的正向转极值与反向转极值的较大差别。

当衔铁处于打落状态时(反位)，由于$\delta_{I} \gg \delta_{II}$，因此$\Phi_{M_{II}} \gg \Phi_{M_{I}}$。由$\Phi_{M_{II}}$所产生的吸引力$F_{M_{II}}$与衔铁重力、动接点预压力共同作用，克服了$\Phi_{M_{I}}$产生的吸引力$F_{M_{I}}$与后接点压力，使衔铁保持在稳定的打落位置。反之，当衔铁处于吸合状态(定位)时，由于$\delta_{I} \ll \delta_{II}$，因此$\Phi_{M_{I}} \gg \Phi_{M_{II}}$，$\Phi_{M_{I}}$的吸引力$F_{M_{I}}$将克服$\Phi_{M_{II}}$产生的吸引力$F_{M_{II}}$、衔铁重力及接点的反作用力，使衔铁处于稳定的吸合位置。

显然，有极继电器从一种稳定位置转变到另一种稳定的位置，只有依靠电磁力的作用。

在图1-16中，电磁磁通Φ_{D}经过的是一个无分支的磁路，即铁芯、轭铁、δ_{II}、重锤片、衔铁、δ_{I}、极靴。磁通的方向由线圈中的电流极性决定。对于电磁通来说，永久磁钢是一个很大的磁阻，如同气隙一般。

图1-16(a)表示有极继电器由反位转换到定位的过程。继电器原处于反位状态，现在线圈中通以正极性电流，产生电磁通Φ_{D}的方向是极靴处为S极。这时在δ_{I}处Φ_{D}与$\Phi_{M_{I}}$方向一致，磁通是加强的，等于“$\Phi_{D}+\Phi_{M_{I}}$”。而在δ_{II}处Φ_{D}与$\Phi_{M_{II}}$方向相反，磁通是削弱的，等于“$\Phi_{M_{II}}-\Phi_{D}$”，当Φ_{D}增到足够大时，$\Phi_{M_{I}}+\Phi_{D} \gg \Phi_{M_{II}}-\Phi_{D}$，则$F_{M_{I}} \gg F_{M_{II}}$，$F_{M_{I}}$将克服$F_{M_{II}}$、衔铁重力及接点反作用力，使衔铁开始吸合。在衔铁吸合过程中，随着δ_{I}的不断减小、δ_{II}的不断增大，$F_{M_{I}} \gg F_{M_{II}}$，衔铁便迅速运动到吸合位置。

如果改变线圈电流极性，如图1-16(b)所示，则铁芯中电磁通Φ_{D}的方向随之改变，极靴处为N极。则在δ_{I}处Φ_{D}与$\Phi_{M_{I}}$方向相反，磁通削弱，等于“$\Phi_{M_{I}}-\Phi_{D}$”；在δ_{II}处Φ_{D}与$\Phi_{M_{II}}$方向相同，磁通加强，等于“$\Phi_{M_{II}}+\Phi_{D}$”，当$\Phi_{M_{II}}+\Phi_{D} > \Phi_{M_{I}}-\Phi_{D}$时，$F_{M_{II}} \gg F_{M_{I}}$，在$F_{M_{II}}$、衔铁重力、接点作用力的共同作用下，衔铁返回到打落位置。

5. 偏极继电器

JPXC-1000型偏极继电器是为了满足信号电路中鉴别电流极性的需要设计的。它与无极继电器不同，衔铁的吸起与线圈中电流的极性有关，只有通过规定方向的电流时，衔铁才吸起，而电流方向相反时，衔铁不动作。但它又不同于有极继电器，只有一种稳态，即衔铁靠电磁力吸起后，断电就落下，落下是稳定状态。

(1)偏极继电器的结构

偏极继电器的磁路及工作原理如图1-17所示。但铁芯的极靴是方形的，在方形极靴下方用两个螺钉固定永久磁钢，使衔铁处于极靴和永久磁钢之间，受永磁力的作用偏于落下位置。由于永磁力的存在，衔铁只安装一块重锤片，后接点的压力由永磁力和重锤片共同作用产生。

铁芯由电工纯铁制成，方形极靴是先冲压成型后再与铁芯焊成整体的。

由于铁芯为方形极靴，衔铁也由半圆形改为方形，以增加受磁面积，降低气隙磁阻。

永久磁钢由铝镍钴材料制成，其上部为N极，下部为S极。

两线圈串联使用，接线方式同无极继电器。

接点系统与无极继电器完全相同。

(2)偏极继电器的工作原理

偏极继电器的磁路系统由永磁磁路与电磁磁路两部分组合而成,如图 1-17 所示。永磁的磁通 Φ_M从 N 极出发,经第三工作气隙 $\delta_{Ⅲ}$ 进入衔铁后分为两条并联支路:一部分磁通 $\Phi_{M_Ⅰ}$ 经第一工作气隙 $\delta_Ⅰ$ 进入方形极靴,然后直接返回 S 极;另一部分磁通 $\Phi_{M_Ⅱ}$ 穿过第二工作气隙 $\delta_Ⅱ$ 进入轭铁,再经铁芯至方形极靴,返回 S 极。由于 $\delta_Ⅰ>\delta_Ⅱ$,所以 $\Phi_{M_Ⅱ}>\Phi_{M_Ⅰ}$,而 $\Phi_M=\Phi_{M_Ⅰ}+\Phi_{M_Ⅱ}$,故 $\Phi_M\gg\Phi_{M_Ⅰ}$。这样,$\delta_Ⅲ$ 处由 Φ_M产生的永磁力 F_M远大于 $\delta_Ⅰ$ 处由 $\Phi_{M_Ⅰ}$ 产生的永磁力,使衔铁处于稳定的落下位置。

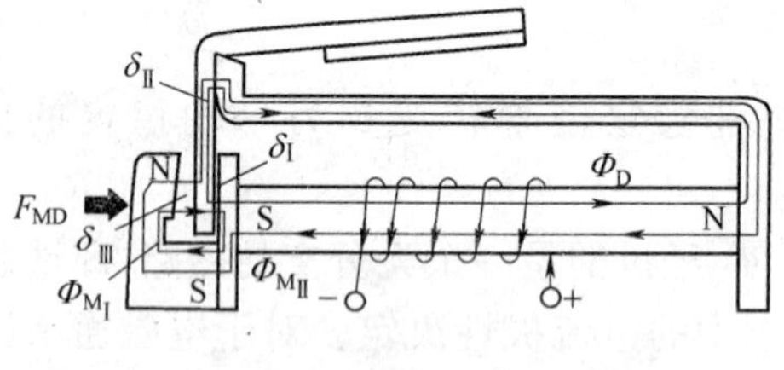

(a) 衔铁吸合时的永磁及电磁磁路

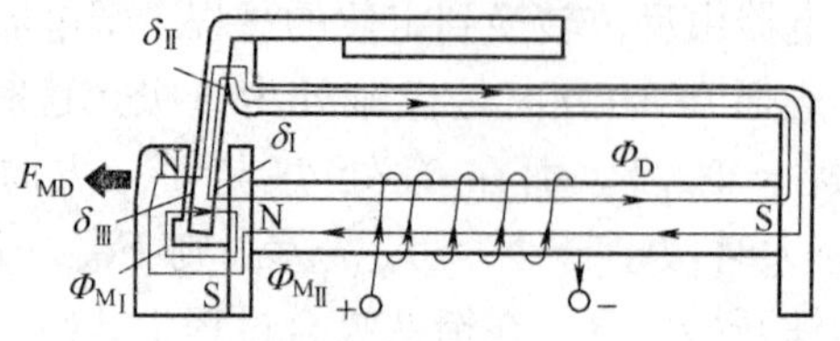

(b) 通以反极性电源时的永磁及电磁磁路

图 1-17　偏极继电器磁路及工作原理图

线圈通电后,铁芯中产生电磁磁通 Φ_D,Φ_D的磁路与无极继电器相同,如图 1-17(a)所示。若线圈中电流方向使电磁磁通在极靴处为 S 极,这时,在 $\delta_Ⅰ$ 处 Φ_D和 $\Phi_{M_Ⅰ}$ 方向相同,总磁通为两者之和,相应的总电磁吸引力 $F_{MD_Ⅰ}$ 增大;在 $\delta_Ⅱ$ 处,Φ_D和 $\Phi_{M_Ⅱ}$ 方向相反,总磁通为两者之差,相应的总电磁吸引力 $F_{MD_Ⅱ}$ 减小。由于力臂相差较大,$F_{MD_Ⅰ}$ 的增大较 $F_{MD_Ⅱ}$ 的减小作用要大得多,因此,对衔铁的总吸引力 F_{MD}增大。当 $F_{MD}>F_M$时,F_{MD}克服 F_M与接点的反作用力,使衔铁被吸合。

衔铁吸合后,磁路气隙发生变化,$\delta_Ⅲ\gg\delta_Ⅰ$,永磁磁通在磁路中大大减小,F_M显著减小,这时只要有一定值的电流存在,衔铁即保持在吸起状态。

断开线圈电源时,衔铁重力和接点的反作用力使衔铁返回。在衔铁返回的过程中,$\delta_Ⅰ$ 增大,$\delta_Ⅱ$ 减小,永磁磁通 Φ_M迅速增加,加速衔铁的返回,直到衔铁被下止片阻挡为止。

当线圈通以反极性电流时,如图 1-17(b)所示,由于电磁通 Φ_D改变了方向,在 $\delta_Ⅰ$ 处,Φ_D与 $\Phi_{M_Ⅰ}$ 相减。而在 $\delta_Ⅱ$ 处 Φ_D与 $\Phi_{M_Ⅱ}$ 相加,总的电磁吸引力反而下降,因此衔铁不会吸合,从而具有鉴别电流极性的功能。

但是,反极性不吸起是有条件的,如果不断增大反极性电流,使电磁磁通足以克服永磁的作用,即 $F_D-F_{M_Ⅰ}>F_M$,则衔铁可在反极性电流作用下吸合,这是不允许的。因此,在偏极继电器的电气特性上加上一条特殊的标准,即反向加 200 V 电压,衔铁不能吸起,以保证其工作的可靠性。

三、安全型继电器的特性

安全型继电器的特性包括电气特性、时间特性和机械特性。这些特性用来表征继电器的性能，是使用和检修继电器的重要依据。

1. 电气特性

电气特性是安全型继电器的基本要求，也是设计和实现信号逻辑电路的依据。电气特性包括额定值、充磁值、释放值、工作值、反向工作值、转极值，以及反向不工作值。

(1)额定值

额定值是满足继电器安全系数所必须接入的电压或电流值。

AX 系列继电器的额定电压为直流 24 V，作为轨道继电器、灯丝继电器、道岔一启动继电器的电流线圈时除外。

(2)充磁值

为了测试继电器的释放值或转极值，预先使继电器磁系统磁化，向其线圈通以 4 倍的工作值或转极值，此值即为充磁值。这样可使继电器磁路饱和，在此条件下测试释放值或转极值。

(3)释放值

向继电器通以规定的充磁值，然后逐渐降低电压或电流，至全部前接点断开时的最大电压或电流值。

(4)工作值

向继电器线圈通电，直到衔铁止片与铁芯接触、全部前接点闭合，并满足规定接点压力所需要的最小电压或电流值。此值是继电器的磁系统及接点系统刚好能工作的状态，一般规定工作值不大于额定值的 70%。

(5)反向工作值

向继电器线圈反向通电，直到衔铁止片与铁芯接触、全部前接点闭合，并满足接点压力时所需要的最小电压或电流值。造成反向工作值大于工作值的原因是磁路剩磁影响所致，反向工作值一般不大于工作值的 120%。

(6)转极值

使有极继电器衔铁转极的最小电压或电流值，又分为正向转极值和反向转极值。

正向转极值是使有极继电器的衔铁转极，全部定位接点闭合，并满足规定接点压力时的正向最小电压或电流值。

反向转极值是使有极继电器的衔铁转极，全部反位接点闭合，并满足规定接点压力时的反向最小电压或电流值。

(7)反向不工作值

向偏极继电器线圈反向通电，继电器不动作的最大电压值。

释放值与工作值之比称为返还系数。返还系数对于信号继电器有着特别重要的意义，返还系数越高，标志着继电器的落下越灵敏。规定普通继电器的返还系数不小于 30%，缓放型继电器不小于 20%，轨道继电器不小于 50%。

AX 系列继电器的电气特性和时间特性见表 1-3。

表 1-3　AX 系列继电器的电气特性和时间特性

规格序号	继电器型号	线圈电阻(Ω)	电气特性：额定值	电气特性：充磁值	电气特性：释放值不小于	电气特性：工作值不大于	电气特性：反向工作值不大于	电气特性：转极值不小于	时间特性：缓放时间不小于(s) 18 V	时间特性：缓放时间不小于(s) 24 V
1	JWXC-1700	850×2	24 V	67 V	3.4 V	16.8 V	18.4 V	—	—	—
2	JWXC-2.3	3.5×2	250 mA	600 mA	45 mA	150 mA	165 mA	—		
3	JWJXC-480	240×2	24 V	64 V	4.8 V	16 V	17.6	—		
4	JWXC-H310	310×1		60 V	4 V	15 V		—	缓吸时间不大于 0.35	缓吸时间不大于 0.3
5	JWXC-H340	170×2		46 V	2.3 V	11.5 V	12.6 V	—	0.45	0.50
6	JWXC-H600	300×2		52 V	2.6 V	13 V	14.3 V	—	—	0.32
7	JWJXC-H125/0.44	125/0.44	24 V/2 A	48 V	2.5 V	12 V	13.2 V	—	0.35 后圈电流由 5 A 降至 1.5 A 断电时 0.3	0.45
8	JWJXC-H125/80	125/80	24 V	48 V	2.5 V/2.5 V	12 V/12 V	13.2 V/13.2 V	—	0.4 0.4	0.5 0.5
9	JWJXC-H125/0.13	125/0.13	24 V/11 A	24 V/3.75 A	2.3 V/<1 A	11 V/2.5 A	12.1 V/2.7 A	—	0.35 后圈电流由 4 A 降至 1 A 断电时 0.2	0.4
10	JZXC-H18	9×2	AC 150 mA	AC 400 mA	AC 40 mA	AC 110 mA	—	—	AC 100 mA 时 0.15	
11	JYXC-270	135×2	48 mA	120 mA	—	—	—	20～32 mA	140 mA 时 0.15	
12	JYXC-660	330×2	24 V	60 V	—	—	—	10～15 V		
13	JYJXC-160/260	160/260	24 V	64 V/64 V	—	—	—	正向 10～16 V 反向 10～16 V	—	—
14	JPXC-1000	500×2	24 V	64 V	4 V	16 V	反向不工作电压>200 V		—	—

2. 时间特性

电磁继电器的电磁系统是具有铁芯的电感，在接通或断开电源时，由于电磁感应作用，在铁芯中产生涡流，在线路中产生感应电流。这些电流产生的磁通阻碍铁芯中原来的磁通的变化，所以电磁继电器或多或少地都具有一些缓动的时间特性。

在各种继电器控制的电路中，由于它们完成的作用不一样，对继电器的时间特性要求也不一样，如果不能满足对时间特性的要求，控制电路便不能正常工作。因此不仅要了解继电器固有的时间特性，而且还要按电路的要求，设法改变继电器的时间特性。

(1)继电器的时间特性

电磁继电器线圈所具有的电感不仅电感量大,而且是非线性的。再加上继电器磁路中的工作气隙在动作过程中是变化的。因此继电器线圈中的电流变化规律较为复杂。

从线圈通电到衔铁动作,带动后接点断开,前接点接通,需要一定的时间。从线圈断电到衔铁动作,带动前接点断开,后接点接通,也需要一定的时间。即吸合需要时间,释放也需要时间。

吸合时间指向继电器通入额定值起至全部前接点闭合所需的时间(包括通电至后接点断开的吸起启动时间和从后接点断开到前接点闭合的衔铁运动时间)。返回时间指向继电器通入额定值,从线圈断电时至后接点闭合所需的时间(包括断电至前接点断开的缓放时间和从前接点断开至后接合闭合的衔铁运动时间)。继电器动作时间如图 1-18 所示。

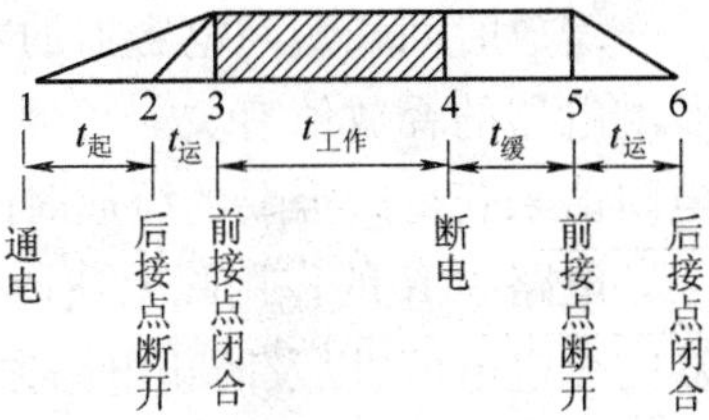

图 1-18　继电器动作时间图

例如 JWXC-1700 型继电器的吸合时间为 0.10～0.15 s,返回时间为 0.015～0.02 s。

可见继电器都是缓动的,但其缓吸、缓放时间都非常短。

(2)改变继电器时间特性的方法

继电器用于控制电路中,要满足不同控制对象对时间特性的要求,光依靠继电器的固有时间特性是不行的,必须根据需要改变继电器的时间特性。改变继电器时间特性的方法有两种:一是改变继电器的结构;二是用电路来实现。

①改变继电器结构以获得继电器的缓动

用改变继电器结构的方法来改变继电器时间特性的方法,采用的最多是在继电器铁芯上套短路铜环使继电器缓动,构成缓放型继电器。安全型继电器用铜线圈架作为铜环,如图 1-19所示。

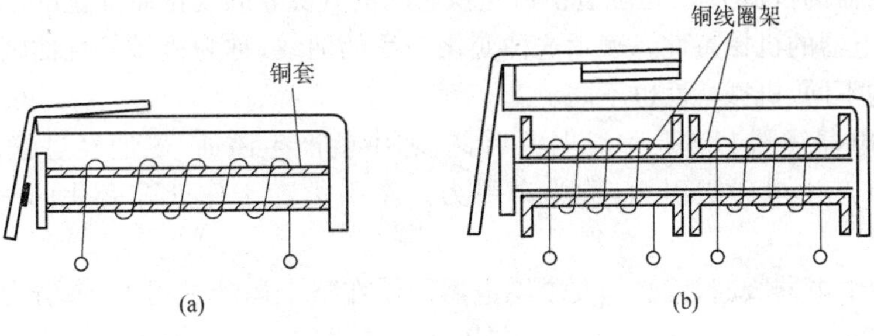

图 1-19　缓放型继电器的铜线圈架

这样的继电器,当其线圈接通电源或断开电源时,铁芯中的磁通发生变化,在铜线圈架中产生感应电流(涡流),感应电流所产生的磁通阻止原磁通的变化,使铁芯中的磁通变化减慢(即接通电源时感应电流产生的磁通与原磁通方向相反,使磁通增长减慢;切断电源时感应电流的磁通与原磁通方向相同,使磁通减小变慢),从而使继电器缓吸缓放。在具体电路中,最多利用的是它的缓放特性。

同样的继电器在不同的工作电压下,缓放时间是不同的,如 JWXC-H340 型继电器在18 V时,缓放时间为 0.45 s;在 24 V 时缓放时间为 0.5 s。

为了保证JWXC-H310型继电器的时间特性，一个线圈采用铜线圈架，另一个线圈装了铜套，其缓吸时间(0.4±0.1) s，缓放时间(0.8±0.1) s，以防止冲击干扰引起轨道继电器误动。

②构成缓放电路以获得继电器的缓放

通过电路的方法，改变继电器时间特性的方法有多种，采用的最多的是在继电器线圈两端并联RC串联电路，使继电器缓吸缓放，如图1-20所示。在继电器通电时，电容器充电，因充电电流一开始很大，在R上产生较大压降，降低了继电器的端电压，使继电器线圈中的电流增长减缓，起到缓吸作用。在继电器断电时，依靠电容器C的放电，使继电器缓放。

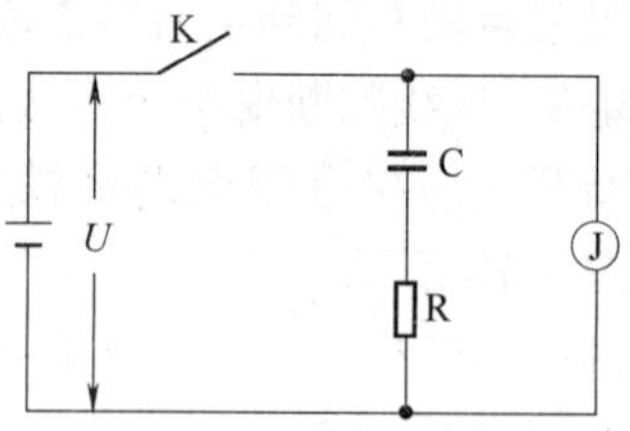

图1-20　继电器线圈两端并联RC电路

缓放时间长短与电容器的容量、放电回路中的电阻值及继电器的释放值有关。可通过改变C的电容量和R的电阻值来获得所需要的缓放时间。

电路中R的作用除上述调节缓放时间外，还限制电容器的充电电流，以及防止电路振荡。

缓放型继电器的缓放时间最长仅0.5 s，不能满足一些信号电路对时间的要求，因此常用在继电器线圈两端并联RC电路的方法来获得所需要的缓放时间。

3. 安全型继电器的机械特性与牵引特性

在继电器衔铁的动作过程中，衔铁上受到电磁吸引力和反作用力的作用。电磁吸引力又称牵引力；反作用力与之方向相反，对于安全型继电器来说是由衔铁(及重锤片)的重力和接点簧片的弹力组成的，所以称为机械力。要使继电器可靠工作，牵引力必须大于机械力。因此牵引力的大小要根据机械力来确定。

AX系列继电器机械力的大小与接点片的数量、重锤片的数量、衔铁的动程等有关，而且在衔铁的整个运动过程中所受到的机械力不是固定不变的，而是在一个很大的范围内变化的。也就是说，继电器的机械力F_J是随着衔铁与铁芯间的气隙δ的变化而变化的。$F_J=f(\delta)$的变化关系称为继电器的机械特性。表示这种变化关系的曲线，称为机械特性曲线。不同类型的继电器，其结构不同，机械特性也不同。

当无极继电器线圈上加上直流电源后，铁芯中就产生磁通，磁通经过铁芯与衔铁间的气隙时，对衔铁产生电磁吸引力，称为牵引力。牵引力随工作气隙变化的关系，称为牵引特性。

显然，要使继电器吸起，就必须要求继电器衔铁在整个运动过程中，牵引力大于或等于机械力。

四、安全型继电器接点

继电器接点是继电器的执行机构，通过接点来反映继电器的状态，对电路进行控制。

1. 对接点系统的要求

在实际应用过程中，继电器的大部分故障发生在接点系统上，因此继电电路的可靠性在很大程度上取决于接点系统工作的可靠性。为保证继电器的可靠工作，必须对接点系统，从接点材质到接点结构，从接点组数到接点容量，有较高的要求。对频繁通断大电流的接点，还必须采取灭火花措施。主要要求包括：

(1)接点闭合时,接触可靠,接触电阻小且稳定。

(2)接点断开时,要可靠分开,接点间电阻为无穷大,即有一定的间隙。

(3)接点在闭合和断开过程中没有颤动。

(4)不发生熔接。

(5)耐各种腐蚀。

(6)热导率和电导率要高。

(7)使用寿命长。

2. 接点参数

(1)接点材质

对接点材质的基本要求是机械强度高、电导率和热导率高、耐腐蚀、熔点较高、加工容易、价格适宜。

(2)接点电阻

接点电阻由接触电阻及接点本身的电阻两部分组成。接点电阻与接点材料、接点间压力、接点的接触形式、接点间电压降、温度及化学腐蚀、电腐蚀等因素有关。

接点接触时两导体间的连接是接触表面间若干个接触过渡段的结合,因此它的电阻比同样形状、尺寸的整个导体要大得多,这种接触连接所形成的电阻叫作接触电阻。由于接触电阻的存在,使通过接点的电流在接触过渡区产生功率损失,使接点发热。接点发热后增大了材料的电阻系数,减低了机械强度。由于发热和散热是同时进行且取得平衡的,所以接点通电后,能产生一定的温升(接点温度与周围环境温度之差),使接点电阻和机械强度保持在一定范围内。

总的要求是尽量减小接点电阻,以避免过高的接点温升与电压降。因此对接点电阻均要提出不允许超过的电阻值。

(3)接点压力

接触点之间的压力和材质,在很大程度上决定着接点电阻的大小。开始接触的瞬间,接点压力加在为数不多的接触点上,这些接触点被压平,使两接触表面更加接近一些,产生一些新的接触点,总的接触电阻就会降低。但当压力达到某数值时,再增大压力,也不会使接点电阻有明显减小。

接点间存在压力,接点支撑件(接点弹片等,一般采用弹性元件)能产生弹性变形,避免因震动等因素造成接触分离,所以对接点压力有明确的最低值。

(4)接点齐度

同一继电器的所有接点用于电路中,理论上要求同时接触。但在接点系统的生产过程中,从工艺上不可能做到没有误差,因而接点很难做到完全同时接触。继电器各组接点同时接触的误差称为接点不齐度,要求其越小越好。

(5)接点间隙

在动接点和静接点开始分离的瞬间,接点间产生很高的电场,在接点间隙中的自由电子在此电场力的作用下从阴极向阳极高速移动,这样就产生了接点间的电弧。另外,这些电子与气体中的自由电子撞击,使气体电离,进一步使电弧加剧。电弧的产生使接点迅速氧化和点燃,加速接点的损耗,缩短使用寿命。但当接点间隔增大后,拉长了电弧,可使电弧熄灭。此外,接点间隙小,雷电效应亦可能使接点间产生放电现象。故要求接点间有足够大的间隙。

(6)接点滑程

接点表面的腐蚀、氧化和灰尘等对接触电阻有很大影响，为了保证接点的可靠工作，当接点开始接触后，要求接点相互之间有一定程度的位移，该位移叫作接点滑程。

3. 接点容量

继电器接点所允许通过的最大电流称为接点容量，继电器使用时严禁超出接点允许容量，以保证各类接点达到规定的接点寿命动作次数。超出接点容量使用时，而造成接点接触面拉弧烧损，使接点接触电阻增大，寿命缩短，严重时造成器材或设备烧损。

安全型继电器的接点容量见表 1-4。

表 1-4　安全型继电器的接点容量

<table>
<tr><th>接点类型</th><th>电　源</th><th>电压(V)</th><th>电流(A)</th><th>负载性质</th></tr>
<tr><td>普通接点</td><td>直　流</td><td>24</td><td>1</td><td rowspan="3">电阻</td></tr>
<tr><td rowspan="2">无极加强接点</td><td>直　流</td><td rowspan="2">220、380</td><td rowspan="2">5</td></tr>
<tr><td>交　流</td></tr>
<tr><td rowspan="2">有极加强接点</td><td rowspan="2">直　流</td><td>220</td><td>7.5</td><td rowspan="2">电感 0.05 H</td></tr>
<tr><td>180</td><td>15</td></tr>
</table>

4. 接点材料

一般继电器要求接点材料的电阻率小，抗压强度低，而且选用不易氧化或其氧化物电阻率小的材料。因为，接触材料电阻率越小，接点本身的电阻越小，接触电阻越小；材料的抗压强度越小，在一定的接点压力下，接触面积就越大，接触电阻越小。

银的电阻率最低，银的氧化膜的电导率与纯银几乎相等，并且抗压强度不高，因此几乎所有类型的继电器，都采用银和银合金作为接点材料。

对控制大电流和高电压的接点，应选择耐电腐蚀和难熔的材料，例如钨和金属陶瓷等。钨熔点高，硬度也很高，不会熔合，几乎没有机械磨损，耐电腐蚀能力强，但它在大气中易氧化。金属陶瓷，大部分是由两种互相不能熔成合金的成分，用金属陶制法(粉末冶金法)制成的。它磨损小，熔点非常高，耐电腐蚀能力强，不易熔合，导电导热性能好，很适宜作为接点材料。银氧化镉就是其中的一种，其基本物质为银(85%～80%)，起导电作用，氧化镉(12%～15%)起导热作用，获得了最佳配合。它在高温下(990 ℃)还能以爆炸形式分解出氧与镉的蒸汽，起到对电弧的吹动和消除游离的效应，形成自动吹弧作用，提高了接点的熄弧性能。特别是它与银接点配合使用时，具有防粘连、接触电阻小等特点。

安全型继电器的普通接点，静接点常用银或银氧化镉制成，动接点用银氧化镉制成。加强接点的静接点、动接点均用银氧化镉制成。

《普速铁路信号维护规则　技术标准》规定，普通接点的接触电阻，银-银应不大于0.03 Ω，银-银氧化镉应不大于 0.05 Ω，银-银碳应不大于 0.3 Ω，银氧化镉-银氧化镉应不大于 0.1 Ω。加强接点的接触电阻，银氧化镉-银氧化镉应不大于 0.1 Ω。

5. 接点的接触形式

接点的接触形式，有面接触、线接触和点接触三种，如图 1-21 所示。从表面上看，面接触的接触面最大，接触电阻最小。但实际上并非如此，由于接点的接触面稍有歪斜，两个接点的接触面就不能全面接触，往往只能在一个点或一个不大的面积上接触，因此接触电阻仍然较大。而且接触的部分每次闭合都有不同，加上接点表面的氧化物层自动净化不良，所以接触电阻很不稳定。线接触的压力比较集中，在接点闭合和断开过程中，线接触的接点表面能沿另一接点表面滑动，表面氧化层和灰尘会自动脱落，起到自动净化的作用，使接触电阻减小，而且接触电阻也较稳定。点接触压力最为集中，接触电阻也最稳定，但接触电阻大，散热面积小，温升高，只适用于小功率的控制电路中。

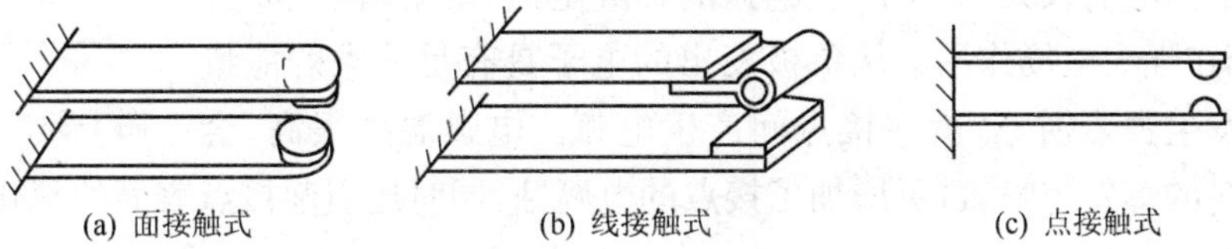

图 1-21　接点的接触形式

如 JWXC 型无极继电器的接点采用点接触方式。在接点簧片的端部开一条 0.5 mm 宽的细长槽口，在槽的两边各焊一个银接点（由直径 1.5 mm 的银丝制成），如图 1-22 所示。它与动接点一起构成点接触方式，并且形成一个簧片上有两个接触点的并联接触方式，大大提高了触头接触的可靠性。

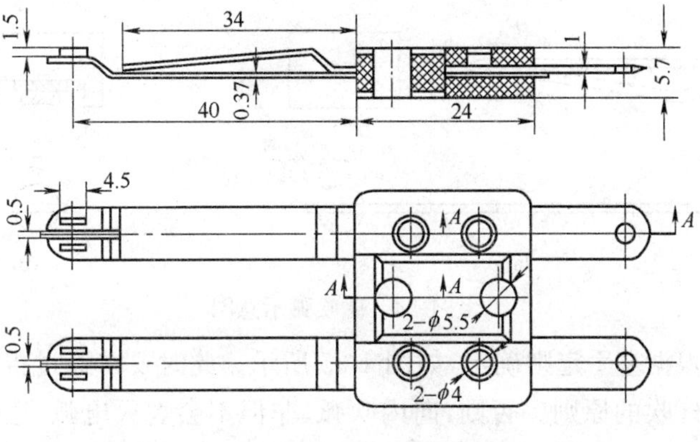

图 1-22　银接点单元（单位：mm）

JYJXC-160/260 型加强接点有极继电器，为满足通断较大电流的需要，除了增加加强接点片厚度外，接点采用面接触方式。

6. 接点的灭火花电路

为了提高接点的使用寿命，应设法避免接点间发生火花。发生火花的原因，是接点控制电路中有电感元件，电感元件中储存着磁场能量，当接点断开时往往以高电压击穿空气隙，将这些能量出现在接点之间，形成火花放电（但此时，因电流未达到电弧临界电流，不会产生电弧）。要消灭接点火花，必须采取措施将这部分磁场能量引出，不使它出现在接点上，只要接点间的电压低于击穿空气的电压，那么接点间的火花即可消灭。具体方法一般采用灭火花电路，总的原理是利用灭火花电路沟通电感负载所产生的感应电流回路，以降低自感电势，并把磁场能量消耗在回路中的电阻上，这样接点间的电压就可能降低到不能击穿空气隙，避免接点火花的出现。

灭火花电阻、电容与接点并联是最常用的方法。在接点断开瞬间，电感负载所产生的感应电流流经并联在接点上的电容C和电阻r串联电路，使接点上的电压降至击穿空气隙的电压之下，而避免发生火花。此时，磁场能量消耗在回路电阻上。灭火花电路如图1-23所示。

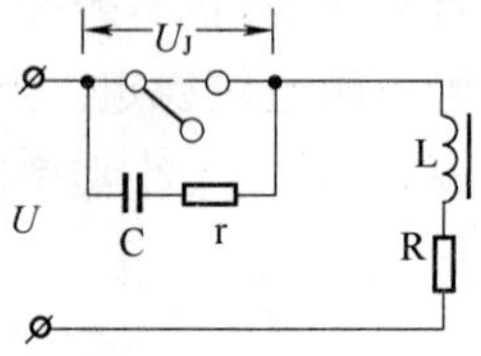

图1-23 灭火花电路

7. 熄灭接点电弧

当电路中的电流较大（大于产生电弧的临界电流）时，在接点断开过程中，由于在强大电场作用下从负极发出的电子具有足够大的能量使气体电子发生强烈游离，就在接点间产生电弧。电弧温度很高，会引起接点材料的蒸发与喷溅，更增加了接点的电腐蚀，同时还引起接点表面的氧化。必须设法熄灭接点电弧。

最常用的方法是磁吹弧。这种方法是利用磁场的电磁力把电弧拉长，起到增大接点间距离的作用，使电弧拉长到加在接点间的电压不足以维持电弧燃烧所需的电压而自行熄灭。

磁吹弧法是在接点上加装一块永久磁钢，永磁磁通经过接点间的气隙构成磁回路。接点断开时在接点之间产生电弧，实际上就是电子和离子在接点间的移动。当接点间产生电弧时，电子和离子上就要受到永磁的电磁力，使电弧吹得向外拉长，最后使电弧自行熄灭，其示意图如图1-24所示。

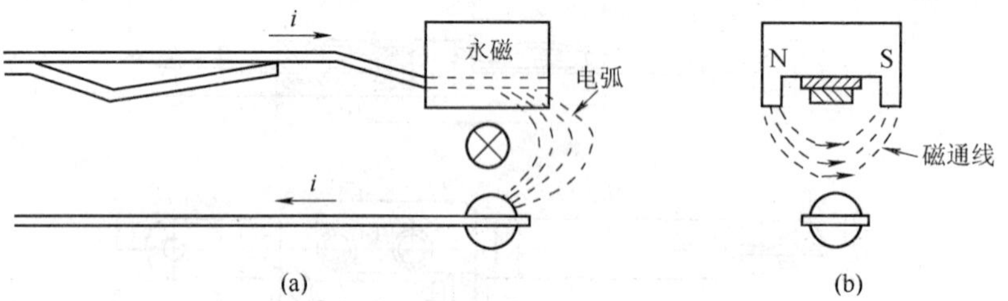

图1-24 磁吹弧示意图

磁吹弧的方向根据左手定则确定，如图1-25所示。此时要求通过接点电流的方向，应符合使接点间电弧向外吹的原则。否则，向内吹弧，非但不会熄灭电弧，还会造成接点的损伤。因此，加强接点上用磁吹弧的继电器，如JWJXC-480、JWJXC-H125/0.44、JYJXC-160/260等都规定了接点的正负极性，使用中要注意磁吹弧的方向。这样，接点电流产生的磁场方向与磁钢的磁场方向一致，还保证不会产生对磁钢的去磁作用。

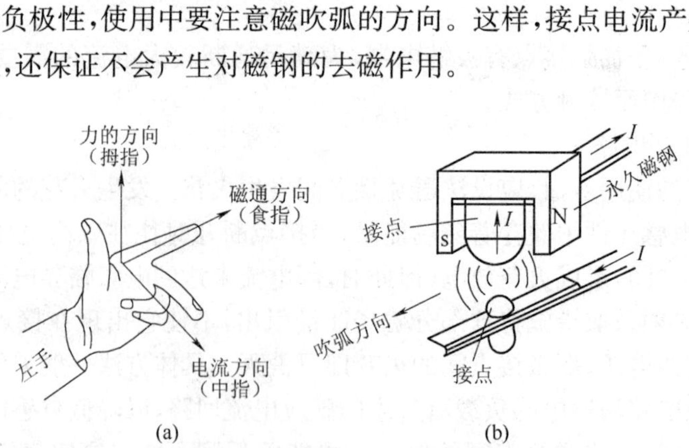

图1-25 磁吹弧的方向示意图

用永久磁钢作磁吹弧有许多优点：可节省铜线和绝缘材料，灭弧系统结构简单；灭弧功能较稳定；没有电能消耗；可使接点开距缩小。

第三节　时间继电器

JSBXC-850 和 $JSBXC_1$-850 等型时间继电器是一种缓吸继电器，借助电子电路，获得 180 s、30 s、13 s、3 s 等延时，以满足信号电路的需要。时间继电器由时间控制单元与 JWXC-$\frac{370}{480}$型无极继电器组合而成。时间控制单元装在印制电路板上，安装在接点组的上方。鉴别销号码 14、55。

时间继电器的基本情况见表 1-5。

表 1-5　时间继电器的基本情况

继电器名称	型　号	鉴别销号码	线圈参数		电气特性			动作时间 (s)			
			连接	电阻 (Ω)	充磁值 (mA)	释放值 (mA)	工作值 (mA)	连接端子 51-52、53-12			
								51-52	51-61	51-63	51-83
半导体时间继电器	JSBXC-850	14、55	单独	$\frac{370}{480}$	$\frac{56}{54}$	$\frac{4}{3.8}$	$\frac{14}{13.4}$	180±27	30±4.5	13±1.95	3±0.45
单片可编程时间继电器	$JSBXC_1$-850							180±9	30±1.5	13±0.65	3±0.15

一、JSBXC-850 型半导体时间继电器

1. 延时电路

JSBXC-850 型半导体时间继电器（型号中 S 为时间，B 为半导体，850 是 370 和 480 之和）的时间控制电路如图 1-26 所示，其核心是由单结晶体管等组成的脉冲延时电路。

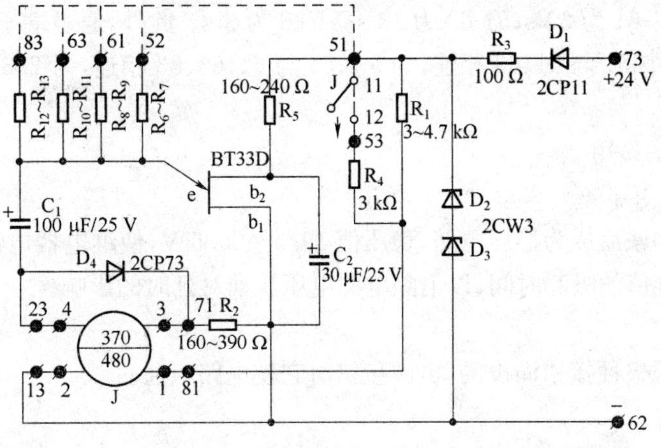

图 1-26　JSBXC-850 型半导体时间继电器的延时电路

在单结晶体管 BT 的发射极 e 和第一基极 b_1 的放电回路中接入继电器 J 的前圈(3-4,370 Ω),它的后圈(1-2,480 Ω)通过电阻 R_1 直接与电源相连。

接通电源时,后圈有电流流过,其电路为:

+24 V 电源(73 端子)二极管 D_1—R_3—R_1—$J_{1\text{-}2}$——电源(62 端子)。

但是,R_1 的阻值很大,为 3～4.7 kΩ,因此流过后圈的电流很小,继电器 J 不会动作。

与此同时,电容器 C_1 也开始充电,其电路为:

+24 V 电源(73 端子)—D_1—R_3—R_6～R_7(或 R_8～R_9、R_{10}～R_{11}、R_{12}～R_{13})—C_1—

—D_4—
—$J_{4\text{-}3}$—R_2— 电源(62 端子)。

此电流流过前圈的方向正好与后圈的相反,继电器更不会动作。

当电容器 C_1 充电电压上升至高于单结晶体管 BT 的击穿电压时,BT 的发射极 e 与第一基极 b_1 间导通,C_1 放电,其电路为:

C_1(+)—BT_{eb_1}—R_2—$J_{3\text{-}4}$—C_1(-)。

此电流流过前圈的方向与后圈的相同,当两者之和达到继电器的工作值时,继电器吸起,其前接点 11-12 沟通了自闭电路,电路为:

—R_1—
+24 V 电源(73 端子)—D_1—R_3—$J_{11\text{-}12}$—R_4—$J_{1\text{-}2}$— 电源(62 端子)。

由于 R_4 的接入,电路的电阻值降低近一半,流过后圈的电流大于继电器的落下值,继电器可靠吸起。

2. 延时时间

以上可见,由于 BT 和 C_1 组成的脉冲延时电路的存在,使继电器从接通电源到完全吸起经过了一段时间,这段时间就是继电器的缓吸时间。缓吸时间与充电电路的时间参数有关。

C_1 的电容量越大,充电至单结晶体管 BT 击穿电压的时间越长,缓吸时间越长。

充电电路的电阻值越大,电容器的充电电流越小,充电时间必然延长,缓吸时间越长。在端子 52、61、63、83 上分别接入不同阻值的电阻,即获得四种延时。一般情况是,连接端子 51-52,为 3 min;51-61 为 30 s;51-63 为 13 s;51-83 为 3 s。此外,通过端子的不同连接还可获得其他延时时间,如 51 与 61、63 相连,为 9 s;51 与 61、63、83 相连,为 2.3 s,以满足电路的特殊需要。

3. 其他元件的作用

(1)稳压管 D_2、D_3

D_2、D_3 与 R_3 串联后成为稳压电路,稳压值 19.5～20.5 V,使继电器电源电压在 21～27 V 间变化时保持标准值的吸起时间,以消除电源电压波动对延时的影响。

(2)二极管 D_1

D_1 是防止电源极性接错而设的,电源接错时它使电路不通。

(3)二极管 D_4

D_4 并在继电器前圈两端,构成继电器断电时产生的反电势产生电路的回路,以免击穿单结晶体管。

(4)电容器 C_2

C_2是单结晶体管第二基极的平滑电容,也是稳压电路的滤波电容,以消除电源杂音对电路延时的干扰。

(5)电阻 R_5

R_5是单结晶体管的基极电阻。

4. 特性

JSBXC-850 型继电器的电气特性与 JWXC$-\frac{370}{480}$型相同,但有以下补充规定:

(1)继电器的延时误差不能超出标准值的±15%。

(2)在通电至继电器吸起的缓吸时间内,后接点的压力为 0.098～0.147 N。

5. 接点使用

JSBXC-850 型继电器的接点编号与无极继电器相同。图 1-26 中,除 73、62 外,时间控制单元的端子号与继电器接点完全相同。除 73 接+电源,62 接一电源及按所需时间连接对应接点外,继电器内部尚需连接 1-81、2-13、3-71、4-23、11-51、12-53。因此,可供使用的只有第 3、第 4 组两组接点组和第 2 组前接点。

二、$JSBXC_1$-850 型时间继电器

JSBXC-850 型时间继电器采用 RC 延时电路,在使用中由于电容器老化和环境温度变化,延时时间有漂移,需定期检修和调整其时间常数。

$JSBXC_1$-850 型可编程时间继电器,是新一代的时间继电器,它采用微电子技术,通过单片机软件设定不同的延时时间。它采用动态电路输出,延时精度高(为±5%),不需要调整,电路安全可靠,它不改动原时间继电器的外部配线,代用很方便。

$JSBXC_1$-850 型时间继电器内部电路如图 1-27 所示。电路由 4 部分组成:输入电路、控制电路、电源电路和动态输出电路。

“Ⅰ”为输入部分,经 4 个光电耦合器 IC_2-1～IC_2-4(5Z1-4 型)输入端不同连接,设定不同的延时时间,其连接同 JSBXC-850 型继电器。光电耦合器起隔离作用,将外部电路和单片机隔离开。当光电耦合器的发光二极管有输入导通时,其光敏三极管就导通。否则,就截止。

“Ⅱ”为控制电路,由单片机 IC_1(DIP18 型)和晶体振荡器 JZ 及 C_6、C_7等组成。JZ 为 IC_1提供振荡源。当 IC_1的输入端 RB_0～RB_3其中一个有输入时,通过软件的设定,其输出端 RA_1～RA_3在不同的延时时间后就有序列脉冲输出。在延时过程中发光二极管 LED 每秒钟闪亮一次。

“Ⅲ”为动态输出部分。当单片机的输出,通过光电耦合器 IC_3接至 MOS 管 T_2(IRF840 型)栅极。在序列脉冲的作用下,T_2反复导通和截止。T_2导通时,对电容器 C_8充电。T_2截止时,C_8对 C_9放电。当 C_9上电压充至继电器工作值时,通过前圈(370 Ω)使继电器吸起。

继电器吸起,其前接点 11-12 闭合,又使后圈(480 Ω)励磁,于是继电器可靠吸起。

“Ⅳ”为电源部分。经 73-62 输入的电源经 D_1鉴别极性。C_1、R_2、C_2组成的滤波电路滤除交流成分,三端稳压器 T_1(7805 型)稳压,为单片机提供工作电源。

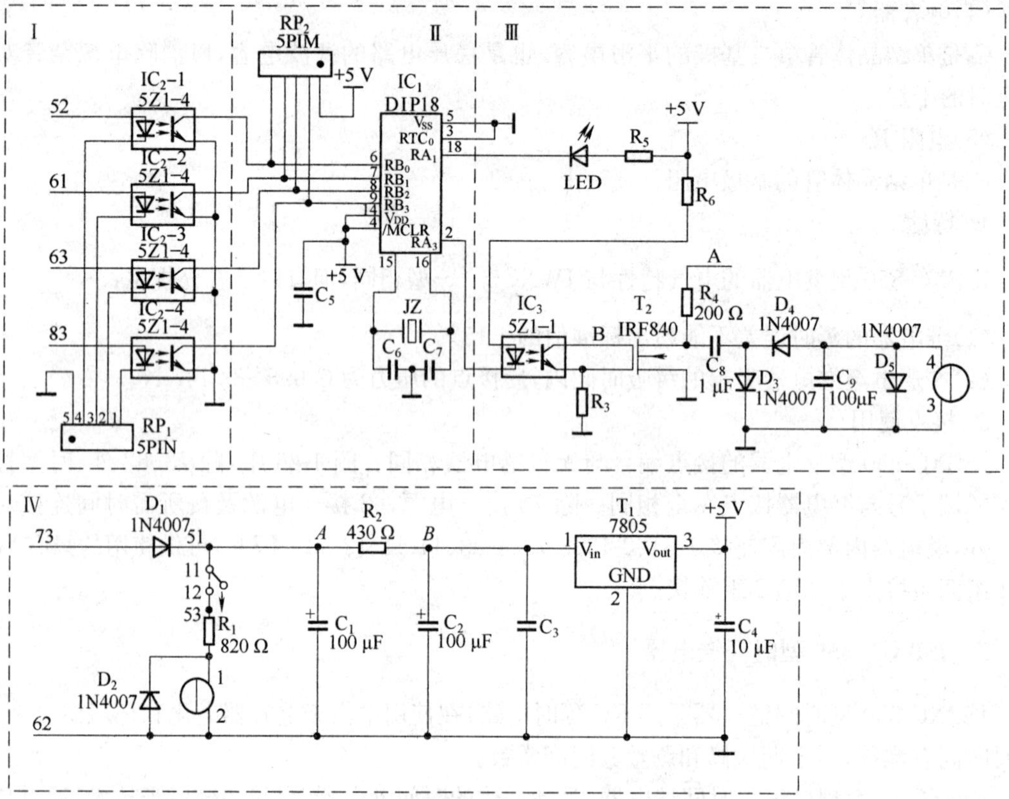

图 1-27　JSBXC$_1$-850 型时间继电器内部电路图

JSBX$_1$-850 型继电器在使用时应注意以下各点：

(1)继电器线圈两端并联有二极管，所以线圈的 1、3 端应接正电；2、4 端接负电。

(2)如果继电器缓吸时间出现误差，应更换控制电路中的晶振或单片机。

(3)如果继电器通电后工作正常，但发光二极管不亮，可更换发光二极管。

(4)如果继电器通电后不吸起，此时若发光二极管每秒闪 1 次，应检查动态输出电路中的元件是否有损坏的；若发光二极管不闪，应对 4 部分电路进行分别检查。经检查输入条件正确，则是控制电路板出现故障，建议更换电路板。

第四节　灯丝转换继电器

灯丝转换继电器是交流继电器，用于信号点灯电路中，当信号灯泡的主灯丝断丝时通过它自动转换至副灯丝点亮，并通过其接点构成报警电路。灯丝转换继电器有 JZCJ 型、JZSJC 型、JZSJC$_1$型和 JZCJ-0.16 型等。它们的基本情况见表 1-6。

一、交流继电器的磁系统

交流继电器的磁系统一般是拍合式交流磁系统。电磁系统由Ⅱ形铁芯、支架、角形衔铁、线圈等组成。铁芯用Ⅱ形硅钢片叠合后铆成一个整体，如图 1-28 所示。这是因为线圈所通为交流电，若为整块铁芯会形成涡流而使铁芯发热，故用硅钢片叠成以减小涡流。

表 1-6　灯丝转换继电器的基本情况

型　号	接点组数	线圈电阻(Ω)	电气特性(A)			转换时间不大于(s)	备　注
			额定值	释放值不小于	工作值不大于		
JZCJ	2QH	0.12	AC 2.1	AC 0.35	AC 1.5		与 BX_1-30 配合工作值不大于 150 V
* JZSC-0.16	4QH	0.16		AC 0.35	AC 1.5		
JZSJC	2QH		AC 2.1	AC 0.35	AC 1.5	0.1	
* $JZSJC_1$	2QH		AC 2.1	AC 0.35	AC 1.5		线圈压降不大于 1.6 V
$JZSJC_2$	2QH		AC 2.1	AC 0.35	AC 1.5	0.1	线圈压降不大于 1.6 V

注：* 为暂行标准。

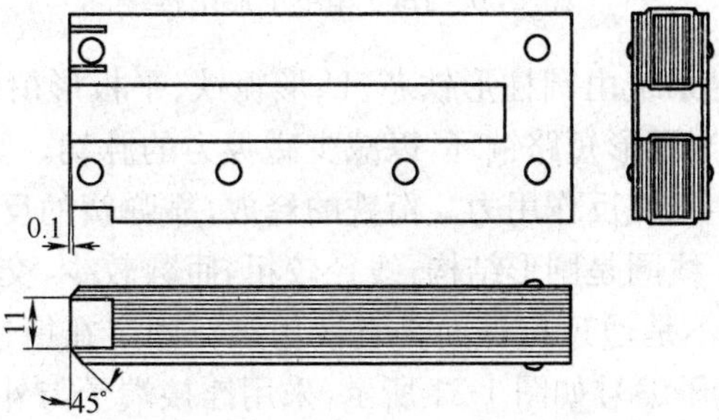

图 1-28　交流继电器的铁芯(单位 mm)

交流继电器线圈中所通过的为交流电源，在铁芯中产生的是交变磁通。交变磁通所产生的吸引力与磁通的平方成正比，所以虽然线圈中的电流方向不断改变，但吸引力并不随之改变方向，然而吸引力的大小在最大值和零之间以两倍电源频率作正弦变化。当吸引力的瞬时值大于衔铁重力和接点的反作用力时，衔铁就吸合，反之，衔铁释放。这样，在交流电的一个周期内，衔铁两次被吸引和释放。当然，由于频率较高，衔铁来不及完全释放，而是在极面处颤动并发出噪声。这种颤动影响继电器的正常工作。为消除颤动，在铁芯两个工作极面端部各嵌装一个短路铜(或铝)环。短路环包围了铁芯的一部分，如图 1-29 所示。

由于短路环的感应电流作用，通过短路环内部的磁通 Φ_2 滞后于环外磁通 Φ_1 一个角度(约相差 60°～70°)。这样，Φ_1 与 Φ_2 产生的电磁吸引力不会同时为零。当总的电磁吸引力大于或等于衔铁上的反作用力时，衔铁就会被牢靠吸引而消除了颤动。

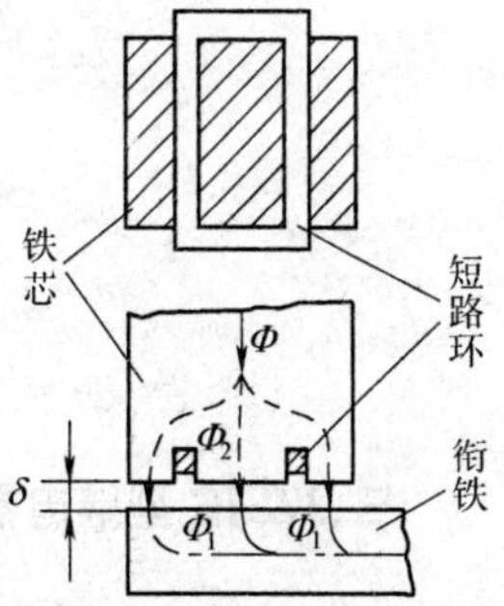

图 1-29　短路环的作用

二、JZCJ 型继电器

JZCJ 型继电器是较早期的灯丝转换继电器，它是弹力型非插入式继电器，线圈和接点有对应的端子与外线连接，底座上有两个孔，用螺钉将其安装在信号机构内，其结构如图 1-30 所示。

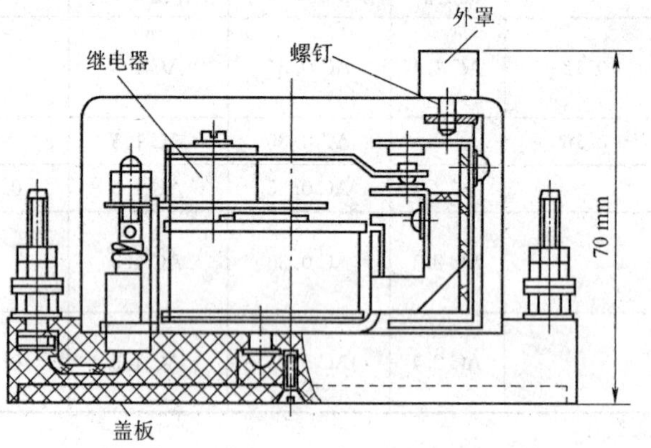

图 1-30　JZCJ 型继电器结构

JZCJ 型继电器的电磁系统由圆柱形铁芯、U 形轭铁、平板形衔铁组成 Π 形拍合式磁路。铁芯端部极面处嵌有一个半圆形短路铜环，以减少磁吸力的脉动。弹簧挂在衔铁后端与轭铁左下部，螺旋弹簧用来产生机械反作用力。衔铁的释放，靠弹簧的反作用力，通过弹簧连接螺钉、螺母可调整反作用力。线圈是圆形结构，线径较粗，匝数较少，交流阻抗小，保证灯泡有足够的电压及亮度。动接点不是通过拉杆而是直接用螺钉固定在衔铁上。有两组并排的接点组。JZCJ 型继电器底座端子编号如图 1-31 所示，采用连接端子与外线连接。使用 JZCJ 型继电器时，一般侧放。

图 1-31　JZCJ 型继电器底座端子编号

三、JZSJC 型继电器

JZSJC 型继电器也是弹力式继电器，但它是插入式结构，便于现场维修更换，其结构如图 1-32所示。电磁系统与 JZCJ 型相似，亦为 Π 形拍合式结构，但进行了一些改进。铁芯和线圈是方形的，可防止线圈转动。轭铁上端的衔铁支架用来固定衔铁。再加上锁片挡住衔铁，较牢固。衔铁支架可串动，以调整衔铁与轭铁接触处的间隙。在衔铁上端和轭铁上的衔铁架上挂有反力弹簧。短路铜环采用长方形，是为配套铁芯而设计的。线圈的线径较粗，以减小交流阻抗。

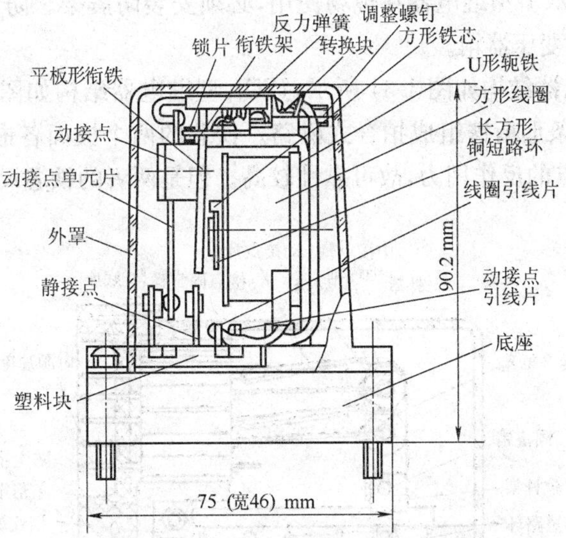

图 1-32　JZSJC 型继电器结构

接点系统有两组接点，接点引线片和线圈引线片固定在底座上。JZSJC 型继电器插座如图 1-33 所示。插座上的有 8 个螺钉作为接线端子，分别与插座上的插片相连，是为了与信号机构配线而设置的。当继电器发生故障时可迅速更换之。JZSJC 型具有直立和侧放两种工作位置。$JZSJC_1$ 型继电器是吸收国外机车继电器的优点而研制的，是弹力型插入式继电器。接点有较大行程，接点接触可靠，有较强的抗振性能，并配有专用插座，方便现场使用和维修。

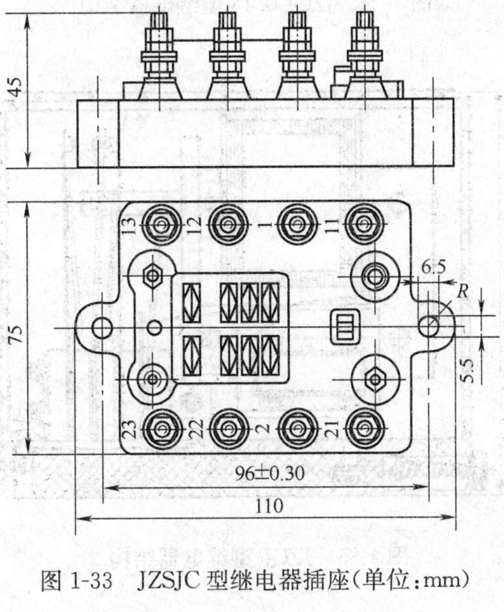

图 1-33　JZSJC 型继电器插座(单位：mm)

四、JZCJ-0.16 型继电器和 $JZCJ_1$ 型继电器

JZCJ-0.16 型和 $JZCJ_1$ 型继电器是重弹力式交流电磁继电器，为插入式，设有专用插座。在插座上端装有锁住装置，继电器插入插座后，用卡板将其锁住。

JZCJ-0.16 型和 $JZCJ_1$ 型继电器在现场使用，必须安装防震架。防震架有两种，一种用于信号机构，另一种用于变压器箱。

JZCJ-0.16 型继电器结构如图 1-34 所示，$JZCJ_1$ 型继电器结构如图 1-35 所示。它们的电磁系统由 Π 形铁芯和条形衔铁组成拍合式磁路。铁芯的两个极面各嵌一个短路铜环。衔铁的释放靠其自重及接点的反作用力，故可靠性较高。但是两者的铁芯尺寸不同。

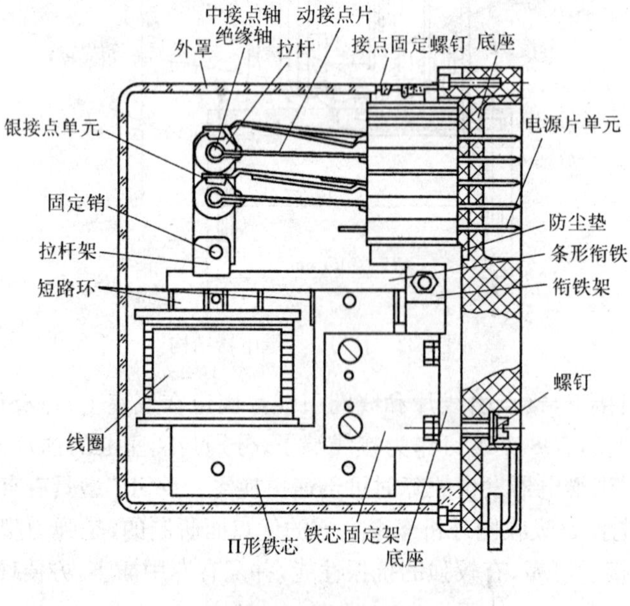

图 1-34　JZCJ-0.16 型继电器结构

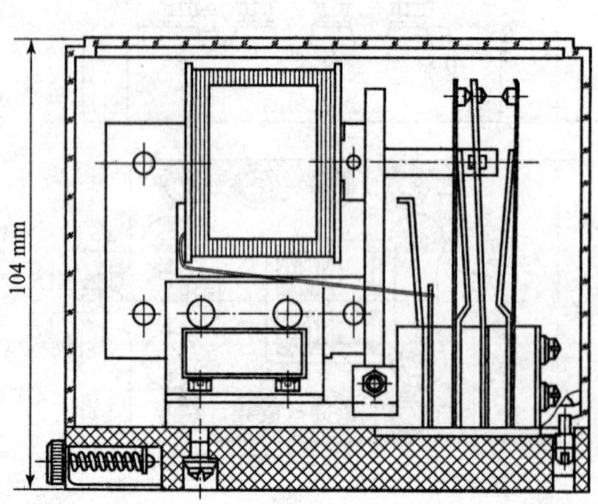

图 1-35　$JZCJ_1$ 型继电器结构

$JZCJ_1$与 JZCJ-0.16 型继电器的接点结构不同：$JZCJ_1$型继电器通过固定在衔铁上的推动杆伸出两臂与动接点片连接，当衔铁动作时，推动杆也随着动作，拉动动接点片使前接点闭合，后接点断开；JZCJ-0.16 型继电器采用安全型无极继电器的接点结构。它们的接点组数也不同。$JZCJ_1$与 JZCJ-0.16 型继电器的电源片与接点位置如图 1-36 所示。

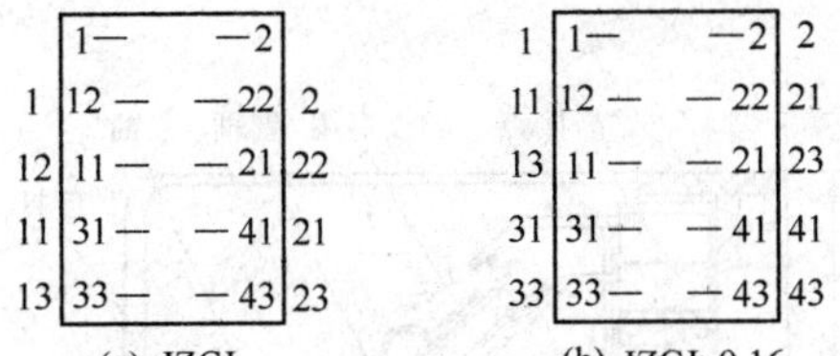

图 1-36 $JZCJ_1$与 JZCJ-0.16 型继电器电源片与接点位置

灯丝转换继电器的电气特性见前面的表 1-6。

第五节 交流二元继电器

交流二元继电器中的二元指有两个互相独立又互相作用的交变电磁系统，根据频率不同，交流二元继电器分为 25 Hz 和 50 Hz 两种。

JRJC-66/345 型和 $JRJC_1$-70/240 型二元继电器用于交流电气化区段的 25 Hz 相敏轨道电路中作为轨道继电器。它们由专设的 25 Hz 分频器供电，具有可靠的频率选择性和相位选择性，对于轨端绝缘破损和不平衡造成的 50 Hz 干扰能可靠地防护。另外还有动作灵活的翼板转动系统、紧固的整体结构，不仅经久耐用，而且便于维修。

50 Hz 交流二元继电器主要用于城市轨道交通等直流牵引区段的轨道电路中作为轨道继电器，其结构和动作原理与 25 Hz 交流二元继电器基本相同，只是线圈参数有所不同，以适应不同频率的需要。

本节介绍 25 Hz 交流二元继电器，它们的基本情况见表 1-7。

表 1-7 交流二元继电器的基本情况

型号		接点组数	线圈电阻（Ω）	电气特性					相位角	
				额定值		工作值不大于		释放值不小于	轨道电流滞后于局部电压	轨道电压滞后于局部电压
				电压（V）	电流（mA）	电压（V）	电流（mA）	电压（V）		
JRJC-66/345	局部	2Q	345	110	≤80				160°±8°	88°±8°
	轨道	2H	66			15	38	7.5		
$JRJC_1$-70/240	局部	2Q	240	110	≤100				157°±8°	87°±8°
	轨道	2H	70			15	40	8.6		

一、交流二元继电器的结构

JRJC-66/345 型交流二元继电器由于结构设计不合理造成卡阻，$JRJC_1$-70/240 型交流二元继电器在 JCJR-65/345 的基础上对结构进行改进设计。采用了增强整机结构稳定性和改进机械传动的形式；优化了磁路设计以增大电磁牵引力和改善了机械电气性能；改进接点结构，改善接点性能；改变接点转动轴的结构以提高动作可靠性。因此，在接点压力、返还系数、可靠性方面有了很大提高。

JRJC$_1$-70/240 型交流二元继电器结构如图 1-37 所示，由电磁系统、翼板、接点等主要部件组成。

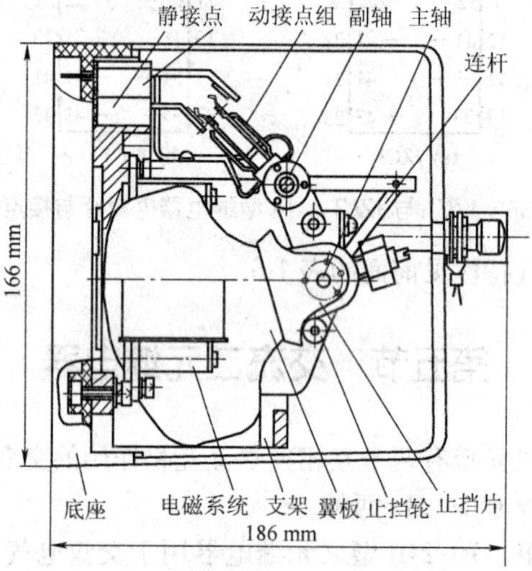

图 1-37　JRJC$_1$-70/240 型交流二元继电器结构图

1. 电磁系统

电磁系统包括局部电磁系统和轨道电磁系统。局部电磁系统由局部铁芯和局部线圈组成。轨道电磁系统由轨道铁芯和轨道线圈组成。铁芯均由硅钢片叠成。线圈是用高强度漆包线绕在线圈骨架上而构成的。

2. 翼板

翼板是将电磁系统的能量转换为机械能的关键部件。翼板由 1.2 mm 厚的铝板冲裁而成，安装在主轴上。翼片尾端安装有重锤螺母，对翼板起平衡作用。在翼板一侧的主轴上还安装一块 2.0 mm 厚由钢板制成的止挡片，与轴成一整体，使翼板转至上、下极端位置时受到限制。

3. 接点组

动接点固定在副轴上，主轴通过连杆带动副轴上的动杆单元使动接点动作，接点组编号如图 1-38 所示。

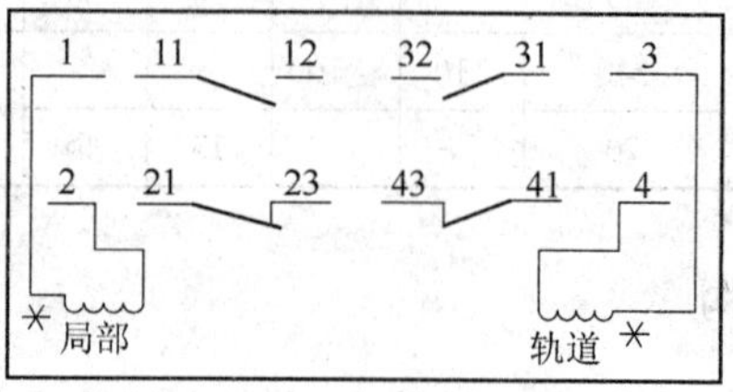

图 1-38　JRJC$_1$-70/240 型继电器接点组编号

JRJC$_1$-70/240 型继电器插座外形尺寸为 126 mm×165 mm，要占两个安全型继电器的位置。

交流二元继电器是感应式继电器且无附加轴，它的后接点不得在控制和表示电路中使用。交流二元继电器只有两组接点，故必须设复示继电器，采用专用的 JWXC-H310 型缓动继电器。

二、交流二元继电器的工作原理

1. 交流二元继电器的相位选择性

JRJC$_1$ 型交流二元继电器的磁系统如图 1-39 所示。当局部线圈和轨道线圈中分别通以一定相位差的交流电流 i_J 和 i_G 时，形成交变磁通 Φ_J 和 Φ_G，磁通穿过翼板时就形成了磁极 J 和 G，在翼板中分别产生感应电流，可看作是许多环绕磁通的电流环所组成，故称为涡流，以 i_{WJ} 和 i_{WG} 表示。涡流 i_{WG} 和 i_{WJ} 分别与磁通 Φ_J 和 Φ_G 作用，产生电磁力 F_1 和 F_2，即轨道线圈的磁通 Φ_G 在翼板中感应的电流 i_{WG}，在局部线圈磁通 Φ_J 作用下产生力 F_1；局部线圈的磁通 Φ_J 在翼板中感应的电流 i_{WJ}，在轨道线圈磁通 Φ_G 作用下产生力 F_2。F_1 和 F_2 的方向可由左手法则决定，如图 1-40 所示。

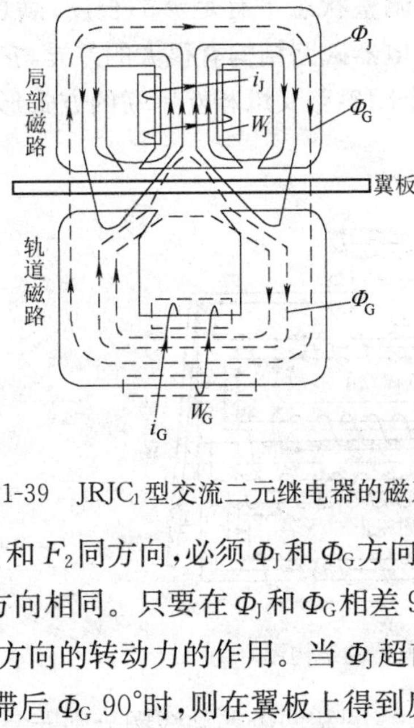

图 1-39　JRJC$_1$ 型交流二元继电器的磁系统

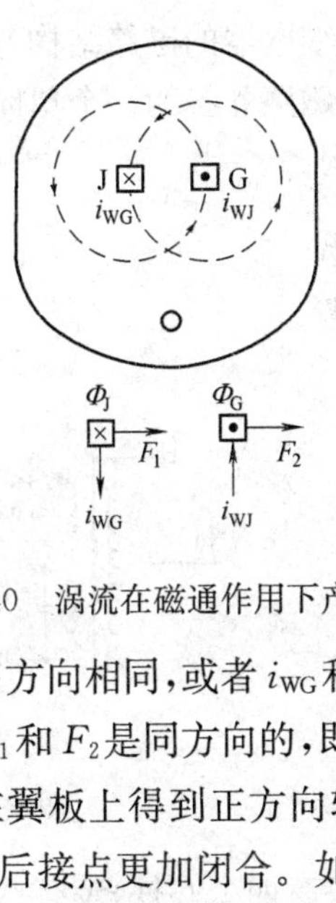

图 1-40　涡流在磁通作用下产生力

若使 F_1 和 F_2 同方向，必须 Φ_J 和 Φ_G 方向相反，i_{WG} 和 i_{WJ} 方向相同，或者 i_{WG} 和 i_{WJ} 方向相反，而 Φ_J 和 Φ_G 方向相同。只要在 Φ_J 和 Φ_G 相差 90°的条件下，F_1 和 F_2 是同方向的，即任何瞬间翼板总是受一个方向的转动力的作用。当 Φ_J 超前 Φ_G 90°时，在翼板上得到正方向转矩，接通前接点；而当 Φ_J 滞后 Φ_G 90°时，则在翼板上得到反方向转矩，使后接点更加闭合。如果仅在任一线圈通电或两线圈接入同一电源，翼板均不能产生转矩而动作，这就是交流二元继电器所具有的可靠的相位选择性，由此可解决轨端绝缘破损的防护问题。

2. 交流二元继电器的频率选择性

当牵引电流不平衡时，将有 50 Hz 电压加在轨道线圈上，这时所产生的转矩力在一个周期内平均值为零。即轨道线圈混入干扰电流与固定的 25 Hz 局部电流相作用，翼板不产生转矩，不能使继电器误动。同时，由于翼板的惯性较大，使继电器缓动，跟不上转矩力变化的速率，使继电器保持原来的位置而不致误动。

由于交流二元继电器具有频率选择性，不仅可以防止牵引电流的干扰，而且对于其他频率也有同样的作用。可以证明，当轨道线圈电流频率为局部电流频率 n 倍时，不论电压有多高，翼板均不能产生转矩使继电器误动。

交流二元继电器的可靠的频率选择性便于电码化的实现，当 25 Hz 相敏轨道电路叠加移频轨道电路时，移频信号加在轨道线圈上，不会使轨道继电器误动，这使得设备简单，工作稳定，避免了切换方式降低轨道电路技术标准的情况。

第六节　二元差动继电器

高压脉冲轨道电路使用 JCRC-24.7k/7.5k 二元差动双闭磁路轨道继电器，它是高压脉冲轨道电路的核心元件，和译码器、扼流变压器构成电气化区段轨道电路的接收端，专门接收钢轨上固定极性的高压脉冲而工作。它不需要局部电源，当钢轨上的脉冲极性不符或高压脉冲的波头、波尾的幅值比例畸变或在钢轨上有工频电流干扰时，二元差动继电器落下。

一、二元差动继电器结构

二元差动继电器的结构如图 1-41 所示，它由两套单闭磁路结构组成，它的磁路和心柱上的线圈都是串联而成的，其目的是：满足轨道电路调整状态下有足够的长度；满足“故障—安全”原则。这种继电器的磁路结构与一般的直流继电器磁路结构有很大的差异，它有两个单闭磁路，磁路Ⅰ和磁路Ⅱ各为一个单闭磁路，而这两个闭磁路又以相互串联的方式形成一个⋂型拍合式磁路结构。

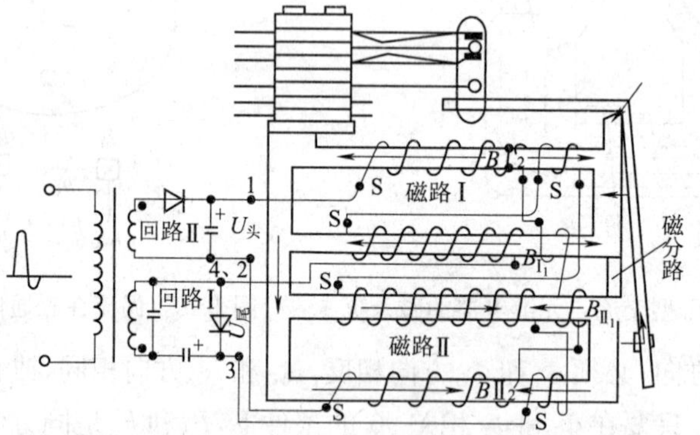

图 1-41　二元差动继电器的结构图

该继电器共有四个心柱，装有八个线圈，两个大线圈和两个差动线圈分别安装在两个单闭磁路的一个心柱上；两个中线圈和两个引导线圈分别装在另一个心柱上。将两个不同心柱上的大线圈和引导线圈，按一定的极性要求串联起来，构成高压脉冲的头部线圈；将两个单闭磁路心柱上的中线圈和差动线圈亦按一定的极性要求串联起来，构成高压脉冲的尾部线圈。

二、二元差动继电器的工作原理

一个闭磁路中大线圈和中线圈产生的磁通方向相同，具有差动线圈和大线圈产生的磁通方向相反，引导线圈和中线圈产生的磁通方向相反。在正常情况下，一个闭磁路中的 4 个磁通在所在磁路中抵消后的剩余磁通并联后，与另一闭磁路中的4个磁通在所在磁路中抵消后的剩余磁通并联后相互串联形成一个总磁通，大部分通过衔铁产生一个吸力，使衔铁闭合，继电器吸起；另一部分通过磁分路支板，有另外的作用；其余部分则为漏磁通。

假设为使继电器吸起，需要脉冲头部线圈和脉冲尾部线圈各提供150安匝的磁势。通过适当选择接收器的两个单元，并调节变压器线圈匝数比，在满足接收最小脉冲的条件下，磁势分配情况如下：脉冲头部线圈的磁势在每个线圈上的值为：两个大线圈上分别为72安匝，两个引导线圈上分别为3安匝；脉冲尾部线圈的磁势在每个线圈上的值为：两个中线圈上分别为53安匝，两个差动线圈上分别为22安匝。在闭磁路Ⅰ中，磁路B_{I_1}上中线圈上的53安匝减去引导线圈上的3安匝后，余下的50安匝是在闭磁路Ⅰ中磁路B_{I_1}上的有用安匝；B_{I_2}上大线圈上的72安匝减去差动线圈上的22安匝后，余下的50安匝是在闭磁路Ⅰ中磁路B_{I_2}上的有用安匝。两个50安匝的磁势分别在其磁路中产生同方向的有用磁通。同理在闭磁路Ⅱ中每个磁路上也得到50安匝的有用的磁势，两个50安匝的磁势也分别在其磁路中产生同方向的有用磁通。可以看出，两个闭磁路串联后脉冲头部线圈提供的磁势为150安匝的情况下，在理想情况下实际有用安匝应为150安匝减去两个差动线圈所产生的44安匝（抵消脉冲头部圈的安匝）及两个引导线圈所产生的6安匝（脉冲头部圈无用安匝），共剩余100安匝；同理，脉冲尾部线圈提供的150安匝，实际有用安匝也应为100安匝。由于是并联磁路结构，两个100安匝并联之后总的有用磁势应为200安匝。而实际提供的安匝为300安匝，这是差动线圈和引导线圈的引入所起的负作用。

假设接收端出现交流电压，$U_{头}$与交流电压波形的一个半波相当，交流电压波形的另一个半波要比不对称脉冲波形的$U_{尾}$大。由于$U_{头}$和$U_{尾}$几乎与$I_{头}$和$I_{尾}$成正比，而且由于变压器变比（$U_{头}$处为1∶1，$U_{尾}$处为1∶8）的作用及脉冲尾部线圈中每个线圈的匝数不变，使得电流增大8倍，而脉冲头部线圈中每个线圈的匝数不变，电流也不变。所以，在闭磁路Ⅰ中，B_{I_1}中的磁势为：$8\times53-3=421$安匝，B_{I_1}中的磁势为：$8\times22-72=104$安匝。闭磁路Ⅱ与闭磁路Ⅰ的结果相同。这样，每一个闭磁路中的磁势所产生的磁通自身形成环路，衔铁中的磁通很少，继电器落下。这显示了差动线圈的差动作用及继电器抗交流干扰的特点。

轨端绝缘破损时，相邻轨道电路发送端发出的不对称脉冲波形传输到轨道电路继电器的波形与正确波形正好相反。与上述交流电压的输入情况基本相同，继电器也落下。

当接收端由于列车分路、钢轨断裂等原因造成继电器的线圈电压$U_{头}$和$U_{尾}$低于落下值时，继电器落下。

当继电器的脉冲头部线圈电压为零时，脉冲尾部线圈在一定的电压下，不应使继电器吸起。当继电器的脉冲尾部线圈电压为零时，脉冲头部线圈在一定的电压下，不应使继电器吸起。当继电器的脉冲头部线圈或脉冲尾部线圈断线时，在正常工作电压下，继电器落下。

如果脉冲尾部线圈断线时，在闭磁路Ⅰ中，磁路B_{I_1}中的引导线圈产生磁势，磁路B_{I_2}中的大线圈产生磁势，二者产生的磁通方向相反，在闭磁路Ⅰ中是N—S—N—S相串联，同理，在闭磁路Ⅱ中也是N—S—N—S相串联。这种线圈布置方式使磁通的闭路性能更好。引导线圈提高了继电器脉冲头部线圈的动作电压值，而提高了继电器的可靠性。

如果脉冲头部线圈断线时，在闭磁路Ⅰ中，磁路B_{I_1}上的中线圈产生磁势，磁路B_{I_2}上的差动线圈产生磁势，二者产生的磁通方向相反，在闭磁路Ⅰ中是N—S—N—S相串联；同理在闭磁路Ⅱ中也是N—S—N—S相串联。与脉冲头部线圈的线圈布置相似，并且由于差动线圈的磁势较引导线圈大，其闭路性能更好。

二元差动继电器的双闭磁路结构中，在主工作气隙处并联一个磁分路结构后，较大地提高了继电器的脉冲头部线圈或脉冲尾部线圈动作时的电压值。磁分路和引导线圈一样，也使得继电器的灵敏度下降。

由于增加了引导线圈和磁路中磁分路结构的存在，继电器的脉冲头部线圈或脉冲尾部线圈单独加电压时其电压值都大于 300 V 才有可能使继电器动作。

为了降低工作值，可相应地减少磁分路的作用，采取在支板与极掌上部之间，适当增加气隙(垫绝缘垫片)等办法。

二元差动继电器的线圈参数及电气特性见表 1-8。

表 1-8　二元差动继电器的线圈参数及电气特性

继电器型号	线圈电阻(kΩ)		工作值(V)		特性释放值		差动值			充磁值(V)		头部线圈不吸值不小于(V)
	头部线圈	尾部线圈	头部线圈不大于	尾部线圈不大于	头部线圈	尾部线圈	尾部线圈不大于	头部线圈电压给定	差动比	头部线圈	尾部线圈	
JCRC-24.7k/7.5k	24.7	7.5	27	19	实测工作值的 50%	实测工作值的 50%	$\frac{81\ \text{V}}{150\ \text{V}}$	$\frac{27\ \text{V}}{50\ \text{V}}$	2∶1 ～ 3∶1	100	100	300

第七节　继电器的应用

应用继电器可构成各种控制和表示电路，统称继电电路。在具体的应用过程中，涉及如何选用继电器、如何识读继电电路、如何分析继电电路及如何判断继电器故障等方面。掌握这些知识和技能，有利于正确运用继电器。

一、电路中选择继电器的一般原则

根据电路要求，按继电器的主要参数和指标进行选择，具体如下：

(1)继电器类型、线圈电阻，应满足各种电路的具体要求。

(2)电路中串联使用继电器时，串联的继电器的数量应满足各继电器正常工作电压的要求。

(3)继电器的接点最大允许电流不应小于电路的工作电流，必要时可采用接点并联的方法。

(4)继电器的接点数量不能满足电路要求时，应设复示继电器，复示继电器应能及时反映主继电器的动作状态。

(5)电路中串联继电器接点时，要使串联继电器接点的接触电阻不影响电路的正常工作。

二、继电器的表述

1. 继电器的名称符号

继电器一般是根据它的主要用途和功能来命名的，例如反映按钮动作的继电器称为按钮继电器，控制信号的继电器称为信号继电器。为了便于标记，继电器符号用汉语拼音字头来表示，例如按钮继电器表示为 AJ，信号继电器表示为 XJ。在一个控制系统中会用到许多继电器，同一作用和功能的继电器也不止一个，它们的名称必须有所区别。例如以 XLAJ 代表下行进站信号机的列车进路按钮继电器，STAJ 代表上行通过按钮继电器。

同一个继电器的线圈和接点必须用该继电器的名称符号来标记，以免互相混淆。同一个继电器的各接点组还需用其编号注明，以防重复使用。

2. 继电器的定位

继电器有两个状态：吸起状态和落下状态。在电路图中只能表达这两种状态中的一种，应有所规定。电路图中继电器呈现的状态称为通常状态（简称常态），或称为定位状态。在铁路信号系统中遵循以下原则来规定定位状态。

(1)继电器的定位状态应与设备的定位状态相一致，信号布置图中所反映的设备状态约定为设备的定位状态。例如一般信号机以关闭为定位状态，道岔以开通定位为定位状态，轨道电路以空闲为定位状态。

(2)根据“故障—安全”原则，继电器的落下状态必须与设备的安全侧相一致。例如，信号继电器的落下应与信号关闭相一致，轨道继电器落下应与轨道电路占用相一致。这样，才能实现电路发生断线故障时导向安全侧。

根据以上两条原则就可确定继电器的定位状态了。例如，信号继电器 XJ 落下与信号关闭相对应，规定 XJ 落下为定位状态；道岔定位表示继电器 DBJ 吸起与道岔处于定位相对应，规定 DBJ 吸起为定位状态，而道岔反位表示继电器 FBJ 吸起应与道岔处于反位相对应，故规定 FBJ 落下为定位状态。轨道继电器 GJ 吸起与轨道电路空闲相对应，规定 GJ 吸起为定位状态。

在电路图中，凡以吸起为定位状态的继电器，其线圈和接点处均以“↑”符号标记之；凡以落下为定位状态的继电器，其线圈和接点处均以“↓”符号标记之。

3. 继电器图形符号

在继电电路中，涉及继电器线圈和接点组，它们的图形符号分别见表 1-9 和表 1-10，这些图形符号反映了继电器的某些特性，因此绘图时必须正确选用，以免混淆。表中的接点图形符号有工程图用和原理图用两种。工程图用的符号略为复杂，但能准确表达接点的状态，且不致因笔误而造成误解，所以工程图必须采用工程图用符号。原理图用的接点符号比较简单，但稍有笔误即易造成误认，仅限于设计草图和教学中使用。

表 1-9　继电器线圈的图形符号

序　号	符　号	名　称	说　明
1	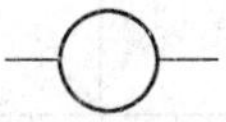	无极继电器	
	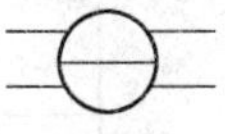		两线圈分接
2		无极缓放继电器	
3	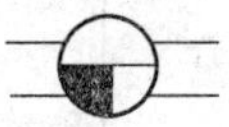		单线圈缓放

续上表

序号	符号	名称	说明
4	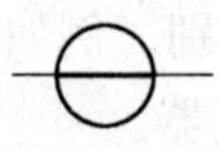	无极加强继电器	
5	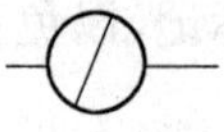	有极继电器	
6	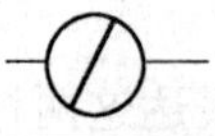	有极加强继电器	
	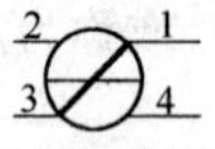		两线圈分接
7	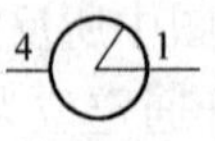	偏极继电器	
8	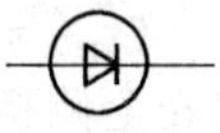	整流式继电器	
9	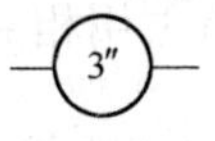	时间继电器	
10	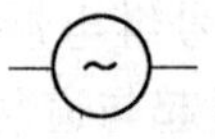	交流继电器	
11	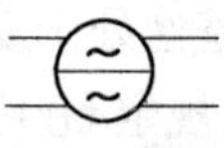	交流二元继电器	

表 1-10　继电器接点的图形符号

序号	符号		名称	说明
	标准图形	简化图形		
1	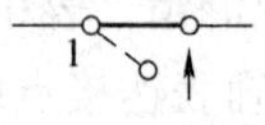	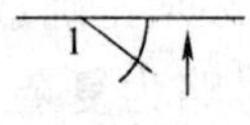	前接点闭合	
2	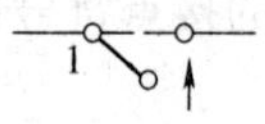	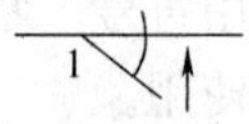	后接点断开	
3	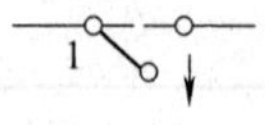	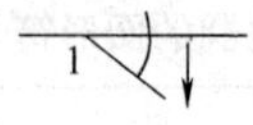	前接点断开	
4	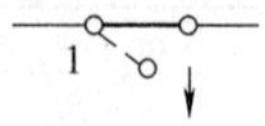	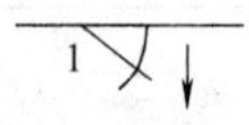	后接点闭合	
5	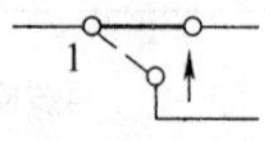	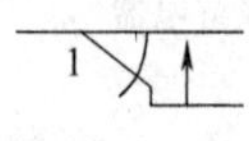	前、后接点组	前接点闭合 后接点断开
	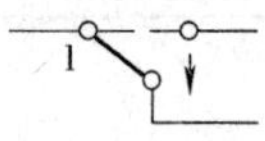	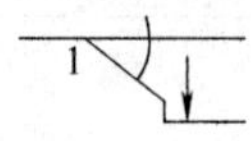		前接点断开 后接点闭合
6	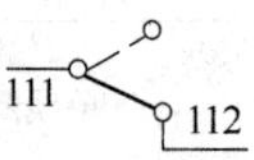	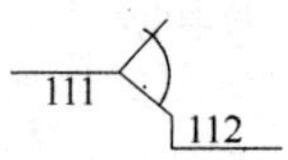	极性定位接点闭合	

续上表

序号	符号		名称	说明
	标准图形	简化图形		
7	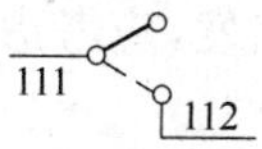	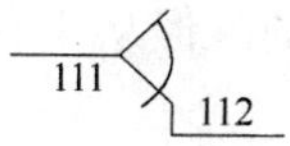	极性定位接点断开	
8	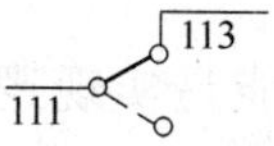	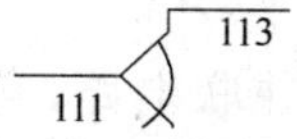	极性反位接点闭合	
9	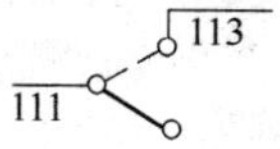	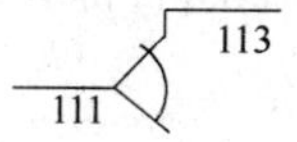	极性反位接点断开	
10	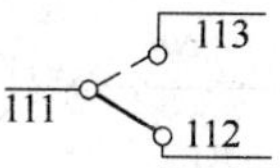	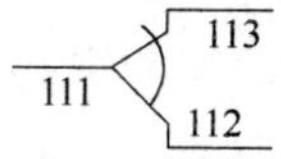	极性定、反位接点组	定位接点闭合 反位接点断开
	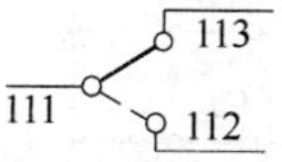	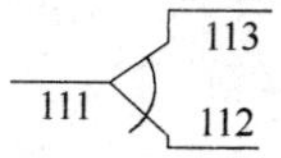		定位接点断开 反位接点闭合

初学者要注意的是，为绘图方便，一个继电器的线圈符号和它的接点符号可以分别画在电路图的不同位置，也可以画在不同的图纸上，当然它们的名称符号要标记清楚。

在继电器线圈符号上要注明其定位状态的箭头和线圈端子号。在继电器接点符号上要注明其定位状态的箭头和接点组号。

对于继电器的前接点和后接点，只标出其接点组号，而不必详细表明动接点、前接点、后接点号。但从图中可看出，例如第 1 组接点，其动接点片为 11，前接点为 12，后接点为 13。

而对于有极继电器，因无法用箭头表示其状态，所以必须表明其接点号，如 111-112 表示定位接点，111-113 表示反位接点，百分数 1 是为了区别于其他继电器而增加的。

三、继电器线圈的使用

对于有两个线圈参数相同的继电器，它的线圈有多种使用方法：可以两个线圈串联使用，连接 2-3 电源片，使用 1-4 电源片；可以两个线圈并联使用，电源片 1-3 连接，2-4 连接，使用 1-2 或 3-4 电源片；也可以两个线圈分别使用或单线圈单独使用。无论哪一种使用方法，都要保证继电器的工作安匝和释放安匝，才能使继电器可靠工作。

单线圈使用时，为了保证得到与两线圈串联使用时同样的工作安匝，通过线圈的电流必须比串联时大一倍，所消耗功率也大一倍。此时，电源容量要大，线圈易发热。因此，继电器大多采用两线圈串联使用的方法。但当电路需要时，也采用分线圈使用的方法。两线圈并联使用时，所需电压比串联时低一半，一般使用在较低电压的电路中。

四、继电器基本电路

1. 串联电路和并联电路

根据继电器接点在电路中的连接方式，继电电路可分为串联、并联和串并联三种基本形式。

(1)串联电路

串联电路指继电器接点串联连接的电路,其功能是实现逻辑"与"的运算。图 1-42 为一串联电路,3 个接点必须同时闭合才能使 DJ 吸起。从逻辑功能来看,接点在电路中的串接顺序是任意的,而且动接点是否接向电源也是任意的。但从工程角度出发,应考虑接点的有效使用,如 AJ 的后接点可用在别的电路中。

(2)并联电路

由几个继电器接点并联连接的电路称为并联电路,它的功能是实现逻辑"或"运算。图 1-43为 3 个接点并联的例子,其中任意一个接点闭合都会使 DJ 吸起。从工程角度看,也要考虑接点组的有效利用。

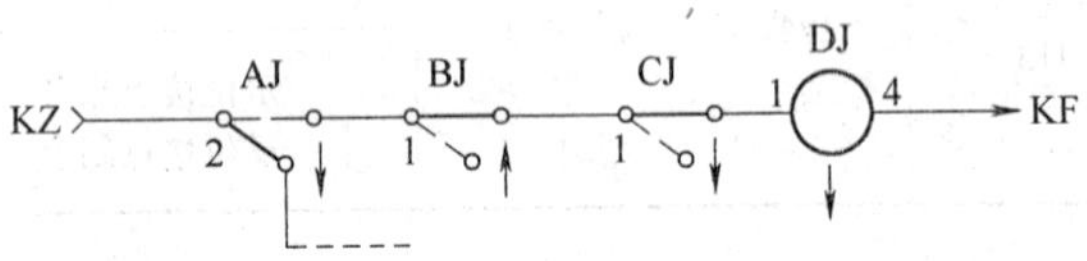

图 1-42　串联电路

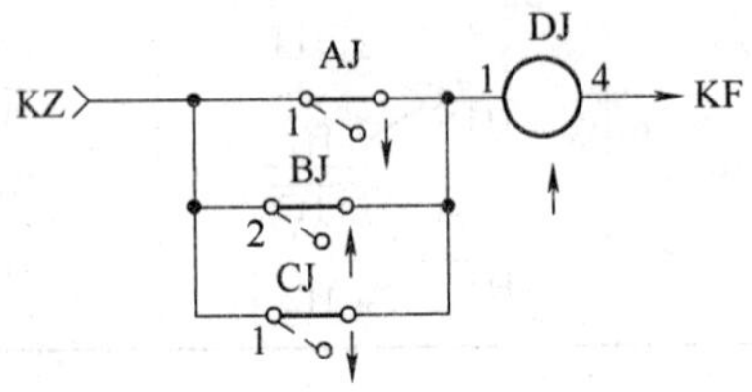

图 1-43　并联电路

(3)串并联电路

根据逻辑功能的要求,电路中有些接点串联,有些接点是并联,这类电路称为串并联电路,如图 1-44 所示。

2. 自闭电路

在继电器构成的控制系统中,常需要将某一动作记录下来为以后的过程做准备。例如图 1-45所示的按钮继电器电路,按下自复式按钮 A 后,AJ 经过励磁电路吸起。但松开按钮后,继电器就不能保持吸起。为此,增加由自身前接点构成的电路,使按钮松开后,继电器不落下。这条由自身前接点构成的电路称为自闭电路。有了自闭电路后继电器就有了记忆功能。当然,当它完成任务后,就必须由表示该任务完成的继电器接点使其复原。

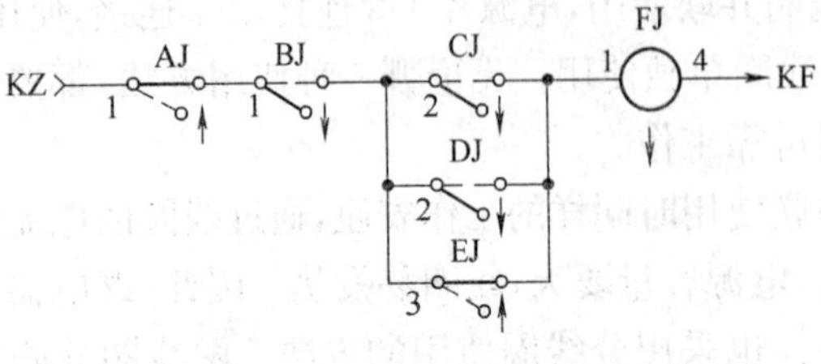

图 1-44　串并联电路

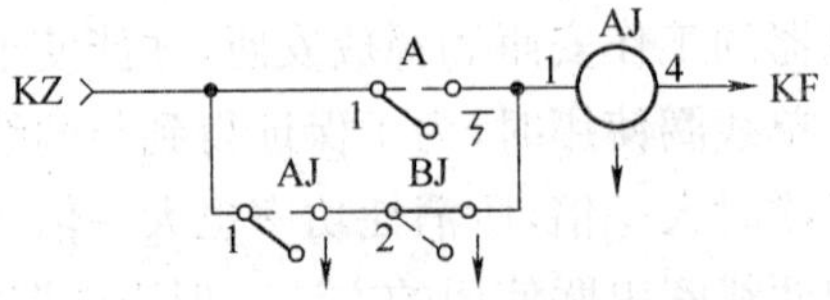

图 1-45　自闭电路

五、继电电路的分析法

在设计和分析继电电路时,为了便于认识和掌握电路的逻辑功能、继电器动作顺序、继电器动作时机和继电器励磁回路,需采用一些简便的分析方法,通常有动作程序法、时间图解法和接通径路法。

1. 动作程序法

动作程序法用来表示继电器的动作过程，着重反映继电电路的时序关系和因果关系，而不严格地表达逻辑功能。

用符号表示各继电器状态的变化，“↑”表示继电器吸起，“↓”表达继电器落下（这里↑、↓表示继电器的动作，不要和电路图中表示继电器定位状态的↑、↓相混淆）。“→”表示促使继电器吸起、落下。“|”表示逻辑“与”。

例如对于图 1-46 所示的脉动偶电路（由两个继电器组成的脉冲形成电路），可写出它的动作程序。

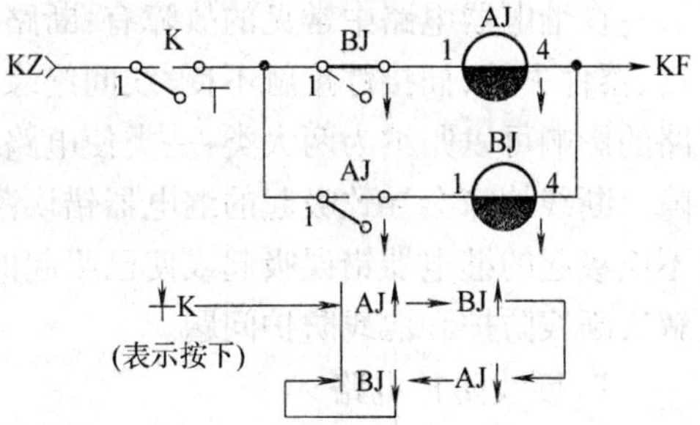

图 1-46　脉动偶电路

2. 时间图解法

有些继电电路的时间特性要求较严格，整个电路动作过程与继电器的时间特性（如缓放时间的长短）密切相关。这时，可用时间图解法来较准确地进行分析。时间图解法能很清楚地表示出各继电器的工作情况、相互关系和时间特性，能正确地反映整个电路的动作过程。

时间图解法把继电器线圈通电、后接点断开、前接点闭合、线圈断电、前接点断开、后接点闭合等都在时间图上表示出来，如图 1-47 所示表示出来。继电器之间的互相关系，在时间图上用箭头表示。

如图 1-46 所示的脉动偶电路，它的动作过程的时间图如图 1-47 所示。

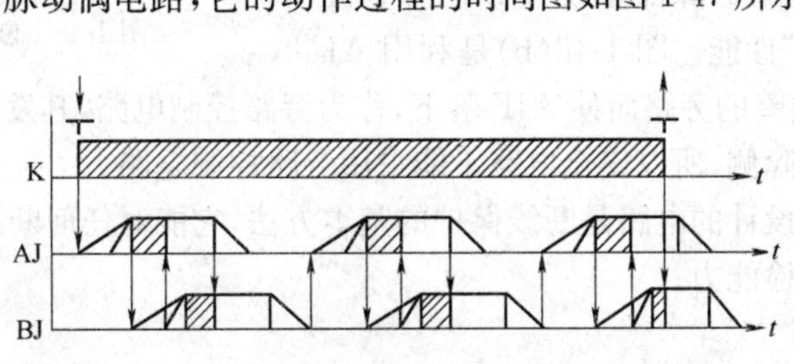

图 1-47　脉动偶电路时间图解

3. 接通径路法

接通径路法用来描述继电器励磁电流的径路，即由电源正极经继电器接点、线圈及其他器件（按钮接点、二极管等）流向电源负极的回路，它是在分析继电器电路中常用的方法（俗称跑电路，不一定写下来）。

例如，对于图 1-46 所示的脉动偶电路，其励磁电路如下：

KZ—$K_{11\text{-}12}$—$BJ_{11\text{-}13}$—$AJ_{1\text{-}4}$—KF。

KZ—$K_{11\text{-}12}$—$AJ_{11\text{-}12}$—$BJ_{1\text{-}4}$—KF。

式中各接点及器件的下标是它们在电路中具体连接的接点号或端子号，接点之间用“—”联系，它表示经由，而不用“→”，没有促使的含义，以避免和动作程序法中的“→”相混淆。

一个继电器可能有多条励磁电路，需分别写出接通径路予以描述。

接通径路法仅表达了继电电路的导通路径，而不能反映电路的逻辑功能。对于复杂的继电电路，在对其逻辑功能不熟悉的情况下，可先用接通径路来加以描述。

在实际应用过程中，通常将动作程序法和接通径路法结合起来使用，一方面，在掌握继电电路动作程序的情况下，能方便地跑通电路；另一方面，在跑通电路的过程中，加深对动作程序的理解。

六、继电器电路安全措施

在继电器电路中常见的故障有：断路器脱扣、断线、脱焊、螺丝松脱、线圈烧坏、接点接触不良、器件失效、插接件接触不良、线间绝缘不良、线路混入电源等，故障种类很多。但就其对电路的影响可以归纳为两大类：一类使电路开路，称为断线故障；另一类使电路混线，称为混线故障。断线故障会导致吸起的继电器错误落下或使应吸起的继电器不能吸起。混线故障可能使不应吸起的继电器错误吸起或使已吸起的继电器不能及时落下，继电器电路的安全性主要是解决断线防护和混线防护问题。

1. 断线防护电路

电路的断线故障远多于混线故障，据此必须按闭合电路法（以电路断开对应安全侧，以电路闭合对应危险侧）设计继电电路，即发生断线故障时使继电器落下以满足“故障—安全”的要求。图 1-48 所示的两个电路是等效的，即 AJF 是 AJ 的复示继电器，但两者结构不一样，图 1-48(a)符合闭合电路原理，无论何处发生断线故障都导致 AJF 在落下状态，具有“故障—安全”性能。图 1-48(b)是利用 AJ 的后接点构成 AJF 线圈的旁路而使 AJF 落下，称为旁路控制电路，其发生断线故障时 AJF 反而错误吸起而导向危险侧，所以安全电路不能采用旁路控制电路。

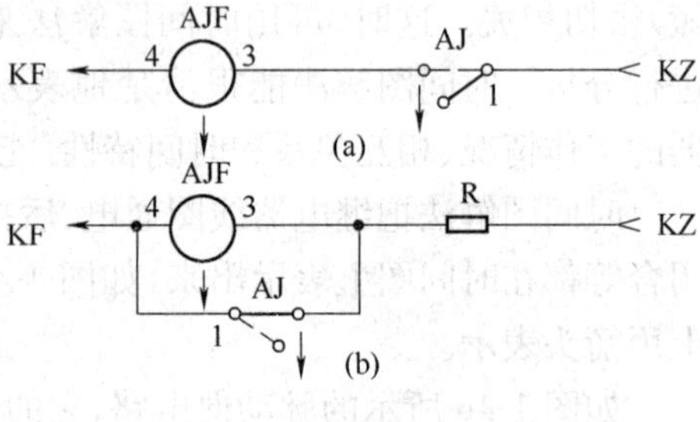

图 1-48　断线防护电路

按闭合电路原理设计的电路是断线保护的基本方法，它能对任何断线故障有反映，故可认为它具有断线故障自检能力。

2. 混线防护电路

继电电路按闭合电路原理设计，在混线故障情况下就有可能使继电器错误吸起而导向危险侧。因此尽管混线故障远少于断线故障，也必须慎重地采取防护措施。实际上，要使电路的各点都进行混线防护，是困难的，也是不可能的。室内环境较好，只要采取严格的施工工艺，电路极少发生混线故障，一般不采取防护措施。

(1)位置法

位置法也称远端供电法，是针对室外电路之间混线而采取的措施。例如，在图 1-49 中两电路的逻辑功能是等同的，但电路结构不同，图 1-49(a)的继电器和电源均在电路的同一侧，发生混线故障时继电器将无条件地错误吸起，这十分危险。而在图 1-49(b)中，继电器和电源分设在电路两侧，发生混线故障时，一方面使继电器短路，另一方面在接点 DB(转辙机接点)闭合的情况下使电源处的断路器脱扣，从而使继电器落下，导向了安全侧。所以，位置法的关键是继电器和电源必须分别设在可能混线位置的两侧。

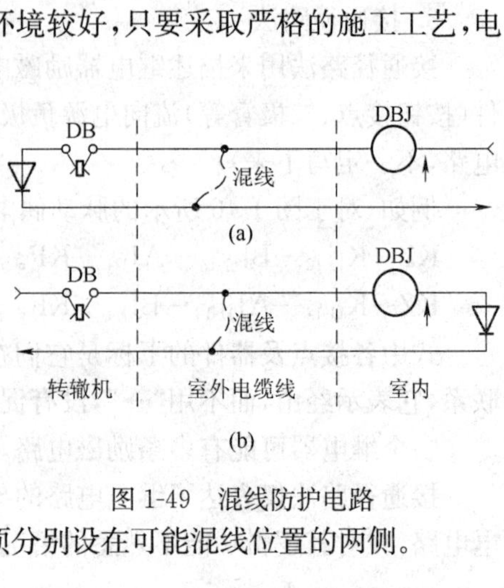

图 1-49　混线防护电路

(2)极性法

极性法是针对室外电路混入电源而采取的措施。如图 1-50 所示,电路中采用偏极继电器。当 Q 线上混入正电时,与电源极性一致,则继电器 1JGJ 仍保持吸起,Q 线上混入负电时,则断路器脱扣,使继电器 1JGJ 落下导向安全侧。在 H 线上混入电源情况同样如此。如果在列车占用 1JG 时,1GJ↓,此时若在 Q 上混入负电,H 线上混入正电,则 1JGJ 因极性不符,不吸起,而如果采用无极继电器就不能达到此目的。

(3)双断法

双断法是在电路的 Q 线和 H 线上都接入同样的控制接点,来防止混线混电故障。如图 1-51所示,如不采用双断,则当 a、b 两点同时发生接地或控制接点引出端子间发生短路等故障时,尽管控制接点未闭合,也能使继电器错误吸起。但若采用双断法,这种可能性就大大减小。Q 线或 H 线混入电源,也可防护。

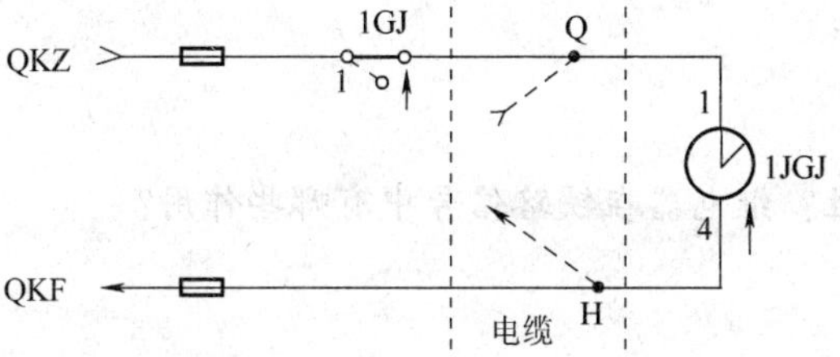

图 1-50　极性法混线防护电路

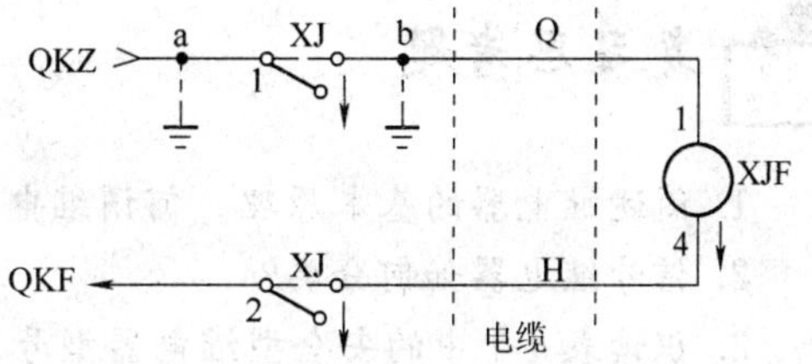

图 1-51　双断法混线防护(1)

又如图 1-52(a)所示,若不采用双断法,继电器 DBJ 和 FBJ 的 Q 线之间发生混线故障,则 FBJ 将错误吸起;若采用双断法,如图 1-52(b)所示,则 Q 线间发生混线故障时也不会使 FBJ 错误吸起。

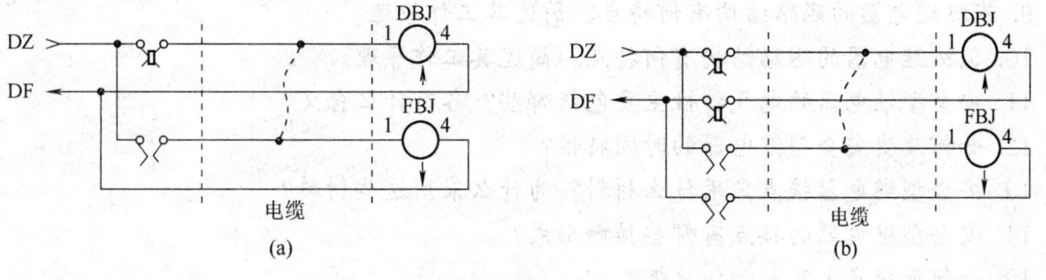

图 1-52　双断法混线防护(2)

(4)独立电源法

独立电源法也称为电源隔离法。从上述双断法分析中可以看出,在混线故障情况下导致继电器错误吸起的原因在于继电器未采用独立电源或多个继电器共用一个电源所致。如果每个继电器都有各自的电源且没有公共回线,那么任何两条线路混线都不会构成错误的闭合电路使继电器吸起。但为每个继电器设直流电源很不经济,故在直流电路中未采用,然而在交流电源中可以很方便地利用变压器实现电源隔离,例如轨道电路、信号点灯电路和道岔表示电路都采用变压器隔离。图 1-53 为道岔表示电路,其中的 BB 就是专用的隔离变压器。

以上几种措施也可能同时采用。

此外还有分路法(当继电器处于落下状态时接通继电器线圈的分路线,以防止因混入电源而错误吸起)、分线法(重要的继电器电路不与其他继电器共用回线)等。

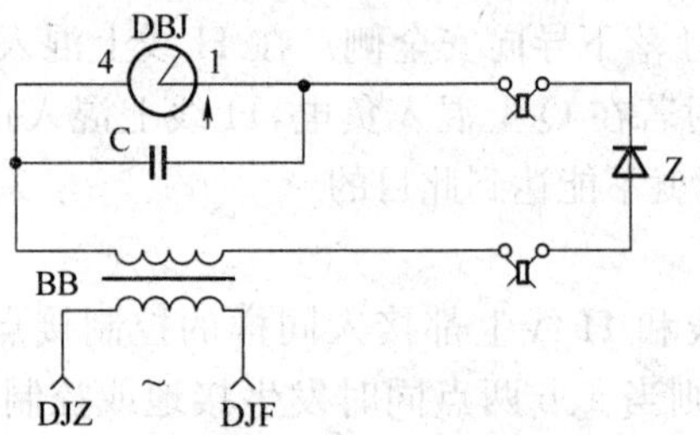

图 1-53　独立电源防护法

复习思考题

1. 简述继电器的基本原理。何谓继电特性?继电器在铁路信号中有哪些作用?
2. 信号继电器如何分类?
3. 识读表 1-1 中的安全型继电器型号。
4. 安全型继电器的插座编号、鉴别销和型别盖有什么作用?举例说明。
5. 安全型继电器有哪些特点?
6. 简述无极继电器的结构和工作原理,其由哪些主要部件组成?各起什么作用?
7. 无极加强继电器结构上有何特点?
8. 整流式继电器结构上有哪些特点?其与无极继电器有何异同?
9. 有极继电器的磁路结构有何特点?简述其工作原理。
10. 偏极继电器的磁路结构有何特点?简述其工作原理。
11. 安全型继电器的电气特性主要包括哪些?各有什么含义?
12. 如何改变安全型继电器的时间特性?
13. 安全型继电器接点采用什么材料?为什么采用这些材料?
14. 安全型继电器的接点有哪些接触形式?
15. 如何灭接点火花?如何灭弧?
16. 简述时间继电器的结构。
17. 时间继电器是如何获得延时的?
18. 灯丝转换继电器有何特点?
19. 交流二元继电器的结构有何特点?用于何处?
20. 交流二元继电器如何具有相位选择性和频率选择性?
21. 二元差动继电器的结构有何特点?用于何处?
22. 简述二元差动继电器的工作原理。
23. 总结各类继电器的异同。
24. 电路中选择继电器有哪些原则?
25. 识读各种继电器的名称和图形符号。

26. 继电器线圈有哪些使用方法？各用于何种场合？
27. 有哪些基本继电电路？何谓自闭电路？有何作用？
28. 继电电路采用哪些分析电路的方式？各有什么特点？
29. 继电电路如何进行断线防护？何谓闭路式原理？
30. 继电电路如何进行混线防护？各种防护方法各有什么特点？

第二章　信号机和信号表示器

为指示列车运行及调车作业的命令，铁路必须根据需要设置各种信号机和信号表示器，它们是各种信号系统中不可缺少的组成部分，用来形成信号显示，指示运行条件。信号显示方式及其使用，必须严格按《铁路技术管理规程》[以下简称《技规》(分别为普速铁路部分和高速铁路部分)]的规定执行。

第一节　铁路信号概述

铁路信号有广义和狭义两种含义。广义的铁路信号是铁路运输系统中，保证行车安全、提高区间和车站通过能力及编解能力的手动控制、自动控制及远程控制技术的总称，它包括车站信号、区间信号、机车信号、道口信号、驼峰信号等。狭义的铁路信号是在行车、调车工作中，对行车有关人员指示运行条件而规定的物理特征符号。本章讲述的铁路信号指的是后者，而且是后者中的固定信号，包括信号机和信号表示器。

一、铁路信号的含义

铁路信号包括听觉信号和视觉信号。听觉信号又称音响信号，是用音响表示的信号，如用号角、口笛、机车鸣笛、响墩等发出的信号，它以音响的强度、频率和时间长短来表达信号含义。视觉信号是用颜色、形状、位置、显示数目及灯光状况表达的信号，如用信号旗、信号灯、信号牌、信号机、信号表示器、信号标志显示的信号。

视觉信号按信号机具是否移动分为手信号、移动信号和固定信号。手持信号旗或信号灯发出的信号，叫手信号。在地面上临时设置的、可以移动的信号牌，叫作移动信号，如为防护线路施工地点临时设置的方形红牌、圆形黄牌等。为防护一定目标，常设于固定地点的信号，叫固定信号。如设于地面的信号机和信号表示器等，都是固定信号。在机车司机室内设置指示列车运行前方条件的信号，叫机车信号，它对于机车是固定的，也属于固定信号。

铁路电务部门负责维护的信号只是固定信号，包括地面固定信号和机车信号，其他各种信号机具由使用部门负责使用和维护。平时所说的信号一般专指固定信号，本章介绍的也只是固定信号。

二、禁止信号和进行信号

在我国铁路，按照运营要求，采用以下基本信号：

(1)要求停车的信号。

(2)要求注意或减速运行的信号。

(3)准许按规定速度运行的信号。

要求停车的信号叫做禁止信号或停车信号，要求注意或减速运行的信号及准许按规定速度运行的信号，都叫作进行信号。

我国铁路视觉信号的基本颜色是红色、黄色和绿色。其中红色信号的基本意义是停车；黄色信号是注意或减速运行；绿色信号是按规定速度运行。

三、固定信号分类

1. 按设置部位分类，固定信号可分为地面信号和机车信号

地面信号是设于车站或区间固定地点的信号机和信号表示器，用来防护站内进路或区间闭塞分区以及道口。机车信号设于机车驾驶室内，用来复示地面信号显示，以及逐步成为行车凭证使用。

2. 按信号机构造分类，地面信号机可分为色灯信号机和臂板信号机

色灯信号机是用灯光的颜色、数目及亮灯状态表示信号含义的信号机。它具有昼夜显示一致、占用空间小等特点，但需可靠的交流电源。色灯信号机按信号机构的构造又分为探照式、透镜式和组合式，以及 LED 式。

探照式色灯信号机以反射镜为集光器，其特点是一个灯位的信号机构可显示多种（一般为三种）灯光颜色，故又称为单灯信号机，其缺点是易发生卡阻引起信号显示升级，这是万万不允许的。探照式色灯信号机早已停止使用。

透镜式色灯信号机是以凸透镜组为集光器的色灯信号机。透镜组由无色的外透镜和有色的内透镜组成，显示的颜色取决于内透镜的颜色。它的每个灯位固定一种颜色，多种颜色由多个灯位完成显示，故又称多灯信号机，其主要优点是结构简单、维修容易，因而使用很广泛。但其光系统存在一定的缺点，光通量不能充分利用，在曲线线段上不能连续显示。

组合式色灯信号机是为克服透镜式信号机的缺点而研制的新型信号机构。信号机构采用组合形式，一个灯位为一个独立单元，配一种颜色，使用时根据需要进行组合，故称为组合式色灯信号机。它是信号机比较理想的更新换代产品。

LED 信号机中用发光二极管取代的白炽灯泡和透镜组，采用铝合金机构组合而成，其显示距离远，寿命长，安全可靠，是节能、免维护的新型信号机。

臂板信号机是以臂板的形状、颜色、数目、位置表达信号含义的信号机。我国铁路规定臂板呈水平位置为关闭，与水平位置向下夹 45°角为开放，夜间则以臂板信号机上的灯光颜色与数目来显示。臂板信号机须通过机械装置由人工开放，也有通过电动机开放的，后者称为电动臂板信号机。臂板信号机存在较多缺点，难以自动化，不能构成现代化信号系统，已与所从属的臂板电锁器联锁设备一起淘汰。

目前我国铁路信号普遍采用色灯信号机，包括广泛使用的组合式色灯信号机及 LED 信号机，其他类型的信号机已淘汰。

3. 按用途分类，固定信号可分为信号机和信号表示器两大类

信号机是表达固定信号显示所用的机具，用来防护站内进路，防护区间，防护危险地点，具有严格的防护意义。信号机按防护用途的不同又可分为进站、出站、进路、调车、驼峰、遮断、预告、复示等信号机。另有设于铁路平交道口的道口信号机。

信号表示器是对行车人员传达行车或调车意图的，或对信号进行某些补充说明所用的器具，没有防护意义。信号表示器按用途又分为发车表示器、调车表示器、进路表示器、发车线路表示器、道岔表示器、脱轨表示器等。

4. 按地位分类，信号机可分为主体信号机和从属信号机

主体信号机是能独立地显示信号，指示列车或调车车列运行条件的信号机，如进站、出站、进路、通过、驼峰、调车等信号机。从属信号机是本身不能独立存在，只能附属于某种信号机的信号机，如预告信号机从属于进站信号机、所间区间的通过信号机、遮断信号机；复示信号机从属于进站、进路、出站、驼峰、调车等信号机。

5. 按停车信号的显示意义分类，可分为绝对信号和非绝对信号(亦称容许信号)

绝对信号是指当显示停止运行的信号时，列车、调车车列必须无条件遵守的信号显示。所有站内信号机的禁止信号显示均为绝对信号(但调车信号禁止信号对列车来说不作为停车信号)。非绝对信号是指列车在列车信号机显示红灯、显示不明或灯光熄灭时允许列车限速通过，并准备随时停车的信号。如自动闭塞区间的通过信号机显示停车信号(包括显示不明或灯光熄灭)时，列车必须在该信号机前停车，司机应使用列车无线调度通信设备通知车辆乘务员(随车机械师)。停车等候 2 min，该信号机仍未显示允许运行信号时，即以遇到阻碍能随时停车的速度继续运行，最高速度不超过 20 km/h，运行到次一通过信号机(进站信号机)，按其显示的要求运行。

6. 按安装方式分类，信号机可分为高柱信号机、矮型信号机、信号托架和信号桥

高柱信号机的信号机构安装在信号机柱上，一般用于距离要求较远的信号机。高柱信号机具有显示距离远、观察位置明确等优点。因此，为保证安全，提高效率，进站、正线出站、接车进路、通过、预告、驼峰等信号机必须采用高柱信号机。

矮型信号机设于位于建筑限界下部外侧的信号机基础上，一般用于显示距离要求不远的信号机上。因高柱信号机的设置受建筑限界的限制，另外应考虑信号机的设置不影响到发线有效长，站线出站、发车进路信号机和一般情况下的调车信号机等采用矮型信号机。

设于特殊地形和特殊条件下的信号机，其中包括进站信号机，经铁路局集团公司批准，亦可采用矮型信号机。设于桥隧的进站信号机、预告信号机、通过信号机，双线双向自动闭塞区段的反方向进站信号机可采用矮型信号机。

因受限界限制，不能安装信号机柱时，则以信号托架和信号桥代替。信号托架为托臂形结构建筑物，信号桥为桥形结构建筑物，分别如图 2-1(a)和图 2-1(b)所示。

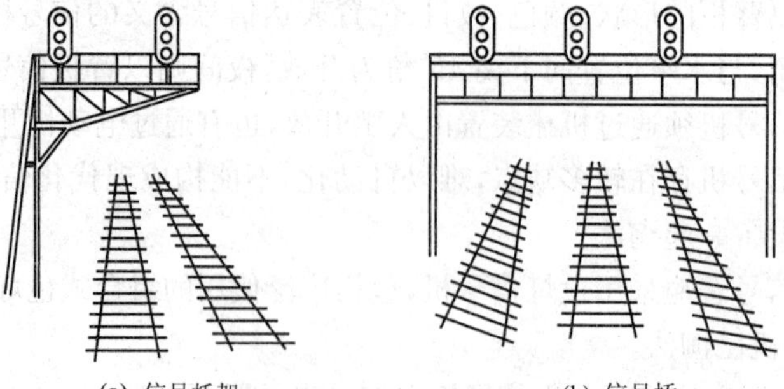

(a) 信号托架　　(b) 信号桥

图 2-1　信号托架和信号桥

第二节　色灯信号机

色灯信号机以其灯光的颜色、数目和亮灯状态来表示信号。以前多采用透镜式色灯信号机，现多采用组合式色灯信号机。

一、透镜式色灯信号机

1. 透镜式色灯信号机

透镜式色灯信号机，因其结构简单，安全方便，控制电路所需电缆芯线少，曾经得到广泛的采用。

透镜式色灯信号机有高柱和矮型两种类型，高柱信号机的机构安装在钢筋混凝土信号机柱上，矮型信号机的机构安装在信号机水泥基础上。

高柱透镜式色灯信号机如图 2-2 所示。它由机柱、机构、托架、梯子等部分组成。机柱用于安装机构和梯子。机构的每个灯位配备有相应的透镜组和单独点亮的灯泡，给出信号显示。托架用来将机构固定在机柱上，每一机构需上、下托架各一个。梯子用于给信号维修人员攀登及作业。

矮型透镜式色灯信号机如图 2-3 所示。它用螺栓固定在信号机基础上，没有托架，更不需要梯子。

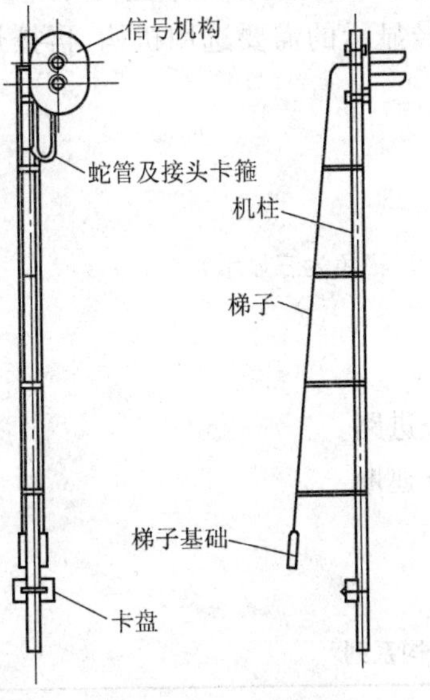

图 2-2　高柱透镜式色灯信号机图

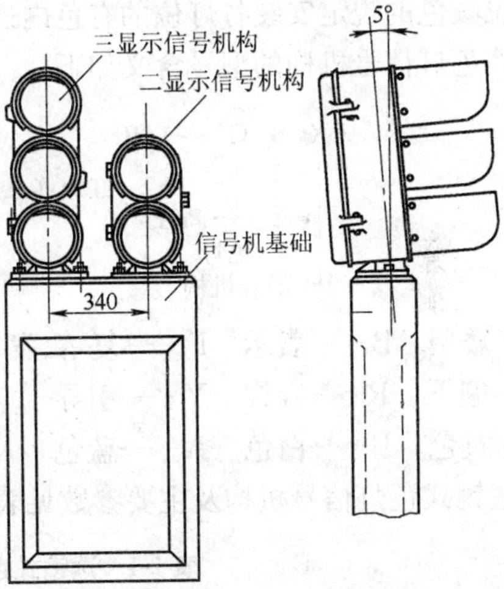

图 2-3　矮型透镜式色灯信号机(单位:mm)

2. 透镜式色灯信号机的机构

透镜式色灯信号机的每个灯位由灯泡、灯座、透镜组、遮檐和背板等组成，如图 2-4 所示。

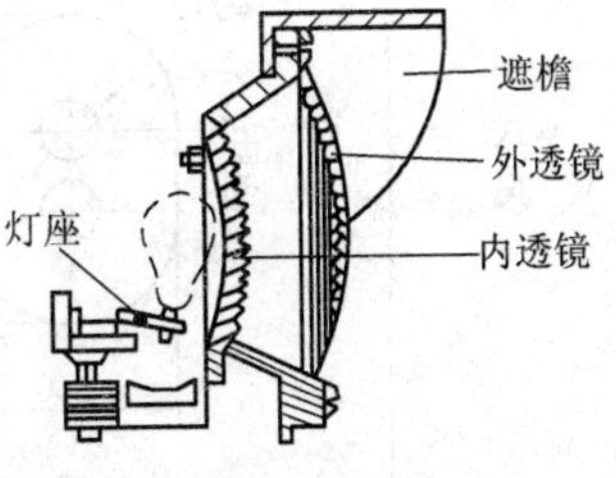

图 2-4　透镜式色灯信号机机构

灯泡是色灯信号机的光源，采用直丝双丝铁路信号灯泡。

灯座用来安放灯泡，采用定焦盘式灯座，在调整好透镜组焦点后固定灯座，更换灯泡时无需再调整。

透镜组装在镜架框上，由两块带棱的凸透镜组成，里面是有色带棱外凸透镜(可有红、黄、绿、蓝、月白、无色六种颜色)，外面是无色带棱内凸透镜。之所以采用两块透镜组成光学系统，是利用光的折射和反射原理，将光源发出的光线集中射向所需要的方向，即增强该方向的光强。这样，就能满足信号显示距离远且具有很好的方向性的要求。信号机构的颜色取决于有色透镜，可根据需要选用。

遮檐用来防止阳光等光线直射时产生错误的幻影显示。

背板是黑色的，构成较暗的背景，可衬托信号灯光的亮度，改善瞭望条件。只有高柱信号机才有背板。一般信号机采用圆形背板。各种复示信号机、遮断信号机及其预告信号机、容许信号则采用方形背板，以示区别。

3. 透镜式色灯信号机构分类

透镜式色灯信号机构分为高柱、矮型两大类。高柱和矮型透镜式色灯信号机又各有单机构和双机构之分。单机构只有一个机构，可构成二显示、三显示和单显示信号机，图 2-2 即为单机构二显示信号机。双机构色灯信号机可构成四显示、五显示，图 2-3 即为双机构五显示信号机。各种信号机根据需要还可以分别带引导信号机构、容许信号机构或进路表示器。

单显示机构有一个灯室；二显示机构有两个灯室；三显示机构有三个灯室。每个灯室内有一组透镜、一副灯座、一个灯泡和遮檐。灯座间用隔板分开，以防止相互串光，保证信号显示的正确。背板是一个机构共用的。各种信号机可根据信号显示的需要选用机构，再按灯光配列对信号灯位颜色的规定安装各灯位的有色内透镜。

透镜式色灯信号机构的型号含义如下：

X S G — HL
└红绿（二色为二显示，三色为三显示）
└高柱
└色灯
└信号机构

A——矮型　B——表示　F——复示、发车　J——进路

P——棚下　R——容许　Y——引导　Z——遮断

U——黄色　B——白色　A——蓝色

各种透镜式色灯信号机构及主要参数见表 2-1。

表 2-1　透镜式色灯信号机构系列

序　号	1	2	3
型式尺寸	XSG-×× 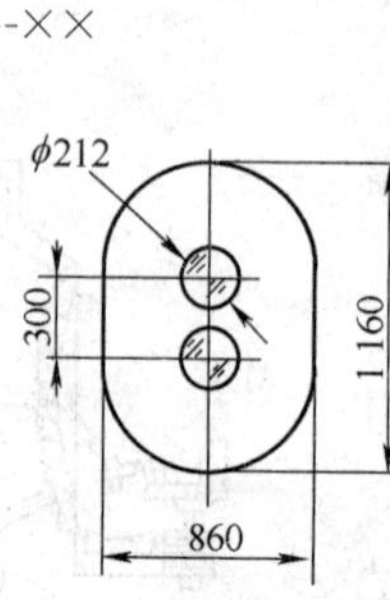	XSG-××× 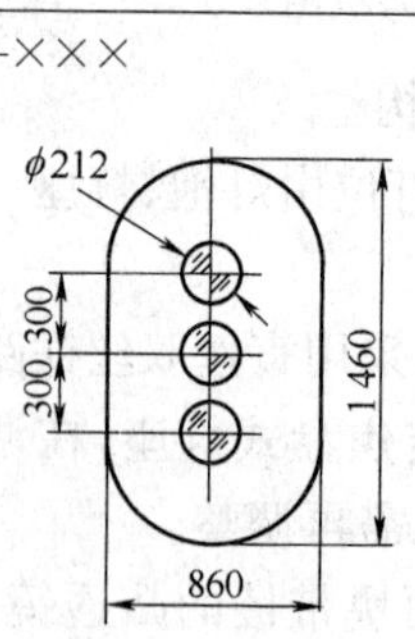	XSA-×× 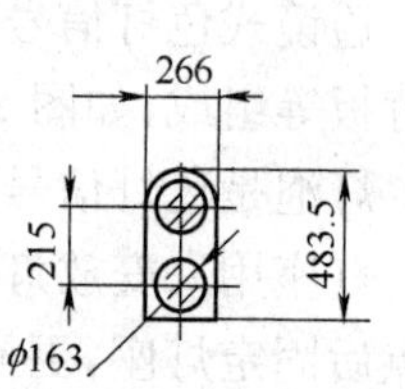
图　号	X0121-00-00	X0122-00-00	X0123-00-00
名　称	色灯信号机构	色灯信号结构	色灯信号机构
规　格	高柱二显示，色别根据需要	高柱三显示，色别根据需要	矮型二显示，色别根据需要

续上表

序　号	4	5	6
型式尺寸	XSA-××× 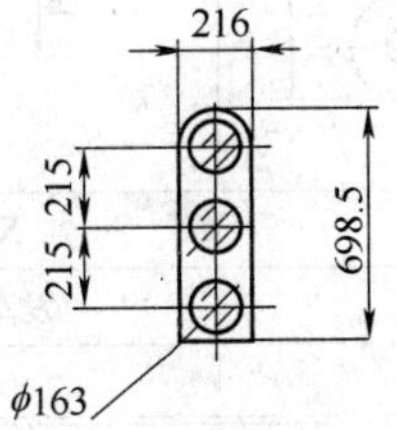	XSY 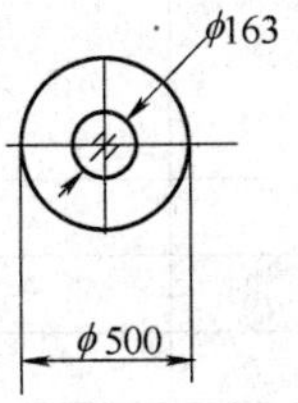	XSR 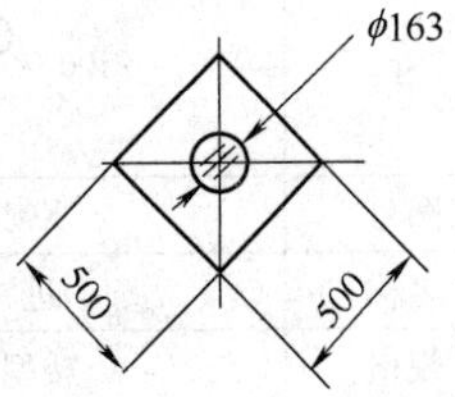
图　号	X0124-00-00	X0125-00-00	X0126-00-00
名　称	色灯信号机构	引导信号结构	容许信号机构
规　格	矮型三显示，色别根据需要	月白色	蓝色
序　号	7	8	9
型式尺寸	XSZ-× 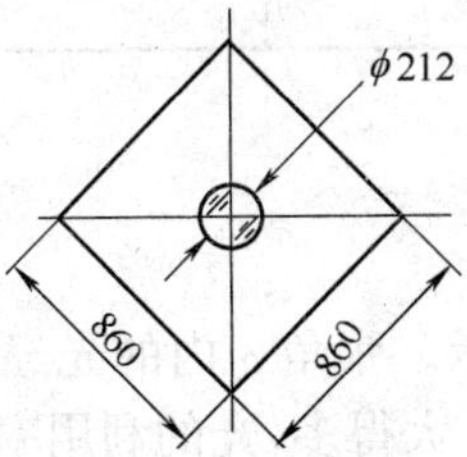	XSFA 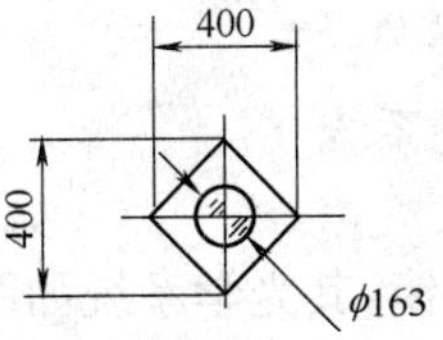	BXF 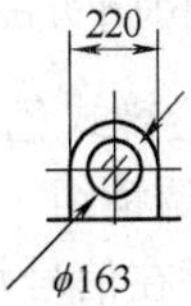
图　号	X0127-00-00	X0128-00-00	X0130-00-00
名　称	遮断及复示信号机构	矮型复示信号结构	发车线路表示器
规　格	绿色（复示用）、红色（遮断用）	绿色	月白色
序　号	10	11	12
型式尺寸	BJG-3 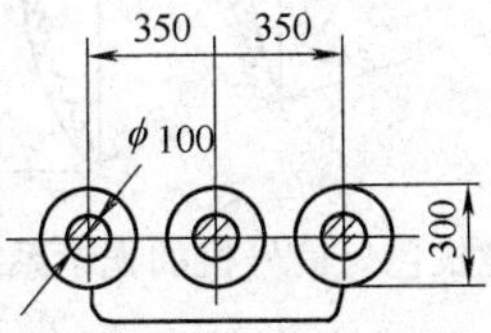	BJG-2 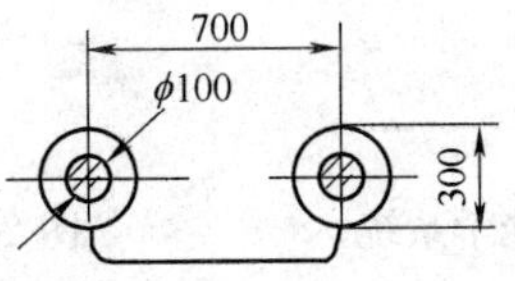	BJA-3 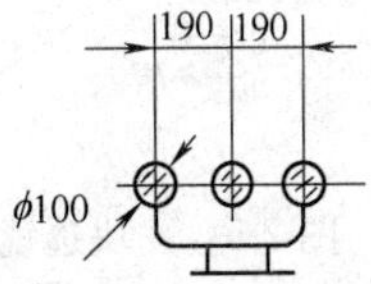
图　号	X0131-00-00	X0132-00-00	X0133-00-00
名　称	进路表示器	进路表示器	进路表示器
规　格	高柱三灯无色	高柱二灯无色	矮型三灯无色

续上表

序号	13	14	15
型式尺寸	BJA-2 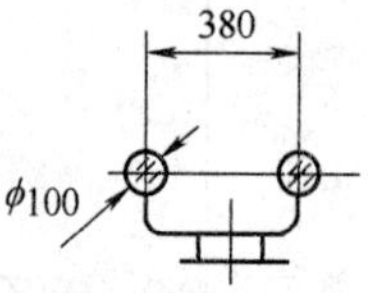	BFP 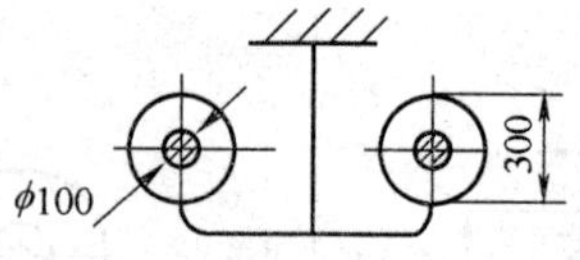	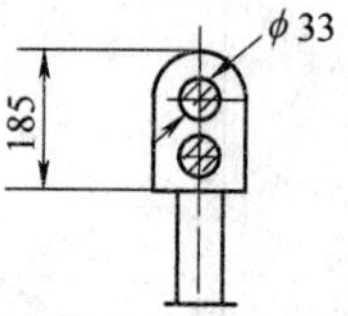
图号	X0134-00-00	X0135-00-00	X0136-00-00
名称	进路表示器	棚下发车表示器	发车表示器按钮
规格	矮型二灯无色	无色	柱式无色
序号	16	17	
型式尺寸	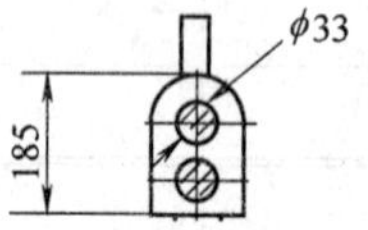	XSF_1 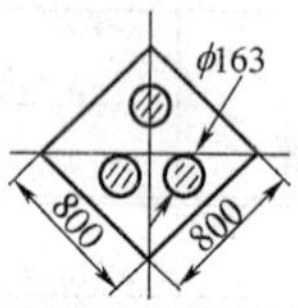	
图号	X0137-00-00		
名称	发车表示器按钮	进站复示信号结构	
规格	挂式无色	灯列式	

注：表中尺寸为 mm，不包括托臂和遮檐。

4. 透镜式色灯信号机的光系统

(1)透镜组

如果在信号灯上加装一透镜，其光学系统如图 2-5 所示。张角 α 内的光经过透镜折射后可集中到所需要的方向上去，此张角比不加透镜时的张角 α 大得多，光的利用率高得多。发射出的信号光束比较集中，显示距离较远，但显示效果不能很好符合要求。

用两块透镜组成的光学系统的增强效果比单透镜系统更大。所以色灯信号机一般采用透镜组，图 2-6 为透镜式色灯信号机的光学系统示意图。图中，ω_1 称为光学系统的含角；ω_2 称为散角。

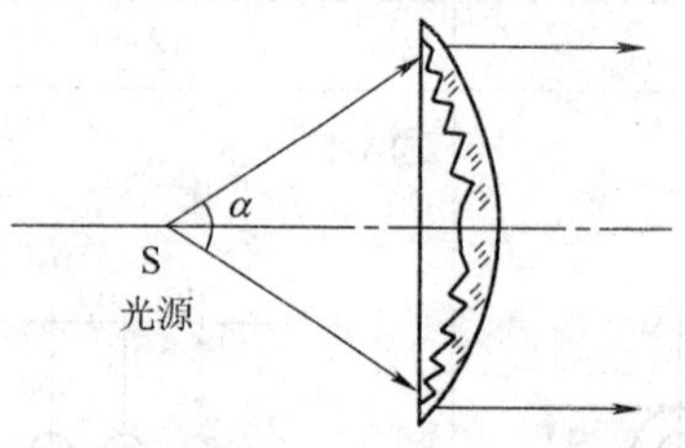

图 2-5　一块透镜组成的光学系统

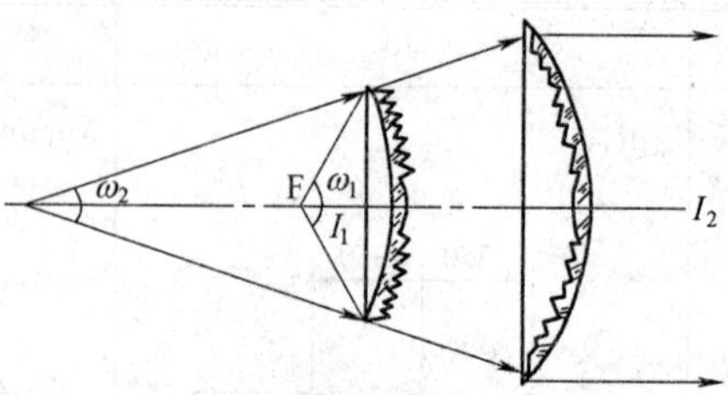

图 2-6　透镜式色灯信号机的光学系统示意图

要提高光学系统的增强率，必须加大光学系统的含角和减小它的散角，以及增大透过系数。这些与信号机构、透镜等部件的大小和生产加工工艺等因素有关，需通盘考虑。

(2)内梯透镜和外梯透镜

透镜式色灯信号机的信号透镜主要有三类：139 外梯有色透镜(分别有红、黄、绿、蓝、月白、无色六种颜色)、163 和 212 内梯无色透镜，如图 2-7 所示。

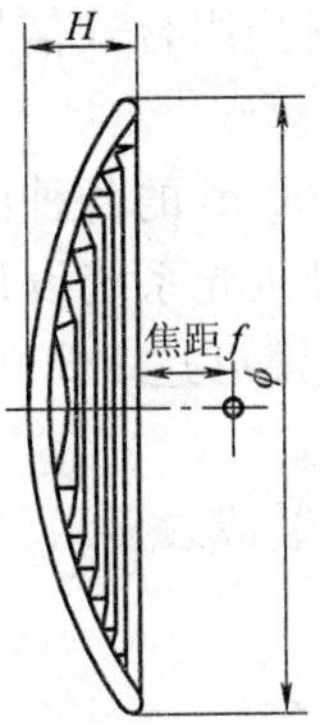

内梯透镜表

代号	ϕ	H	阶梯数
A-01-1	212	43	7
A-02-1	163	35.4	5
A-06-1	127	24.9	4

(a)

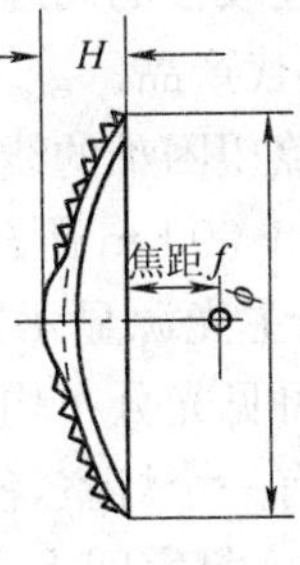

外梯透镜表

代号	ϕ	H	阶梯数
A-03-1	139	32.1	7

(b)

图 2-7　透镜式色灯信号机用玻璃(单位:mm)

其中,139 与 212 组合,用于高柱信号机;139 与 163 组合,用于矮型信号机。139 外梯有色透镜是通用的,以减少品种。高柱透镜式色灯信号机和矮型透镜式色灯信号机的光学系统分别如图 2-8 和图 2-9 所示。

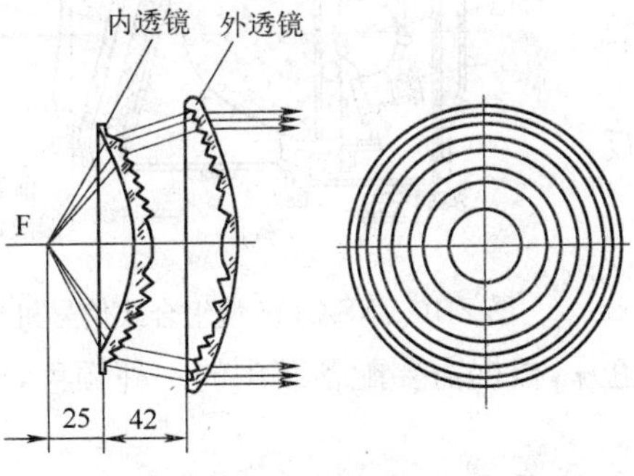

图 2-8　高柱透镜式色灯信号机的光学系统(单位:mm)

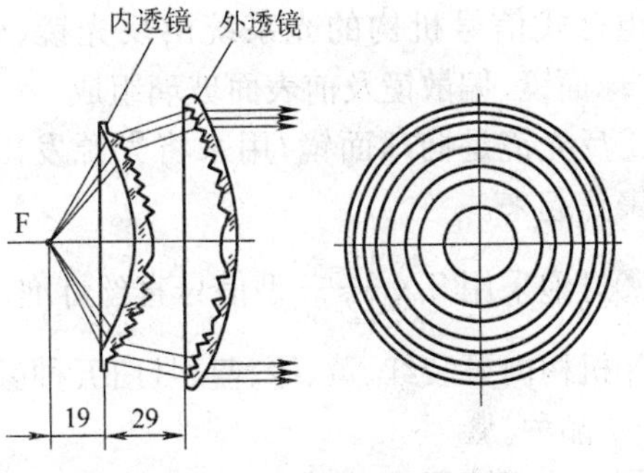

图 2-9　矮型透镜式色灯信号机的光学系统(单位:mm)

信号光学系统之所以采用梯形(带棱)透镜,是因为带棱透镜比不带棱的整块凸透镜,重量轻,而且球面像差小。

139 外梯有色透镜有 7 个棱,163 内梯无色透镜只有 5 个棱,这样 139 的第 6、7 两个棱在矮型色灯信号机的光学系统里就没有多大作用,其余 5 个棱与 163 的 5 个棱一一对应。

透镜式色灯信号机的主要优点是:结构简单,维修容易,昼夜显示一致,使用方便,因而广泛应用。但是存在着一些缺点,如光源照向阶梯(棱)的侧面光被损失掉,形成暗圈,光通量未得到充分利用。更突出的是,在阳光等的直接照射下会形成不该亮的灯位也呈现出色光的幻觉,干扰对信号显示的辨认,为此不得不将背板涂成黑色,以减小背板的反射,并且每一凸透镜组都带遮檐。

二、组合式色灯信号机

透镜式色灯信号机构的光系统射出的平行光线,两侧分别只有 2°的散角,覆盖面很窄,在曲线线段上只能在局部范围内能看到,即使加了偏光镜也很难在整个曲线范围内得到连续显示。为解决曲线区段信号显示连续性的问题，研制了适合我国铁路需要的新型组合式信号机构，是信号机比较理想的更新换代产品。

组合式色灯信号机适用于瞭望困难的线路，适用于曲线半径 300～20 000 m 的各种曲线和直线轨道上，在距信号机 5～1 000 m 距离内得到连续信号显示。该信号机光系统设计合理，光能利用率高，显示距离远，主光源显示距离可达 1 000 m，如不加偏散镜可达 1 500 m。曲线折射性能强，偏散角度大，可见光分布均匀，能见度高，有利于司机瞭望。

组合式信号机每个机构只有一个灯室，使用时根据信号显示要求分别组装成二显示、三显示及单显示机构，故称为组合式。灯室间无窜光的可能。

1. 组合式信号机构种类

组合式信号机构按非球面透镜的直径分为 XSZ-135 型、XSZ-150 型和 XSZ-200 型，其中应用最早、最多的是 XSZ-135 型。按使用不同的偏散镜，分为 1 型、2 型、3 型、4 型四种类型。

2. 组合式信号机构结构

组合式信号机构由光系统、机构壳体、遮檐、瞄准镜插孔五部分组成，如图 2-10 所示。

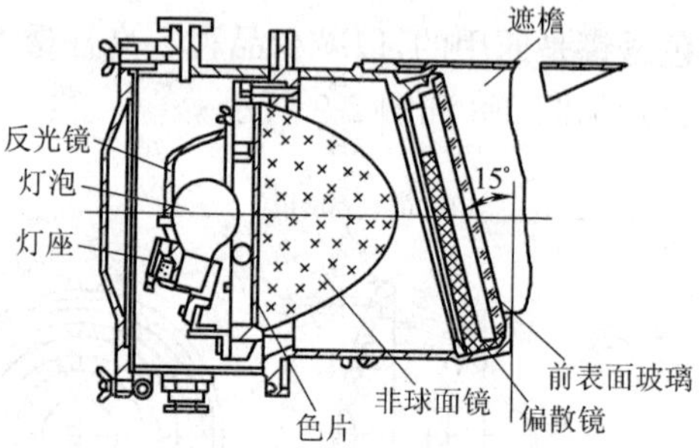

图 2-10　XSZ-135 型组合式信号机构

(1)光系统

组合式信号机构的光系统由反光镜、灯泡、色片、非球面镜、偏散镜及前表面玻璃组成。

①反光镜是椭球面镜，用来将光源发出的光反射后聚焦起来。

②灯泡采用 TX $\frac{12\text{-}30}{12\text{-}30}$ 型信号直丝灯泡。

③机构内可装红、黄、绿、蓝、月白五种颜色的色片，根据需要配备其中的一种颜色，可组合成 20 个品种。

④非球面镜用于聚光，XSZ-135 型的非球面镜直径 135 mm，通光孔径 130 mm，焦距 30 mm，采用光学玻璃经研磨加工而成。它通光孔径大，焦距短，光能利用率高。

⑤偏散镜由多个棱镜及曲面镜组成，是使部分光线按所需方向偏散一定角度的光学元件，用光学性能极好的聚甲基丙烯酸甲酯(俗称有机玻璃)制造，其精确度高、透光性能好、性能较稳定。偏散镜设计成 4 种型号。每种偏散镜均分为 A 面和 B 面，双面使用，应根据线路曲线半径范围，正确选用偏散镜。偏散镜还可增强部分近距离能见度，使得在距信号机 5 m 处时也能看到信号显示。

⑥前表面玻璃

为了防止信号机因反光造成信号误认，信号机的前表面玻璃罩设计成向后倾斜 15°。当外界光直射信号机时，可以将反射光反射到机构上方的遮檐上而被散射或吸收，从而杜绝了由于反光造成误认信号的现象。

(2)机构壳体

机构的外壳用硅铝合金压铸而成。内外表面均涂无光黑漆，可防止光反射，其结构合理，密封性能好，并且体积小，重量轻，每个机构包括遮檐约 7 kg，便于携带安装。

(3)遮檐

机构的遮檐采用玻璃纤维增强不饱和聚酯(俗称玻璃钢)制造，重量轻，耐腐蚀性能好，强度高。其几何形状设计成既能遮挡阳光，又能满足偏散光显示的需要。

(4)瞄准镜插孔

信号机构右下方有一个瞄准镜插孔，供调整信号机显示方向时使用。在现场调整信号机时，将专用的8倍瞄准镜插入插孔内，调整信号机构的转向机构，在瞄准镜中能很容易地找到信号机前面信号显示需要达到的最远目标点。因瞄准镜孔中心与信号机构的主光轴是相互平行的，所以瞄准镜中找到的目标点，也就是信号机主光轴能照射到的地方，从而加快了信号机的调整速度。

3. 组合式信号机的光学原理

组合式信号机的光学原理如图2-11所示，由光源(信号灯泡)发出的光，通过滤色片变成色光，经过非球面透镜将散射的色光会聚成平行光，再经过偏散镜进行折射偏散，将其中的一部分光保持原方向射出，称为主光；另一部分光按偏散镜的偏散角度射出称为偏光。主光主要用于远距离显示，光强较高。偏光主要用于曲线部分。随着列车的运行，逐渐接近信号机，对于光强的需要也逐渐减弱，所以偏光的光强也随着偏散角度加大相应地逐渐减弱，从而充分有效地利用了光源，使得在曲线上各个位置看到的信号灯光亮度均匀一致。

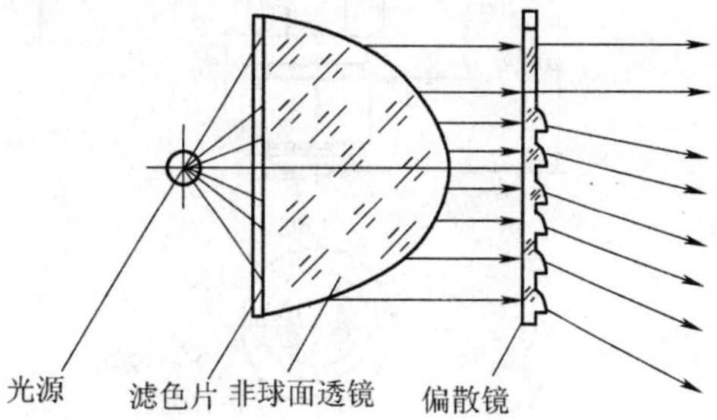

图2-11　组合式信号机的光学原理

第三节　信号光源

色灯信号机采用铁路直丝信号灯泡，配套定焦盘式灯座，以及点灯和灯丝转换装置。

一、信号灯泡和灯座

1. 直丝信号灯泡

信号灯泡是色灯信号机和信号表示器的光源。目前，铁路均采用直丝信号灯泡，其灯丝为双螺旋直丝，克服了U形灯丝光强度峰值不在主光轴上的缺点，光衰小，提高了显示距离，并减小了维修工作量。

透镜式色灯信号机用的直丝灯泡为TX$\frac{12\text{-}25}{12\text{-}25}$A型和TX$\frac{12\text{-}25}{12\text{-}25}$B型，它们的外形和主要尺寸分别如图2-12(a)和图2-12(b)所示。T表示铁路，X表示信号，$\frac{12\text{-}25}{12\text{-}25}$表示双丝灯泡，均为12 V/25 W。

主灯丝和副灯丝呈直线状且平行。主灯丝在下，其轴心线与灯头的中心线相垂直。副灯丝在上，其轴心线距离主灯丝轴心线(2.5±0.5) mm。主灯丝在前，副灯丝在后，间距为2.5 mm，以防止副灯丝挡住主灯丝的光。主灯丝在下可避免主灯丝断丝时，灯丝落下碰到副灯丝，影响副灯丝正常工作，有利于安全使用。

XSZ-135型组合式信号机用的直丝灯泡为TX$\frac{12\text{-}30}{12\text{-}30}$型，其外形和主要尺寸如图2-13所示。与TX$\frac{12\text{-}25}{12\text{-}25}$A型略有差别，功率和光通量比TX$\frac{12\text{-}25}{12\text{-}25}$大，且玻璃壳内充氪气或氙气。

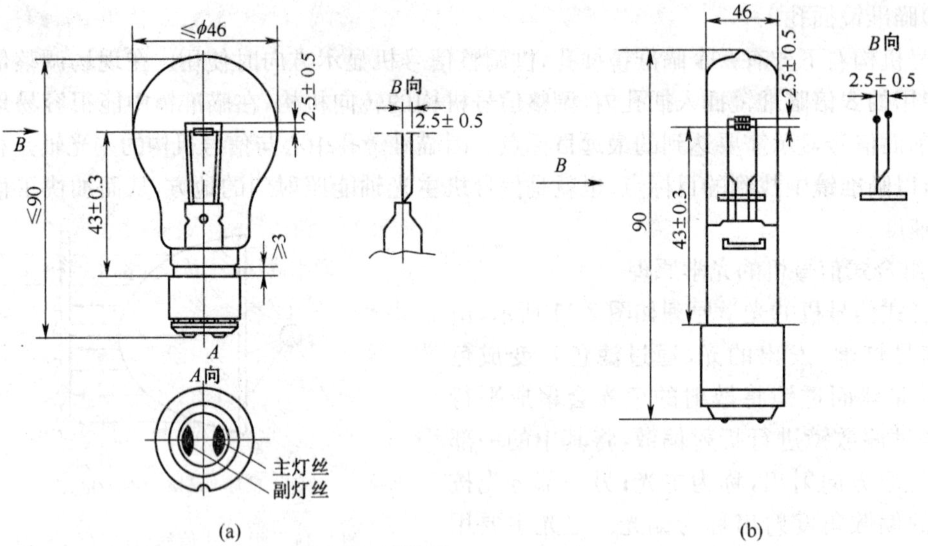

图 2-12　TX $\frac{12\text{-}25}{12\text{-}25}$型信号灯泡(单位:mm)

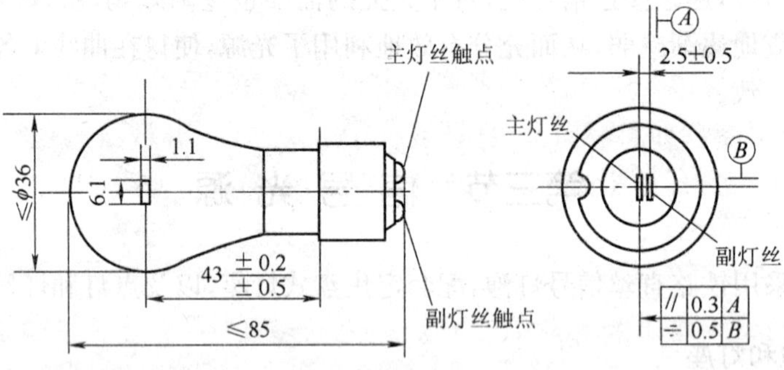

图 2-13　TX $\frac{12\text{-}30}{12\text{-}30}$型信号灯泡(单位:mm)

信号灯泡的光电参数和最低寿命应符合表 2-2 所列的要求。

表 2-2　信号灯泡的参数和寿命

灯泡型号	额定电压(V)	功率(W)		光通量(lm)			最低寿命(h)	备　注
		额定值	最大值	平均值	最小值	寿终值		
TX $\frac{12\text{-}25}{12\text{-}25}$	12	25	27.5	285	242	218	$\frac{2\ 000}{200}$	
LTX $\frac{12\text{-}25}{12\text{-}25}$	12	25	27.5	400	340	306	$\frac{3\ 000}{200}$	
TX $\frac{12\text{-}30}{12\text{-}30}$	12	25	33	400	340	306	$\frac{2\ 000}{200}$	用于弯道信号机
LTX $\frac{12\text{-}30}{12\text{-}30}$	12	25	33	480	408	367	$\frac{3\ 000}{200}$	

为保证信号灯泡的质量,在使用前,必须对信号灯泡进行检验和点灯试验。

检验信号灯泡就是察看灯泡外观,并用必要的量具和器具检查灯泡灯丝,均应符合灯泡的技术标准。

点灯试验应在额定电压和额定功率的条件下进行。试验时间主灯丝 2 h,副灯丝 1 h。点灯试验时间是经过大量调查和试验后确定的。在 2～4 h 之间出现主灯丝断丝的概率很小,规定试验时间 2 h,既满足了质量检验的要求,又减少了能耗。

2. 定焦盘式铁路信号灯座

与直丝信号灯泡配套的灯座是定焦盘式铁路信号灯座。定焦盘灯座三维(上下、左右、前后)可调,可调整光源位置,使主灯丝位于透镜组的焦点上,获得最佳显示效果。定焦盘灯座具有以下特点。

(1)灯泡和灯座是平面接触,可以基本上保证光中心高度的一致性。

(2)灯头冲压成翻边结构,一般不会变形,从而提高了灯泡和灯座的配合精度。

(3)防止电接触片受过压造成变形或弹力减小,从而避免电接触片与灯泡的接触不良或发热、熔化等故障。

(4)灯座与灯泡的连接,用内六方螺栓固定,灯口不易移位。

(5)更换灯泡时,一般不用重新调整显示,信号显示比较稳定。

因此,定焦盘灯座对提高信号显示的稳定性和减少维修工作量起着积极作用。

二、信号点灯和灯丝转换装置

信号点灯和灯丝转换装置一般由信号变压器和灯丝转换继电器组成。后又出现了将点灯和灯丝转换结合为一体的多功能信号点灯装置和点灯单元。

1. 信号变压器

信号变压器用于色灯信号机的点灯电源,设于信号机处的变压器箱内,用以将 220 V 交流电降压为 12 V。目前使用的信号变压器有 BX-40、BX-30、BX_1-30、BX_1-34,其中使用最多的是 BX_1-34 型;以及 BXY-60、BXQ-80 型远程点灯信号变压器和 BGY_2-80 型远程隔离变压器。BGY_2-80 型远程隔离变压器为区间通过信号机点灯室内送电,起隔离及远距离点灯调整的作用,一台 BGY_2-80 型变压器可同时供室外两台信号变压器工作,传输距离最大为 18 km。BX_1-34 型信号变压器的结构如图 2-14 所示。

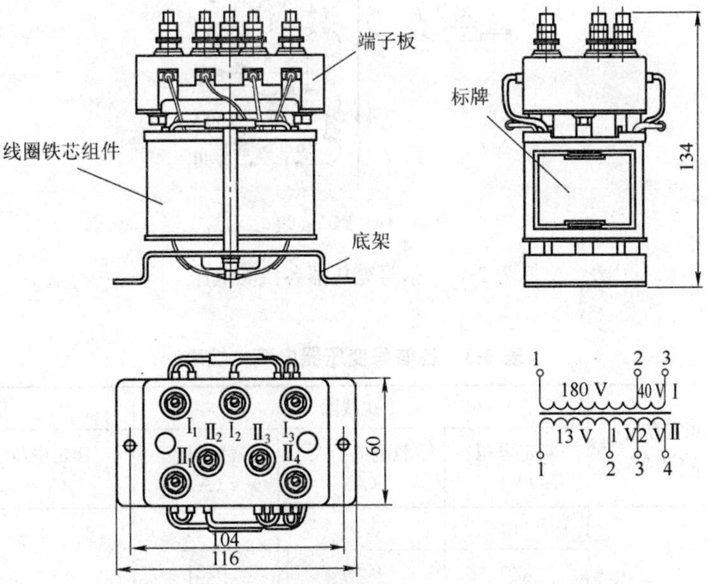

图 2-14　BX_1-34 型信号变压器的结构图(单位:mm)

各信号变压器各线圈电压如图 2-15 所示,其电气特性见表 2-3。

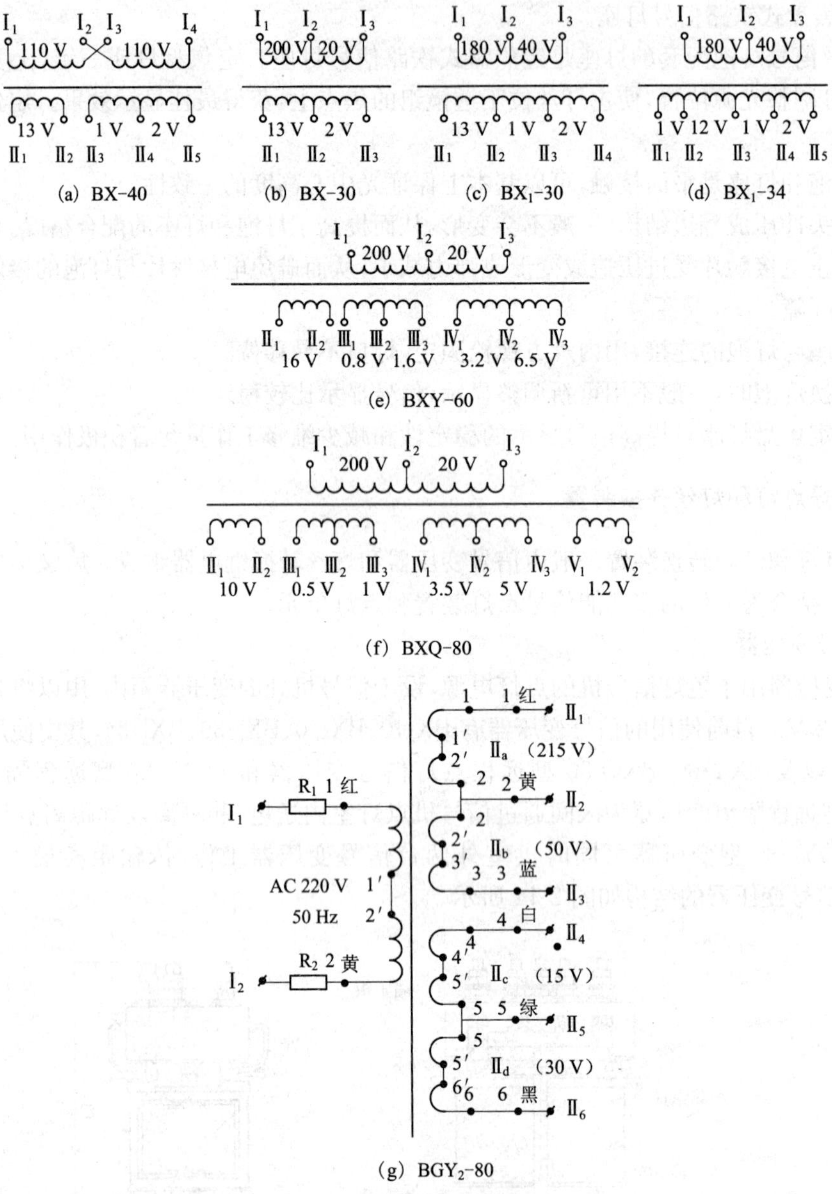

图 2-15 信号变压器各线圈电压

表 2-3 各信号变压器电气特性表

型 号	额定容量（V·A）	Ⅰ次线圈			Ⅱ次线圈	
		额定电压（V）	空载电流不大于（A）	额定电流（A）	额定电压（V）	额定电流（A）
BX-40	40	110	0.08	0.44	10～16	2.5
		220	0.04	0.21		
BX-30	30	200	0.012		13、14	2.15
		220				

续上表

型　号	额定容量 (V·A)	Ⅰ次线圈			Ⅱ次线圈	
		额定电压 (V)	空载电流不大于 (A)	额定电流 (A)	额定电压 (V)	额定电流 (A)
BX_1-30	30	180	0.012		13、14、16	2.31、2.14、1.88
		220				
BX_1-34	34	180	0.011		1、12、1、2、16	2.1
		220				
BXY-60	60	200	0.011		16、0.8、1.6、3.2、6.5、28.1	2.1
		220				
BXQ-80	80	200	0.013		10、0.5、1、3.5、5、1.2、20	2.1
		220				
BGY_2-80	80	220	0.015		200～310	0.32

灯丝转换继电器见第一章第四节。

2. DDX 型点灯单元

DDX 型点灯单元有多种型号。DDXL-34 型点灯单元是其中的一种。

DDXL-34 型点灯单元电路原理如图 2-16 所示。点灯单元采用的点灯变压器为防雷变压器，以满足雷电防护的要求。灯丝转换继电器采用 JZSJC 型。当主灯丝断丝时，灯丝转换继电器断电落下，通过其后接点接通副灯丝回路，点亮副灯丝，同时发出报警。

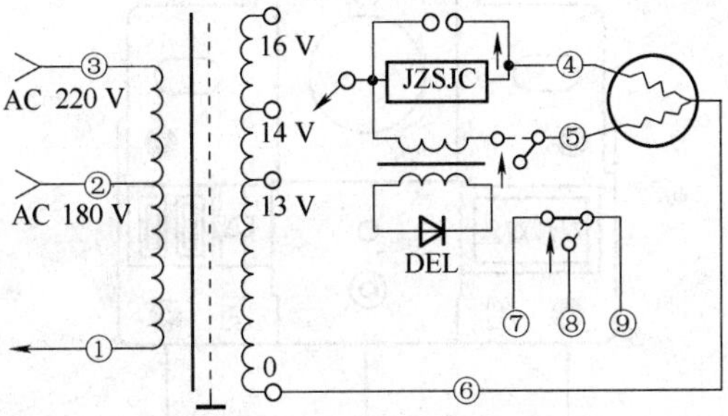

图 2-16　DDXL-34 型点灯单元电路原理图

检流变压器（TS126 型）的Ⅰ次线圈串在副灯丝回路中，Ⅱ次线圈接一发光二极管，用以检查副灯丝完好。主灯丝断丝点亮副灯丝时，发光二极管点亮。检查副灯丝完好的方法是，在联系、登记、要点之后，人为地使灯丝转换继电器落下，若发光二极管点亮，表示副灯丝完好。此时，一定要采取安全措施，以防发生人为故障。

三、SD-2 型双灯定焦盘灯组

高速铁路普遍采用 SD-2 型双灯定焦盘灯组。

SD-2 型灯座是将主、副灯丝分置在两个灯室内的新型灯座，副灯丝和灯丝独立设置在两个灯泡内，大大提高了信号显示的可靠性，其结构如图 2-17 所示，参数见表 2-4。

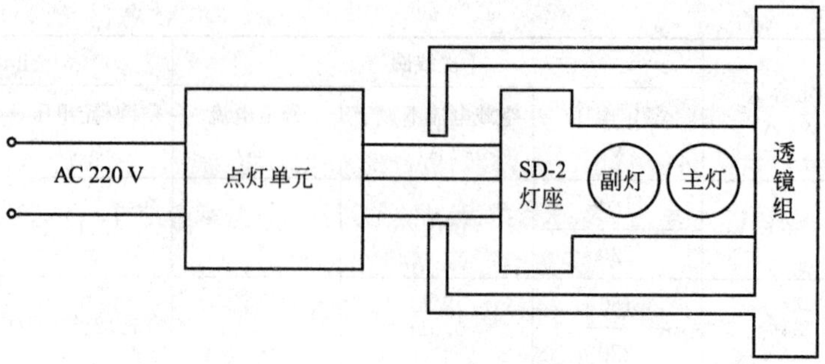

图 2-17　SD-2 型双灯定焦盘灯组

表 2-4　SD-2 型双灯定焦盘灯组参数

灯　泡	灯泡型号	额定值			极限值		寿终光通量（L）	最低寿命（h）
		电压（V）	功率（W）	光通量（lm）	最大功率（W）	最小光通量（lm）		
主灯泡	LTX_{12}-25	12	25	400	27.5	340	272	2 500
副灯泡	LTX_{12}-30D	12	30	500	33	400	320	200

SD-2 型灯座结构设计合理，与原有灯座的安装调试和接线方式完全一致。

SD-2 型灯座可与任何形式的机构和点灯单元进行配套使用，通用性强。

图 2-18 是 SD-2 型灯座接线示意图。

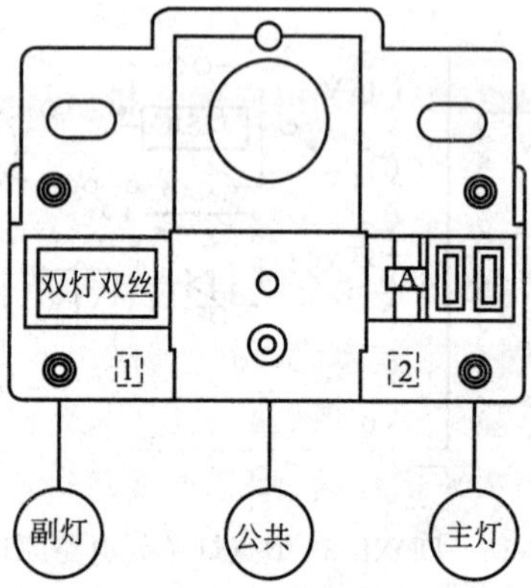

图 2-18　SD-2 型灯座接线示意图

第四节　LED 信号机

LED 铁路信号机构大小同透镜式色灯信号机，机构采用铝合金材料，信号点灯单元由发光二极管(LED)构成。LED 铁路信号机构及控制系统，在与现有点灯控制电路兼容、LED 驱动电路与发光二极管供电方式的设计方面取得突破，从机械结构到电路的安全可靠性及现场安装、操作、更换等方面，经不断完善、改进已形成系列产品。LED 铁路信号显示系统是一种节能、免维护的新型光源。

一、LED 铁路信号机构的优点

LED 铁路信号机构采用轻便、耐腐蚀的单灯铝合金机构，组合灵活、安装简单。显示距离超过 1.5 km 且清晰可辨，使用寿命可达 10^5 h，安全可靠。通过监测控制系统的电流，可监督信号显示系统的工作状态，预警异常情况有助于准确判断故障点，便于及时处理。LED 铁路信号机构重量大大减少，便于施工安装，密封条件好，使用寿命长。用 LED 取代传统的双丝信号灯泡和透镜组，从而彻底消除灯泡断丝这一多发性的信号故障，可以做到免维护，结束了定期更换信号灯泡的维修方式，减少维修工作量，节省维修费用。

用发光盘取代信号灯泡具有以下的显著优点：

(1)可靠性高

发光盘是用上百只发光二极管和数十条支路并联工作的，在使用中即使个别发光二极管或支路发生故障也不会影响信号的正常显示，提高了信号显示的可靠性。

(2)寿命长

发光二极管的寿命为信号灯泡的 100 倍，改用发光盘后可免除经常更换灯泡的麻烦，且有利于实现免维修。

(3)节省能源

传统信号灯泡耗电为 25 W，而发光盘的耗电量还不到信号灯泡的 1/2。

(4)聚焦稳定

发光盘的聚焦状态在产品设计与生产中已经确定，现场不需调整，给安装与使用带来方便，并能始终保持良好的聚焦状态。

(5)光度性好

发光盘除有轴向主光束外，还有多条副光束，有利于增强主光束散角及近光显示效果。

(6)无冲击电流

点灯时没有类似信号灯泡冷丝状态的冲击电流，有利于延长供电装置的使用寿命，并减少对环境的电磁污染。

二、组成和工作原理

现使用的 LED 铁路信号机构有 XSLE 型、XLL 型、XSZ 型、XLG 型和 XSL 型等。

XSLE 型由发光盘、BXZ-40 点灯单元和 GTB 隔离调压报警单元组成。XLL 型由发光盘和 XLL 型 LED 信号机点灯单元组成。XSZ 型的发光盘可与现有信号点灯变压器配合使用。XLG 型由发光盘和减流报警单元组成。XSL 型由 PFL 型 LED 发光盘和 FDZ 发光盘专用点灯装置组成。各种型号的 LED 铁路信号机的部件是配套使用的。现以 XSL 型 LED 铁路信号机为例进行介绍。

XSL 型 LED 铁路信号机由铝合金信号机构、PFL-I 型铁路 LED 发光盘和 FDZ 型发光盘专用点灯装置组成。

1. 铝合金信号机构

铝合金信号机构分为高柱信号机构和矮型信号机构。

(1)高柱机构

高柱信号机构由背板总成、箱体总成、遮檐和悬挂装置四部分组成。

①背板总成

背板总成带有背板，并用来安装箱体总成。背板总成分为二灯位背板总成（设有两个灯位安装孔）和三灯位背板总成（设有三个灯位安装孔）两种。两种背板总成的高度不同。

②箱体总成

把每个灯位组装成一个整体称为高柱箱体总成。箱体总成也分为二灯位箱体总成和三灯位箱体总成两种。两种机构除背板总成不同外，其余均相同。

用两个箱体总成分别固定在二灯位背板总成上，即构成二灯位高柱信号机构。用三个箱体总成分别固定在三灯位背板总成上，即构成三灯位高柱信号机构。

③遮檐

遮檐用螺钉装在机构箱体上的玻璃卡圈上。

④悬挂装置

悬挂装置将背板总成固定在信号机水泥机柱上。悬挂装置采用现有的上部托架、下部托架等设备并经特殊的喷涂表面处理，以增强其抗锈蚀能力。

机柱上的机柱管接头用蛇管接出并引至背板总成下方的配线盒内，并用两个 U 形螺栓固定。然后，由配线盒底板上的蛇管接头分两路或三路经蛇管引至高柱箱体总成侧面的蛇管接头上，电线穿在蛇管内。

(2)矮型信号机构

矮型信号机构分为二灯位矮型机构和三灯位矮型机构两种，其安装方法与透镜式信号机构相同，即厂家已按二灯位（或三灯位）组装成一个整体。

另有遮断及复示信号铝合金机构、灯列式进站复示信号铝合金机构。

2. PFL-1 型铁路 LED 发光盘

PFL-1 型铁路 LED 发光盘（以下简称发光盘）是采用发光二极管制成的铁路信号灯的新光源。

发光盘的型号由汉语拼音字母和罗马数字组成：

P F L G—H—I

- I——12 V PDZ型发光盘专用信号点灯装置直流稳压供电
- H——H红色，U黄色，L绿色，A蓝色，B月白色
- G——G高柱，A矮型，B表示器
- L——LED
- PF——发光盘

(1)发光盘的分类

发光盘分为高柱发光盘、矮型发光盘和表示器发光盘。

高柱发光盘适用于高柱透镜式色灯信号机构、遮断信号机构和高柱复示信号机构。

矮型发光盘适用于矮型透镜式色灯信号机构、引导信号机构、容许信号机构、矮型复示信号机构和发车线路表示器机构。

表示器发光盘适用于表示器机构、高柱进路表示器机构、矮型进路表示器机构和棚下发车表示器机构。

发光盘的结构和与多种传统信号机构兼容。

(2)发光盘的结构

发光盘为圆形盘状结构，其上安装众多发光二极管，如图 2-19 所示。

发光盘前罩上有鉴别销，以确认该灯位的颜色。只有发光盘的灯光颜色与该灯位灯箱玻璃卡圈上的鉴别槽相吻合，才能安装。

发光盘前罩上有三个突出的卡销，用来在安装时对准灯箱玻璃卡圈上的三个卡槽，以安装牢固。

为满足曲线轨道的信号显示，可根据现场实际需要，安装偏散镜片，叠装在需要偏散的高柱发光盘的前面。偏散镜片有三种，其规格型号与偏散角度为：GS-176-20 型偏散角 10°；GS-176-20型偏散角 20°；GS-176-15 型偏散角 15°。

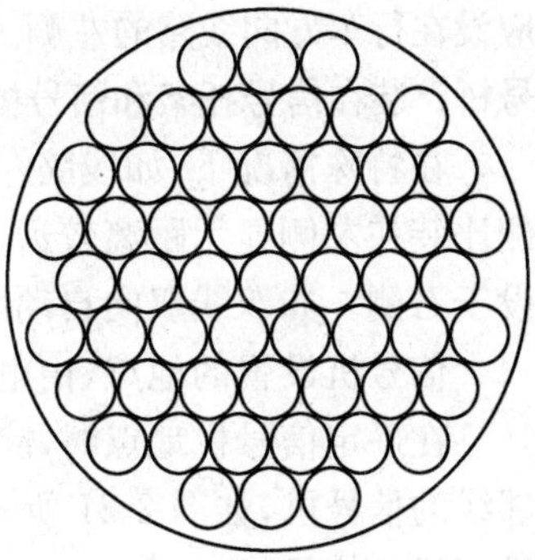

图 2-19　发光盘

发光盘后面有一个凸起的防雷盒。

(3)电气参数

额定电压：DC 12 V。

额定电流：DC 700 mA。

发光盘的驱动电源有为与其配套的 FDZ 型发光盘专用信号点灯装置。

3. FDZ 型发光盘专用点灯装置

FDZ 型发光盘专用点灯装置是为配合 PFL-1 型 LED 发光盘而研发的新一代信号点灯装置，它只能与 PFL-1 型发光盘配套使用。该装置输出的是稳定的 12 V 直流电压，不仅性能稳定可靠，能适用于电压波动较大的区段，而且使用方便，现场不需要调整。

发光盘专用点灯装置原理如图 2-20 所示，由隔离变压器、整流电路、稳压电路和告警电路构成。输入电源经变压、整流后，由两路稳压电路进行稳压，两路稳压电路热备，以保证输出稳定的 12 V 直流电压。告警电路对发光盘和两路稳压电路进行监督，故障时发出告警。

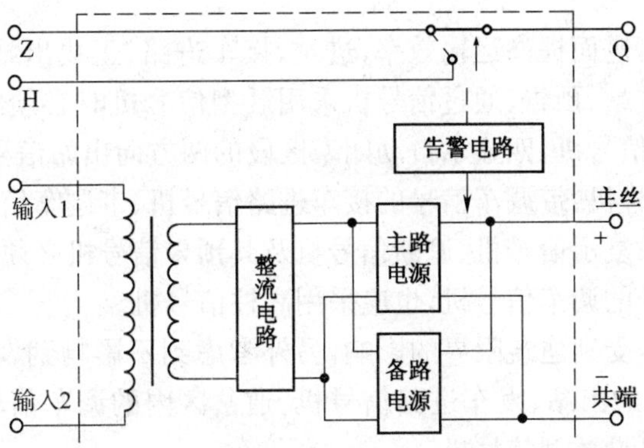

图 2-20　FDZ 型发光盘专用点灯装置原理框图

第五节　信号机的设置

一、信号机设置的原则

1. 一般设于行车方向线路左侧

我国铁路实行左侧行车制，机车上司机的座位统一设在左侧，为便于瞭望，规定所有信号机应设在行车方向线路的左侧。如果两线路之间距离不足以装设信号机时，可采用信号托架或信号桥。装在信号托架和信号桥上的信号机，可设于线路左侧，也可设于所属线路中心线的上方。

在特殊情况下，如线路左侧没有装设信号机的条件，或因曲线、隧道、桥梁等影响，装在右侧比装在左侧显示距离较远，在保证不致使司机误认的条件下，经铁路局集团公司批准，也可设于右侧。如双线双向自动闭塞区段的反方向进站信号机有不少是设于右侧的。

信号机设置的地点，由电务部门会同车务、机务及工务等有关部门共同研究确定。

在确定信号机地点时，除满足信号显示距离的要求外，还应考虑到该信号机不致被误认为邻线的信号机，如图 2-21 所示，图 2-21(a)易被误为是邻线的信号机，图 2-21(b)不易被误认为是邻线的信号机。

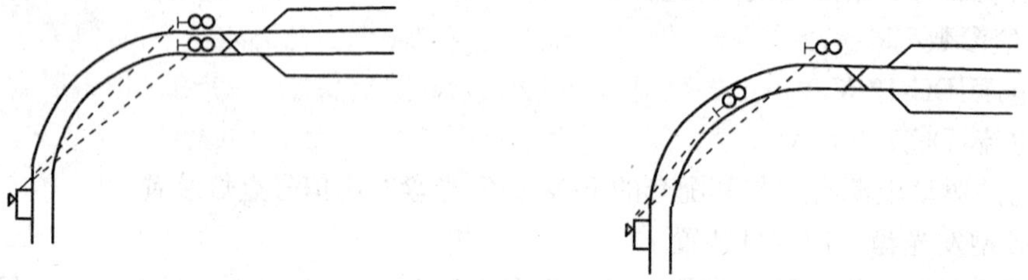

(a)　　　　(b)

图 2-21　信号机设置地点

2. 信号机柱的选择

高柱信号机具有显示距离远、观察位置明确等优点，因此色灯信号机应尽量选用高柱信号机，尤其是《铁路技术管理规程(普速铁路部分)》规定的显示距离较远的信号机，更应选用高柱信号机。

为了提高通过能力，进而提高运输效率，进站、接车进路、正线出站、通过、预告信号机，应尽量采用高柱信号机，进站、预告、通过信号机采用矮型信号机时必须经有关部门批准才能采用。带容许信号的通过信号机、四显示自动闭塞区段的两方向出站信号机(及带调车信号)、两方向出站兼发车进路信号机、带调车信号的接车进路信号机、带调车信号的两方向出站信号机兼接车进路信号机、进站复示信号机、遮断信号机及其预告信号机必须采用高柱信号机。设在牵出线上的、岔线入口处的调车信号机，也应采用高柱信号机。

高柱信号机的设置，受到建筑限界的影响，另外考虑到不影响到发线的有效长等因素，允许无通过进路的到发线的出站、发车进路信号机、道岔区内的调车信号机，可设矮型信号机。出站、调车复示信号机可设矮型信号机。

至于各种高柱信号机机柱类型(长度)、埋深及机构安装尺寸，各种矮型信号机的混凝土基础、埋深及机构安装尺寸，见有关规定。

3. 信号机限界

任何信号机不得侵入铁路建筑限界。对于正线信号机和通行超限货物列车的站线信号机，限界所属轨道中心至信号机突出边缘的距离为 2 440 mm，站线信号机为 2 150 mm。在曲线线路上，应按有关规定进行加宽。

各种高柱信号机，其机柱、梯子、机构的安装，均不得侵入建筑限界。在非电力牵引区段，直线线路高柱信号机的建筑限界为，机柱中心至所属线路中心的距离，限界 2 440 mm 时对应为 2 630 mm，限界 2 150 mm 时对应为 2 340 mm。矮型信号机机构中心距所属线路中心，三显示、四显示(含带进路表示器)、五显示出站或进路信号机，调车信号机为 2 029 mm，带进路表示器的三显示出站或进路信号机为 2 163 mm，复示信号机为 2 095 mm。在电力牵引区段直线线路高柱信号机，机柱中心至所属线路中心距离为 2 900 mm(线间距为 5 300 mm 时)，高柱出站信号机与邻近线路中心的距离，限界 2 440 mm 时为 2 630 mm，限界 2 150 mm 时为 2 400 mm。

4. 电力牵引区段的信号机设置

进站、预告、通过信号机与接触网支柱同侧设置时，信号显示距离不应受接触网设备影响。如影响显示时，信号机安装方式可作适当调整。

在站内相邻两到发线(只有一条线路通行超限货物列车)的线间，设置高柱出站信号机时，两线间距离不得小于 5 300 mm。在相邻两条线路(均通行超限货物列车)的线间，设置高柱信号机时，两线间距离不得小于 5 530 mm。

高柱信号机安装限界达不到要求时，在满足建筑限界的条件下，需采取措施。设在直线部分的高柱色灯信号机，可与接触网施工单位进行密切配合调整来解决安全距离问题；设在曲线部分的高柱色灯信号机，可加装防护网或机构背板缩小 100 mm 来解决安全距离问题。

信号机的金属体外缘部分(主要是背板)与接触网带电部分的距离不得小于 2 m；与回流线距离在 1 m 以内时，应加绝缘防护，但不得小于 0.7 m。

二、信号机的设置

1. 进站信号机

进站信号机的作用是，防护车站，指示进站列车的运行条件，保证接车进路的正确和安全可靠。所以，凡车站的列车入口处都必须装设进站信号机。

进站信号机应尽量避免设在停车后启动困难的上坡道上、地势险峻地点、隧道内、桥梁上，以及在列车停车后不能全部出清桥梁和隧道的地点。

规定安装在距最外方进站道岔尖轨尖端(顺向为警冲标)不少于 50 m 的地方。这是为了满足调车作业的需要，即一台机车挂一节或两节车辆由一股道转向另一股道的转线作业时不致越出进站信号机。经常利用正线进行调车作业的车站，可适当延长进站信号机与最外方进站道岔尖(或警冲标)之间的距离，以便进行调车作业时，调车车列不致越出进站信号机，减少办理越出站界调车的手续。但该距离不宜超过 400 m，因该距离延长后，会影响车站的通过能力，又不便于管理。

在电气化区段，一般车站两端设有四跨绝缘关节，在必要时能将车站与区间的接触网分开。为了使站内接触网停电作业时，列车在进站信号机外方机外停车停留在区间锚段上，待进站信号机显示允许信号后便启动，故一般进站信号机设于绝缘关节锚柱 1 的区间方面，如图 2-22所示。当锚柱 1 外方地形有困难时，也可以设在转换柱 2 的区间方面。

个别地形特别困难的地方，距离进站道岔尖轨尖端(顺向为警冲标)较远，若信号机设在绝缘关节转换柱 2 的外侧时，进站信号机距进站道岔尖轨尖端(顺向为警冲标)超过 400 m，对管理和维修均不便的特殊情况下，可征得有关运营部门同意后，将进站信号机设在绝缘关节锚柱 5 的站内方面，如图 2-23 所示。

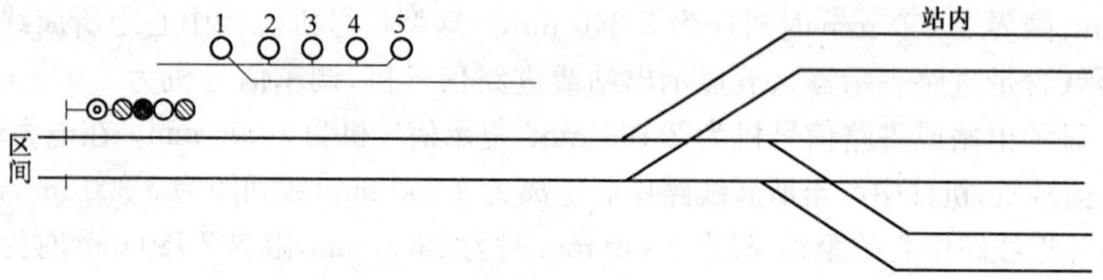

图 2-22　电气化区段进站信号机设置位置图

1—锚柱 1;2—转换柱 1;3—中心柱;4—转换柱 2;5—锚柱 2

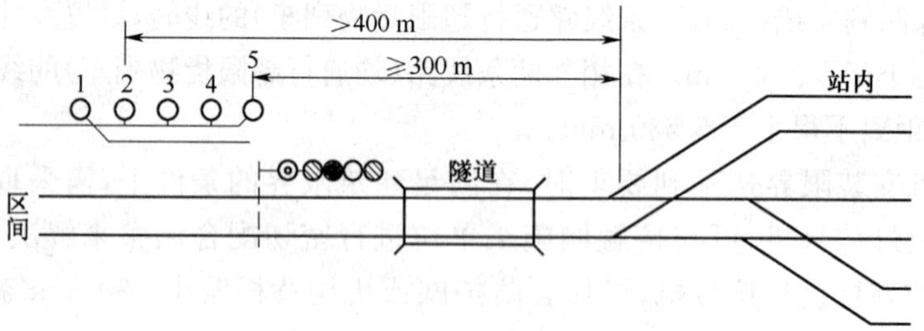

图 2-23　电气化区段(地形特殊)进站信号机设置位置图

1—锚柱 1;2—转换柱 1;3—中心柱;4—转换柱 2;5—锚柱 2

进站信号机不能设置在分相区内,还要考虑距分相区一定的距离,该距离要符合列车启动后能够以惯性渡过无电区。因为电分相区一般设置在区间,为无电区,当采用无电过分相方案时,信号机的设置地点需要符合列车停车后启动及启动后能够以惯性渡过无电区。分相绝缘器一般设在牵引变电所、分区亭、开闭所、铁路局集团公司分界点及不同电力系统供电的分界点等处。如设在车站两端时,宜设在进站信号机的靠站内一方,但与车站最外方道岔的距离应满足站内电力机车转线及调车作业的需要。所以,当设有分相绝缘器处的进站信号机而车站设有牵出线时,进站信号机距最外方道岔宜不小于 70 m;无牵出线,宜不小于 160 m 的地点。

在高速铁路,进站信号机的设置位置应符合现行《铁路技术管理规程(高速铁路部分)》的相关规定。动车段(所)与相关车站距离较远时,动车组按照列车方式进/出动车段(所),动车段(所)需要设置进站信号机。

2. 出站信号机

出站信号机的作用是:防护区间,作为列车占用区间的凭证,指示列车能否进入区间;与发车进路及敌对进路相联锁,信号开放后保证发车进路安全;指示列车在站内的停车位置。所以,车站发车线(含救援列车停留线)端部必须装设出站信号机。

一般情况下,每一发车线应单独装设出站信号机。出站信号机的设置应尽量不影响股道有效长,设于警冲标(对向道岔为尖轨尖端)内方 3.5～4 m 处。这是因为列车或调车车列占用股道,其最后车辆的尾部不能侵入警冲标外方,否则将发生侧面冲突,因最外车轮至车钩的距离不大于 3.5 m。

在高速铁路,出站信号机应设在距警冲标不小于 55 m(含过走防护距离 50 m)的地点,或距最近的对向道岔尖轨尖端不小于 50 m 的地点。有时受地形地貌、施工条件等限制,遇个别车站股道有效长不足及站台严重偏置等情况时,可采取按客货共线标准将出站信号机设在距警冲标 5 m 的地点、优化出站信号机外方应答器布置及在相应股道中部增加校核列车位置的无源应答器组等措施，经报国铁集团批准后实施。动车段(所)与相关车站距离较远时，动车组按照列车方式进/出动车段(所)，动车段(所)需要设置出站信号机。

3. 进路信号机

在有几个车场的车站，为指示列车由一个车场开往另一个车场，应设进路信号机。进路信号机按用途可分为：

接车进路信号机——对到达列车指示运行条件。

发车进路信号机——对出发列车指示运行条件。

接发车进路信号机——对到达及出发列车指示运行条件。

当同一信号机兼有多种作用时，应称其全名，例如“出站兼接发车进路信号机”。

在车场前或引向不同车场的分歧道岔前的信号机为接车进路信号机，如图 2-24 中的 XL。当为纵列式车场时，一个车场的前方衔接另一车场或线路，则该车场正线上的信号机为接发车进路信号机，如 $X_{I_{II}}$；到发线上的信号机构为发车进路信号机如 X_{I_1}、X_{I_3}。站内正线上具有通过性质的信号机亦按接发车进路信号机设置。

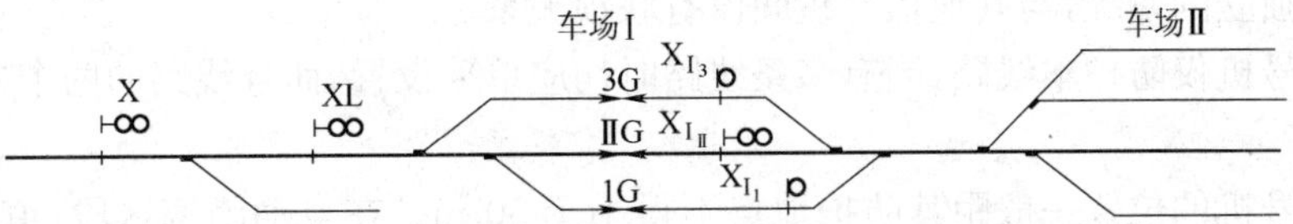

图 2-24 进路信号机

当两个车场间线路紧密衔接，在车场入口处不能装设接车进路信号机时，可在相邻车场出口处的正线上装设接发车进路信号机。

当两个车场间线路较长，为了提高车站通过能力，除在车场入口处的正线上装设接车进路信号机外，还应在相邻车场的出口处的正线上装设接发车进路信号机。

4. 通过信号机

通过信号机分为自动闭塞区段的通过信号机和非自动闭塞区段线路所的通过信号机。

(1)自动闭塞区段的通过信号机

自动闭塞区段的通过信号机，用来防护闭塞分区，指示列车能否进入运行前方的闭塞分区。该通过信号机设于各闭塞分区入口处(第一离去闭塞分区除外，因其邻接车站，由出站信号机防护，不设通过信号机)。

自动闭塞区段的通过信号机不应设于停车后可能脱钩的处所，也不宜设在货物列车在上坡道上停车后启动困难的地点。遇到特殊情况，必须设在上坡道上货物列车停车后启动困难的地点时，该通过信号机上应装设容许信号。

进站信号机前方第一架通过信号机，因已接近车站，列车在进站信号机外停车的机会较多，如允许后续列车通过该信号机，容易发生追尾事故。因此规定：在进站信号机前方的第一架通过信号机上不得装设容许信号。

在自动闭塞区段，通过信号机的设置位置是根据机车牵引重量、列车运行速度、列车运行间隔时间、线路条件，并考虑列车制动距离等多种因素，由牵引计算确定的。四显示自动闭塞，两列列车间至少以间隔三架通过信号机运行。

自动闭塞区段的通过信号机，应尽量设在直线上或便于司机瞭望(如曲线起点的前方)的地点，不宜设在大型桥梁上或隧道内。必须设于桥梁上或隧道内时，可采用矮型，但须经批准。

为了节约投资和方便维修，上、下行方向的通过信号机在不影响行车效率和司机瞭望信号的条件下，应尽可能并列设置。

在只运行动车组列车的高速铁路，不设通过信号机。

(2)非自动闭塞区段线路所的通过信号机

非自动闭塞区段线路所的通过信号机，防护所间区间(两线路所之间或线路所与车站之间的区间)，用以指示列车能否占用运行前方的所间区间。

设于有分歧道岔线路所的通过信号机，具有进站和出站信号机的双重性质，即兼起指示接车和发车双重作用，其应采用进站信号机的结构形式(设于自动闭塞区段区间岔线处的通过信号机也同样处理)。

5. 遮断信号机

在繁忙道口、有人看守的较大桥梁、隧道，以及可能危及行车安全的塌方落石地点，根据需要装设遮断信号机。

由于遮断信号机的设置位置较复杂，与其他信号机间的关系和距离多变，所以遮断信号机应成为一个独立的系统，与其他信号机间没有联锁关系。

遮断信号机仅防护本线路，当有多条线路时均应单独设置，而且线路的两个方向也必须分别设置。

遮断信号机的位置一般距其防护地点不得小于 50 m。在自动闭塞区段、道口处，遮断信号机距防护地点不宜大于 100 m。在根据机车信号运行的区段、半自动闭塞区段，在不小于制动距离的长度内，司机可见道口的情况下，遮断信号机距道口不宜大于 800 m。

为了避免和其他信号机相混淆，遮断信号机及其预告信号机均采用方形背板，并在机柱上涂以黑白相间的斜线。

通过信号机不准兼作遮断信号机使用。因为通过信号机是非绝对信号，而遮断信号机是绝对信号，两者性质不能混淆。更何况通过信号机在停车后启动困难的地段可装设容许信号，当该信号机显示红灯或显示不明时，也允许列车以不高于 20 km/h 的速度越过该信号机，更没有起遮断作用。

6. 预告信号机

预告信号机的作用是预告进站信号机等主体信号机的显示。非自动闭塞区段的进站信号机应设预告信号机。在列车最高运行速度 160 km/h 及其以下的半自动闭塞提速区段，该预告信号机称为接近信号机。

遮断信号机和半自动闭塞区段线路所的通过信号机，均应装设预告信号机，以预先了解主体信号机的显示状态。

在三显示自动闭塞区段，进站信号机前方的第一架通过信号机已经起到预告信号机的作用，不再设预告信号机。为区别于其他通过信号机，在该信号机机柱上涂以三条黑斜线。在四显示自动闭塞区段，进站信号机前方的第一架、第二架通过信号机柱上分别涂以三条、一条黑斜线，以与其他信号机相区别。

当预告信号机显示黄灯时，列车必须准备在其主体信号机前停车，所以预告信号机与主体信号机间的距离不得小于 800 m，以满足列车制动距离的要求。当预告信号机的显示距离不足 400 m时，为了让司机预先有足够的时间确认信号，在这种情况下规定预告信号机距主体信号机不得少于 1 000 m。接近信号机设于进站信号机外方的第一接近区段和第二接近区段分界处。

7. 调车信号机

调车信号机用以指示站内各种调车作业，如编组、解体、摘挂、取送、转线、转场、机车出/入库、出/入专用线及平面溜放等。凡有调车作业的集中联锁的车站(场)均应设置调车信号机。调车信号机应根据车站的调车作业的实际需要设置，即应根据车站的调车作业过程和繁忙程度，并考虑站内必要的平行作业和较短的机车走行距离来确定。但是，不宜采用单纯增加调车信号机的方法，这样不仅要增加工程投资，使得设备量多而复杂，还给维修工作带来不便。

调车信号机的设置一般应考虑以下几种情况：

(1)出站及接、发车进路信号机均兼作调车信号机用，以满足调车作业的需要。

(2)在尽头线、机车出/入库线、机待线、专用线、牵出线、段管线及编组线等通向集中联锁区的入口处，均应装设调车信号机。单向运行的双线发车口内、进站信号机内方、单向运行的正线股道不发车端也应设调车信号机。这类信号机统称为尽头线调车信号机。

(3)在咽喉区，应设置起转线、平行作业、减少调车车列走行距离等作用的调车信号机。如附图所示(见书末插页)举例站场中，D_9、D_{11}、D_8、D_{12}用于转线作业；D_5是为进行平行作业而设置的信号机；D_7、D_{13}、D_{10}、D_{12}可起到减少调车车列走行距离的作用。

设于咽喉区的调车信号机称为咽喉区调车信号机。按设置情况，咽喉区调车信号机分为单置、并置、差置三种。在线路一侧单独设置的称为单置调车信号机，如举例站场的D_{11}、D_{13}。在线路两侧并列设置的称为并置调车信号机，如D_7与D_9。两架背向调车信号机之间可构成不小于 50 m 的无岔区段时，称为差置调车信号机，如D_5与D_{15}。差置调车信号机之间构成的无岔区段，可用来进行增减轴、机车待避等调车作业。

调车信号机按其所起作用分为起始调车信号机、折返调车信号机和阻挡调车信号机。尽头线调车信号机只能作为起始调车信号机。咽喉区调车信号机有的仅作为调车折返用，如D_{11}。但多数咽喉区调车信号机既可作为折返调车信号机，又可作为阻挡信号机。

对于高速铁路，作业较为单一的中间站、越行站列车进路上可不设调车信号机。遇到动车运用所与相关车站较近且采用调车方式能满足能力需要时，动车运用所不设置进、出站信号机，全部设置调车信号机。动车组运行径路上的调车信号机应设在距警冲标不小于 5 m 处。其他径路上的调车信号机应设在距警冲标不小于 3.5 m 处。设有调车危险应答器的调车信号机应尽量远离警冲标或防护道岔。调车信号机应采用现行规定的矮型调车信号机。

8. 复示信号机

复示信号机的作用是复示主体信号机的显示。进站、出站、进路信号机及线路所的通过信号机，因受地形、地物影响，达不到规定的显示距离时，在信号机前适当地点应装设复示信号机。车站岔线，一般以调车方式进行。在车站入口处，通常设一架高柱调车信号机，指示调车车列能否进入站内。当其显示达不到规定距离时，根据需要可装设调车复示信号机。

复示信号机均采用方形背板，以示区别。除进站复示信号机采用灯列式结构外，其余均为单机构、单显示。

三、信号表示器的设置

1. 进路表示器

进路表示器设在出站信号机和发车进路兼出站信号机上，用以指示发车进路开通方向。

当这两种信号机有两个及以上发车方向，而信号显示本身不能分别表示进路方向时，应在信号机上装进路表示器。双线自动闭塞区段，有反方向运行条件时，出站信号机应装设进路表示器。

2. 发车表示器

发车表示器用来反映列车出发时，车站值班员是否向司机发出了发车信号。发车表示器只设在对发车指示信号或发车信号辨认困难，而中转信号又延长站停时间的车站。一般是车站设在弯道上，或客流较大的车站。发车表示器应设于便于司机瞭望的地点。

3. 调车表示器

在作业繁忙的调车场上，因受地形、地物影响，调车机车司机看不清调车指挥人员的手信号时，应设调车表示器。

调车表示器设于牵出线一侧，用以指挥调车车列由牵出线向调车区，或由调车区向牵出线的进退，以代替调车员的手信号。调车表示器双面均设表示灯，向调车区方向一个，向牵出线方向两个。在显示条件很差的车站，可连续装设几个调车表示器。

调车表示器由调车指挥人员操纵。

4. 道岔表示器

道岔表示器设于道岔旁，用来反映道岔的开通位置。凡非集中操纵接、发车进路上的道岔应装设道岔表示器，以利有关行车人员确认道岔位置。集中操纵的道岔不装设道岔表示器。其他道岔根据需要装设道岔表示器。

在平面调车区为集中控制时，进行连续溜放作业的分路道岔应设道岔表示器。

5. 脱轨表示器

脱轨表示器用于引向安全线或避难线的道岔及集中联锁以外的脱轨器，表示线路的开通位置或脱轨器的状态。

此外，还有车挡表示器。

四、信号机及表示器命名

1. 进站信号机

进站信号机的命名是按列车运行方向进行的，上行用 S 表示，下行用 X 表示。若在车站一端有多个方向的线路接入，则在 S 或 X 的右下角加上该信号机所属线路名的汉语拼音字头，如东郊方面的下行进站信号机编为 X_D。若在同一方向有几条线路引入，出现并置的进站信号机时，则应加缀区间线路名称（单方向可不加）或顺序号。如山海关方面的上行进站信号机编为 S_{S_2}、S_{S_4}，北京方面的下行进站信号机编为 X_{B_1}、X_{B_3}（上行用双数，下行用单数）。

2. 出站信号机

出站信号机按列车运行方向命名，上行用 S 表示，下行用 X 表示，在名称的右下角加股道号，如 S_{I}、X_3 等。线群出站信号机应加所属线群的股道号，如 S_5～S_8。当有数个车场时，则先加车场号，再在右下角缀以股道号，如 S_{I_2}、X_{II_3}。

3. 接车进路信号机

接车进路信号机的命名按列车运行方向，上行为 SL，下行为 XL。当有并置或连续布置的接车进路信号机，则在其右下角加顺序号，如 SL_2、SL_4、XL_1、XL_3 等（上行用双数，下行用单数）。

4. 发车进路信号机

发车进路信号机按列车运行方向命名，上行用S，下行用X表示，并在S或X右下角先加车场号，再加股道号。如Ⅰ场的上行3股道发车信号，信号机为$S_{Ⅰ_3}$；Ⅱ场下行4股道发车进路信号机为$X_{Ⅱ_4}$。

5. 调车信号机

调车信号机以D表示，在其右下角缀以顺序号。从列车到达方向顺序编号，上行咽喉用双号，下行咽喉用单号，如D_1、D_3、D_2、D_4等。若有数个车场时，则每个车场所属的调车信号机均用百位数字表示，以百位数表示车场，如Ⅰ场的D_{101}、D_{103}，Ⅱ场的D_{201}、D_{203}等。如同一咽喉区调车信号机超过50架时，则超出部分的调车信号机编为D_{1101}、D_{1103}、D_{2100}、D_{2102}等，此时千位数表示车场号。

6. 预告信号机

预告信号机的编号，第一个字母为Y，后面缀以主体信号机的编号，如YX_D。接近信号机的编号，第一个字母为J，后面缀以主体信号机的编号，如JX或JS。

7. 复示信号机

复示信号机的编号，第一个字母是F，后缀以主体信号机的编号，如进站复示信号机FX，出站复示信号机$FS_Ⅱ$，调车复示信号机FD_{103}。

8. 通过信号机

自动闭塞区段的通过信号机的名称以该信号机所在地点坐标公里数和百米数来编号，下行编为奇数，上行编为偶数，例如在100 km＋350 m处的并置通过信号机，下行方向的编为1003，上行方向的编为1004。

区间正线有分歧道岔的通过信号机，包括自动闭塞和非自动闭塞区段的，以T字母命名，并在其右下角缀以运行方向，如T_S、T_X，当有数架并存时，再加缀顺号，如T_{S_2}、T_{S_4}、T_{X_1}、T_{X_3}（上行用双数，下行用单数）。

9. 发车表示器

发车表示器以B表示，加在所属出站信号机的前面，如B_{S_3}表示上行3股道出站信号机的发车表示器。

进路表示器、道岔表示器不单独命名，与所属信号机或道岔的名称和编号相同。

第六节 信号显示

一、信号显示颜色的选择

1. 基本色和辅助色的选择

铁路信号颜色的选择，应能达到显示明确、辨认容易、便于记忆和具有足够的显示距离等基本要求。经过理论分析和长期实践，铁路信号的基本色为红、黄、绿三种，再辅以蓝色、月白色和紫色（仅做道岔表示用），构成铁路信号的基本显示系统。

铁路信号的光源为白炽灯产生的白色光。白光是一种复合光，由红、橙、黄、绿、青、蓝、紫七种颜色的光混合而成。其中红光波长最多，紫光波长最短，一般来说，波长越长，穿透周围介质（如空气、水汽等）的能力越强，显示距离越远。

同样强度的光，红光最诱目，因为人眼对红色辨认最敏感，红色比其他颜色的光都更能引人注意，对人会产生不安全感，所以规定红色灯光为停车信号是最理想的。

黄色（实际上是橙黄色，简称黄色）玻璃透过光线的能力较强，显示距离较远，又具有较高的分辨力，辨认正确率接近 100%，故采用黄色灯光作为注意和减速信号。

绿色和红色的反差最大，容易分辨，而绿色灯光显示距离亦较远，能满足信号显示的要求，故采用绿色灯光作为按规定速度运行的信号。

调车信号机的关闭不能影响列车运行，所以它不能采用红色灯光，而选用蓝色灯光作为禁止调车信号较合适，因其具有较高的诱目性和较大的辨认率。调车信号机的允许信号采用月白色灯光，主要目的是可与一般普通照明电源相区别。蓝色、白色灯光虽显示距离较近，但因为调车车列速度较低，所以能满足调车作业的需要。

紫色灯光具有较高的区别性，作为道岔表示器表示道岔在直向开通的灯光，基本上能满足需要。

2. 灯光组合和闪光信号

随着列车运行速度的不断提高，要求信号显示的信息量也不断地增加，采用单一灯光显示早已不能满足列车运行的需要。

当然可以采用现有的灯光组合成多种显示，如采用 2 个或 3 个相同颜色的或不同颜色的灯光进行组合。进站信号机的两个黄灯、一个绿灯和一个黄灯、一个红灯和一个月白灯的引导信号，通过信号机的一个红灯和一个蓝灯的允许信号，出站信号机的两个绿灯，出站信号机的一个绿灯或一个黄灯和进路表示器白灯，四显示自动闭塞区段通过、进站、出站信号机的一个绿灯和一个黄灯，都是灯光组合的实例。

但在采用过程中也发现，保持信号灯光有足够的间距且灯光显示距离调整得尽量接近，是保证列车距信号机较远时不致误认，或有足够分辨率的关键。双机构的色灯信号机，构成的两个灯光之间的距离一般在 1.5 m 左右，其正确辨认距离可达 1 000～1 500 m。而一个三显示单机构色灯信号机的上、下两端两个灯光进行组合时，其灯光之间的距离不足 0.5 m，其正确辨认距离仅达 500 m，这就给司机确认信号带来相当的困难。绿、黄显示，在距离 1 000 m 处观察，两个灯光易呈现融为一体，并且发白，难以分辨。

采用灯组的不同形式构成多种显示时，其分辨能力将有较大的提高，在我国仅有进站复示信号机和进路表示器采用局部灯组显示。

采用闪光信号的方式增加信号显示数目的方案，已被实践证明是行之有效的。闪光信号具有易于辨认、易于区别、有较强的抗干扰作用、节省电源和电缆等优点，并且有利于旧设备改造。对于解决信号显示数目不足的问题，是一个较易实现而有效的手段。

我国铁路闪光信号的采用虽然还没有构成一个完整的显示体系，但也有一定的使用经验，取得了很好的效果。例如进站信号机对于经 18 号及其以上道岔侧向位置进站所增加的黄闪/黄显示，取得良好的效果。

至于信号点灯的闪光频率，就是每分钟闪多少次，是闪光信号的基本参数，它牵涉到一系列的生理和心理上的及信号光学和颜色视觉的问题，也直接关系到铁路运输的安全和效率。经大量的试验及统计分析，我国铁路确定为 50～70 次/min。

闪光信号的通断比，即亮暗比，也是闪光的另一个基本参数，与闪光频率同样重要，经静态和动态的辨认试验，确定为 1∶1。

二、机构选用和灯光配列

色灯信号机的机构有单显示、二显示和三显示三种。单显示机构使用于遮断信号、复示信号、引导信号、容许信号。二显示和三显示可以单独使用，也可以组合(以及与单显示机构组合)构成各种信号显示。

色灯信号机灯光配列由《铁路信号设计规范》《铁路信号站内联锁设计规范》统一规定，色灯信号机的机构、灯光配列和用途见表 2-5。

表 2-5　色灯信号机的机构、灯光配列和用途

序号		1	2	3	4	5	6	7	8
机构和灯光配列	高柱								
	矮型			—	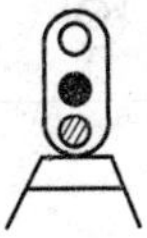	—			
名称及用途		预告信号机(矮型用于桥隧)	三显示自动闭塞区段通过信号机(矮型用于桥隧)	三显示自动闭塞区段带容许信号的通过信号机	四显示自动闭塞区段通过信号机(矮型用于桥隧)	四显示自动闭塞区段带容许信号的通过信号机	非自动闭塞区段的出站或通过信号机	非自动闭塞区段带调车信号的出站信号机	非自动闭塞区段的两方向出站信号机
序号		9	10	11	12	13	14	15	16
机构和灯光配列	高柱								
	矮型	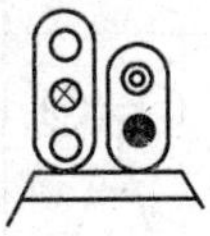		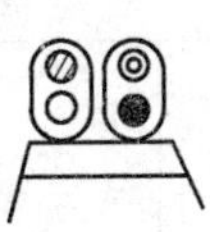	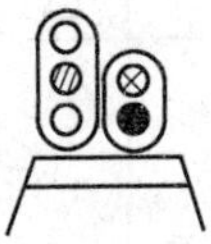		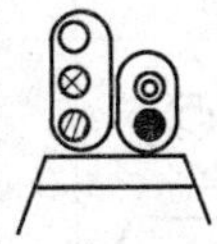	—	

续上表

序号	9	10	11	12	13	14	15	16
名称及用途	非自动闭塞区段带调车信号两方向出站信号机	三显示自动闭塞区段的出站信号机	1 三显示自动闭塞区段带调车信号的出站或发车进路信号机 2 驼峰及驼峰辅助信号机(高柱) 3 驼峰辅助兼出站信号机(高柱)	三显示自动闭塞区段两方向的出站信号机	1 四显示自动闭塞区段的出站信号机 2 发车进路信号机	1 四显示自动闭塞区段带调车信号的出站或发车进路信号机 2 驼峰及驼峰辅助信号机(高柱) 3 驼峰辅助兼出站信号机(高柱)	1 四显示自动闭塞区段两方向的出站信号机 2 两方向出站信号机兼发车进路信号机	三显示自动闭塞区段带调车信号的两方向出站信号机

序号		17	18	19	20	21	22	23	24
机构和灯光配列	高柱					 (反面灯光)	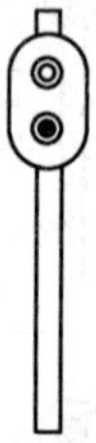	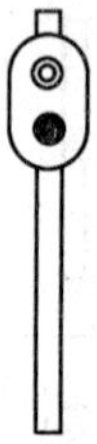	—
	矮型	—	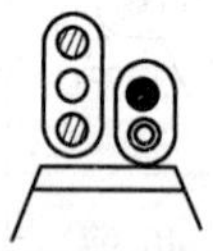	—	—	—			
名称及用途		四显示自动闭塞区段带调车信号的两方向出站信号机	1 进站信号机 2 接车进路信号机 3 区间防护分歧线路的通过信号机(封月白灯)	带调车信号的接车进路信号机(可兼出站信号)	带调车信号的两方向出站信号机兼接车进路信号机	反面兼调车信号的进站信号机(用于调度集中区段的车站)	调车信号机	调车信号机(设置在岔线入口处)	尽头列车信号机

序号		25	26	27	28	29	30	31	32	33
机构和灯光配列	高柱	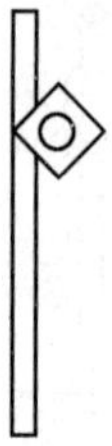	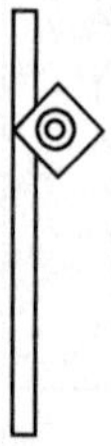	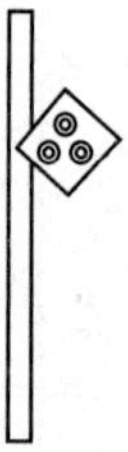		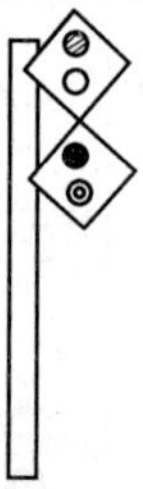	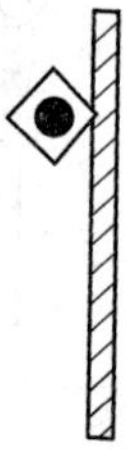		—	
	矮型			—	—	—	—	—		—

续上表

序号	25	26	27	28	29	30	31	32	33
名称及用途	出站或发车进路复示信号机	调车复示信号机	进站复示信号机（灯列式）	发车线路表示器	驼峰复示信号机	遮断信号机	遮断信号机的预告信号机	调车区电气集中溜放用道岔表示器	道口信号机

图例：●红色灯光 ⊘黄色灯光 ○绿色灯光 ◉蓝色灯光
◎月白灯光 ⓘ透明白灯 ⊗空位灯光 ⓩ紫色灯光

注：1. 出站兼发车进路信号机需要装设进路表示器。

2. 矮型进站、接车进路、通过、预告信号机须经有关部门批准后才能采用，当进站信号机有绿黄显示时不得采用矮型信号机。

1. 色灯信号机灯光配列和应用的规定

(1)当根据实际情况需要减少灯位时，应以空位停用方式处理。减少灯位的处理方式可以维持信号机应有的外形，防止司机误认。如进站信号机没有绿灯和绿黄灯显示时（例如附图中的 X_D），其绿灯可采用封闭方式处理，但不允许改变信号机外形。这是因为信号机的外形是识别信号机类型的重要标志。

(2)以两个基本灯光组成一种信号显示时，应在一条垂直线上（进站复示信号机除外）。是为了防止两个灯光被误认为是不同信号机的显示。但进站复示信号机是一组灯列式显示，所以可以不在一条垂直线上。

以两个基本灯光组成一种信号显示时，还应有一定的间隔距离，这是为了防止和减少两个同一颜色的灯光在远距离上被误认为是一个灯光而造成升级显示的危险。如进站信号机的双黄灯显示被误认为一个黄灯显示，将造成向侧线接车误认为向正线接车的危险；又如出站信号机的双绿灯显示，若误认为一个绿灯显示，将造成向次要线路发车误认为向主要线路发车，也不利于安全。

在高柱信号机上有足够的空间保证两个信号灯光之间的距离，而且一般采用高柱的信号机都有较远显示距离的要求。为了保证一定间隔，规定高柱信号机不得使用一个三显示机构的上下两个灯位显示同一颜色的灯光。但是矮型信号机由于结构上的原因，同时一般要求显示距离为不小于 200 m，所以允许采用三显示机构的上下两个灯位显示同一颜色的灯光。

当两种不同颜色的灯光组成一种信号显示时，例如通过信号机和出站信号机的绿、黄灯光显示，可允许采用同一个三显示机构的上下两灯位来显示，但其间必须间隔一个灯位。

(3)在以两个机构组成的矮型信号机上，应将最大限制信号设在靠近线路的机构上。其目的是为了防止和避免该信号机被误认为是邻线的信号机。

(4)双机构加引导信号是一种专门的信号机型式，唯有它能区分始端速度。具有接车性质的信号机，包括进站信号机、接车进路（含接发车进路）信号机、有分歧道岔线路所的通过信号机都应采用此型式。

(5)一般情况下，站内高柱信号机的机构安装于机柱内侧，区间高柱信号机的机构安装于机柱的外侧。而在电气化区段，通过信号机的机构安装于机柱内侧。这项规定是根据限界、确认和改善维修条件而定的。

2. 各种信号机的灯光配列

(1)进站信号机

进站信号机一般采用高柱双机构(两个二显示机构),带引导信号机构,自上而下灯位为黄、绿、红、黄、月白。当采用矮型信号机时,例如双线双向自动闭塞区段的反方向进站信号机,采用一个三显示机构和一个二显示机构,三显示灯位为黄、绿、黄,二显示为红、月白,二显示靠近线路。但当该信号机有绿、黄显示时,该进站信号机不能用矮型。

在高速铁路,桥、隧地段信号机及高柱信号机构外缘与接触网带电部分不符合安全距离要求时,可采用七灯位矮型信号机,如图 2-25 所示。当矮型进站信号机设于线路右侧时,定型配置的三、四灯位机构换位,使红灯位于线路侧。

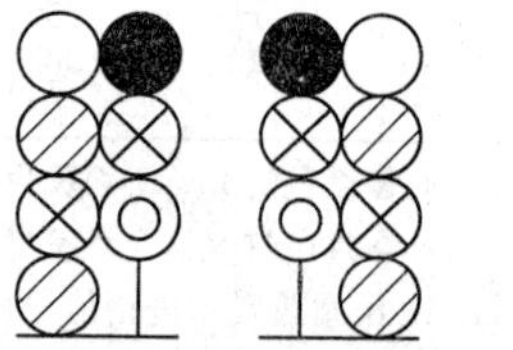

图 2-25　七灯位矮型进站信号机

(2)出站信号机

出站信号机的灯光配列有各种不同的情况:半自动闭塞(以及自动站间闭塞)区段的出站信号机、半自动闭塞区段双方向出站信号机、三显示自动闭塞区段的出站信号机、三显示自动闭塞区段的双方向出站信号机(又分为次要方向为半自动闭塞和两个方向均为自动闭塞两种情况)、四显示自动闭塞区段的出站信号机、四显示自动闭塞区段的双方向出站信号机,以及两个以上方向的各种闭塞区段的出站信号机。集中联锁车站的出站信号机一般又兼作调车信号机。

半自动闭塞区段的出站信号机采用一个三显示机构,灯位自上而下为绿、红、月白。当有两个发车方向时,增加一个绿灯,高柱采用两个二显示机构,灯位自上而下为绿、红、绿、月白;矮型采用一个三显示机构和一个二显示机构(设于右侧靠近线路),二显示机构灯位自上而下是月白、红,三显示机构上、下两个均为绿灯,中间间隔一个空灯位,二显示机构为月白、红,靠近线路。

自动站间闭塞区段的出站信号机灯光配列和信号显示与半自动闭塞区段的出站信号机完全相同。

三显示自动闭塞区段的出站信号机高柱、矮型均采用两个二显示机构。高柱信号机自上而下是黄、绿、红、月白;矮型信号机的月白、红二显示机构靠近线路,另一个二显示机构为黄、绿。三显示自动闭塞区段的双方向出站信号机,当次要方向是半自动闭塞时,在上述基础上增加一个绿灯,高柱信号机由一个三显示(在上面)和一个二显示机构组成,自上而下为黄、绿、红、绿、月白;矮型信号机将三显示机构置于左侧,自上而下为绿、黄、绿。当两个方向均为自动闭塞时,必须装设进路表示器。

四显示自动闭塞区段的出站信号机,高柱机构同三显示自动闭塞区段,但灯位自上而下是绿、红、黄、月白。矮型信号机将三显示机构设于左侧,上面为绿灯,下面为黄灯,中间间隔一个空灯位,二显示机构为月白、红,靠近线路。四显示自动闭塞区段的双方向出站信号机,当次要方向为半自动闭塞时,高柱的增加一个绿灯,上面为三显示机构,灯位自上而下为绿、红、黄、绿、月白。矮型不能构成,只能装设进路表示器。当两个方向均为自动闭塞时,也只能装设进路表示器。

出站信号机,若发车方向在 2 个以上,只能装设进路表示器。

在高速铁路,出站信号机采用"红、绿、白"三灯位矮型信号机。与传统的出站信号机不同,增加了引导信号,可以在因发车进路轨道电路故障或出站信号机允许灯光断丝情况下,以引导方式将列车发至区间。但不装设进路表示器。

(3)进路信号机

接车进路信号机的机构和灯光配列同进站信号机，但接车进路信号机通常兼作调车信号机，为避免与引导信号相混淆，应将调车机构设于信号机下部，也可单独设矮型调车信号机，两种情况下都要将蓝灯封闭。

发车进路信号机的机构和灯光配列与出站信号机相同，只是没有两方向发车的情况。有两方向发车的是出站兼发车进路信号机，它与双方向的出站信号机相同。

在高速铁路，发车进路信号机采用“红、绿、白”三灯位矮型信号机。

(4)通过信号机

①自动闭塞区段的通过信号机

三显示自动闭塞区段和四显示自动闭塞区段的通过信号机均采用三显示机构，只是灯光排列不同。三显示自上而下是黄、绿、红；四显示自上而下是绿、红、黄。因为四显示有绿、黄显示，中间必须间隔一个灯位。

设在上坡道启动困难的通过信号机，可带容许信号。容许信号，方形背板，蓝灯。

②非自动闭塞区段的通过信号机

非自动闭塞区段的线路所的通过信号机，无分歧道岔时为二显示，自上而下是绿、红。防护分歧道岔的通过信号机采用与进站信号机相同的机构和灯光，但月白灯必须封闭，因不允许办理引导接车。

(5)遮断信号机

遮断信号机，高柱，单机构，只有一个红灯，方形背板，机柱涂以黑白相间斜线。

(6)预告信号机

预告信号机，采用二显示机构，自上而下是绿、黄灯。矮型设于桥隧上，须经批准后才能采用。

接近信号机采用三显示机构，由上而下接绿、封、黄灯位排列，分别显示绿、绿黄、黄，不设红灯位。

遮断信号机的预告信号机，高柱，和遮断信号机一样，机柱涂以黑白相间斜线，一个单显示机构，方形背板，黄灯。

(7)调车信号机

调车信号机，采用二显示机构，自上而下是月白、蓝灯。设于岔线入口处的调车信号机可用红灯代替蓝灯。设在尽头式到发线上的尽头调车信号机，采用矮型三显示机构，外形同列车用的信号机，自上而下是空灯位、红灯、月白灯。

(8)复示信号机

复示信号机均采用方形背板。进站复示信号机为灯列式结构，一个机构内有三个呈等边三角形的三个月白灯，是为了防止其显示与进站信号机的绿灯相混淆，它必须采用高柱信号机。出站、进路复示信号机，单显示机构，绿灯。调车复示信号机，单显示机构，白灯。

三、信号显示制度

1. 信号显示的方式

色灯信号机基本上采用灯光颜色特征和灯光数目特征组合的显示方式，个别情况下采用闪光特征，并以信号机外形来辅助区别一些特定的含义。

视觉信号的基本颜色是：

红色——停车。

黄色——注意或减低速度。

绿色——按规定速度运行。

还有：

月白色——准许调车，或与红灯组合作为引导信号。

蓝色——禁止调车，或作为容许信号。

信号机上同时点亮的基本灯光，原则上不超过两个(附加灯光除外，如进路表示器)。

2. 信号显示制度

信号显示制度是指表达信号显示意义的基本体系。铁路信号显示制度通常可分为进路式和速差式两大类。进路式信号显示制度是指示列车进入不同进路为原则的信号显示制度，表达的是进路意义。由于进路式存在显示复杂、适应性能差、显示意义不确切等较大缺点，其发展受到很大限制，随着行车速度的不断提高，目前在世界多数国家已不再采用。

速差式信号显示制度是每一种信号显示均能表示不同行车速度的信号显示制度，它表达的是速度含义。速差式信号显示制度能采用较简单统一的显示方式，指示列车通过本信号机的运行速度，或能指示列车通过次架信号机的运行速度，或者既能指示列车通过本信号机的运行速度，又能预告列车通过次架信号机的运行速度。速差式信号显示制度是地面信号显示的发展方向。

我国现行的信号显示制度基本上属于简易速差式，并兼顾运行方向的区分。由于显示数目少，速度含义的表示尚不完善。

3. 信号显示的速度含义

信号显示的意义在《铁路技术管理规程》中用指示运行条件来表达，这些运行条件包括两方面的内容：本信号机防护进路上的道岔开通直向或侧向，次架信号机的关闭及开放状态，速度含义内含其中。随着列车速度的提高，对信号显示表达速度含义的要求更加迫切。

列车运行速度在 120 km/h 及以下时一般采用三显示自动闭塞，其速度等级只有两级，按规定速度和零。列车运行速度在 120～160 km/h 时采用四显示自动闭塞，它的信号显示有了较明确速度含义，绿、绿黄、黄、红灯四种显示明确表达了始端速度和终端速度。其速度等级一般分为三级，例如 160 km/h、115 km/h 和 0。

进站信号机和接车进路信号机也能表达速度意义，除绿、绿黄、黄、红灯外，两个黄灯和黄闪黄分别表达了限速的意义，两个黄灯限速 50 km/h(非提速 12 号道岔为 45 km/h，9 号道岔为 30 km/h)，黄闪/黄限速 80 km/h。

4. 常态灭灯与常态点灯

普速铁路和运行非动车组的高速铁路，地面信号机常态点灯。在仅运行动车组的高速铁路，其地面信号机存在常态灭灯的情况。

ATP 车载设备正常工作时，司机以车载信号行车，地面信号机开放已无意义。所以车站及线路所列车信号机应常态灭灯不显示，仅起停车位置作用。对以隔离模式运行的动车组列车和施工路用列车，信号机点亮，灭灯视为红灯。这些信号机平时可以不着灯，一方面节能，另一方面也可避免因地面信号与车载信号出现不一致时(如灯丝断丝)导致的混乱。遇列车未装设列控设备(可能包括维修车、轨道车等)或列控设备停用时,相应的列车信号机应经人工确认后转为点灯状态。

常态灭灯的车站(含无配线车站)出站信号机和防护区间道岔的通过信号机开放允许信号时应检查站间空闲条件。

调车信号机及动车段(所)列车信号机应常态点灯。

5. 机车信号显示制度

机车信号的显示方式有色灯式和数字式。我国铁路多采用色灯式,以后要向数字式发展。

机车信号显示制度分预告式、复示式和预告复示式。

预告式显示制度是机车信号复示列车运行前方信号机显示含义的机车信号显示制度。我国现有机车信号就采用这种显示制度。如果有速度含义的话,就是指示列车运行前方信号机防护区段的始端速度和终端速度。

6. 机车信号作为行车凭证的概念

当列车运行速度达到 160 km/h 以上时,由于列车制动距离的延长,凭司机确认地面信号行车来保证行车安全已经成为不可能。当从确认信号到采取制动措施的时间内列车的走行距离大于制动距离时,就会危及行车安全。于是,在这种情况下,机车信号就应成为行车凭证,而不再是地面信号的辅助信号。由车载信号和地面信号设备共同构成机车信号系统,必须具有高可靠、高安全性,符合“故障—安全”原则。机车信号作为行车凭证后,可逐步取消地面信号机。

四、信号显示的基本要求

1. 信号显示的原则要求

信号是指示列车运行及调车作业的命令,有关行车人员必须严格执行。

信号显示方式及使用方法,应按《铁路技术管理规程(普速铁路部分)》规定执行。《铁路技术管理规程(普速铁路部分)》以外的信号显示方式,须经国铁集团批准,方可采用。

各种信号机和信号表示器的灯光排列、颜色和外形尺寸,必须符合国铁集团规定的标准。

铁路沿线及站内,禁止设置妨碍确认信号的红、黄、绿色的装饰彩布、标语和灯光。如车站内已装有妨碍确认信号灯光的设备时,应改装或采取遮光措施。

在规定的信号显示距离内,不准种植影响信号显示的树木。对影响信号显示的树木,应予以处理。

2. 信号机定位

将信号机经常保持的显示状态作为信号机的定位。信号机定位的确定,一般是考虑保证行车安全,提高运输效率或信号显示自动化等因素。

进站、进路、出站信号机对行车安全起着极其重要的作用,故规定以显示停车信号——红灯为定位。双线单方向运行自动闭塞区段的车站(线路所)如将进站及正线出站信号机转为自动动作时,以显示进行信号为定位。

调车信号机以显示禁止调车信号——蓝灯为定位。

自动闭塞的每架通过信号机,都是其运行前方信号机的预告信号机,为提高区间通过能力,保证列车经常在绿灯下运行,规定通过信号机以显示进行信号为定位,即一般通过信号机显示绿灯为定位,进站信号机前方第一架通过信号机兼有预告信号机的作用,故以显示黄灯为定位,四显示自动闭塞的进站信号机前方第二架通过信号机则以显示绿、黄灯为定位。单线自动闭塞,当一个方向的通过信号机开放时,另一个方向的通过信号机灭灯。

线路所的通过信号机，兼有防护接车、发车的作用，故以显示红灯为定位。

预告信号机是附属于主体信号机的，仅能表示主体信号机的显示状态，故以显示注意信号——黄灯为定位。

遮断信号机和各种复示信号机均以无显示为定位。

3. 信号机的关闭时机

信号机的关闭时机规定如下：

(1)集中联锁车站的进站、进路、出站信号机，线路所通过信号机及自动闭塞区段的通过信号机，当列车第一轮对越过该信号机后自动关闭。引导信号应在列车越过信号机后及时关闭。

(2)调车信号机在调车车列全部越过调车信号机后自动关闭；当调车信号机外方不设或虽设轨道电路而占用时，应在调车车列全部出清该调车信号机内方第一个轨道区段后自动关闭(因对于调车车列，机车可能在前面牵引也可能在后面推送，调车车列一进入调车信号机内方就关闭，就会使得司机在见到蓝灯情况下进行调车)；根据需要也可在调车车列第一轮对进入调车信号机内方第一个轨道区段后自动关闭。

4. 视作停车信号

进站、出站、进路和通过信号机的灯光熄灭、显示不明或显示不正确时，均视为停车信号。

5. 无效信号

新设尚未开始使用及应撤除尚未撤掉的信号机，均应装设信号机无效标，并应熄灭灯光。信号机无效标为白色的十字交叉板，装在色灯信号机柱上。

在新建铁路上，新设尚未开始使用的信号机(进站信号机暂用作防护车站时除外)，可将色灯信号机构向线路外侧扭转 90°，并熄灭灯光，作为无效。

五、信号显示意义

1. 信号机显示

各种信号机显示按《铁路技术管理规程(普速铁路部分)》规定，见表 2-6。

表 2-6 信号显示

信号机类别	闭塞方式	灯显		显示含义
进站信号机	半自动闭塞、自动站间闭塞、三显示自动闭塞			准许列车按规定速度经正线通过车站，表示出站及进路信号机在开放状态，进路上的道岔均开通直向位置
				准许列车经道岔直向位置，进入站内越过一次架已经开放的信号机准备停车
				准许列车经道岔直向位置，进入站内正线准备停车
			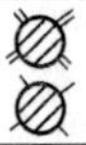	准许列车经过 18 号及其以上道岔侧向位置，进入站内越过次一架已经开放的信号机，且该信号机所防护的进路经道岔的直向位置或 18 号及其以上道岔的侧向位置
			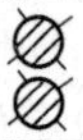	准许列车经道岔侧向位置，进入站内准备停车(但不满足黄闪黄条件)
				不准列车越过该信号机
				准许列车在该信号机前方不停车，以不超过 20 km/h 进站或通过接车进路，并须准备随时停车

续上表

信号机类别	闭塞方式	灯显		显示含义
进站信号机	四显示自动闭塞			准许列车按规定速度经道岔直向位置进入或通过车站，表示运行前方至少有三个闭塞分区空闲
				准许列车按规定速度经道岔直向位置进入站内，表示次一架信号机经道岔直向位置开放一个黄灯
				准许列车按限速要求经道岔直向位置进入站内正线准备停车
			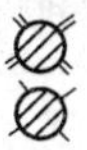	准许列车经过18号及其以上道岔侧向位置，进入站内越过次一架已经开放的信号机，且该信号机所防护的进路经道岔的直向位置或18号及其以上道岔的侧向位置
			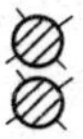	准许列车按限速要求越过该信号机，经道岔侧向位置进入站内准备停车(但不满足黄闪黄条件)
				不准列车越过该信号机
				准许列车在该信号机前方不停车，以不超过20 km/h进站或通过接车进路，并须准备随时停车
出站信号机	三显示自动闭塞			准许列车由车站出发，表示运行前方至少有两个闭塞分区空闲
				准许列车由车站出发，表示运行前方有一个闭塞分区空闲
				准许列车由车站出发，开往半自动闭塞或自动站间闭塞区间
				不准列车越过该信号机
				兼作调车信号机时，准许越过该信号机调车
	四显示自动闭塞			准许列车由车站出发，表示运行前方至少有三个闭塞分区空闲
				准许列车由车站出发，表示运行前方有两个闭塞分区空闲
				准许列车由车站出发，表示运行前方有一个闭塞分区空闲
				准许列车由车站出发，开往半自动闭塞区间
				不准列车越过该信号机
				兼作调车信号机时，准许越过该信号机调车
	半自动闭塞、自动站间闭塞			准许列车由车站出发
				准许列车由车站出发，开往次要线路
				不准列车越过该信号机
				兼作调车信号机时，准许越过该信号机调车

续上表

信号机类别	闭塞方式	灯显		显示含义
进路信号机	接车进路信号机及接发车进路信号机			显示与进站信号机相同 兼作调车信号机时，点亮一个月白色灯光，准许越过该信号机调车
	发车进路信号机（三显示自动闭塞、半自动闭塞、自动站间闭塞区段）			准许列车由车站经正线出发，表示出站和进路信号机均在开放状态
				准许列车越过该信号机，表示该信号机列车运行前方次一架信号机在开放状态
				准许列车运行到次一架信号机之前准备停车
				不准列车越过该信号机
				兼作调车信号机时，准许越过该信号机调车
	发车进路信号机（四显示自动闭塞区段）			表示该信号机运行前方至少有两架信号机进道岔直向在开放状态
				表示该信号机运行前方次一架信号机进道岔直向位置在开放状态
				准许列车运行到次一架信号机之前准备停车
				不准列车越过该信号机
				兼作调车信号机时，准许越过该信号机调车
通过信号机	三显示自动闭塞			准许列车按规定速度运行，表示运行前方至少有两个闭塞分区空闲
				要求列车注意运行，表示运行前方有一个闭塞分区空闲
				列车应在该信号机前停车
				容许信号显示一个蓝灯，准许列车在通过信号机显示红灯的情况下不停车，以不超过 20 km/h 的速度通过，运行到次架通过信号机，并随时准备停车
	四显示自动闭塞			准许列车按规定速度运行，表示运行前方至少有三个闭塞分区空闲
				准许列车按规定速度运行，要求注意准备减速，表示运行前方有两个闭塞分区空闲
				要求列车减速运行，按规定限速要求越过该信号机，表示运行前方有一个闭塞分区空闲
				列车应在该信号机前停车
				容许信号显示一个蓝灯，准许列车在通过信号机显示红灯的情况下不停车，以不超过 20 km/h 的速度通过，运行到次架通过信号机，并随时准备停车

续上表

信号机类别	闭塞方式	灯显		显示含义
通过信号机	半自动闭塞			准许列车按规定速度运行
				不准列车越过该信号机
	线路所防护分歧道岔			准许列车按规定速度经道岔直向位置运行，表示前方区间空闲
			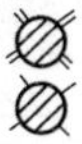	准许列车经过18号及其以上分歧道岔侧向位置，开往半自动闭塞或自动站间闭塞区间，或开往自动闭塞区间且列车运行前方次一闭塞分区空闲
			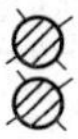	准许列车经过18号以下分歧道岔侧向位置运行，表示前方区间空闲
				不准列车越过该信号机
遮断信号				不准列车越过该信号机
			无显示	不着灯时，不起信号作用
预告信号机		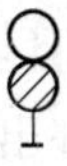		表示主体信号机在开放状态
				表示主体信号机在关闭状态
				表示遮断信号机显示红色灯光
			无显示	不着灯时，不起信号作用
接近信号机		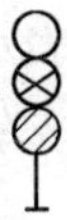		表示进站信号机开放一个绿色灯光或一个绿色灯光和一个黄色灯光
				表示进站信号机开放一个黄色灯光
				表示进站信号机在关闭状态，或表示进站信号机显示两个黄色灯光或一个黄色闪光和一个黄色灯光
调车信号机				准许越过该信号机调车
				装有平面溜放调车区集中联锁设备时，准许溜放调车
				不准越过信号机调车
复示信号机	进站接车进路、接发车进路信号机的复示信号机	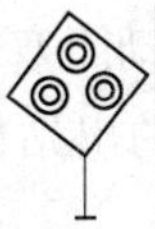	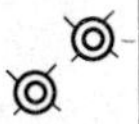	两个月白色灯光与水平线构成60°角显示，表示进站信号机显示列车经道岔直向位置向正线接车信号
			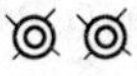	两个月白色灯光水平位置显示，表示进站信号机显示列车经道岔侧向位置接车信号
			无显示	表示主体信号机在关闭状态

续上表

信号机类别	闭塞方式	灯显		显示含义
复示信号机	出站及发车进路信号机的复示信号机			表示出站或进路信号机在开放状态
			无显示	表示主体信号机在关闭状态
	调车复示信号机			表示调车信号机在开放状态
			无显示	表示调车信号机在关闭状态

(1)进站信号机

进站信号机采用黄、绿、红、黄、白(引导)五灯位的色灯信号机。

进站信号机分非四显示自动闭塞(半自动闭塞或自动站间闭塞或三显示自动闭塞)和四显示自动闭塞的两种情况。两者的主要区别在于绿色灯光显示和绿、黄灯显示。

在非四显示自动闭塞区段的进站信号机的绿色灯光指示列车按规定速度由车站正线通过,表示有关的接车进路(或接发车进路)信号机及正线出站信号机开放,而且还必须保证该通过进路的有关道岔都在直向开通位置。当车站没有直向通过进路时,不允许出现绿灯显示,若该信号机也不能出现绿、黄显示时,应将绿灯灯位保留,予以封闭。

在四显示自动闭塞区段的进站信号机显示一个绿色灯光,表示准许列车按规定速度经道岔直向位置进入或通过车站,表示运行前方至少有三个闭塞分区空闲,不表示一定能直向通过车站。

在非四显示自动闭塞区段,进站信号机显示一个绿色和一个黄色灯光,表示准许列车经道岔直向位置,进入站内越过次架已经开放的接车进路信号机准备停车。若该车站没有进路信号机,进站信号机便不存在绿、黄显示。

而在四显示自动闭塞区段,进站信号机显示一个绿色和一个黄色灯光,指示准许列车按规定速度越过该信号机,经道岔直向位置进入站内,表示次架信号机已经开放一个黄灯。这里的次架信号机可以是进路信号机,更多的则是出站信号机。

进站信号机的引导信号必须是一个红色灯光和一个月白色灯光同时点亮。在普速铁路以不超过 20 km/h 的速度进站或通过接车进路,并须准备随时停车;在高速铁路,以不超过 40 km/h的速度进站或通过接车进路,并须准备随时停车。

(2)出站信号机

普速铁路的出站信号机有三种情况:三显示自动闭塞区段、四显示自动闭塞区段和半自动闭塞区段(以及自动站间闭塞区段)。只要是集中联锁车站,各种情况下的出站信号机均兼作调车信号机。

三种情况的出站信号机,只有红色灯光、两个绿色灯光和月白色灯光,显示意义相同,以及三显示、四显示自动闭塞区段的黄色灯光显示意义相同。同是绿色灯光,三显示自动闭塞区段的表示运行前方至少有两个闭塞分区空闲，四显示自动闭塞的表示运行前方至少有三个闭塞分区空闲，半自动闭塞的表示区间空闲。四显示自动闭塞与三显示自动闭塞相比，其出站信号机多一个绿、黄灯显示，表示运行前方有两个闭塞分区空闲。半自动闭塞的出站信号机没有黄灯显示。当有两个发车方向，且次要发车方向为半自动闭塞时，出站信号机应显示两个绿灯。

在只运用动车组列车的高速铁路，出站信号机的显示仅表示允许列车越过该信号机(或标志牌)或在该信号机(或标志牌)前停车，不区分进路方向，无速度含义。信号机开放指示列车按站间闭塞方式运行。出站信号机增加了引导信号，可以在因发车进路轨道电路故障或出站信号机允许灯光断丝情况下，以引导方式将列车发至区间。出站信号机必须在要求地面信号机点灯的情况下才能开放引导信号，点亮红色灯光和月白色灯光，以不超过 40 km/h 的速度出站，并须准备随时停车。

(3)进路信号机

接车进路信号机的显示与进站信号机相同，但接车进路信号机通常带有调车信号机。

发车进路信号机有红色灯光、绿色灯光、黄色灯光和绿黄色及调车白灯。发车进路信号机的绿灯、黄灯、绿黄灯显示均与其运行前方的进路信号机或出站信号机状态相联系。

(4)通过信号机

通过信号机分三显示自动闭塞、四显示自动闭塞和半自动闭塞三种情况。三种情况只有红灯显光意义相同。三显示自动闭塞的通过信号机的绿灯和黄灯显示分别表示运行前方至少有两个闭塞和有一个闭塞分区空闲。四显示自动闭塞的通过信号机的绿灯、绿黄灯、黄灯分别表示运行前方至少有三个闭塞分区、有两个闭塞分区、有一个闭塞分区空闲。半自动闭塞区段线路所的通过信号机的绿灯显示准许列车按规定速度运行，它没有黄灯显示。

自动闭塞的通过信号机上设有容许信号时，容许信号显示一个蓝色灯光，准许列车在该通过信号机显示红色灯光的情况下不停车，以不超过 20 km/h 的速度通过，运行到次架通过信号机，并随时准备停车。

当有分歧道岔的线路所，无论是否自动闭塞区段，该线路所通过信号机的显示方式，应与进站信号机相同，只是不允许引导接车。该信号机显示红色灯光时，不准列车越过。显示两个黄色灯光时，表示准许列车经分歧道岔侧向运行。显示一个黄色闪光和一个黄色灯光时，表示分歧道岔为 18 号及以上道岔，准许经分歧道岔侧向运行。

(5)遮断信号机

遮断信号机只有一个红色灯光。显示一个红色灯光，不准列车越过。不着灯时不起信号作用。

(6)预告信号机

预告信号机分两种情况：进站信号机和半自动闭塞区段通过信号机的预告信号机、遮断信号机的预告信号机。两者的显示意义不同。前者有绿、黄两种显示，分别表示主体信号机在开放和关闭状态。后者只有黄灯显示，黄色灯光表示遮断信号机显示红色灯光；不着灯时，不起信号作用。

接近信号机显示一个绿色灯光，表示列车可按规定速度行驶，预告进站信号机显示一个绿色灯光或一个绿色灯光和一个黄色灯光；显示一个绿色灯光和一个黄色灯光，表示列车应注意运行，在通过该信号机后应开始减速运行，预告进站信号机开放一个黄灯；显示一个黄色灯光，表示列车在通过该信号机的运行速度应满足进站信号机降至 45 km/h(或 80 km/h)或停车的要求，预告进站信号机显示两个黄灯(或一个黄闪和一个黄灯)或一个红灯(或一个红灯及一个月白灯)。

(7)调车信号机

调车信号机一般有月白色灯光和蓝色灯光两种显示，对于平面溜放调车集中联锁区域的调车信号机增加一个月白色闪光灯光，表示准许溜放调车。不办理闭塞的站内岔线，在岔线入口处设置的调车信号机，可用红色灯光代替蓝色灯光。在尽头式到发线上，设置的起阻挡列车运行作用的调车信号机，应采用矮型三显示结构，用红色灯光代替蓝色灯光。当该信号机的红色灯光熄灭、显示不明或显示不正确时，应视为列车的停车信号。

(8)复示信号机

复示信号机有进站、出站、进路、驼峰及调车复示信号机，它们平时无显示，表示主体信号机在关闭状态，主体信号开放，复示信号机才有显示。进站复示信号机用两个月白色灯光的不同位置，分别表示进站信号机显示列车经道岔直向位置和侧向位置的接车信号。出站、进路复示信号机用一个绿色灯光，表示出站或进路信号机在开放状态。调车复示信号机用一个月白色灯光表示调车信号机在开放状态。

2. 信号表示器显示

(1)进路表示器

出站信号机有两个及以上运行方向，而信号显示本身不能分别表示运行方向时(包括有两个发车方向，但均为自动闭塞区段时)，为了使有关行车人员在信号机开放后明确列车的运行方向，在该信号机上装设进路表示器。

当只有两个进路方向而需装设进路表示器时，可用左、右两个白色灯光的表示器，以区分列车左、右的运行方向。

当有三个进路方向时，需装设三个并排的白色灯光的表示器，可用左、中、右三个灯光分别表示三个运行方向。

四个方向时的进路表示器显示如图 2-26 所示。五个方向时的进路表示器显示如图 2-27 所示。均设两排进路表示器，第一排三个白色灯光，第二排一个白色灯光。以两个灯光组成直线或斜线表示进路开通方向。

六方向时的进路表示器显示如图 2-28 所示。七方向时的进路表示器显示如图 2-29 所示。均设两排进路表示器，第一排三个白色灯光，第二排三个白色灯光。以两个灯光组成直线或斜线表示进路开通方向。

双线自动闭塞，有反方向运行条件时，出站信号机应装设进路表示器，鉴于反方向运行较少使用，为简化显示，采用进路表示器不着灯作为正方向发车，反方向发车时点亮进路表示器白灯。

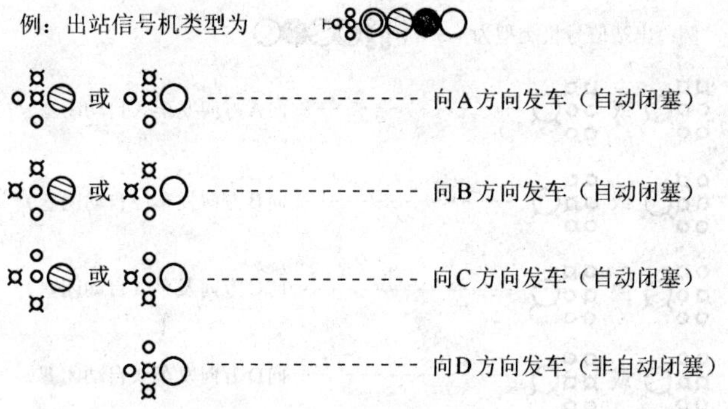

图 2-26　四方向进路表示器显示

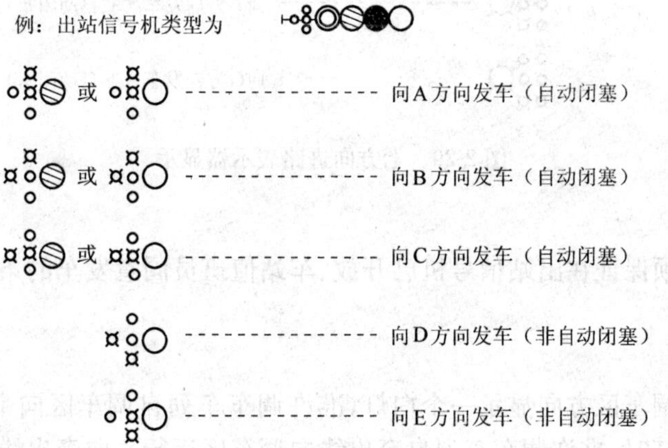

图 2-27　五方向进路表示器显示

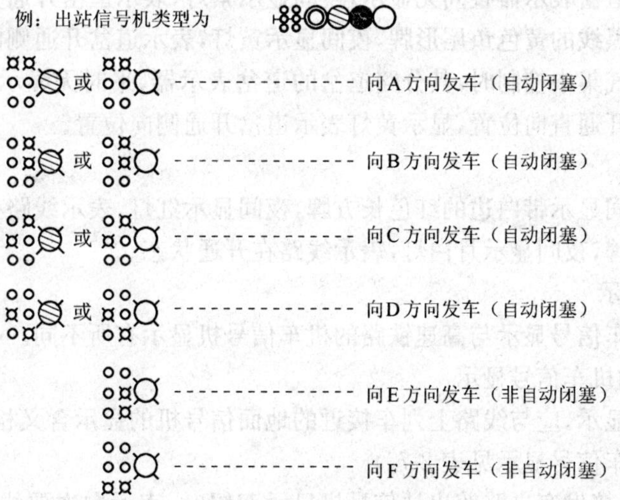

图 2-28　六方向进路表示器显示

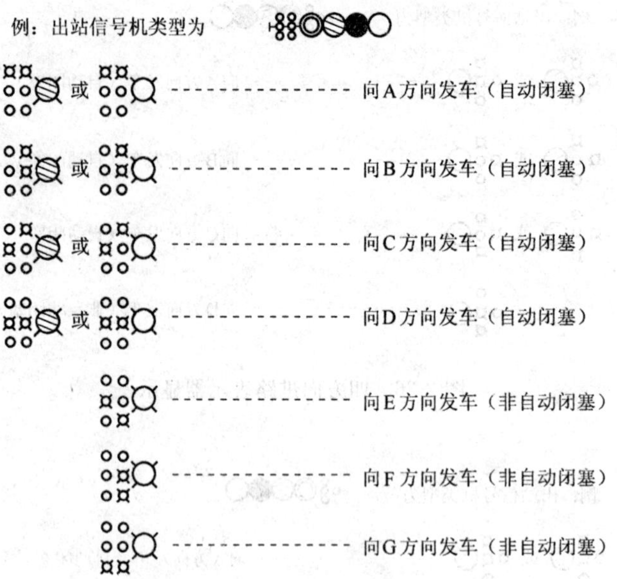

图 2-29　七方向进路表示器显示

(2)发车表示器

发车表示器必须保证在出站信号机已开放、车站值班员同意发车的条件下才着灯，显示一个白灯。

(3)调车表示器

调车表示器向调车区方向显示一个白灯，准许调车车列自调车区向牵出线运行。自牵出线方向显示一个白灯时，准许调车车列自牵出线向调车区运行。向牵出线方向显示两个白灯，准许调车车列自牵出线向调车区溜放。

(4)道岔表示器

非集中联锁的道岔表示器昼间无显示，夜间显示紫灯，表示道岔开通直向位置。昼间为中央划有一条鱼尾形黑线的黄色鱼尾形牌，夜间显示黄灯，表示道岔开通侧向位置。

在调车区为电气集中控制时，其分路道岔的道岔表示器，平时无显示。进行溜放作业时，显示紫灯表示道岔开通直向位置，显示黄灯表示道岔开通侧向位置。

(5)脱轨表示器

脱轨表示器昼间显示带白边的红色长方牌，夜间显示红灯，表示线路在遮断状态。昼间显示带白边的绿色圆牌，夜间显示月白灯，表示线路在开通状态。

3. 机车信号显示

普速铁路的机车信号显示与高速铁路的机车信号机显示有所不同。

(1)普速铁路的机车信号显示

机车信号机的显示，应与线路上列车接近的地面信号机的显示含义相符。

普速铁路的机车信号显示见表 2-7。

当出站信号机、接发车进路兼出站信号机显示双绿时，表示向次要线路发车，且该线路为半自动闭塞，但并非一定经道岔侧向。若经道岔侧向，机车信号显示双半黄灯；若经道岔直向，则可显示绿灯。

但机车信号与列车接近的地面信号显示未能做到完全一致，其原因主要与红灯显示有关。在地面信号显示红灯的区段和列车冒进信号时，机车信号应有不同的灯光显示向司机发出告警，并用此条件向列车运行监控装置提供信息。警告显示宜采用红色灯光，然而机车信号只有一个红灯不能满足两种情况的要求，为此增加一个半黄半红灯，半黄的含义是注意减速，半红的含义是停车。该显示满足安全要求。而列车冒进信号时，机车信号显示红色灯光，指示立即停车。

进站信号机的引导信号、通过信号机的允许信号是和红灯同时显示，为与红灯相区别，此时机车信号显示半红半黄闪光。而未设计半红半月白和半红半蓝的原因是避免机车信号灯位过多，多灯位信号机不便安装，也影响瞭望。所以，也未设计双绿显示。

双半黄色闪光和带“2”字的黄色闪光都具有预告的意义，故设计为闪光。

表 2-7　普速铁路的机车信号显示及信息定义

<table>
<tr><th rowspan="2">机车信号显示</th><th colspan="2">信　息　定　义</th></tr>
<tr><th>四显示自动闭塞区段</th><th>三显示自动闭塞区段</th></tr>
<tr><td>绿色灯光</td><td colspan="2">准许列车按规定速度运行，表示列车接近的地面信号机显示绿色灯光</td></tr>
<tr><td>半绿半黄色灯光</td><td colspan="2">准许列车按规定速度注意运行，表示列车接近的地面信号机显示一个绿色灯光和一个黄色灯光</td></tr>
<tr><td>带“2”字的黄色闪光</td><td>要求列车减速到规定的速度等级越过接近的显示一个黄色灯光的地面信号机，并预告次一架地面信号机开放经 18 号及以上道岔侧向位置的进路，且列车运行前方第三架信号机开通直向进路或开放经 18 号及以上道岔侧向位置的进路</td><td>要求列车减速运行，表示列车接近的地面信号机显示一个黄色灯光，并预告次一架地面信号机开放经 18 号及以上道岔侧向位置的进路，且列车运行前方第三架信号机开通直向进路或开放经 18 号及以上道岔侧向位置的进路</td></tr>
<tr><td>带“2”字的黄色灯光</td><td>要求列车减速到规定的速度等级越过接近的地面信号机开放开放经 18 号及以上道岔侧向位置的进路，显示一个黄色灯光的地面信号机，并预告次一架地面信号机开放经道岔侧向位置的进路（但不满足带“2”字的黄色闪光的条件）</td><td>要求列车注意运行，表示列车接近的地面信号机显示一个黄色灯光，并预告次一架地面信号机开放经道岔侧向位置的进路（但不满足带“2”字的黄色闪光的条件）</td></tr>
<tr><td>黄色灯光</td><td>要求列车减速到规定的速度等级越过接近的显示一个黄色灯光的地面信号机，并预告次一架地面信号机处于关闭状态</td><td>要求列车注意运行，表示列车接近的地面信号机显示一个黄色灯光，并预告次一架地面信号机处于关闭状态</td></tr>
<tr><td>双半黄色闪光</td><td colspan="2">要求列车限速运行，表示列车接近的地面信号机开放经 18 号及以上道岔侧向位置的进路，且次一架地面信号机开通直向进路或开放经 18 号及以上道岔侧向位置的进路；或表示列车接近设有分歧道岔线路所的地面信号机开放经 18 号及以上道岔侧向位置的进路、显示一个黄色闪光和一个黄色灯光</td></tr>
<tr><td>双半黄色灯光</td><td colspan="2">要求列车限速运行，表示列车接近的地面信号机开放经开通经道岔侧向位置的进路（但不满足双半黄色闪光的条件），显示两个黄色灯光或其他相应显示</td></tr>
<tr><td>半黄半红色闪光</td><td>表示列车接近的进站、接车进路或接发车进路信号机显示引导信号或通过信号机显示容许信号</td><td>表示列车接近的进站、接车进路或接发车进路信号机显示引导信号或通过信号机显示容许信号</td></tr>
<tr><td>半黄半红色灯光</td><td colspan="2">要求及时采取停车措施，表示列车接近的地面信号机显示一个红色灯光</td></tr>
<tr><td>红色灯光</td><td colspan="2">表示列车已越过地面上显示红色灯光的信号机</td></tr>
<tr><td>白色灯光</td><td colspan="2">不复示地面上的信号显示，机车乘务人员应按地面信号机的显示运行</td></tr>
</table>

(2)高速铁路的机车信号显示

高速铁路的机车信号显示包括运行在高速铁路上的非动车组列车的机车信号显示和列控车载设备的“机车信号”,两者有所区别。运行在高速铁路上的非动车组列车的机车信号显示与普速铁路四显示自动闭塞区段机车信号显示基本相同。高速铁路的机车信号显示及信息定义见表 2-8。

表 2-8　高速铁路的机车信号显示及信息定义

机车信号显示	信息定义	
	列控车载设备的“机车信号”	机车信号
带“5”字的绿色灯光	表示列车运行前方至少有七个闭塞分区空闲	—
带“4”字的绿色灯光	表示列车运行前方有六个闭塞分区空闲	—
带“3”字的绿色灯光	表示列车运行前方有五个闭塞分区空闲	—
带“2”字的绿色灯光	表示列车运行前方有四个闭塞分区空闲	—
绿色灯光	表示列车运行前方有三个闭塞分区空闲	准许非列控车载设备控车的列车按规定速度运行,表示列车运行前方至少有三个经直向进路的空闲闭塞分区
半绿半黄色灯光	表示列车运行前方有两个闭塞分区空闲	准许非列控车载设备控车的列车按规定速度注意运行,表示列车运行前方有两个经直向进路的空闲闭塞分区
带“2”字的黄色闪光	表示列车运行前方有一个经直向进路的空闲闭塞分区,并预告次一个闭塞分区空闲且开通经 18 号及以上道岔侧向位置的进路通经道岔侧向位置,且进路允许速度不低于 80 km/h	要求非列控车载设备控车的列车减速到规定的速度等级越过接近的地面信号机,表示列车运行前方有一个经直向进路的空闲闭塞分区,并预告次一个闭塞分区所在的进路开通经 18 号及以上道岔侧向位置,且进路允许速度不低于 80 km/h
带“2”字的黄色灯光	表示列车运行前方有一个经直向进路的空闲闭塞分区,并预告次一个闭塞分区空闲且开通经道岔侧向位置的进路(但不满足带“2”字的黄色闪光的条件)	要求非列控车载设备控车的列车减速到规定的速度等级越过接近的地面信号机,表示列车运行前方有一个经直向进路的空闲闭塞分区,并预告次一个闭塞分区所在的进路开通经道岔侧向位置(但不满足带“2”字的黄色闪光的条件)
黄色灯光	表示列车运行前方仅有一个经直向进路的空闲闭塞分区	要求非列控车载设备控车的列车减速到规定的速度等级越过接近的地面信号机,表示列车运行前方仅有一个经直向进路的空闲闭塞分区
双半黄色闪光	表示列车接近的地面信号机开通经 18 号及以上道岔侧向位置的进路,且进路允许速度不低于 80 km/h	要求非列控车载设备控车的列车限速运行(最高不超过 45 km/h),表示列车接近的地面信号机开通经 18 号及以上道岔侧向位置的进路,且进路允许速度不低于 80 km/h
双半黄色灯光	表示列车接近的地面信号机开通经道岔侧向位置的进路(但不满足双半黄色闪光的条件)	要求非列控车载设备控车的列车限速运行(最高不超过 45 km/h),表示列车接近的地面信号机开通经道岔侧向位置的进路(但不满足双半黄色闪光的条件)

续上表

<table>
<tr><td rowspan="2">机车信号显示</td><td colspan="2">信息定义</td></tr>
<tr><td>列控车载设备的"机车信号"</td><td>机车信号</td></tr>
<tr><td>半黄半红色闪光</td><td colspan="2">表示列车接近的地面信号机开通引导进路</td></tr>
<tr><td>半黄半红色灯光</td><td>表示列车运行前方进路未建立或信号未开放，要求及时采取停车措施</td><td>表示列车接近的地面信号机处于关闭状态，要求及时采取停车措施</td></tr>
<tr><td>红色灯光</td><td>表示列车已进入未建立的进路、已越过地面上的禁止信号或已越过作为停车点的区间信号标志牌，或表示列车所在区段有灾害发生</td><td>表示列车已越过地面上处于关闭状态的信号机</td></tr>
<tr><td>白色灯光</td><td>不预告列车运行前方进路开通状态及地面信号开放状态</td><td>不复示地面上的信号显示，机车乘务人员应按地面信号机的显示运行</td></tr>
<tr><td>无显示</td><td>表示机车信号机在停止工作状态</td><td>表示机车信号机在停止工作状态</td></tr>
</table>

在 CTCS-2/CTCS-3 级列控车载设备人—机界面(DMI)上，速度信号在速度盘上以不同颜色的光带显示。速度信号显示包括列车当前速度、允许速度和目标速度。

六、信号机降级显示

一般情况下，进站信号机点亮允许灯光(绿灯、黄灯、双黄灯、黄闪黄灯、红白灯)时，点灯电路故障或灯丝断丝，进站信号机点亮红灯。进站信号机应点亮红灯时，灯丝断丝，进站信号机灯光熄灭。办理了接车进路，出站信号机应点亮红灯时，出站信号机灯丝断丝灯光熄灭，进站信号机点亮红灯。办理了通过进路，出站信号机点亮绿灯时，出站信号机绿灯灯丝断丝，出站信号机点亮红灯，进站信号机点亮黄灯。

如果车站发车区段设置了临时限速，当本站排列通过进路时，进站信号机降级显示黄灯。

七、信号显示距离

信号显示距离是指从机车上能连续确认信号机显示的距离。

各种信号机及信号表示器，在列车规定分级制动距离小于 800 m(列车速度 120 km/h 时的紧急制动距离)的显示距离规定如下：

(1)高柱进站、通过、遮断信号机的显示距离不得小于 1 000 m。

对进站、通过、遮断信号机的显示距离应严格要求，列车紧急制动距离 800 m，加上司机确认信号和开始制动距离 200 m，共 1 000 m。以保证司机确认红灯信号后，紧急制动，使列车在信号机前方安全停车。在装设此类信号机时，应设法选择适当地点，尽可能使其显示距离达到标准。因条件限制在地形、地物影响视线的地方，如在山区弯道多、曲线半径小、隧道接连不断的最不利条件下，显示距离实在无法达到标准时，考虑到它们均设有预告信号机，因此允许显示距离降低到不小于 200 m。

(2)高柱出站、高柱进站信号机的显示距离不得小于 800 m；矮型出站、矮型进路信号机的显示距离不得小于 200 m。

因出站和进路信号机前方已有进路或进站信号机起到预告显示的作用，并且这些信号机在站内，地形、地物复杂，易受各种条件影响，妨碍视线，所以对它们的显示距离规定较低。高柱出站信号机设于正线，高柱进路信号机一般设于正线，以及防护接车进路，有指示列车通过的意义，列车速度较高，故规定它们的显示距离不小于 800 m。矮型出站、矮型进路信号机设于侧线，列车出发的速度较低，故规定它们的显示距离不得小于 200 m。

(3)预告信号机的显示距离不得小于 400 m。

预告信号机本身没有停车信号显示，仅仅预告主体信号机的显示，显示距离规定为不小于 400 m。

预告信号机的显示距离，在最坏条件下，也规定不得小于 200 m。

(4)调车、复示信号机，容许、引导信号及各种信号表示器的显示距离不得小于 200 m。

调车信号机因调车速度低；复示信号机是一种附属性质的信号机，用来复示主体信号机的显示；容许信号及引导信号，在未看到它们的显示之前，司机已经看到了主体信号机要求停车的信号显示，而且它们的允许通过速度都很低(不大于 20 km/h)，并随时准备停车；各种信号表示器，仅起表示作用，而且机构的光学设备也十分简单，所以对这些信号机和信号表示器的显示距离要求不小于 200 m 即可。

列车运行速度提高到 120～160 km/h 时，采用四显示自动闭塞，其速度等级一般分为三级，例如 140～110～0 km/h 三级，140～110 km/h、110～0 km/h 就是一个速度级差，一个闭塞分区长度只需满足一个速度等级所需的制动距离就可以了，所以原规定的信号显示距离也就适应了提速后的需要。

复习思考题

1. 固定信号如何分类？
2. 透镜式色灯信号机由哪些部件组成？各起什么作用？
3. 简述透镜式色灯信号机光系统的基本原理。
4. 组合式色灯信号机和透镜式相比有何不同？有何优点？
5. 如何判别信号灯泡的主灯丝和副灯丝？
6. 定焦盘式信号灯座有何特点？SD-2 型双灯定焦盘灯组有何特点？
7. LED 信号机如何组成？有何优点？
8. 信号机位置的设置有哪些原则要求？
9. 何时采用高柱信号机？何时采用矮型信号机？
10. 简述各种信号机的作用及对设置位置的要求。
11. 信号机和信号表示器有何不同？
12. 各种信号机及信号表示器如何命名？
13. 信号机的基本色和辅助色如何选择？为什么要这样选择？
14. 何为灯光组合？有何应用？闪光信号有哪些应用？
15. 色灯信号机的灯光配列有哪些规定？简述各种信号机的灯光配列。
16. 简述信号显示方式和信号显示制度。
17. 举例说明哪些信号具有速差含义？
18. 对信号显示有哪些基本要求？
19. 各种信号机定位如何显示？对它们的关闭时机有怎样的规定？

20. 何为降级显示？举例说明。
21. 简述各种信号机的显示意义。
22. 简述机车信号机的显示意义。
23. 对信号显示距离有哪些规定？
24. 高速铁路的信号机如何设置？
25. 高速铁路的信号显示与普速铁路有何不同。

第三章　轨道电路

轨道电路是利用钢轨线路和钢轨绝缘构成的电路。它用来监督线路的占用情况，以及将列车运行与信号显示等联系起来，即通过轨道电路向列车传递行车信息。轨道电路是铁路信号的重要基础设备，它的性能直接影响行车安全和运输效率。

第一节　轨道电路概述

一、轨道电路的基本原理

轨道电路是以铁路线路的两根钢轨作为导体，两端加以机械绝缘（或电气绝缘），接上送电和受电设备构成的电路。最简单的轨道电路如图 3-1 所示。

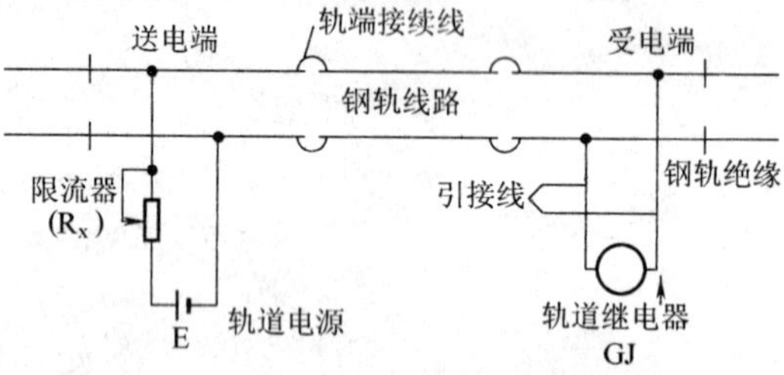

图 3-1　最简单的轨道电路

轨道电路的送电设备设在送电端，由轨道电源 E 和限流器 R_X组成。限流电阻的作用是保护电源不致因过负荷而损坏，同时保证列车占用轨道电路时，轨道继电器可靠落下。接收设备设在受电端，一般采用继电器，称为轨道继电器，由它来接收轨道电路的信号电流。

送、受电设备一般放在轨道旁的变压器箱或电缆盒内，轨道继电器设在信号楼内组合柜上。送、受电设备由引接线（钢丝绳）直接接向钢轨。

钢轨是轨道电路的导体，为减小钢轨接头的接触电阻，增设了轨端接续线。钢轨绝缘是为分隔相邻轨道电路而装设的。两绝缘节之间的钢轨线路，称为轨道电路的长度。

当轨道电路内钢轨完整，并且没有列车占用时，轨道继电器吸起，表示轨道电路空闲。轨道电路被列车占用时，它被列车轮对分路，轮对电阻远小于轨道继电器线圈电阻，流经轨道继电器的电流大大减小，轨道继电器落下，表示轨道电路被占用。

二、轨道电路的作用

轨道电路的第一个作用，是监督列车的占用。利用轨道电路监督列车在区间或列车和调车车列在站内的占用，是最常用的方法。由轨道电路反映该段线路是否空闲，为开放信号、建立进路或构成闭塞提供依据，还利用轨道电路的被占用关闭信号，把信号显示与轨道电路是否被占用结合起来。

轨道电路的第二个作用是传递行车信息。例如移频自动闭塞利用轨道电路中传递不同的低频频率来反映前行列车的位置，决定各通过信号机的显示，为列车运行提供行车命令。轨道电路中传送的行车信息，还为列车运行自动控制系统直接提供控制列车运行所需要的前行列车位置、运行前方信号机状态和线路条件等有关信息，以决定列车运行的目标速度，控制列车在当前运行速度下是否停车或减速。即轨道电路广泛作为传递行车信息的通道。

三、轨道电路的分类

轨道电路有较多种类，也有多种分类方法。

1. 按动作电源分类，轨道电路可分为直流轨道电路和交流轨道电路

轨道电路电源采用直流，称为直流轨道电路，如图 3-2 所示。它用于交流电源不可靠的非电力牵引区段。采用蓄电池浮充供电方式，交流有电时，由整流器供电；交流停电时，由蓄电池供电。该轨道电路电源设备安装较困难，检修不方便，易受迷流影响，现已很少采用。

采用交流供电的轨道电路，称为交流轨道电路。交流轨道电路的种类很多，频带用得很宽，大体可分为三段：低频，300 Hz 以下；音频 300～3 000 Hz；高频 10～40 kHz。一般交流轨道电路专指工频 50 Hz 的轨道电路。25 Hz 轨道电路也属于交流轨道电路，但必须注明电源频率，以示区别。ZPW-2000 系列轨道电路的频率在 1 689～2 611 Hz，属音频范围。道口用轨道电路，频率则在 14～40 kHz，属于高频。

2. 按工作方式分类，轨道电路可分为开路式轨道电路和闭路式轨道电路

开路式轨道电路平时呈开路状态，如图 3-3 所示，它的发送设备和接收设备安装在轨道电路的同一端。轨道电路无车占用时，不构成回路，其轨道继电器落下。有车占用时，轨道电路通过车辆轮对构成回路，轨道继电器吸起。由于轨道继电器经常落下，不能监督轨道电路的完整，遇有断轨或引接线、接续线折断等故障，不能立即发现。若此时有车占用，轨道继电器也不能吸起，很不安全。因此，极少采用。

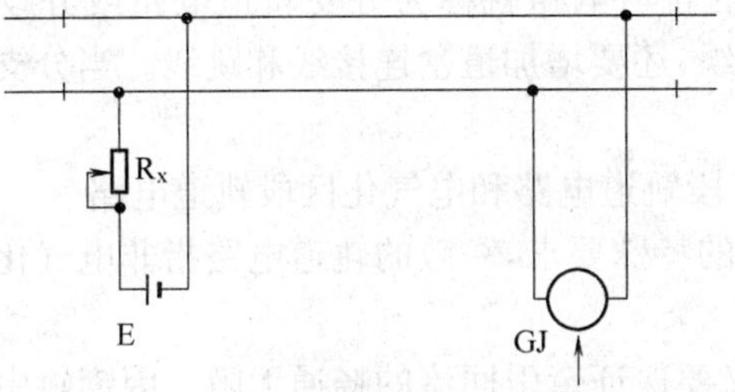

图 3-2　直流轨道电路

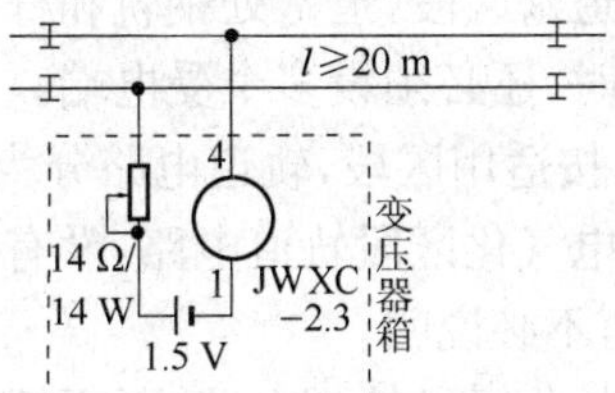

图 3-3　开路式轨道电路

闭路式轨道电路平时构成闭合回路，其发送设备（电源）和接收设备（轨道继电器）分别装设在轨道电路的两端。轨道电路上没有车占用时，轨道继电器吸起。有车占用时，因车轮分路，轨道继电器落下。当发生断轨、断线等故障时，轨道继电器落下，能保证安全。所以几乎所有轨道电路都采用闭路式。

3. 按所传送的电流特性分类，轨道电路可分为连续式和移频式

连续式轨道电路中传送连续的交流或直流电流。这种轨道电路的唯一功能是监督轨道区段的占用与否，不能传送更多信息。

移频轨道电路在钢轨中传送的是移频电流，在发送端用低频(几赫兹至几十赫兹)作为行车信息去调制载频(数百赫兹至数千赫兹)，使移频频率随低频作周期性变化。在接收端将低频解调出来。移频轨道电路可传送多种信息的信号。

4. 按分割方式，轨道电路可分为有绝缘轨道电路和无绝缘轨道电路

有绝缘轨道电路用钢轨绝缘将轨道电路与相邻的轨道电路互相隔离，大部分轨道电路是有绝缘的。一般的轨道电路即指有绝缘轨道电路。

钢轨绝缘在车辆运行的冲击力、剪切力作用下很容易破损，使轨道电路的故障率较高。绝缘节的安装，给无缝线路带来一定的麻烦，有时需锯轨，降低线路的轨道强度，增加线路维护的复杂性。电气化铁路的牵引回流不希望有绝缘节，为使牵引回流能绕过绝缘节，必须安装扼流变压器。因此有绝缘的轨道电路不理想。无缝线路和电气化铁路希望采用无绝缘轨道电路。

无绝缘轨道电路在其分界处不设钢轨绝缘，通常采用电气隔离式。

电气隔离式又称谐振式，利用谐振槽路，采用不同的信号频率，谐振回路对不同频率呈现不同阻抗，来实现相邻轨道电路间的电气隔离。ZPW-2000 系列轨道电路即采用此种方式。

5. 按使用处所分类，轨道电路分为区间轨道电路和站内轨道电路

区间轨道电路主要用于自动闭塞区段，不仅要监督各闭塞分区是否空闲，而且要传输有关行车信息。一般来说，区间要求轨道电路传输距离较长，要满足闭塞分区长度的要求，轨道电路的构成也比较复杂。

站内轨道电路，用于站内各区段，一般只有监督本区段是否空闲的功能，不能发送其他信息。为了使机车信号在站内能连续显示，要对站内轨道电路实现电码化，即在列车占用本区段或占用前一区段时用叠加方式转为能发码的轨道电路。站内轨道电路除了股道外，一般传输距离不长。

6. 按轨道电路内有无道岔分类，站内轨道电路分为无岔区段轨道电路和道岔区段轨道电路

无岔区段轨道电路内钢轨线路无分支，构成较简单，一般用于股道、尽头调车信号机前方接近区段、进站信号机内方、两差置调车信号机之间。

在道岔区段，钢轨线路有分支，道岔区段的轨道电路就称为分支轨道电路或分歧轨道电路。在道岔区段，道岔处钢轨和杆件要增加绝缘，还要增加道岔连接线和跳线。当分支超过一定长度时，还必须设多个受电端。

7. 按适用区段，轨道电路分为非电气化区段轨道电路和电气化区段轨道电路

非电气化区段轨道电路，没有抗电化干扰的特殊要求，一般的轨道电路指非电气化区段轨道电路，不必说明。

电气化区段轨道电路，既要抗电化干扰，又要保证牵引回流的畅通无阻。因钢轨中已流有 50 Hz 的牵引电流，轨道电路就不能采用 50 Hz 电源，而必须采用 50 Hz 以外的频率。对于有绝缘的轨道电路，必须安装扼流变压器，使牵引回流能顺利越过绝缘节，如图 3-24 所示。

我国电气化铁路目前站内多采用 25 Hz 相敏轨道电路，区间多采用无绝缘移频轨道电路。

8. 按轨道电路利用钢轨作为通道的方式，轨道电路分为双轨条和单轨条轨道电路

多数轨道电路均利用同一线路的两根钢轨作为传输通道。一般的轨道电路均为双轨条轨道电路，不必说明。

单轨条轨道电路是利用线路的一条钢轨作为传输通道，另一通道由电缆构成。例如，在南方一些长大隧道路内，非常潮湿，无法构成双轨条轨道电路，只能采用计轴器检查列车的占用，另用单轨条轨道电路发送移频信息，供机车信号接收。

四、轨道电路的技术要求

轨道电路的主要技术要求如下：

(1)必须满足铁路信号安全设备的“故障—安全”原则，出现故障后，分路时应有可靠的分路检查。

(2)在最不利条件下，受电端的接收设备在调整状态时应可靠工作，分路状态时应可靠不工作。如送电端的发送设备兼作机车信号发码电源时，其入口电流应满足机车信号接收灵敏度的要求。

(3)在最不利条件下，用标准分路电阻在轨道电路内的任何一处轨面分路时，均应使受电端的接收设备可靠地停止工作。

(4)各种制式的轨道电路，在规定的技术性能范围内均应实现一次调整。

(5)为保证轨道电路能安全、可靠、正常地使用，任何制式的轨道电路均应进行完整的理论分析和计算。

(6)分路时，轨端绝缘破损、电路内任一元件故障，轨道电路不应失去分路检查或造成防护该轨道电路区段的信号机及机车信号机显示升级。

(7)适用于电力牵引区段的轨道电路，应能防护连续或断续的不平衡牵引电流的干扰。当不平衡电流在规定值以下时，应保证调整状态时稳定工作，分路状态时可靠不工作。

(8)电力牵引区段的轨端接续线应采用焊接式钢轨接续线或一塞一焊钢轨接续线。

(9)各型站内轨道电路，其间传递的信息均应和与其相配实现电码化的机车信号信息不同，其送、受电端均应能适应电码化的要求。

(10)轨道电路调整时，送电端选择的供电电压应有一定的余量，以满足其电压调整余量的要求。

(11)计算轨道电路时，受电端接收器应取以下数值：

①可靠工作值

a. 连续式轨道电路采用的电磁继电器，取其工作值。

b. 电子、微电子轨道电路应有可靠工作的安全系数。

②可靠不工作值

a. 连续式轨道电路采用的电磁继电器，取其释放值的60%；二元感应式继电器，取其释放值的90%。

b. 电子、微电子轨道电路应有可靠不工作的安全系数。

(12)轨道电路设备应能长期工作而不过载。

(13)计算轨道电路时，钢轨阻抗和道砟电阻应参照有关标准执行。

(14)一送多受的轨道电路，在任意地点分路时，必须保证至少有一个受电端的轨道继电器可靠落下。

(15)轨道电路应考虑防雷。

(16)新研制的轨道电路应有可靠性的指标。

(17)轨道电路制式不应存在影响行车和调车作业安全的死区段。

(18)轨道电路的动作时间应考虑站内联锁和机车信号等的需要。

(19)开路式轨道电路不能单独使用，特殊情况下使用时，应采取相应的安全措施。

五、轨道电路的应用

轨道电路主要用于区间和站内。

区间的轨道电路通常是与自动闭塞制式相一致的轨道电路，按照自动闭塞通过信号机的设置划分闭塞分区，每个闭塞分区设有轨道电路。在半自动闭塞区段，区间一般不设轨道电路，只有在进站信号机的外方设有接近区段的轨道电路，以通知列车的接近及构成接近锁闭。在提速半自动闭塞区段，进站信号机外方设第一接近区段和第二接近区段轨道电路。在半自动闭塞区段，为了监督区间是否空闲，也有装设长轨道电路的。位于区间的道口，其接近区段必须装设轨道电路。

站内轨道电路应用更为广泛。对于集中联锁来说，列车进路和调车进路都必须安装轨道电路，牵出线、机待线、出库线、专用线及其他用途的尽头线入口处和调车信号机前方，虽不在进路之内，也应装设一段长度不小于 25 m 的轨道电路，用来保证信号开放后机车车辆接近时完成接近锁闭，及时了解上述线路是否有车接近或占用。

对于机车信号来说，区间轨道电路和站内电码化以后的轨道电路，就是其地面发送设备，也就是信息来源。对于列车运行超速防护来说，带有编码信息的轨道电路是其车—地之间传输信息的通道之一。

六、轨道电路的划分和命名

1. 站内轨道电路的划分

轨道电路之间采用钢轨绝缘把两个轨道电路隔离成互不干扰的独立的电路单元。每个轨道电路单元称为轨道电路区段。轨道电路要划分为许多区段，以保证轨道电路可靠工作，排列平行进路的需要和便于车站作业。

轨道电路划分的原则是：

(1)信号机的内、外方应划分为不同的区段。

(2)凡是能平行运行的进路，应用钢轨绝缘将它们隔开，形成不同的轨道电路区段。

(3)在一个轨道电路区段内，单动道岔最多不超过 3 组，复式交分道岔不得超过 2 组。否则，道岔组数过多，轨道电路难以调整。

(4)有时为了提高咽喉使用效率，把轨道电路区段适当划短，使道岔能及时解锁，立即排列别的进路。但列车提速以后，为了保证机车信号的连续显示，又不希望轨道电路区段过短。

2. 站内轨道电路区段的命名

道岔区段和无岔区段采用不同的命名方式。

道岔区段轨道电路是根据道岔编号来命名的。在图 3-4 所示的站场中，只包含一组道岔的，用其所包含的道岔编号来命名，如 1DG、3DG。包含两组道岔的，用两组道岔编号连缀来命名，如 7-9DG、13-19DG。若包含三组道岔，则以两端的道岔编号连缀来命名，如 11-27DG，包含了 11、23、27 号三组道岔。

无岔区段命名有不同的情况。对于股道，以股道号命名，如ⅠG、ⅡG。进站信号机内方及双线单方向运行的发车口处的无岔区段，根据所衔接的股道编号加 A(下行咽喉)及 B(上行咽喉)来表示。如图 3-4 中，上行发车口处的无岔区段衔接股道为ⅡG，该无岔区段即称为ⅡAG。半自动闭塞区间进站信号机外方的接近区段，用进站信号机名称后加 JG 来表示，如

附图举例站场中的 X_DJG。差置调车信号机之间的无岔区段，以两端相邻的道岔编号写成分数形式来表示。如附图中 D_5、D_{15}间的 1/19WG，D_4、D_{14}间的 2/20WG。牵出线、机待线、机车出/入库线、专用线等调车信号机外方的接近区段，用调车信号机编号后加 G 来表示，如图 3-4 中的 D_5G。

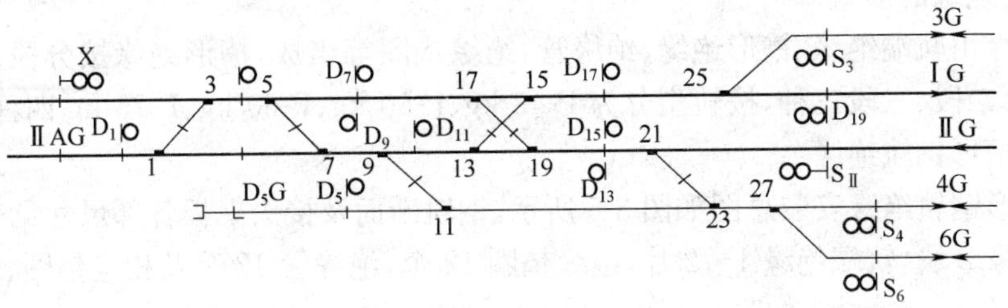

图 3-4 轨道电路命名

3. 区间轨道电路划分和命名

一般用防护该闭塞分区的通过信号机编号来命名。如 597 信号机防护的闭塞分区轨道电路命名为 597G。611 信号机防护的闭塞分区有分割点，两段轨道电路按运行方向顺序命名为 611BG 和 611AG。

另一种命名方式是，闭塞分区按运行方向分为 A、B、C、D 四部分，闭塞分区轨道电路从站内向站外顺序命名，如 A_1G、A_2G……如有分割点，则命名为 $A_{31}G$、$A_{32}G$。

第二节 轨道电路的基本组成

一、轨道电路的基本部件

轨道电路由送电设备、接收设备、钢轨绝缘、连接线组成。各型轨道电路的送电设备、接收设备各不相同，但钢轨绝缘、连接线是共同的(只是无绝缘轨道电路不需要轨端绝缘)。

1. 钢轨绝缘

钢轨绝缘安装在轨道电路分界处，以保证相邻轨道电路之间的可靠的电气绝缘，使它们互不影响。

除了钢轨绝缘外，轨道电路区段的轨距杆、道岔连接杆、道岔连接垫板、尖端杆、转辙机的安装装置及其他有导电性能的连接两钢轨的配件，均应装设绝缘并应保持绝缘良好。否则，任一连接杆件绝缘不良，都会影响轨道电路的正常工作。

(1)对钢轨绝缘的要求

钢轨绝缘受机车车辆的频繁冲压，又处于日晒雨淋、酷暑严冬的环境中，是轨道电路的薄弱环节，因此要求：

①钢轨绝缘的结构，应能保证在钢轨爬行的情况下，以及在列车运行中产生的压力、冲击力和气温变化时产生的膨胀力的作用下，不致被损坏。

②钢轨绝缘应采用机械强度高的、具有可靠电气绝缘性能的绝缘材料，以保证绝缘性能和使用寿命。

③制作钢轨绝缘的材料很多，主要有钢纸板、玻璃布板、尼龙塑料板等。

玻璃布板钢轨绝缘用环氧酚醛树脂或改性树脂玻璃布绝缘材料压制而成，它比钢纸绝缘耐潮、耐磨，不易损坏。

尼龙塑料板钢轨绝缘用尼龙制成，它比钢纸绝缘耐潮、耐磨，并且成本低，但低温下有脆性。

胶接钢轨绝缘是新型的结构，用胶结剂及纤维布组成胶结层，将接头夹板与钢轨胶接牢固。

(2)钢轨绝缘的形式

钢轨绝缘由轨端绝缘、槽形绝缘、绝缘管、绝缘垫圈等组成，槽形绝缘按分段形式，可分为一段(整体)、二段、三段三种，按轨型分为P-43 kg、P-50 kg、P-60 kg、P-75 kg四种。

①整体槽形钢轨绝缘

整体槽形钢轨绝缘安装总图如图3-5所示，钢轨断面及接头夹板各部尺寸见表3-1。需一段式槽形绝缘2块，轨端绝缘1～2片，绝缘垫圈12个，绝缘管12个及相应垫圈、螺栓、螺母和弹簧垫圈。

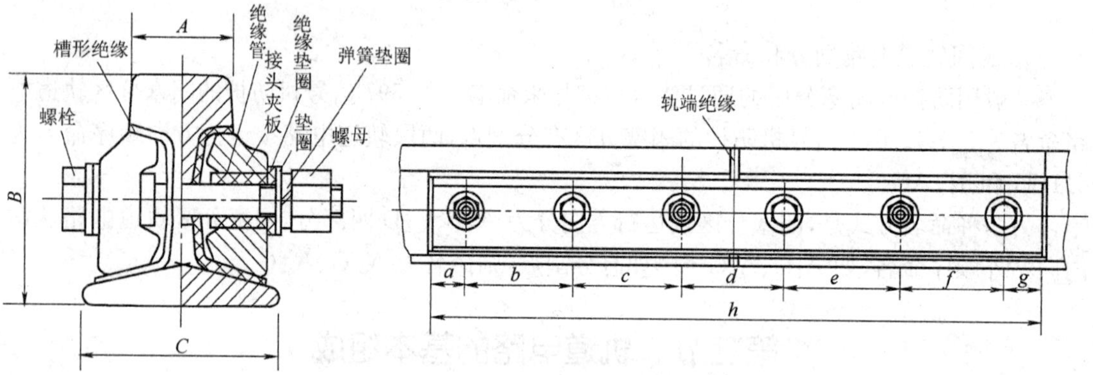

图3-5 整体槽形钢轨绝缘安装总图

表3-1 钢轨断面及接头夹板各部尺寸

钢轨绝缘种类(kg/m)	钢轨断面			接头夹板螺栓孔距							
	A	B	C	a	b	c	d	e	f	g	h
43	70	140	114	65	160	110	120	110	160	65	790
50	70	152	132	50	140	150	140	150	140	50	820
60	73	176	150	50	140	140	160	140	140	50	820

整体槽形绝缘如图3-6所示，轨端绝缘如图3-7所示。

②二段槽形绝缘

二段槽形绝缘将槽形绝缘分成两块，可互换使用。分段后钢轨接缝处正好是槽形绝缘的接缝处，使该处处于自由状态，从而减小了对槽形绝缘的破坏，延长了使用寿命。

配套采用宽腰轨端绝缘，加宽了轨端绝缘相应于轨腰的部分。分为两种：A型和B型。宽腰轨端绝缘如图3-8所示，A型为带自锁腰型(图中腰部实线者)。凸出部分插入接头夹板凹槽内，改善了整个轨端绝缘的受力情况；B型为不带自锁腰型(图中腰部虚线者)。

③三段槽形绝缘

三段槽形绝缘将绝缘分为左、中、右三块。50 kg/m绝缘三块均可互换。43 kg/m的只有左右两块可互换。

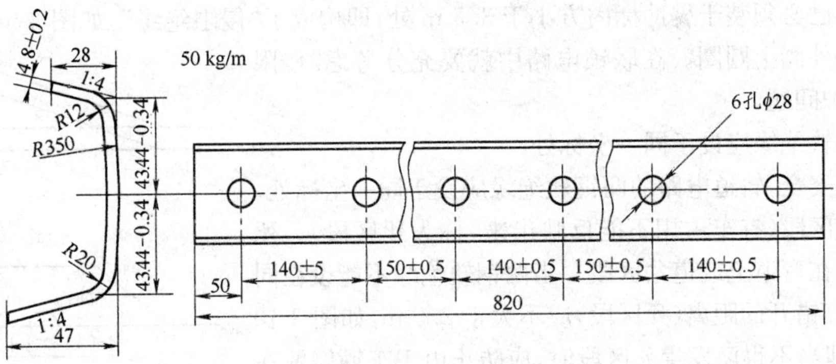

图 3-6　整体槽型绝缘(单位:mm)

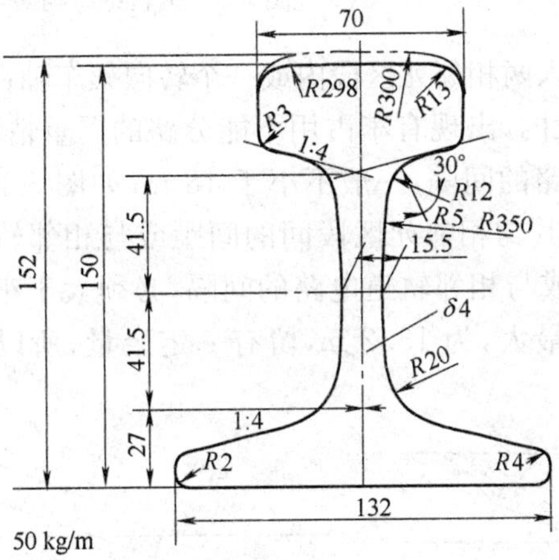

图 3-7　轨端绝缘(单位:mm)

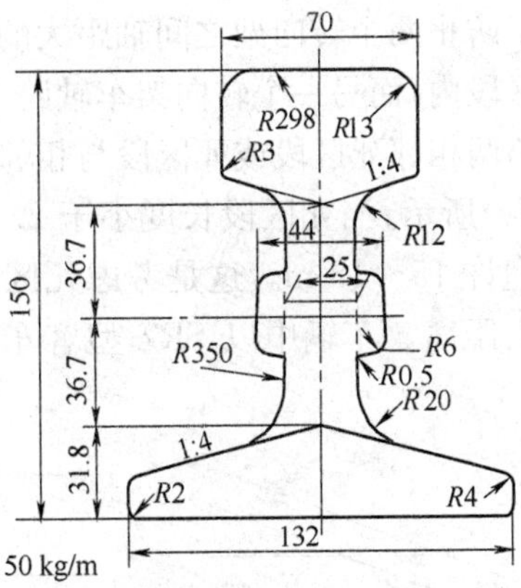

图 3-8　宽腰轨端绝缘(单位:mm)

除槽形绝缘外,二段、三段式其他部件数量同前述整体槽形绝缘方式。

为保证绝缘接头的机械强度和电气绝缘的良好,槽形绝缘的型号必须与安装的钢轨断面尺寸相符,轨缝尽量大些,以安装 1～2 片轨端绝缘为宜。安装后,两钢轨头部应水平,轨端绝缘保持平正。接头附近不得出现积水翻浆现象。

钢轨绝缘接头处应推广高强度钢轨绝缘,即使用高强度螺柱、螺母、铁平垫圈和高强度绝缘垫圈,以增加钢轨接头的机械强度,有效延长钢轨绝缘的使用寿命。

(3)钢轨绝缘的设置

相邻轨道电路间必须设置钢轨绝缘,钢轨绝缘的设置应能满足保证安全、提高作业效率的要求。

①道岔区段警冲标内方的钢轨绝缘

在道岔区段,设于警冲标内方的钢轨绝缘,除双动道岔渡线上的绝缘外,其他安装位置距警冲标不得小于 3.5 m 处,如图 3-9(a)所示。这是考虑到车辆最外方的车轴至车钩的最大距离 3.5 m,为保证列车进站后,其车钩应进入警冲标内方,否则可能造成侧面冲突。若钢轨绝缘距警冲标不足 3.5 m,则有可能造成列车未全部进入警冲标内方,道岔区段提前解锁,这很不安全。但若钢轨绝缘距警冲标过远,则影响到发线有效长。

当不得已必须装于警冲标内方小于 3.5 m 处，即构成了“侵限绝缘”，如图 3-9(b)所示，将该绝缘符号外画上圆圈。在联锁电路中就要充分考虑“侵限绝缘”的防护问题。

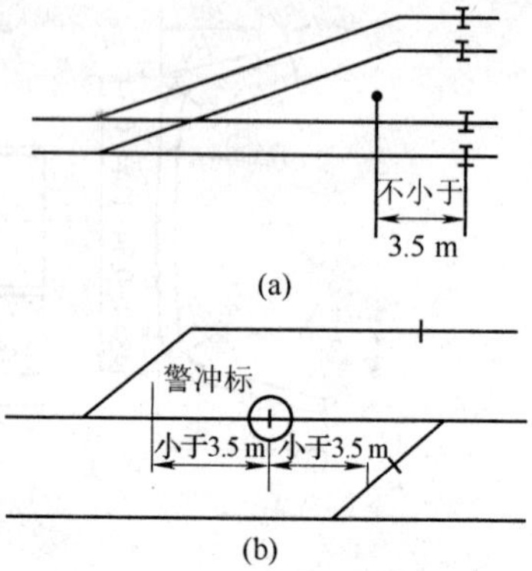

图 3-9　钢轨绝缘与警冲标

②两钢轨绝缘应设于同一坐标处

为保证安全，轨道电路的两钢轨绝缘应设于同一坐标处，避免产生死区段(有车占用不能反映出来，称为死区段)。死区段多发生在弯道上或道岔区段。当两钢轨绝缘不能设在同一坐标时，其错开的距离(死区段)应不大于 2.5 m，如图 3-10(a)所示。即当不得已发生死区段时，应防止由于车辆停留在死区段得不到检查而错误转换道岔，开放信号，导致严重的行车事故。

③两相邻死区段间隔

为了防止两个转向架之间轴距大的车辆跨入两相邻死区段内或一个转向架车轴在相邻轨道电路区段内，而另一个转向架车轴跨入死区段内，出现有车占用不能分路的严重情况，规定轨道电路两相邻死区段或死区段与相邻轨道电路的间隔，一般不小于 18 m，如图 3-10(b)和图 3-10(c)所示；当死区段长度小于 2.1 m 时，其与相邻死区段间的间距或与相邻轨道电路的间隔允许 15～18 m。这是考虑死区段间隔或与相邻轨道电路的间隔，必须大于车辆两轴间的最大距离。车辆中以 SRZ 型客车内轴距最大，为 15.2 m，留有一定余量，所以规定为 18 m。

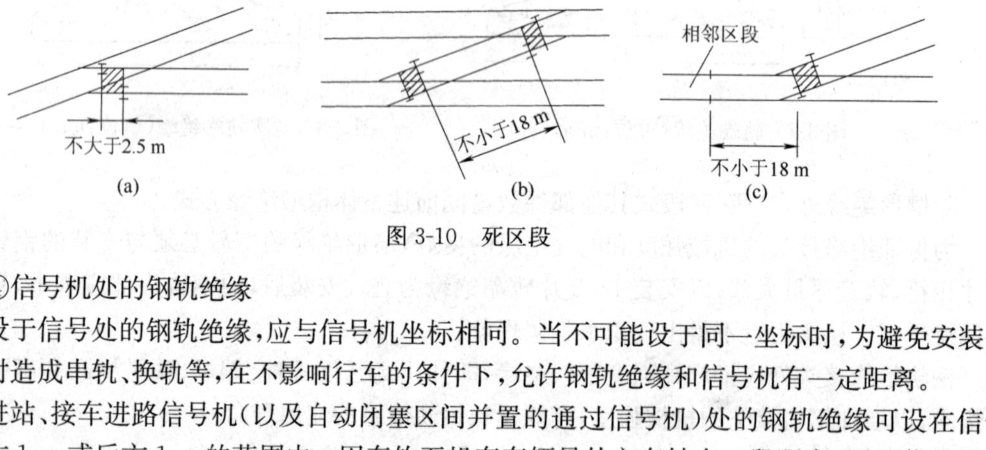

图 3-10　死区段

④信号机处的钢轨绝缘

设于信号处的钢轨绝缘，应与信号机坐标相同。当不可能设于同一坐标时，为避免安装信号机时造成串轨、换轨等，在不影响行车的条件下，允许钢轨绝缘和信号机有一定距离。

进站、接车进路信号机(以及自动闭塞区间并置的通过信号机)处的钢轨绝缘可设在信号机前方 1 m 或后方 1 m 的范围内。因车钩至机车车辆最外方车轴有一段距离，因此信号机与钢轨绝缘间的距离必须小于车钩至机车车辆最外方车轴的距离，否则，车停住时，车钩要越出信号机。若钢轨绝缘设在信号机前方大于 1 m 处时，列车虽停在信号机前方，但轮对已分路相邻轨道电路，使信号机不能开放。

出站或发车进路信号机(以及自动闭塞区间单置的通过信号机)，钢轨绝缘可设在信号机前方 1 m 或后方 6.5 m 的范围内，如图 3-11 所示。前方之所以 1 m 原因同进站信号机；后方 6.5 m 是为了避免串轨、换轨及尽量少影响站内到发线有效长，根据短轨不少于一根钢轨 12.5 m 的一半而定。

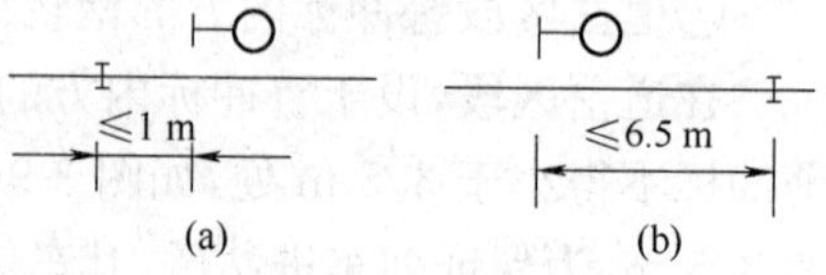

图 3-11　出站信号机处的钢轨绝缘

调车信号机处，钢轨绝缘可设在信号机前方或后方各 1 m 的范围内。调车信号机设在到发线上时，与出站信号机处的规定相同。

⑤半自动闭塞区段的预告信号机处

半自动闭塞区段的集中联锁车站，预告信号机处的钢轨绝缘，宜安装在预告信号机前方 100 m 处。

这时考虑站内作业繁忙，改变进路机会较多。由于改变进路，不得不关闭已开放的进站信号机。假若钢轨绝缘和预告信号机在同一坐标处，又司机在远处已看到预告信号机显示绿灯，而靠近预告信号机的一段距离内看不见其显示。此时，如果车站因故关闭进站信号机，进路立即解锁，这对于已见到预告信号机显示绿灯而未减速的列车来说，可能导致列车冒进进站信号机，尤其对进站信号机显示距离较近的车站更危险。若将绝缘节设置在预告信号机前方大于 100 m 处，当列车在预告信号机附近看不到信号显示时，接车进路已构成接近锁闭，即可避免上述危险。但当机车上设有机车信号时，司机可通过机车信号机的显示发现进站信号机显示的变化，因此绝缘节可以安装在与预告信号机并列的位置。

⑥异型钢轨接头处

异型钢轨接头处，因槽型绝缘等尺寸不一样，不得安装钢轨绝缘。

2. 轨道电路连接线

轨道电路连接线包括钢轨引接线、钢轨接续线(以及道岔跳线)。

(1)钢轨引接线

YG 型钢轨引接线(简称引接线)是连接轨道电路送/受电端变压器箱或电缆盒与钢轨的导线。一般用涂有防腐油的多股钢丝绳(低碳素钢镀锌绞线)制成，如图 3-12 所示。它的一端焊在塞钉上，固定在钢轨上的塞钉孔内；另一端焊接在螺柱上，固定在变压器箱或电缆盒上。

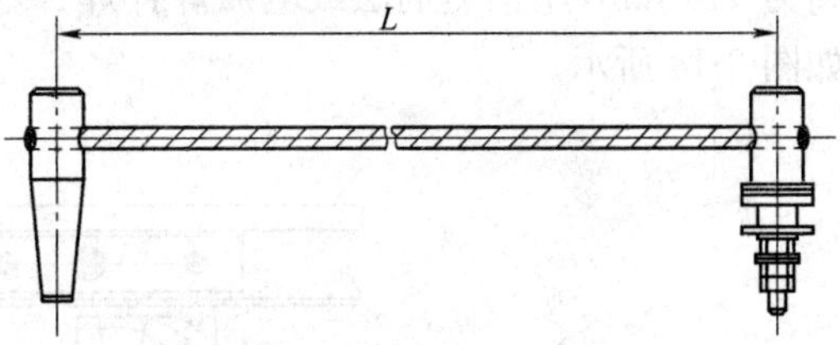

图 3-12 YG 型钢轨引接线

引接线按长度 L 分为 1 200 mm、1 600 mm、2 700 mm、3 600 mm 四种，最大电阻值分别为 0.016 Ω、0.021 Ω、0.035 Ω、0.045 Ω。

在变压器箱、电缆盒与异侧钢轨连接时，原采用 2 700 mm 或 3 600 mm 的引接线，将其用卡钉钉在枕木上或用卡具固定在混凝土枕上。

引接线电阻的大小，影响着轨道电路多种状态的工作。过大，会使轨道电路工作不稳定；过小，会降低轨道电路分路灵敏度。

引接线长度要满足连接设备之间的直线距离，并留有适当余量。引接线与周围金属应保持适当间隙，以免短路。运用中的引接线应不生锈，断根不超过 1/5，以免增加电阻值。

变压器箱、电缆盒与钢轨间，应设置埋设牢固的小混凝土枕，将引接线的余量部分盘成圆圈固定在小混凝土枕上。

为保证引接线的可靠性，现场使用单位多采用双引接线。一根断了，还有一根在起作用。

为引接可靠，以及具有绝缘性能，采用 FYG 型防腐蚀综合绝缘护套钢轨引接线，它们的公称长度和直流电阻值同 YG 型钢轨引接线。

(2)钢轨接续线

钢轨接续线用于轨道电路接缝处的连接，以减小接触电阻。钢轨接续线分塞钉式和焊接式两种。

①塞钉式钢轨接续线

JS型塞钉式钢轨接续线的外形及安装如图 3-13所示。它由两根直径 5 mm 的镀锌钢线与两端的圆锥形塞钉焊接而成，铁线两端绕成螺旋形。钢轨接续线一般装在钢轨外侧，并与接头夹板密贴，高度不得超过轨头底部。安装时，塞钉孔内不得有锈。安装后，塞钉与塞钉孔缘应涂漆封闭。为减小塞钉与钢轨之间的接触电阻，塞钉打入塞钉孔应保持最大的接触面，以打紧后露出钢轨 2～3 mm 为宜。

塞钉式钢轨接续线的缺点是它与钢轨间的接触电阻较大且不稳定，为了保证轨道电路的稳定工作，推出焊接式钢轨接续线。

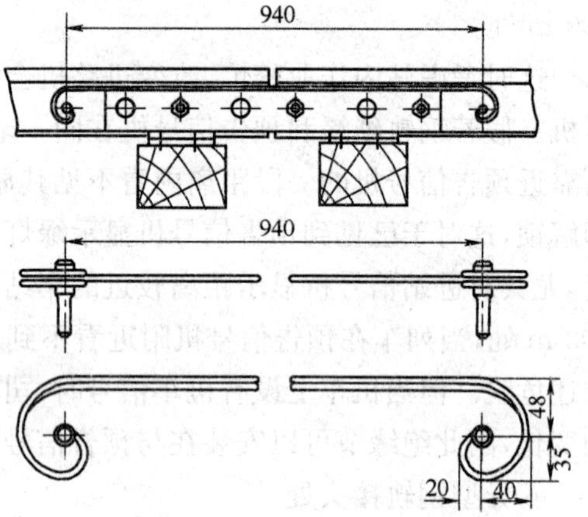

图 3-13　塞钉式钢轨接续线及其安装(单位:mm)

②焊接式钢轨接续线

焊接式钢轨接续线采用多股镀锌钢绞线，截面积不小于 25 mm²，长 200 mm，接头间的距离为 110 mm，用铝热剂法或电弧焊钎焊、冷挤压焊接、爆压速焊技术等，将其焊在钢轨两端，如图 3-14 所示。

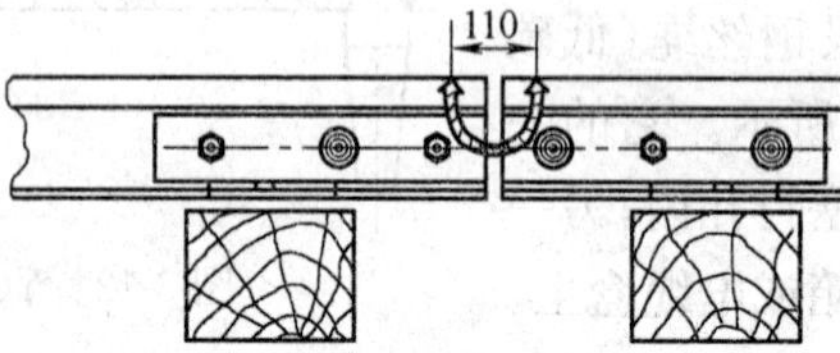

图 3-14　焊接式钢轨接续线(单位:mm)

两焊头中间距离应在 70～150 mm 范围内，焊头应低于钢轨面 11 mm。

焊头外观应光滑饱满，焊接牢固，焊位正确。导线无损伤，无漏焊、假焊，焊接后焊接线应涂防锈涂料，油润无锈，断根不超过 1/5。

为保证钢轨接续线的可靠性，现场使用中多采用双塞钉式钢轨接续线或一塞一焊接续线。

二、道岔区段轨道电路

道岔区段轨道电路与无岔区段轨道电路不同之处在于钢轨线路被分开产生分支，为此需增加道岔绝缘和道岔跳线，还有一送多受的问题。

1. 道岔绝缘和道岔跳线

有关道岔绝缘和道岔跳线的配置，单开道岔的如图 3-15 所示，交叉渡线的如图 3-16 所示，复式交分道岔的如图 3-17 所示。

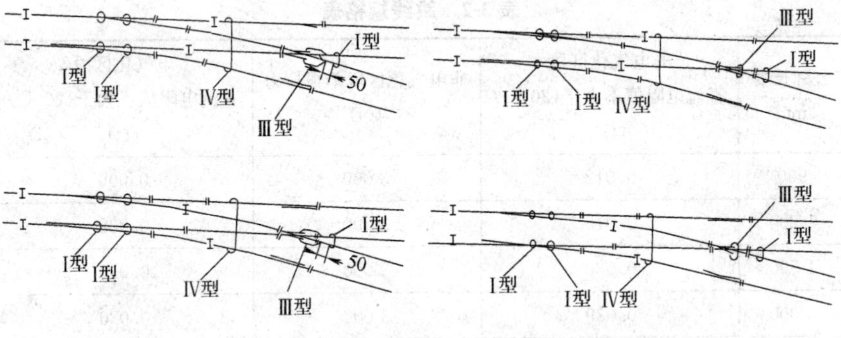

图 3-15　单开道岔的跳线、绝缘配置

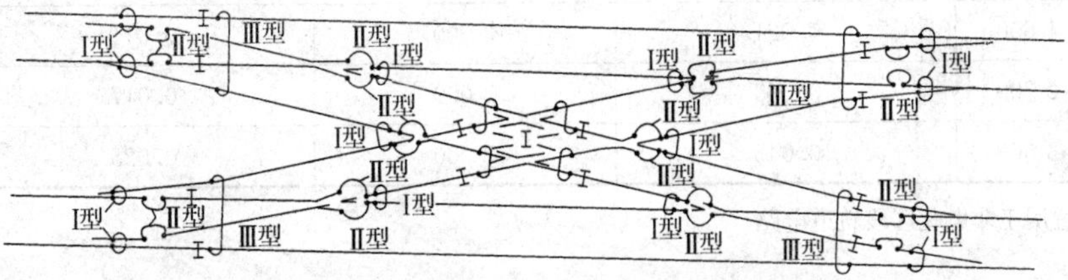

图 3-16　交叉渡线的跳线、绝缘配置

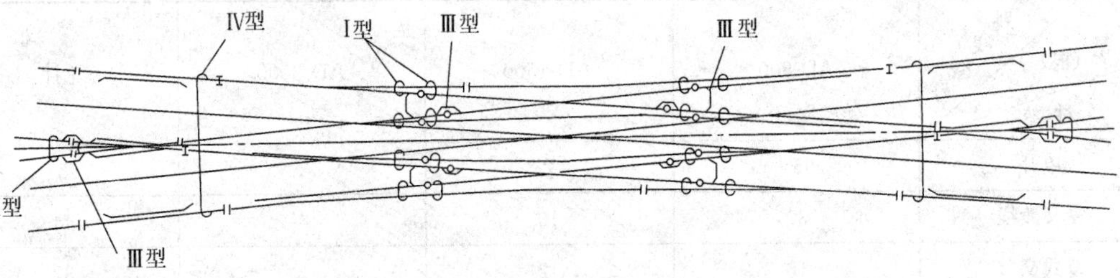

图 3-17　复式交分道岔的跳线、绝缘配置

(1)道岔绝缘

道岔区段除各种杆件、转辙机安装装置等要加装绝缘外，还要加装切割绝缘，称为道岔绝缘，以防止辙叉将轨道电路短路。道岔绝缘视需要，可设在道岔直股钢轨上，也可设在道岔侧股钢轨上。

(2)道岔跳线

为了保证信号电流的畅通，道岔区段除轨端接续线外，还需装设道岔跳线。道岔跳线由塞钉和镀锌低碳钢绞线组成，两端焊在圆锥形塞钉上。FAD 型、FYD 型防腐蚀免维护综合绝缘护套道岔跳线的外形如图 3-18 所示，规格见表 3-2。

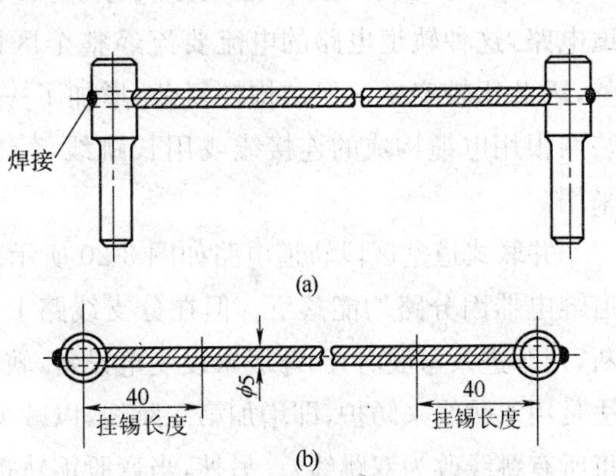

图 3-18　AD 型防腐蚀免维护综合绝缘护套道岔跳线的外形图(单位：mm)

表 3-2　跳线规格表

道岔跳线型号	公称长度(mm)	非电气化区段直流电阻值不大于(20 ℃)(Ω)	非电气化区段单根拉力(N)	电气化区段直流电阻值不大于(20 ℃)(Ω)	电气化区段单根拉力(N)
FAD-900	900	0.012	3 000	0.006	5 000
FAD-1200	1 200	0.016	3 000	0.008	5 000
FAD-1500	1 500	0.020	3 000	0.010	5 000
FAD-3000	3 000	0.039	3 000	0.020	5 000
FAD-3300	3 300	0.043	3 000	0.022	5 000
FYG-1200	1 200	0.016	3 000	0.008	5 000
FYG-1600	1 600	0.021	3 000	0.011	5 000
FYG-2700	2 700	0.035	3 000	0.017	5 000
FYG-3600	3 600	0.045	3 000	0.025	5 000

注：本规格适用于非电化区段轨道电路。

各类道岔所用道岔跳线见表 3-3。

表 3-3　各类道岔所用道岔跳线表

数量(根) 跳线型号 / 道岔种类	AD-900	AD-1500	AD-3000	总计
单开	5	2	1	8
交叉渡线	30	10	4	44
复式交分	18	12	2	32

2. 道岔区段轨道电路的连接方式

道岔区段轨道电路的连接方式有串联式和并联式两种。图 3-19 为串联式道岔区段轨道电路，这种轨道电路的电流要流经整个区段的所有钢轨，可以检查所有跳线和钢轨的完整，因此比较安全。但结构较复杂，增加了一组道岔绝缘，并且在直股和弯股两根钢轨间加装两根用电缆构成的连接线或用长跳线，给施工和维修带来不便，所以它在我国未被广泛采用。

并联式道岔区段轨道电路如图 3-20 所示。这种电路较简单。直股或弯股有车占用时，轨道继电器因分路均能落下。但在分支线路上只有电压检查没有电流检查，当跳线、连接线折断，列车进入弯股时，因弯股未设受电设备，轨道继电器不会落下，这是非常危险的。解决的方法是用双跳线来防护，即增加第二跳线，以减少跳线折断的概率(为提高可靠性，现场使用中也将所有跳线改为双跳线)。另外，当弯股钢轨折断或弯股钢轨表面不洁或分支线路过长，列车占用时，轨道继电器也不落下，所以这种轨道电路不符合“故障—安全”的要求。鉴于这一严重缺陷，提出了一送多受轨道电路，使各分支线路都得到检查。

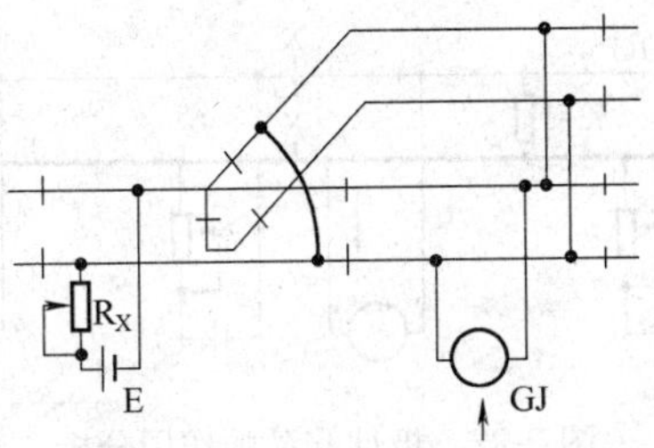

图 3-19　串联式道岔区段轨道电路

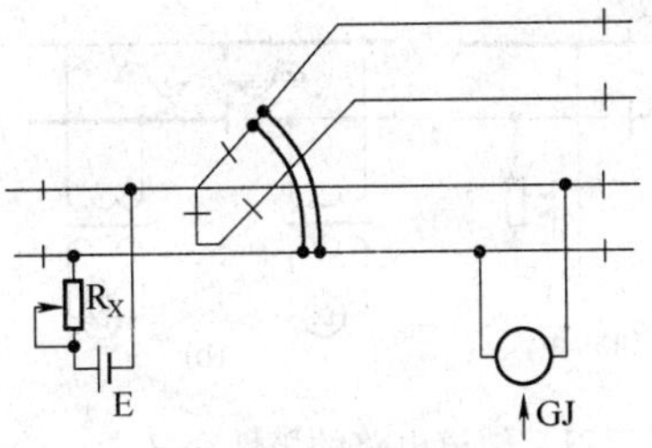

图 3-20　并联式道岔区段轨道电路

3. 一送多受轨道电路

一送多受轨道电路设有一个送电端，在每个分支轨道电路的另一端各设一个受电端。各分支受电端轨道继电器的前接点，串联在主轨道继电器电路中。当任一分支分路时，分支轨道继电器落下，主轨道继电器也落下，将主轨道继电器接点用在联锁电路中。

在受电端均串接可调电阻器，是为了提高轨道电路的分路灵敏度，以及使同一轨道电路内各轨道继电器的电压基本平衡。

采用一送多受轨道电路时，应注意以下各点：

(1)与到发线(包括场间列车走行线、外包线)相衔接(无其他道岔区段隔开)的道岔轨道电路的分支末端，应设受电端。

(2)所有列车进路上的道岔区段，其分支长度超过 65 m 时(自并联起点道岔的岔心算起)，在该分支末端应设受电端。

(3)个别分支长度小于 65 m 的分支线末端，当分路不良而危及行车安全时，亦应增设受电端。

(4)一送多受轨道电路最多不应超过三个受电端。一送四受轨道电路，因维修调整困难，不再使用。遇有此种情况应分成两个轨道电路。

(5)一送多受轨道电路任一地点有车占用时，必须保证有一个受电端被分路。

三、轨道电路的极性交叉

1. 极性交叉

有钢轨绝缘的轨道电路，为了实现对钢轨绝缘破损的防护，要使绝缘节两侧的轨面电压具有不同的极性或相反的相位，这就是轨道电路的极性交叉，如图 3-21 所示。

图中，粗线表示接电源正极，细线表示接电源负极。

2. 极性交叉的作用

极性交叉可防止在相邻轨道电路间的绝缘节破损时引起轨道继电器的错误动作。极性交叉的作用分析如图 3-22 所示，1G 和 3G 是两个相邻的轨道电路，它们没有实现极性交叉。当 1G 有车占用而绝缘破损的情况下，流经轨道继电器 1GJ 的电流等于两个轨道电源所供的电流之和，1GJ 有可能保持吸起，这危及行车安全。若按极性交叉来配置，绝缘破损时，轨道继电器中的电流就是两者之差，只要调整得当，1GJ 和 3GJ 都会落下，从而实现了“故障—安全”的原则。

对于交流供电来说，只要两相邻轨道电路的电流相位相反，它们的瞬间极性也相反，就得到极性交叉的效果。

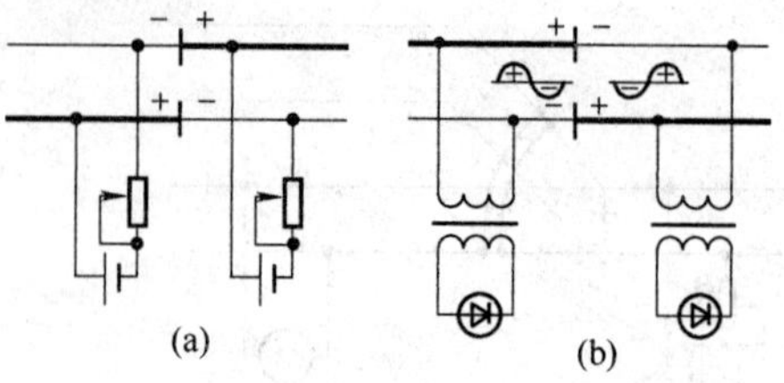

图 3-21　轨道电路的极性交叉

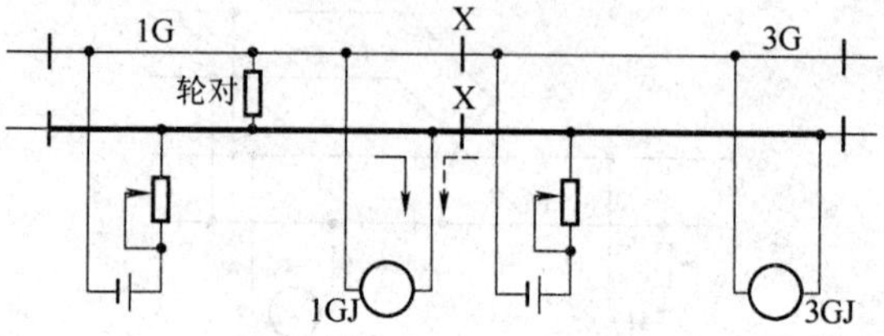

图 3-22　极性交叉的作用分析

而对于频率电码轨道电路来说，因相邻区段的编码不同，无法实现极性交叉，必须采用频率防护的方法，即相邻区段采用不同的频率。

3. 极性交叉的配置

在无分支线路上，极性交叉配置比较容易，只要依次变换轨道电路供电电源的极性。而在有分支线路上，即有道岔处，极性交叉的配置就要复杂一些。因为道岔绝缘节可以设在道岔直股，也可设在弯股，不同的设置，就将影响整个车站极性交叉的配置。

第三节　25 Hz 相敏轨道电路

一、电气化牵引区段轨道电路

1. 电气化牵引区段对轨道电路的特殊要求

电气化牵引区段的轨道电路必须满足以下特殊要求：

(1)必须采用非工频制式的轨道电路

我国铁路电气化铁路均采用工频 50 Hz 交流供电，钢轨既是牵引电流的回流通道，又是轨道电路信号电流的传输通道。因此轨道电路必须采用非工频制式，并且该制式对 50 Hz 牵引电流的基波及其谐波干扰应具备有效可靠的防护措施，以保证轨道电路设备安全可靠地工作。

(2)必须采用双轨条式轨道电路

双轨条轨道电路用扼流变压器沟通牵引电流成双轨条回流，轨道电路处于平衡状态，便于实现站内电码化。而单轨条轨道电路由一根轨条沟通牵引电流，对牵引电能损耗较大，轨道电路仅一根轨条通过信号电流，并且易造成站内电码化串码、掉码。

(3)交叉渡线上两根直股都通过牵引电流时应增加绝缘节

为了确保交叉渡线上轨道电路和机车信号设备能正常工作，当交叉渡线上两根轨道都通过牵引电流时，该交叉渡线上应增加绝缘节，如图 3-23 所示。由于交叉渡线道岔型号及铺设处所线路间距的不同，在辙叉处增设绝缘节的方向也不尽相同。

图 3-23　交叉渡线上增设绝缘节

(4)钢轨接续线截面加大

电气化区段的钢轨接续线，除应保证通过一定电流外，还要尽量减小钢轨接头的接触电阻，使两根钢轨阻抗平衡，减小牵引电流对轨道电路的干扰及牵引电能的损耗，以及保证设备和人身安全。因此，要求钢轨接续线有一定的截面积，并且必须双套。

塞钉线接续线因受震松动和氧化作用，使接触电阻增大，造成两根钢轨阻抗不平衡。因此，要求采用铜焊接线或冷挤压式焊接线。鉴于铜材较缺及施工工艺尚存在一些问题，暂准使用塞钉式接续线，但应逐步淘汰。冷挤压焊接线接触电阻为微欧级，可重复使用，便于维修。当采用多股铜焊接线，其截面不小于 50 mm^2 时，可不再加设塞钉式接续线。

(5)道岔跳线和钢轨引接线截面加大，引接线等阻

为了减小钢轨阻抗，道岔跳线和钢轨引接线应采用截面积不小于 42 mm^2 的多股镀锌钢绞线。为了减小两根钢轨引接线因长度不同、阻抗不等对轨道电路不平衡度的影响，钢轨接续线宜采用等阻连接线。

横向连接线用于相邻股道之间的连接，扼流中心连接线或连接板用于相邻轨道电路的连接。

2. 电气化区段站内轨道电路制式

我国电气化铁路采用的轨道电路曾用过：75 Hz 交流计数电码轨道电路、25 Hz 交流计数电码轨道电路、移频轨道电路、不对称脉冲轨道电路等制式。现均采用 25 Hz 相敏轨道电路。

以上各种制式除了选用 50 Hz 以外的信号电流频率，均采用了相应的技术措施来防干扰，以保证轨道电路的可靠工作。

二、扼流变压器

在电气化牵引区段，为保证牵引电流顺利流过绝缘节，在轨道电路发送端、接收端设置扼流变压器，轨道电路设备通过扼流变压器接向轨道，并传递信号信息，如图 3-24 所示。

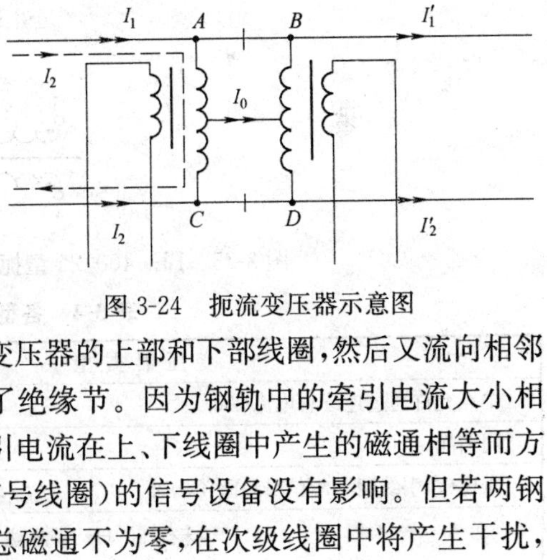

图 3-24　扼流变压器示意图

扼流变压器对牵引电流阻抗很小，而对信号电流阻抗较大，沿着两根钢轨流过的牵引电流在轨道绝缘处通过扼流变压器初级线圈(牵引线圈)的上部和下部线圈，再经过其中心线流向另一扼流变压器的上部和下部线圈，然后又流向相邻轨道电路的两根钢轨中去。这样，牵引电流就越过了绝缘节。因为钢轨中的牵引电流大小相等，扼流变压器上、下部线圈的匝数也相同，因此牵引电流在上、下线圈中产生的磁通相等而方向相反，它们的总磁通等于零。所以对次级线圈(信号线圈)的信号设备没有影响。但若两钢轨中流过的牵引电流不平衡时，扼流变压器铁芯中总磁通不为零，在次级线圈中将产生干扰，影响信号设备使用，故需增设防护设备。

而信号电流因极性交叉，在两扼流变压器中点处电位相等，故不会越过绝缘节流向另一轨道电路区段，而流回本区段，在次级感应出信号电流。

97 型 25 Hz 相敏轨道电路用的扼流变压器有 BE-400/25、BE_1-400/25、BE_2-400/25、BE-600/25、BE_1-600/25、BE_2-600/25、BE_1-800/25、BE_2-800/25、BE_1-1000/25、BE_2-1000/25、BE_1-1600/25、BE_2-1600/25 等类型。

BE_1-400/25 型扼流变压器的结构和连线如图 3-25 所示。各型扼流器的电气特性见表 3-4。

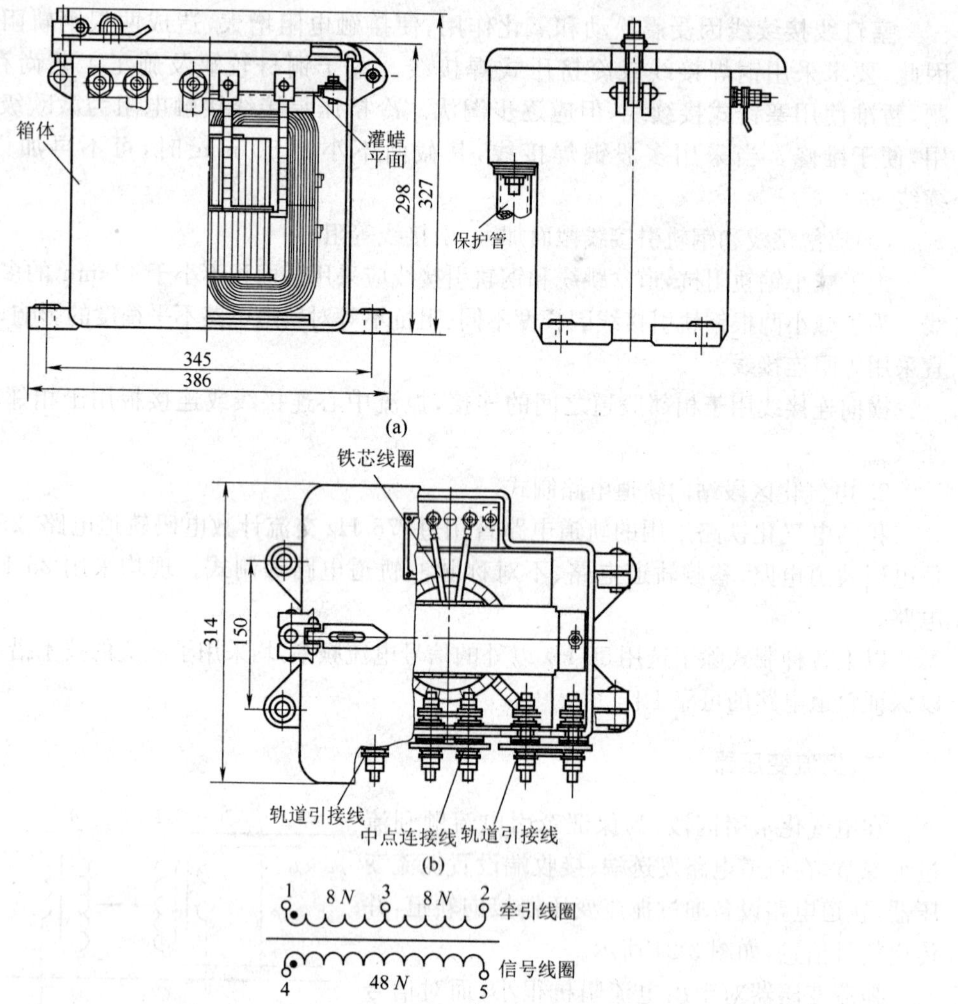

图 3-25　BE_1-400/25 型扼流变压器的结构和连线图(单位:mm)

表 3-4　各型扼流变压器的电气特性

变压器类型		BE-400/25	BE-600/25
中点允许通过连续总电流(A)		400	600
同名端		1、4	1、4
匝比(牵引线圈 1-2/信号线圈 4-5)N		1∶3	1∶3
牵引线圈未经磁化阻抗	未经 50 Hz 电源磁化牵引线圈加 25 Hz、0.3 V电压,其阻抗应不小于(Ω)	0.5	1.5
	未经 50 Hz 电源磁化牵引线圈加 25 Hz、3 V 电压,其阻抗应不小于(Ω)	1.5	—
牵引线圈经 50 Hz 电源磁化阻抗	经 50 Hz、7.5 V 电源磁化的牵引线圈加 25 Hz、4 V 电压,其阻抗应不小于(Ω)	0.7	—
	经 50 Hz、7.5 V 电源磁化的牵引线圈加 25 Hz、4 V 电压,其阻抗应不小于(Ω)	—	2.5
不平衡牵引电流不小于 50 A 时,信号线圈的开路电压不大于(V)		95	95
信号线圈加 50 Hz、30 V 电压,牵引线圈的开路电压(V)		10±0.5	—

续上表

变压器类型			BE_1-400/25 BE_2-400/25	BE_1-600/25 BE_2-600/25	BE_1-800/25 BE_2-800/25	BE_1-1000/25 BE_2-1000/25	BE_1-1600/25 BE_2-1600/25
中点允许通过连续总电流(A)			400	600	800	1 000	1 600
同名端			1、4	1、4	1、4	1、4	1、4
匝比(牵引线圈 1-2/信号线圈 4-5)N			1∶3	1∶3	1∶3	1∶3	1∶3
牵引线圈未经磁化阻抗	牵引线圈加25 Hz、0.4 V电压	阻抗不小于(Ω)	0.8	0.8	0.8	0.9	0.9
		阻抗角不小于	75°	75°	75°	75°	75°
	牵引线圈加 25 Hz、2.5 V电压，其阻抗应不大于(Ω)		1.2	1.2	1.2	1.3	1.3
牵引线圈经50 Hz电源磁化阻抗	经50 Hz、15 V电源磁化的牵引线圈加 25 Hz、2.5 V电压，其阻抗不小于(Ω)		1.0	1.0	1.0	1.0	1.0
不平衡系数应小于			0.5%	0.5%	0.5%	0.5%	0.5%

抗干扰扼流变压器在信号线圈输出端并联适配器，除了一般扼流变压器的功能外，还具有抗干扰性能。BES_1、BES_2 型抗干扰扼流变压器的线圈结构如图 3-26 所示，其电气特性见表 3-5，适配器电气特性见表 3-6。BES-600/25 、BES_1-800/25 型抗干扰扼流变压器的线圈结构如图 3-27 所示，其电气特性见表 3-7，适配器电气特性见表 3-8。根据轨道电路的长度连接信号线圈的不同端子。

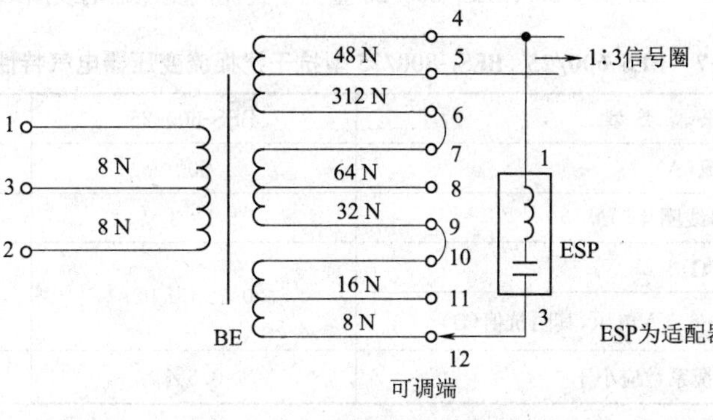

图 3-26　BES_1 、BES_2 型抗干扰扼流变压器的线圈结构

表 3-5　BES_1、BES_2 型抗干扰扼流变压器电气特性表

变压器类型	BES_1-400/25 BES_1-600/25	BES_2-400/25 BES_2-600/25
中点允许通过连续总电流(A)	400、600	400、600
同名端	1、4、7、10	1、4、7、10

续上表

变压器类型		BES_1-400/25 BES_1-600/25	BES_2-400/25 BES_2-600/25
匝比(牵引线圈 1-2/信号线圈 4-5)N		1∶3	1∶3
牵引线圈未经磁化阻抗	牵引线圈加 25 Hz、0.5～1.5 V 电压,其阻抗值(误差±5%)(Ω)	0.327	0.218
不平衡系数应小于		0.5%	0.5%

表 3-6 ESP_1、ESP_1 适配器电气特性表

类型	ESP_1	ESP_2
适配器槽路谐振动品质因数 Q	>20	>18
电容 C:容量/耐压(μF/V)	20/450	30/630
电感线圈:电感量/饱和电流(H/A)	0.506 6/2	0.337 7/3
谐振阻抗(Ω)	8	5.6

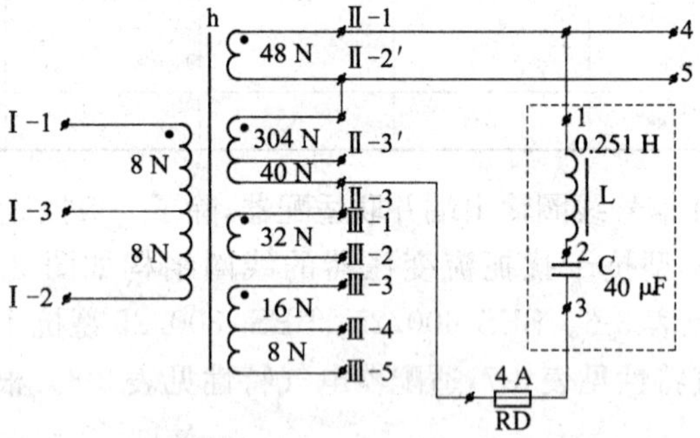

图 3-27　BES-600/25、BES_1-800/25 型抗干扰扼流变压器的线圈结构图

表 3-7　BES-600/25、BES_1-800/25 型抗干扰扼流变压器电气特性表

变压器类型	BES-600/25	BES_1-800/25
中点允许通过连续总电流(A)	600	800
匝比(牵引线圈 1-2/信号线圈 4-5)N	1∶3	1∶3
牵引线圈未经磁化阻抗(Ω)	0.22±0.02	0.16±0.02
牵引线圈加 25 Hz、0.3～6.5 V电压,其阻抗值(Ω)		
不平衡系数应小于	0.5%	0.5%

表 3-8　BES-600/25、BES_1-800/25 适配器电气特性表

类型	BES-600/25 适配器	BES_1-800/25 适配器
适配器槽路谐振动品质因数 Q	>20	>20
电容 C:容量/耐压(μF/V)	30/630	30/630
电感线圈:电感量/饱和电流(H/A)	0.251/4	0.377/4
谐振阻抗(Ω)	5.6	5.6

三、97 型 25 Hz 相敏轨道电路

1. 25 Hz 相敏轨道电路技术要求

(1)适用于钢轨内连续牵引总电流不大于 800 A，钢轨内不平衡电流不大于 60 A 的交流电气化牵引区段的站内及接近区段的轨道电路。

(2)无电力机车行驶的线路可采用无扼流变压器的轨道电路。

(3)电源应采用集中调相方式。

(4)在最不利条件下，轨道继电器轨道线圈上的电压应不大于 50 V，调整和分路时的有效电压分别为不小于 15 V 和不大于 7.4 V。

(5)在频率为 50 Hz、电源电压为 160～260 V 范围内、道砟电阻最小值不小于 0.6 Ω·km，钢轨阻抗不大于 0.62∠42° Ω/km 时，极限长度范围内能可靠地满足调整和分路检查的要求，并实现一次调整。当每段轨道电路的轨道变压器兼作机车信号发码电源时，应可靠地满足机车信号入口电流的要求。

(6)一送一受和一送多受轨道电路的电压调整余量 K 应不少于 8.0%。

(7)一送一受的双扼流和无扼流变压器的轨道电路，其极限长度应达 1.5 km。

(8)凡装有空扼流的轨道电路，对空扼流阻抗进行的补偿措施，应兼顾电码化时机车信号信息的传输。

(9)采用电子设备时，应采取相应的防雷措施。

2. 97 型 25 Hz 相敏轨道电路

原 25 Hz 相敏轨道电路，曾在现场大量使用，逐步暴露出一些亟待克服的技术缺陷，于是研制新型 25 Hz 相敏轨道电路，称为 97 型 25 Hz 相敏轨道电路。97 型 25 Hz 相敏轨道电路除保留原 25 Hz 相敏轨道电路工作稳定可靠、维修简单、故障率低的优点外，还提高了抗冲击干扰能力，并延长了轨道电路的极限长度。

(1)97 型 25 Hz 相敏轨道电路的改进

①提高绝缘破损防护性能

钢轨牵引引接线改用焊接方式，减小接触电阻，以提高绝缘破损防护性能。

②取消不设扼流变压器的送、受电端的单扼流轨道电路

不设扼流变压器时，轨道继电器所受干扰远大于设扼流变压器的区段，产生误动的机会也较多。为此将有回归电流的轨道电路送、受电端(不包括其上无接触网的区段)一律设扼流变压器。

③改变扼流变压器的连接方式

将连向钢轨的一长一短引接线设计成等阻线，使扼流变压器外部连接方式得以改善，不平衡系数控制在 1%以内，从而使牵引电流回归系统的不平衡系数得以降低。

④优化电源屏的配置

改进后的轨道电路，每一区段的平均功率为 20 W，每个继电器的局部线圈加电容补偿后的功率为 6.5 W。考虑单受和多受区段的比例，一个车站的轨道电路数和轨道继电器数，按 1∶2计算，就相当于轨道分频器和局部分频器供给每一段轨道电路分别耗电 20 W 和 13 W。将分频器容量由原 300 W、600 W、1 400 W 改为 400 W、800 W、1 200 W，组成Ⅰ型(PXT-800/25)、Ⅱ型(PZT-1600/25)、Ⅲ型(PZT-2000/25)、Ⅳ型(PDT-4000/25)四种电源屏，分别供小站(20 个区段以内)，中站(20～40、40～60 个区段)、大站(60～120 个区段)使用。

⑤改进交流二元继电器

经优化磁路设计和提高工艺设计水平后，新型交流二元继电器的性能有所提高。后接点压力由 147 N 增加到 196 N；返还系数由 0.5 增到 0.55；消除了因翼板碰撞外罩而造成卡阻的可能故障。

⑥增加扼流变压器的类型

由原来的仅 400 A 一种，增加了 600 A 和 800 A 两种。400 A、600 A、800 A 分别供侧线、正线和靠近牵引变电所的区段使用。

⑦改善电码化发送条件

固定送电端供电变压器的变比，使之和受电端匹配变压器的变比相同。由于此变比比原变比大大减小，从而改善了移频发送时的匹配特性。原供电变压器的变比高达 220/7～220/4，现改为固定变比 220/15。此方法除克服了原移频机车信号有时不稳定的缺点外，而且在不增加器材数量的基础上，将室内原隔离变压器改为兼有隔离和供电双重功能的变压器，调整它的输出电压即可进行轨道电路的调整。它使 25 Hz 轨道电路电码化的调整和测试均能集中在室内进行，极大地方便了现场调整测试和维修。

⑧极限长度延长

提高送电端输入阻抗，将送电端限流电阻由原 2.2 Ω 增加到 4.4 Ω；将受电端匹配变压器的变比由 17 降为 15。改进分频器的设计，将 25 Hz 分频器的 25 Hz 输出电压的允许波动范围，由原来的 ±5% 减少到 ±3%。通过以上措施，最终能将极限长度由原 1 200 m 提高到1 500 m。

⑨提高了系统的抗干扰能力

采用综合治理方式对该制式进行改进，首先设法尽量减少干扰电流的侵入量，其次在干扰电流侵入后，设法降低其干扰作用。另外，侵入的干扰电流若能造成轨道继电器误动，则设法使其误动的后果不影响其他信号设备或电路。这样达到提高系统抗冲击干扰的目的。

(2)97 型 25 Hz 相敏轨道电路的组成

97 型 25 Hz 相敏轨道电路采用交流 25 Hz 电源连续供电，受电端采用交流二元轨道继电器，其原理电路如图 3-28 所示。

25 Hz 电源屏分别供出 25 Hz 轨道电源和局部电源。轨道电源由室内供出，通过电缆供向室外，经送端 25 Hz 轨道电源变压器（BG_{25}）、送电端限流电阻（R_X）、送电端 25 Hz 扼流变压器（BE_{25}）、钢轨线路、受电端 25 Hz 扼流变压器（BE_{25}）、受电端 25 Hz 轨道中继变压器（BG_{25}）、电缆线路，送回室内，经过防雷补偿器（Z）、25 Hz 防护盒（HF）给交流二元轨道继电器（GJ）的轨道线圈供电。局部线圈的 25 Hz 电流由室内供出。当轨道线圈和局部线圈电源满足规定的相位和频率要求时，GJ 吸起，轨道电路处于调整状态，表示轨道电路空闲。

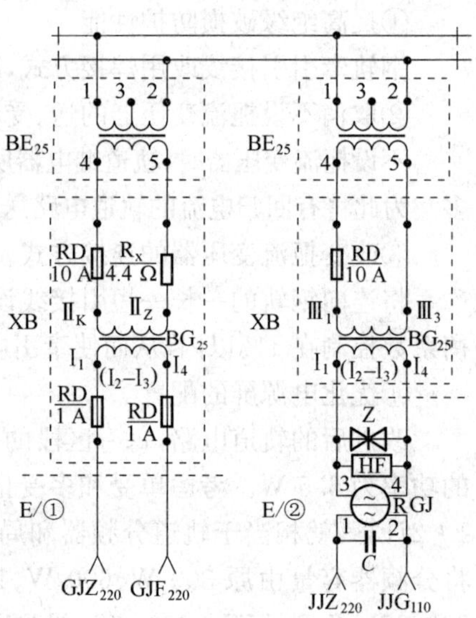

图 3-28　25 Hz 相敏轨道电路原理图

列车占用时，轨道电源被分路，GJ 落下。若频率、相位不符合要求时，GJ 也落下。这样，25 Hz 相敏轨道电路就具有相位鉴别能力，即相敏特性，抗干扰性能较高。

25 Hz 相敏轨道电路只能用以检测轨道电路区段是否空闲，不能传输其他信息。因电源频率较低，传输损耗较低，故传输距离长。

(3) 97 型 25 Hz 相敏轨道电路的部件

①防护盒

防护盒 HF 有 HF_2-25 型、HF_3-25 型和 HF_4-25 型，它们的电路分别如图 3-29(a)、图 3-29(b)和图 3-29(c)所示。

HF_2-25 型防护盒由电感线圈、电容器串联而成，线圈电感为 0.845 H，电容为 12 μF。它并接在轨道继电器的轨道线圈上，对 50 Hz 呈串联谐振，相当于 15 Ω 电阻，以抑制干扰电流。对25 Hz信号电流相当于 16 μF 电容，对 25 Hz 信号电流的无功分量进行补偿，起着减小轨道电路传输衰耗和相移的作用。

HF_3-25 型防护盒的电感线圈有两个中间抽头，可选择不同的电感量。HF_4-25 型防护盒的电感线圈和电容器各有五挡供选择，可根据需要予以调整。

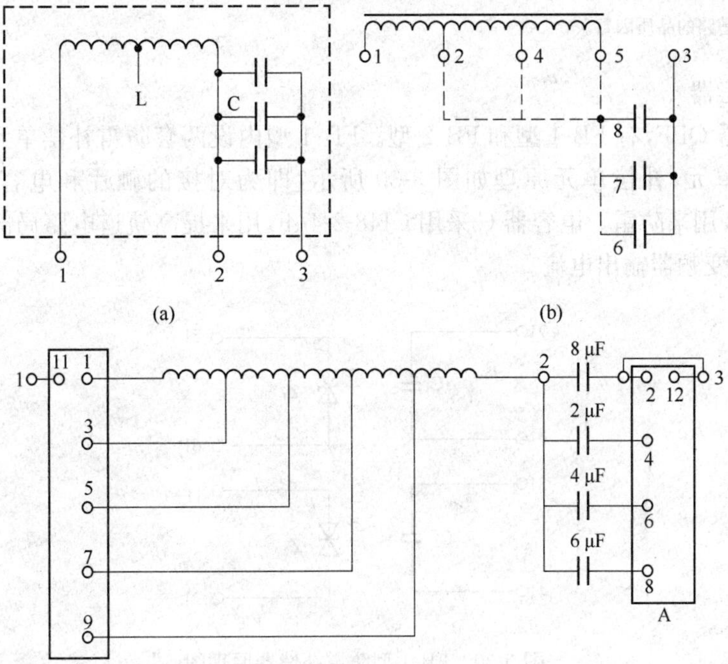

8 μF	1.266 5 H	A11-1
10 μF	1.013 2 H	A11-3, A4-12
12 μF	0.844 3 H	A11-5, A6-12
14 μF	0.723 7 H	A11-7, A8-12
16 μF	0.633 3 H	A11-9, A8-12, A2-4

(c)

图 3-29　防护盒电路图

各型防护盒的电气特性见表 3-9。

表 3-9　各型防护盒的电气特性表

型号	测试端子	连接端子	输入电压（V）	输入频率（Hz）	$\lvert U_L-U_C \rvert$（V）	Q	备注
HF_2-25	1-3		10	50	⩽3	⩾18	
HF_3-25	1-3 3-8	2-6-7-8					同 HF_2
		4-7-8					可调 15°～20°
		5-8					可调 30°～40°
HF_4-25	1-3	A11-1				⩾15	上调相位 0°～30°
		A11-3、A4-12					上调相位 0°～15°
		A11-5、A6-12					同 HF_2-25
		A11-7、A8-12					下调相位 0°～15°
		A11-9 、A8-12、A2-4					下调相位 0°～30°

注：U_L——电感线圈两端的谐振电压值。

U_C——电容器两端的谐振电压值。

Q——谐振槽路的品质因数。

②防雷补偿器

防雷补偿器 QBF，有 FB-1 型和 FB-2 型。FB-1 型内设两套防雷补偿单元，FB-2 型内设一套防雷补偿单元，补偿单元原理如图 3-30 所示，即为对接的硒片和电容器。硒片采用 XT-1-22C5C型，用来防雷。电容器 C 采用 CJ48-2-4μF，用来提高轨道电路局部线圈电路的功率因数，以减小变频器输出电流。

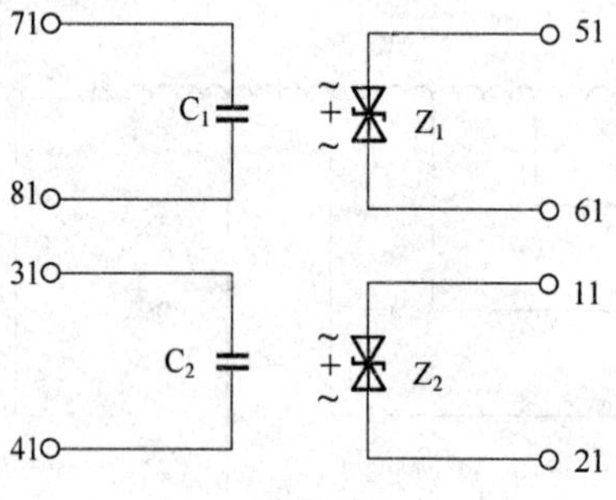

图 3-30　FB-1 型防雷补偿器原理图

其电气特性应符合下列要求：局部耐压为 250 V，接收工作电压为 90 V。

③25 Hz 轨道变压器

25 Hz 轨道变压器用于 25 Hz 相敏轨道电压中作为供电电源和阻抗匹配用，送电端和受电端用的是同一型号。BG_1-72/25 型轨道变压器如图 3-31 所示。各型轨道变压器的线圈电压如图 3-32 所示。BG_2-130/25 型Ⅱ次线圈使用端子连接见表 3-10。各型 25 Hz 轨道变压器电气特性见表 3-11。

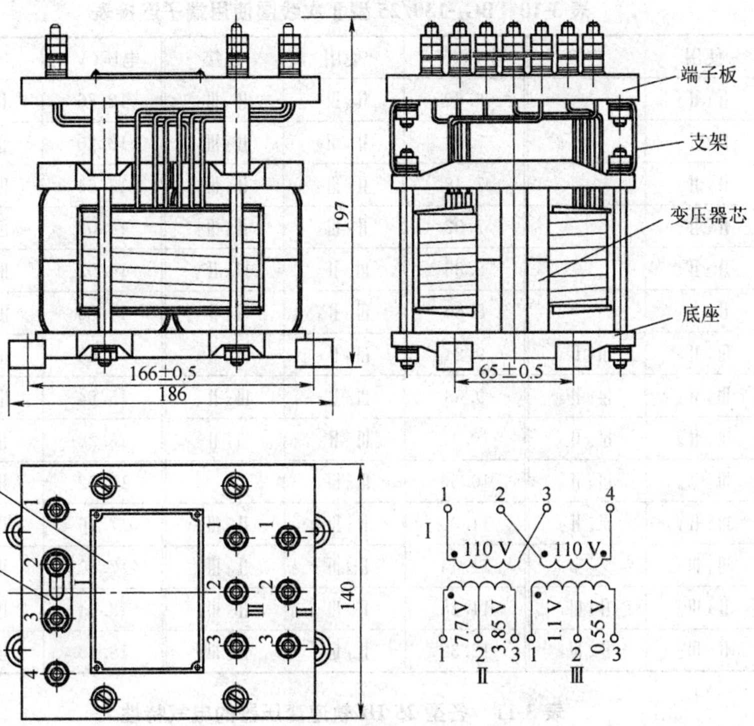

图 3-31　BG_1-72/25 型轨道变压器(单位:mm)

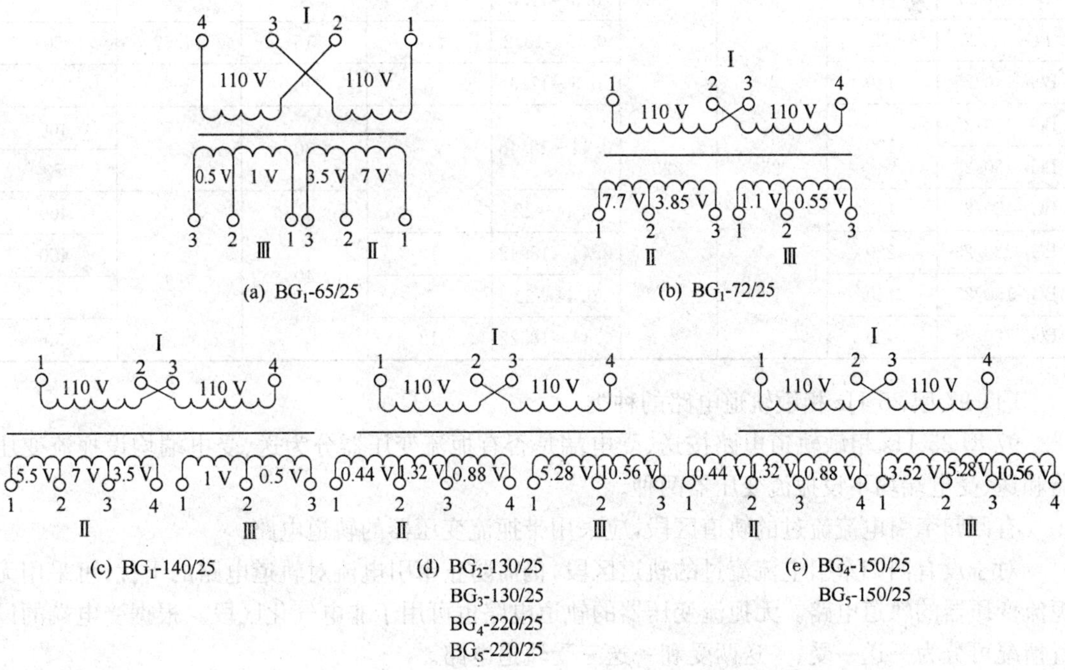

图 3-32　各型 25 Hz 轨道变压器的线圈电压图

表 3-10　BG$_2$-130/25 型Ⅱ次线圈使用端子连接表

电压(V)	使用	连接	电压(V)	使用	连接	电压(V)	使用	连接
0.44	Ⅱ$_1$Ⅱ$_2$		6.60	Ⅱ$_2$Ⅲ$_2$	Ⅱ$_3$Ⅲ$_1$	12.76	Ⅱ$_2$Ⅲ$_3$	Ⅱ$_4$Ⅲ$_2$
0.88	Ⅱ$_3$Ⅱ$_4$		7.04	Ⅱ$_1$Ⅲ$_2$	Ⅱ$_3$Ⅲ$_1$	13.20	Ⅱ$_1$Ⅲ$_3$	Ⅱ$_4$Ⅲ$_2$
1.32	Ⅱ$_2$Ⅱ$_3$		7.48	Ⅱ$_2$Ⅲ$_2$	Ⅱ$_4$Ⅲ$_1$	13.64	Ⅲ$_1$Ⅱ$_2$	Ⅲ$_3$Ⅱ$_4$
1.76	Ⅱ$_1$Ⅱ$_3$		7.92	Ⅱ$_1$Ⅲ$_2$	Ⅱ$_4$Ⅲ$_1$	14.08	Ⅲ$_1$Ⅱ$_1$	Ⅲ$_3$Ⅱ$_3$
2.20	Ⅱ$_2$Ⅱ$_4$		8.36	Ⅲ$_2$Ⅱ$_2$	Ⅲ$_3$Ⅱ$_4$	14.52	Ⅲ$_1$Ⅱ$_2$	Ⅲ$_3$Ⅱ$_3$
2.64	Ⅱ$_1$Ⅱ$_4$		8.80	Ⅲ$_2$Ⅱ$_1$	Ⅲ$_3$Ⅱ$_3$	14.96	Ⅲ$_1$Ⅱ$_3$	Ⅲ$_3$Ⅱ$_4$
3.08	Ⅲ$_1$Ⅱ$_2$	Ⅲ$_2$Ⅱ$_4$	9.24	Ⅲ$_2$Ⅱ$_2$	Ⅲ$_3$Ⅱ$_3$	15.40	Ⅲ$_1$Ⅱ$_1$	Ⅲ$_3$Ⅱ$_2$
3.52	Ⅲ$_1$Ⅱ$_1$	Ⅲ$_2$Ⅱ$_3$	9.68	Ⅲ$_2$Ⅱ$_3$	Ⅲ$_3$Ⅱ$_4$	15.84	Ⅲ$_1$Ⅲ$_3$	
3.96	Ⅲ$_1$Ⅱ$_2$	Ⅲ$_2$Ⅱ$_3$	10.12	Ⅲ$_2$Ⅱ$_1$	Ⅲ$_3$Ⅱ$_2$	16.28	Ⅱ$_1$Ⅲ$_3$	Ⅱ$_2$Ⅲ$_1$
4.40	Ⅲ$_1$Ⅱ$_3$	Ⅲ$_2$Ⅱ$_4$	10.56	Ⅲ$_2$Ⅲ$_3$		16.72	Ⅱ$_3$Ⅲ$_3$	Ⅱ$_4$Ⅲ$_1$
4.84	Ⅲ$_1$Ⅱ$_1$	Ⅲ$_2$Ⅱ$_2$	11.00	Ⅱ$_1$Ⅲ$_3$	Ⅱ$_2$Ⅲ$_2$	17.16	Ⅱ$_2$Ⅲ$_3$	Ⅱ$_3$Ⅲ$_1$
5.28	Ⅲ$_1$Ⅲ$_2$		11.44	Ⅱ$_3$Ⅲ$_3$	Ⅱ$_4$Ⅲ$_2$	17.60	Ⅱ$_1$Ⅲ$_3$	Ⅱ$_3$Ⅲ$_1$
5.72	Ⅱ$_1$Ⅲ$_2$	Ⅱ$_2$Ⅲ$_1$	11.88	Ⅱ$_2$Ⅲ$_3$	Ⅱ$_3$Ⅲ$_2$	18.04	Ⅱ$_2$Ⅲ$_3$	Ⅱ$_4$Ⅲ$_1$
6.16	Ⅱ$_3$Ⅲ$_2$	Ⅱ$_4$Ⅲ$_1$	12.32	Ⅱ$_1$Ⅲ$_3$	Ⅱ$_3$Ⅲ$_2$	18.48	Ⅱ$_1$Ⅲ$_3$	Ⅱ$_4$Ⅲ$_1$

表 3-11　各型 25 Hz 轨道变压器的电气特性

<table>
<tr><th rowspan="2">类型</th><th rowspan="2">额定容量
(V・A)</th><th rowspan="2">额定频率
(Hz)</th><th colspan="2">额定电压
(V)</th><th rowspan="2">额定电流
(A)</th><th rowspan="2">空载电流
不大于
(mA)</th><th rowspan="2">激磁阻抗
不小于
(kΩ)</th><th rowspan="2">铁芯频率
(Hz)</th></tr>
<tr><th>Ⅰ次</th><th>Ⅱ次</th></tr>
<tr><td>BG$_1$-65/25</td><td>65</td><td rowspan="9">25</td><td rowspan="9">220</td><td>0.5～12.0</td><td>5.4</td><td>20</td><td>—</td><td>—</td></tr>
<tr><td>BG$_1$-72/25</td><td>72</td><td>0.55～13.2</td><td>5.4</td><td>15</td><td>14.67</td><td>50</td></tr>
<tr><td>BG$_1$-140/25</td><td>140</td><td>0.5～17.5</td><td>8</td><td>40</td><td>—</td><td>—</td></tr>
<tr><td>BG$_2$-130/25</td><td rowspan="2">130</td><td rowspan="2">0.44～18.48</td><td rowspan="3">7</td><td rowspan="2">30</td><td rowspan="2">7.35</td><td>400</td></tr>
<tr><td>BG$_3$-130/25</td><td>50</td></tr>
<tr><td>BG$_4$-150/25</td><td>150</td><td>0.44～22</td><td rowspan="4">40</td><td rowspan="4">5.5</td><td>400</td></tr>
<tr><td>BG$_4$-220/25</td><td>220</td><td>0.44～18.48</td><td>12</td><td>400</td></tr>
<tr><td>BG$_5$-150/25</td><td>150</td><td>0.44～22</td><td>7</td><td>50</td></tr>
<tr><td>BG$_5$-220/25</td><td>220</td><td>0.44～18.22</td><td>12</td><td>50</td></tr>
</table>

(4) 97 型 25 Hz 相敏轨道电路的种类

97 型 25 Hz 相敏轨道电路按送、受电端是否有扼流变压器分为送、受电端均设扼流变压器和送、受电端均不设扼流变压器两种。

有回归牵引电流流过的轨道区段,应采用带扼流变压器的轨道电路。

对于没有回归牵引电流流过的轨道区段,仍需防止牵引电流对轨道电路的干扰,可采用无扼流变压器的轨道电路。无扼流变压器的轨道电路也可用于非电气化区段。根据受电端的设置情况可分为一送一受、一送两受和一送三受轨道电路。

①25 Hz 相敏轨道电路单元

25 Hz 相敏轨道电路单元如图 3-33 所示。

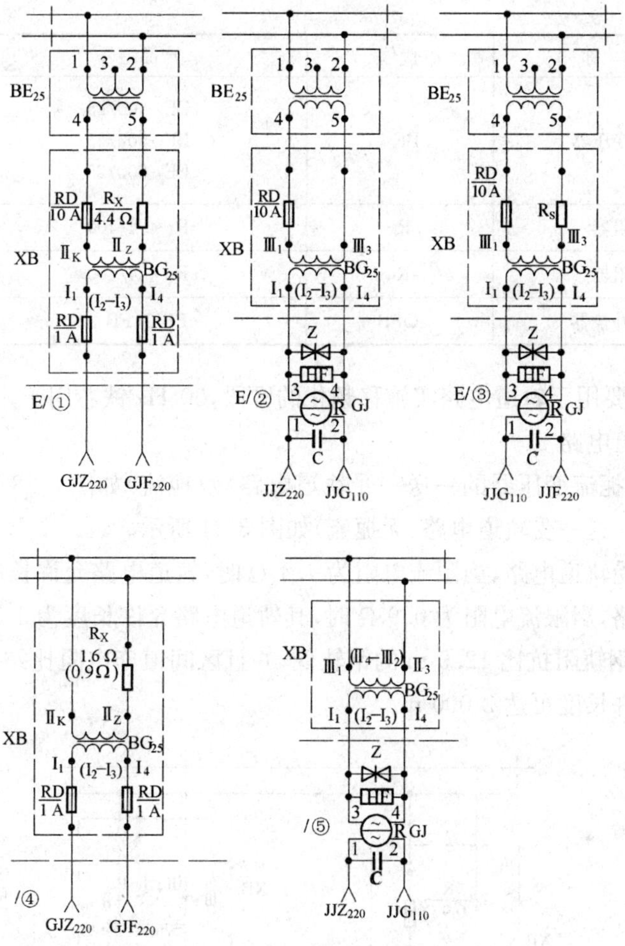

图 3-33　25 Hz 相敏轨道电路单元图

图中，E/①、E/②、E/③、/④、/⑤分别为 25 Hz 相敏轨道电路的五种单元类型，E 代表设扼流变压器，/①为送电端，/②为受电端，/③为一送多受的分支受电端；/④、/⑤分别为不带扼流变压器的送电端、受电端。XB 为变压器箱。

25 Hz 相敏轨道电路原理图代号说明见表 3-12。

表 3-12　25 Hz 相敏轨道电路原理图代号说明

序号	名　称	代号	产品型号	备　注
1	轨道变压器	BG_{25}	BG_2-130/25	400 Hz 铁芯
			BG_3-130/25	50 Hz 铁芯
2	交流二元继电器	GJ	$JRJC_1$-70/240	
3	防护盒	HF	HF_2-25 或 HF_3-25 或 HF_4-25	
4	扼流变压器	BE_{25}	BE_1-400/25 BE_1-600/25 BE_1-800/25	400 Hz 铁芯

续上表

序号	名　　称	代号	产品型号	备　　注
4	扼流变压器	BE_{25}	BE_2-400/25 BE_2-600/25 BE_2-800/25	50 Hz 铁芯
5	电阻器	R_X	R_1-4.4/400	
6	电阻器	R_S	R_1-4.4/400	
7	防雷补偿器	QFB	FB-1、FB-2	

400 Hz 铁芯主要用于轨道电路实施移频化的区段，50 Hz 铁芯用于一般区段。

②一送一受轨道电路

送、受电端均设扼流变压器的一送一受轨道电路（双扼流）如图 3-28 所示。送、受电端均不设扼流变压器的一送一受轨道电路（无扼流）如图 3-34 所示。

双扼流一送一受轨道电路，当限流电阻为 4.4 Ω 时，轨道电路允许长度为 1 500 m。无扼流一送一受轨道电路，当限流电阻为 0.9 Ω 时，其轨道电路允许长度为 1 500 m。因区间大多采用 25 m 钢轨，其钢轨阻抗比 12.5 m 的钢轨低，并且区间道砟电阻比站内道砟电阻高，接近区段轨道电路的允许长度可达 2 000 m。

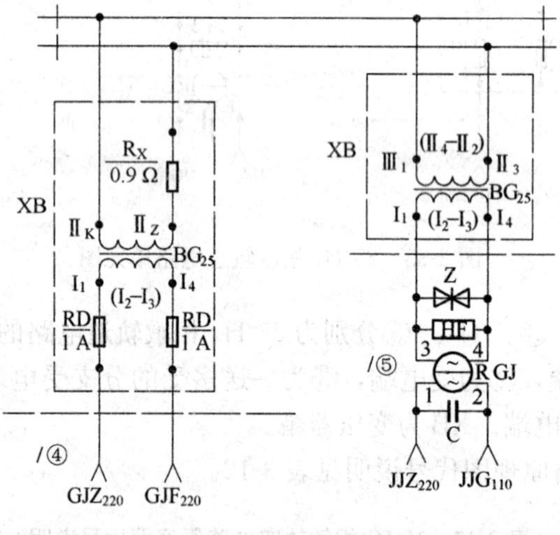

图 3-34　不带扼流变压器的一送一受轨道电路

在电气化区段，为了使回归牵引电流畅通无阻地流回牵引变电所，相邻轨道电路的扼流变压器中点需相连。如果全部采用双扼流轨道电路，中点相连后易构成迂回电路，有可能造成在轨道电路不完整或有列车占用的情况下失去检查，使轨道继电器错误吸起。图 3-35 就是一个例子，图中虚线为迂回电路的径路，1G 区段轨道继电器在有车占用或断轨情况下，可能经迂回电路而错误吸起。为了减小迂回电路对轨道电路的影响，在确保回归牵引电流畅通的条件下，应将个别扼流变压器的中点连线不连，以断开迂回电路。但必须注意，正线（包括正线上的道岔区段和无岔区段）装设的扼流变压器中点连线必须相连。

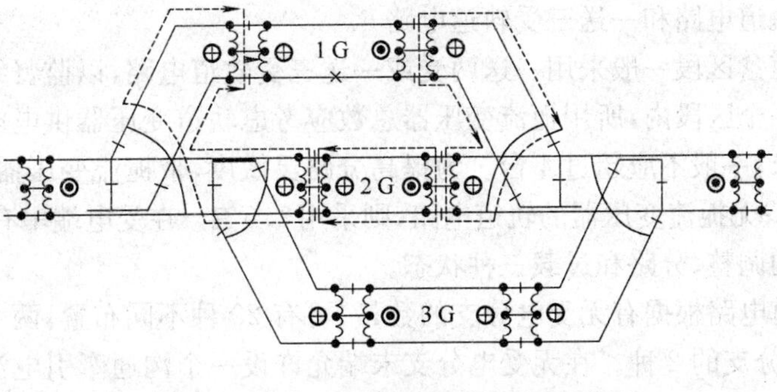

图 3-35 轨道电路的迂回电路径路示意图

一送一受轨道电路可以设长度不大于 65 m 的三个或三个以上的无受电分支，为了沟通牵引电流的回流道路，可以在其中一个分支上设置一个空扼流变压器。为连接吸上线或有些车站内接触网取电的馈电地线，也可在轨道电路区段内设置一个空扼流变压器。

对于不连接轨道继电器的空扼流变压器，其信号线圈经 BG_2-130/25 型轨道变压器与补偿器相连，如图 3-36 所示。

补偿器的作用是：对轨道电路的信号传输进行补偿，减少空扼流变压器对轨道电路信号能量的消耗，以减小轨道电路的总功耗，从而使轨道电路的供电变压器Ⅱ次电压不致因增设空扼流变压器后增大太多，因此当该空扼流变压器断线后不致因轨道电路的分路检查条件被恶化而影响轨道电路的允许长度；对机车信号的信息进行补偿，以减少空扼流变压器对机车信号信息的能量消耗，从而使机车信号的工作稳定可靠。对于不同机车信号制式，补偿器的种类不同。

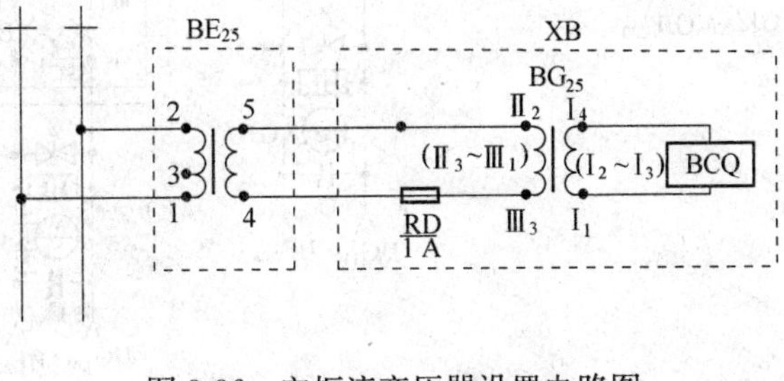

图 3-36 空扼流变压器设置电路图

在一送一受情况下，轨道电路带有无受电分支及有附加扼流变压器时的允许长度见表 3-13。

表 3-13 一送一受 25 Hz 相敏轨道电路的长度

长度(m) 分支数 扼流方式	一个分支		两个分支		三个分支		无分支但有附加扼流
	无附加扼流	有附加扼流	无附加扼流	有附加扼流	无附加扼流	有附加扼流	
双扼流	700	700	600	600	500	500	1 500
无扼流	1 000		900		800		

③一送两受轨道电路和一送三受轨道电路

邻接股道的道岔区段一般采用一送两受或一送三受轨道电路，以监督线路完整和有良好的分路检查。在一个区段内，所用扼流变压器总数应考虑轨道变压器供电电压和保证轨道电路分路检查的要求，一般不应超过 4 台。为提高分路灵敏度，带扼流变压器的轨道电路，其限流电阻采用 4.4 Ω；无扼流变压器的轨道电路，则采用 1.6 Ω。在受电端串有电阻器，是为了同时满足轨道电路的调整、分路和过载三种状态。

一送两受轨道电路根据有无受电分支的数量，可有 20 种不同布置：两个分支的 12 种，一个分支的 6 种，无分支的 2 种。在无受电分支末端允许设一个沟通牵引电流的附加空扼流变压器。不带分支的一送两受带扼流变压器和不带扼流变压器的轨道电路分别如图 3-37 和图 3-38所示。

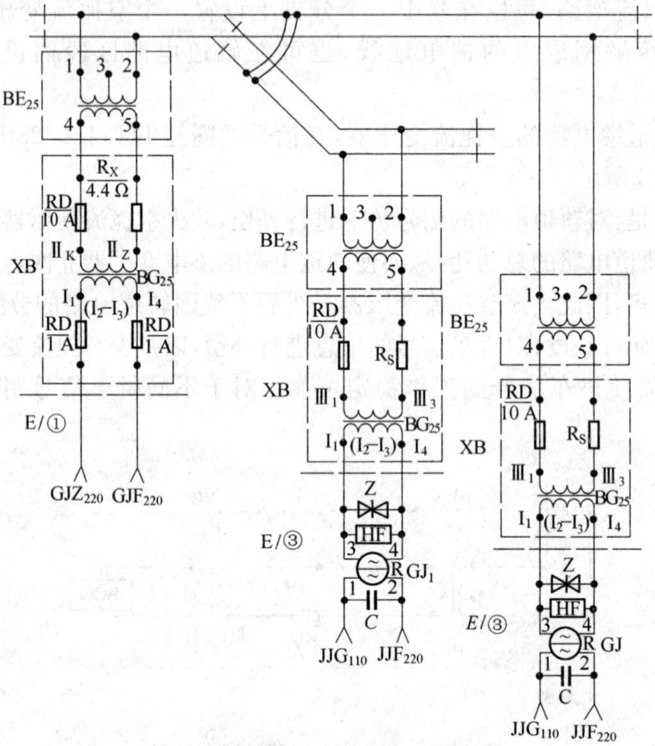

图 3-37 带扼流变压器的一送两受轨道电路原理图

一送三受轨道电路根据有无受电分支的数量，可以有 5 种不同布置：一个分支 3 种，无分支的 2 种。一送三受不带无受电分支的带扼流变压器和不带扼流变压器的轨道电路分别如图 3-39和图 3-40 所示。

(5) 97 型 25 Hz 相敏轨道继电器组合

采用 25 Hz 相敏轨道电路时，轨道继电器采用 $JRJC_1$-70/240 型交流二元继电器，需设专用的 25 Hz 相敏轨道继电器组合。

一个 25 Hz 相敏轨道继电器组合，内设三个受电端用防雷补偿器、防护盒和交流二元继电器。从正面看，组合内器材排列见表 3-14。

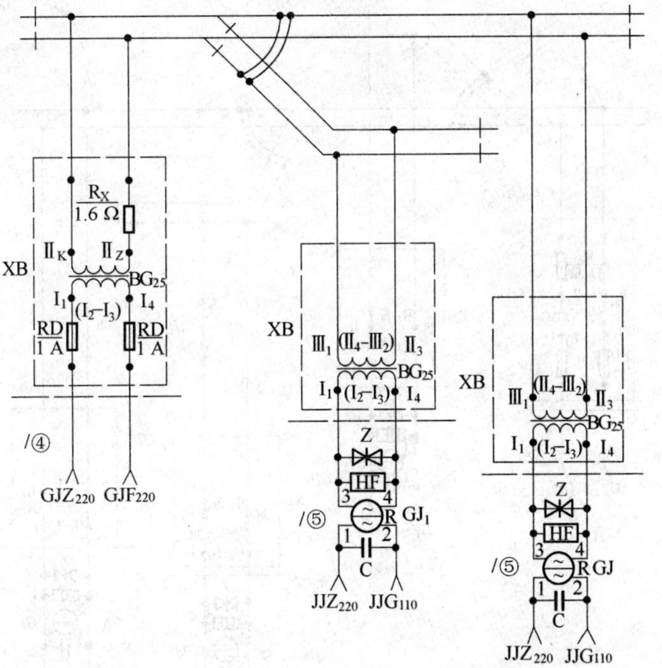

图 3-38　不带扼流变压器一送两受轨道电路原理图

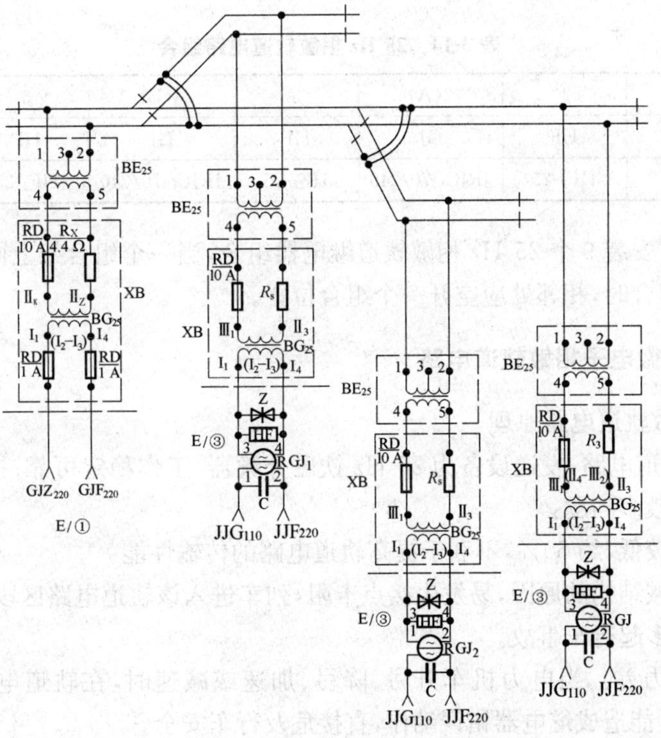

图 3-39　带扼流变压器的一送三受轨道电路原理图

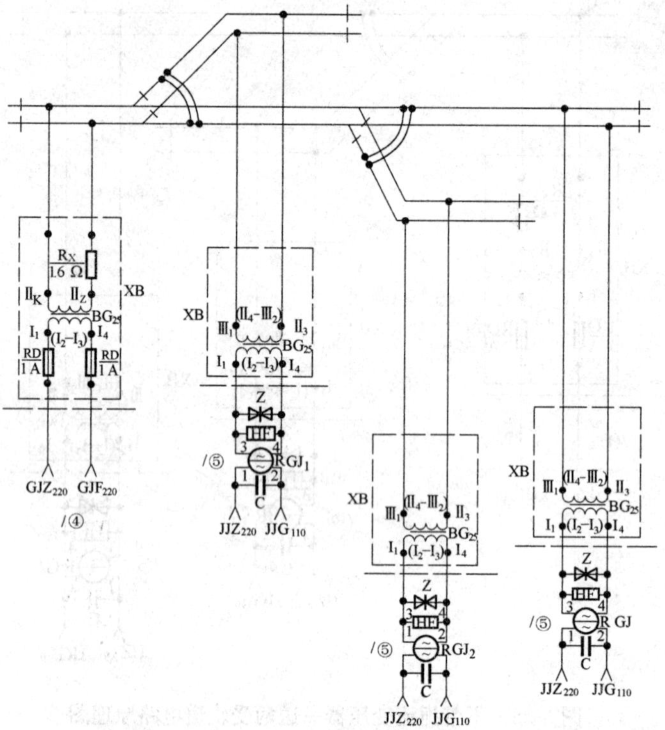

图 3-40　不带扼流变压器的一送三受轨道电路原理图

表 3-14　25 Hz 相敏轨道电路组合

01-1	01-2	1	2(A)	3	4(B)	5	6(C)
QFB	QFB	HF	GJ	HF	GJ	HF	GJ
FB-1	FB-1	HF_2-25	$JRJC_1$-70/240	HF_2-25	$JRJC_1$-70/240	HF_2-25	$JRJC_1$-70/240

一个组合架可安装 9 个 25 Hz 相敏轨道继电器组合，当一个组合架上同时安装轨道组合和安全型继电器组合时，相邻处应空开一个组合位置。

四、JXW25 型微电子相敏轨道电路

1. 微电子相敏轨道电路原理

25 Hz 相敏轨道电路，发送设备为 25 Hz 铁磁分频器，工作稳定可靠；接收设备为交流二元继电器，但存在较多问题：

(1)返还系数较低，约 50%，不利于提高轨道电路的传输性能。

(2)由于其机械结构的原因，易发生接点卡阻，列车进入该轨道电路区段，轨道继电器不能可靠落下，曾造成多起行车事故。

(3)抗干扰能力差。当电力机车升弓、降弓、加速或减速时，在轨道电路中产生较大的 50 Hz脉冲干扰，可能造成继电器错误动作，直接危及行车安全。

JXW25 型微电子相敏轨道电路接收器保留了原相敏轨道电路的优点，克服其缺点，成为具有高可靠、高抗干扰能力的一种新型相敏轨道电路。

局部电源和轨道电源分别由局部 25 Hz 分频器和轨道 25 Hz 分频器提供，并且局部电源超前轨道电源 90°。当 25 Hz 微电子相敏轨道电路接收器接收到 25 Hz 轨道信号，并且局部电压超前轨道电压一定范围的角度时，微电子接收器使执行继电器吸起。在 $\theta=90°$时，处于最佳接收状态。当收到的信号不能完全满足以上条件时，执行继电器落下。

微电子相敏轨道电路接收器的原理如图 3-41 所示。其中 $X_J(t)$是局部信号，$X_G(t)$是轨道信号。

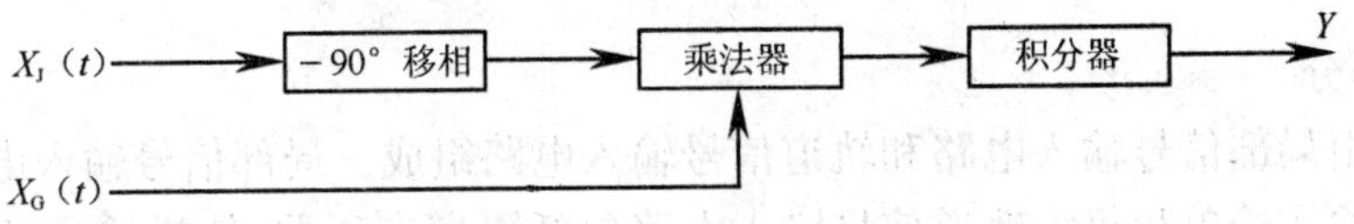

图 3-41 微电子相敏轨道电路接收器原理框图

局部信号和轨道电路同频率，相位差为θ。当θ为$+90°$时，Y为正值，微电子接收器使执行继电器吸起。而当θ为$-90°$时，Y为负值；当θ为 0°或 180°时，Y为 0，均为非正值，使执行继电器落下。这样，该接收器就具有可靠的相位选择性。

由于两根钢轨上的牵引电流不平衡，将有 50 Hz 电压加在轨道线圈上，同时收到 25 Hz 和 50 Hz 两种不同频率的信号时，在一个周期内 Y 为零，不会使执行继电器错误动作。

由于微电子接收器具有上述频率选择性，不仅可以防止 50 Hz 牵引电流的干扰，而且对于其他高次谐波干扰也有同样的作用。

JXW25 型相敏轨道电路原理如图 3-42 所示。

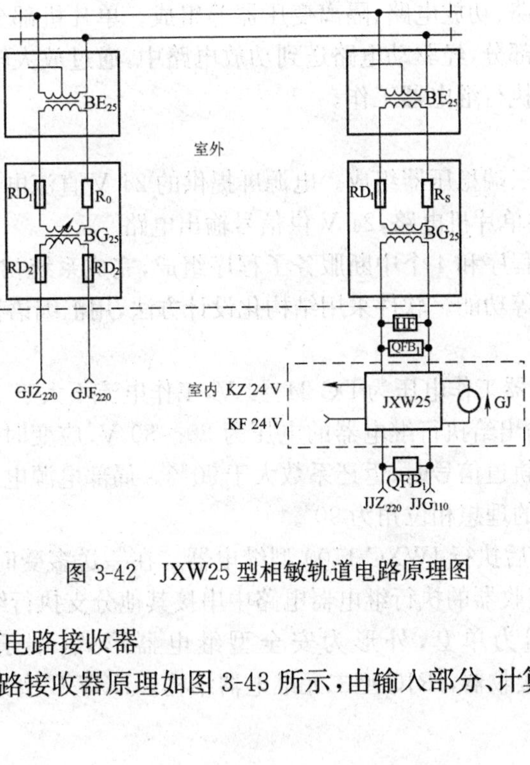

图 3-42 JXW25 型相敏轨道电路原理图

2. 微电子相敏轨道电路接收器

微电子相敏轨道电路接收器原理如图 3-43 所示，由输入部分、计算机部分、输出部分和电源等组成。

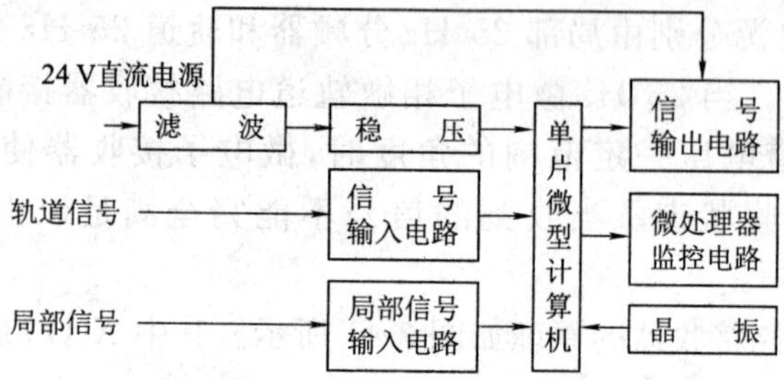

图 3-43　微电子相敏轨道电路接收器原理图

(1)输入部分

输入部分由局部信号输入电路和轨道信号输入电路组成。局部信号输入电路是将局部信号经光电耦合输入给单片机。轨道信号输入电路包括隔离变压器、轨道输入相位辨别电路和接口电路。隔离变压器对输入信号起隔离、输入阻抗匹配及防雷电冲击保护微电子设备的作用。轨道输入信号相位辨别电路和接口电路将轨道输入的模拟信号转换为数字信号,然后送入单片机对信号进行数字处理。

(2)计算机部分

计算机部分由单片机、微处理器监控电路、晶体振荡电路组成,完成接收器的数字处理功能。单片机选用 MCS-51 系列芯片。微处理器监控电路的功能是有效检测单片机在不可预测的干扰作用下产生的程序执行紊乱和自动恢复,以提高单片机系统的可靠性和抗干扰能力。微处理器监控电路运行后,若单片机在规定时间内访问它,单片机正常工作;若规定时间内未能访问它,则使单片机自动复位,使系统重新初始化。

(3)输出部分

输出部分由驱动电路、功放电路、隔离变压器等组成。单片机部分对其输入信号处理后,输出一高频信号至输出部分,经驱动电路送到功放电路中,通过放大输出给隔离变压器,再进行整流、滤波,控制轨道执行继电器工作。

(4)电源

由滤波电路和两个三端稳压器组成。电源屏提供的 24 V 直流电,经滤波、稳压,输出 9 V 供轨道输入电路,5 V 供单片机电路,24 V 供信号输出电路。

系统软件主要由主程序和 4 个中断服务子程序组成,完成系统初始化、信号采集与处理、信号延时和继电器控制等功能。软件采用结构化设计方法,用汇编语言编写,各功能程序实现模块化。

JXW25 型电子接收器工作电压为 DC $24^{+2.4}_{-3.6}$ V,工作电流不大于 100 mA。在轨道电路空闲状态下,电子接收器输出给执行继电器的电压为 20～30 V,应变时间为 0.3～0.5 s。在接收理想相位角的 25 Hz 轨道信号时,返还系数大于 90%。局部电源电压 110 V,25 Hz;轨道信号电压滞后于局部电压的理想相位角为 90°。

JXW25 型接收器最后执行 JWXC-1700 型继电器。在一送多受时,每个分支用一个接收器和执行继电器,在主接收器的执行继电器电路中串接其他分支执行继电器的前接点。

JXW25-A 型接收器为单套,外形为安全型继电器形式,端子分配如图 3-44 所示。JXW25-A1 型也为单套接收器,JRJC 型二元继电器结构。JXW-B 型为双套接收器,安全型继电器结构。

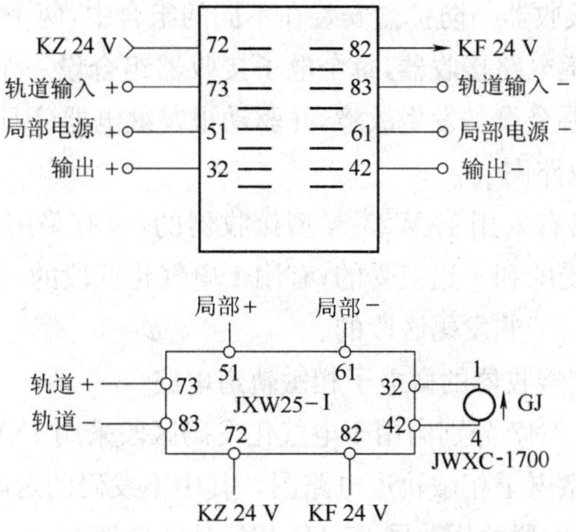

图 3-44 JXW25-A 型微电子相敏轨道电路接收器接线

另有 HBJ 型接收变压器盒和 HB 型报警盒,安全型继电器结构,均用于双套轨道电路。

JXW25-A 型为单套微电子接收器,每个继电器组合可以安装 4 套轨道电路接收器,见表 3-15,包括防护盒和防雷补偿器。

表 3-15 JXW-25A 组合

0	1	2	3	4	5	6	7	8
防雷补偿器	防护盒	电子盒	防护盒	电子盒	防护盒	电子盒	防护盒	电子盒
FLH	HF_2-25	JXW25-A	HF_2-25	JXW25-A	HF_2-25	JXW25-A	HF_2-25	JXW25-A

JXW25-B 型为双套微电子接收器,其两套设备中只要有一套能正常工作,就能保障系统正常运行,提高了系统的可靠性;如果其中一套发生故障,能及时报警,通知维修人员进行维修,而且对其中单套维修时,不影响系统使用。JXW25-B 型微电子接收器分为接收变压器盒和微电子接收器盒,均安装在安全型继电器罩内。JXW25-B 型变压器接收器组合布置见表 3-16。

表 3-16 JXW25-B 型变压器接收器组合布置表

电子盒11	电子盒12	变压器1、2	电子盒21	电子盒22	电子盒31	电子盒32	变压器3、4	电子盒41	电子盒42	报警盒1
防护盒	防护盒	防护盒	防护盒	防护盒	防护盒	防护盒	防护盒			
电子盒11	电子盒12	变压器1、2	电子盒21	电子盒22	电子盒31	电子盒32	变压器3、4	电子盒41	电子盒42	报警盒1

JXW25-B 型微电子接收器与防护盒安装在不同的组合中，两个微电子接收器组合配一个防护盒组合，构成 8 套轨道电路接收器，每个电子接收器组合设一个报警单元，报警单元上有报警表示灯，能明确显示哪个设备发生故障，并驱动报警继电器(BJJ)。

3. 微电子相敏轨道电路图

微电子相敏轨道电路有采用 JXW25-A 型接收器的，也有采用 JXW25-B 型接收器的；有一送一受的，也有一送二受的和一送三受的；有用于电气化区段的，也有用于非电气化区段的；有用于发码区段的，也有用于非发码区段的。

(1)采用 JXW25-A 型接收器的微电子相敏轨道电路

图 3-45、图 3-46 和图 3-47 分别为用于电气化发码区段采用 JXW25-A 型接收器的一送一受、一送二受和一送三受微电子相敏轨道电路图。其中不发码的送电端、受电端也必须设室内隔离盒。防护盒和防雷补偿器的用法同 25 Hz 相敏轨道电路。

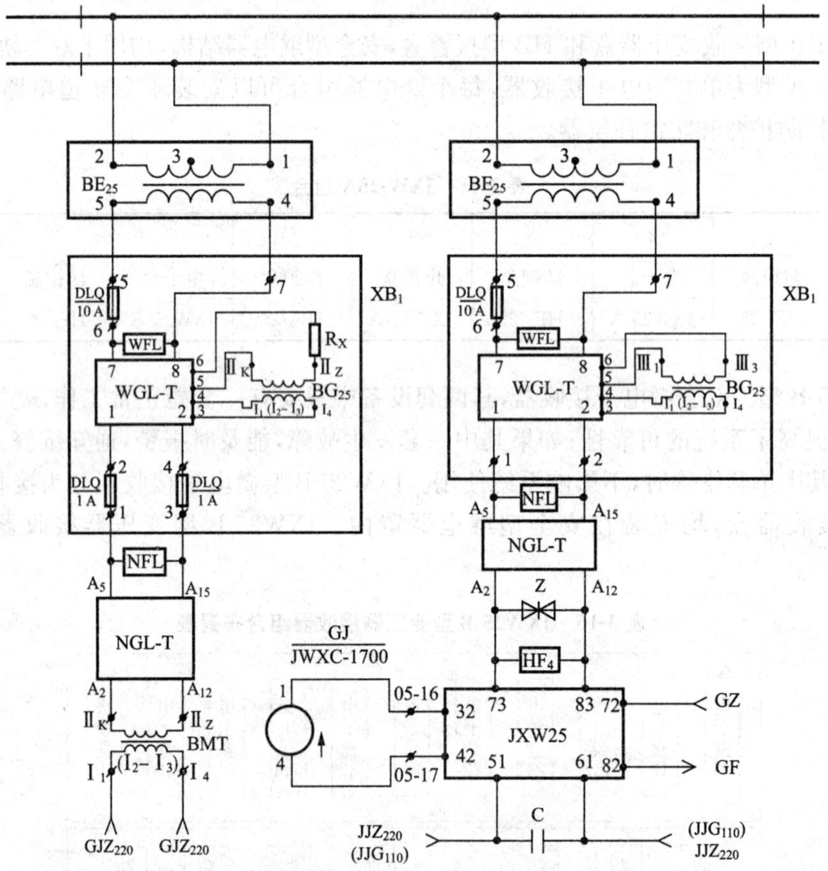

图 3-45　用于电气化发码区段采用 JXW25-A 型接收器的一送一受微电子相敏轨道电路图

图 3-48、图 3-49 和图 3-50 分别为用于电气化非发码区段采用 JXW25-A 型接收器的一送一受、一送二受和一送三受微电子相敏轨道电路图。它们和电气化发码区段的区别在于不需要室内隔离盒和室外隔离盒。

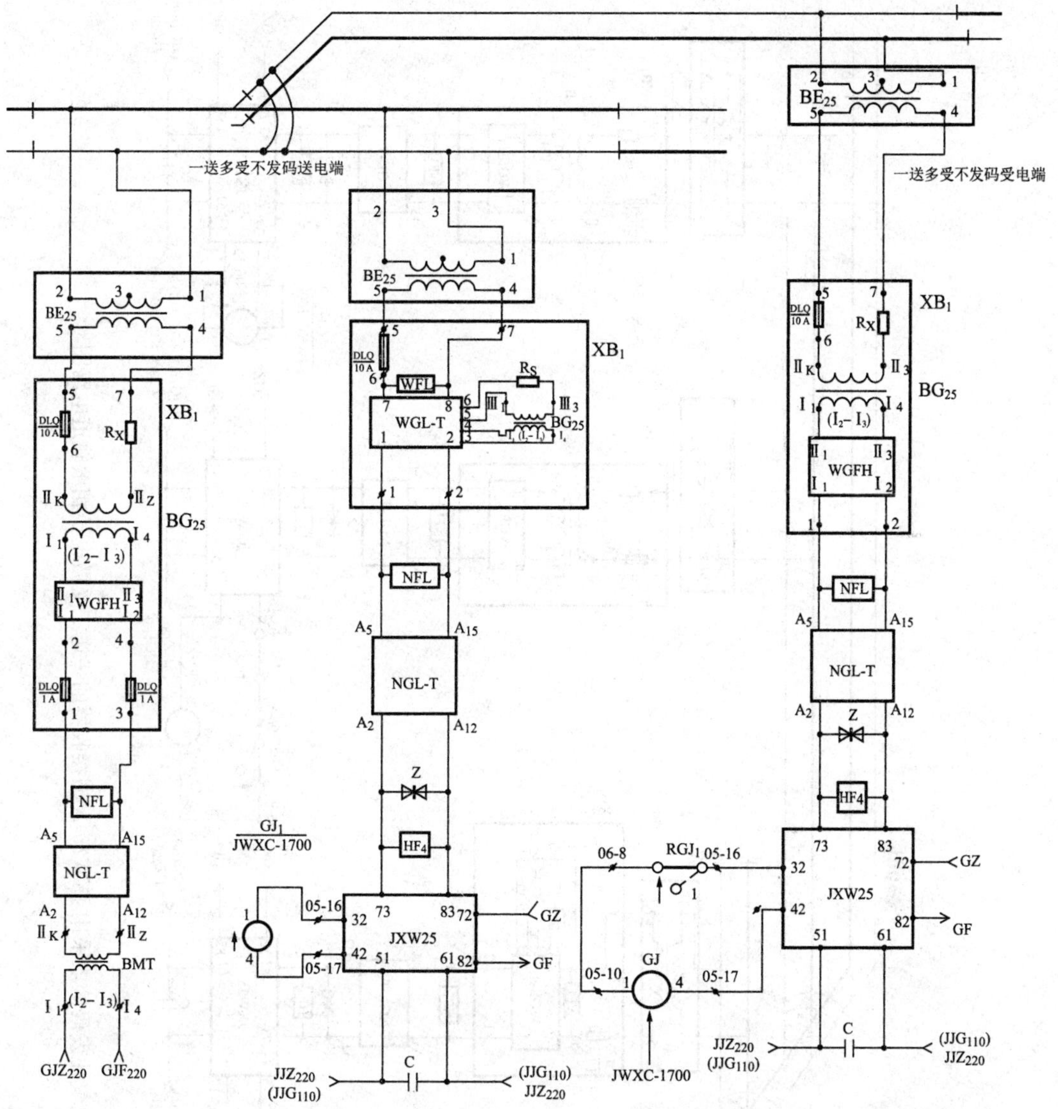

图 3-46　用于电气化发码区段采用 JXW25-A 型接收器的一送二受微电子相敏轨道电路图

用于非电气化区段采用 JXW25-A 型接收器微电子相敏轨道电路图与用于电气化区段的区别在于不需要扼流变压器。

(2)采用 JXW25-B 型接收器的微电子相敏轨道电路

采用 JXW25-B 型接收器的微电子相敏轨道电路与采用 JXW25-A 型接收器的微电子相敏轨道电路大体相同，只是接收器部分有所不同。接收变压器 SJB 的Ⅱ次侧为 4 个接收器供电，起隔离作用。其中不带()的端子接到两个接收器，带()的端子接到另两个接收器。防护盒和硒堆的用法同 25 Hz 相敏轨道电路。

图 3-51、图 3-52 分别为采用 JXW25-B 型接收器的一送一受和一送三受微电子相敏轨道电路的局部电路图。

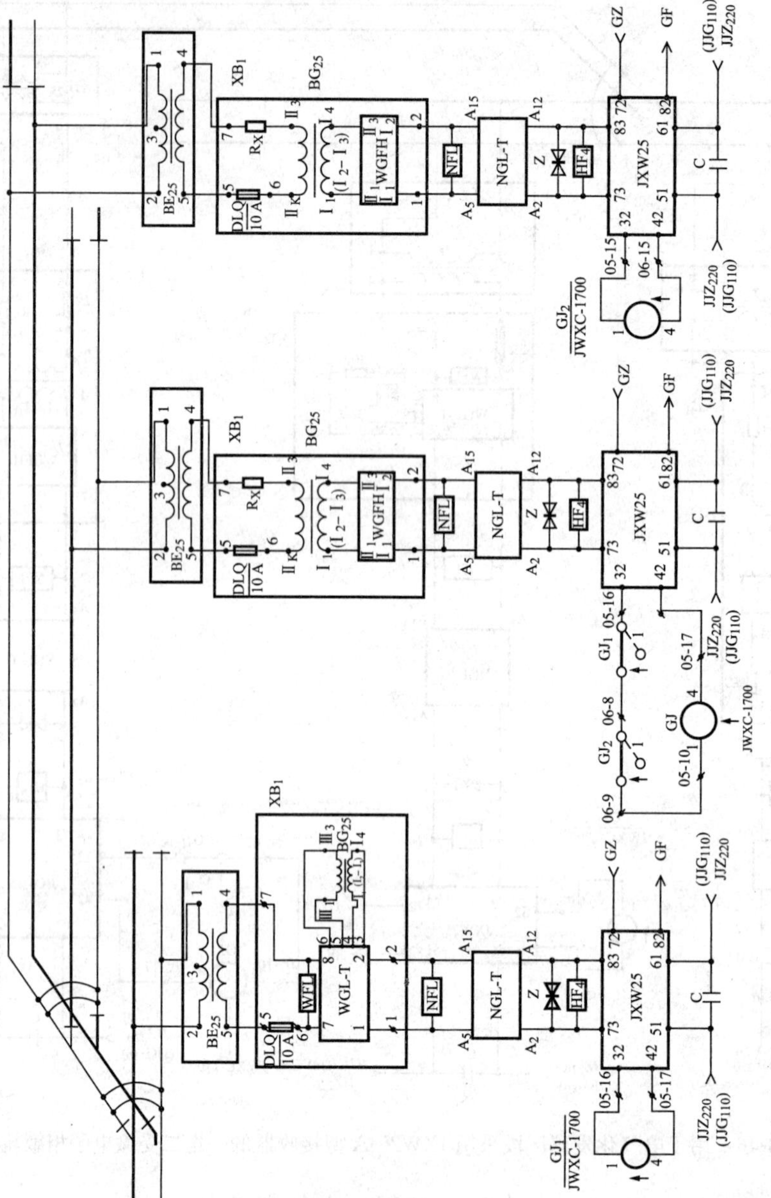

图 3-47　用于电气化发码区段采用 JXW25-A 型接收器的一送三受微电子相敏轨道电路图

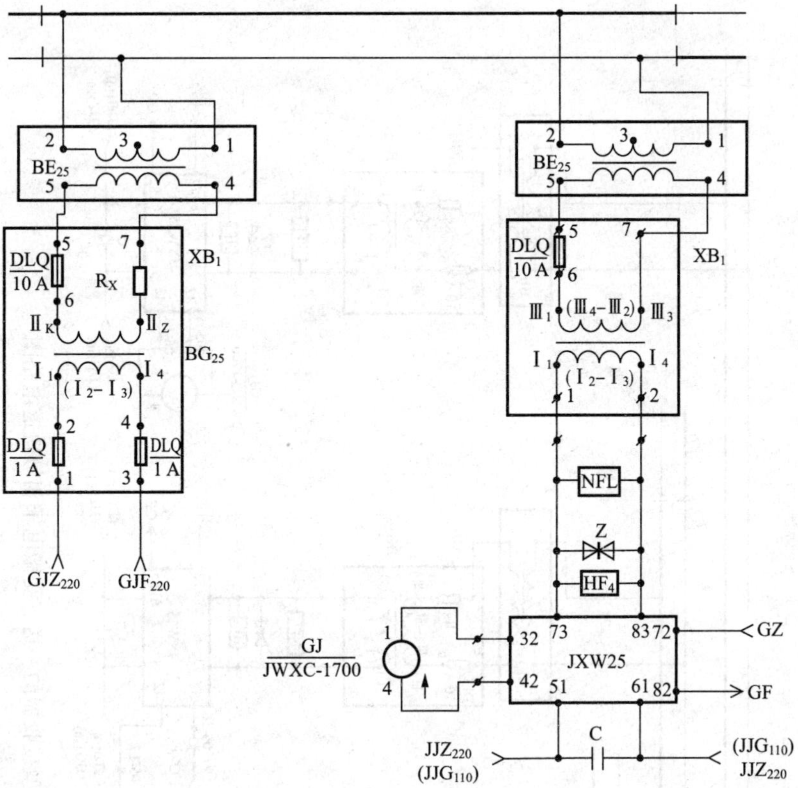

图 3-48 用于电气化非发码区段采用 JXW25-A 型接收器的一送一受微电子相敏轨道电路图

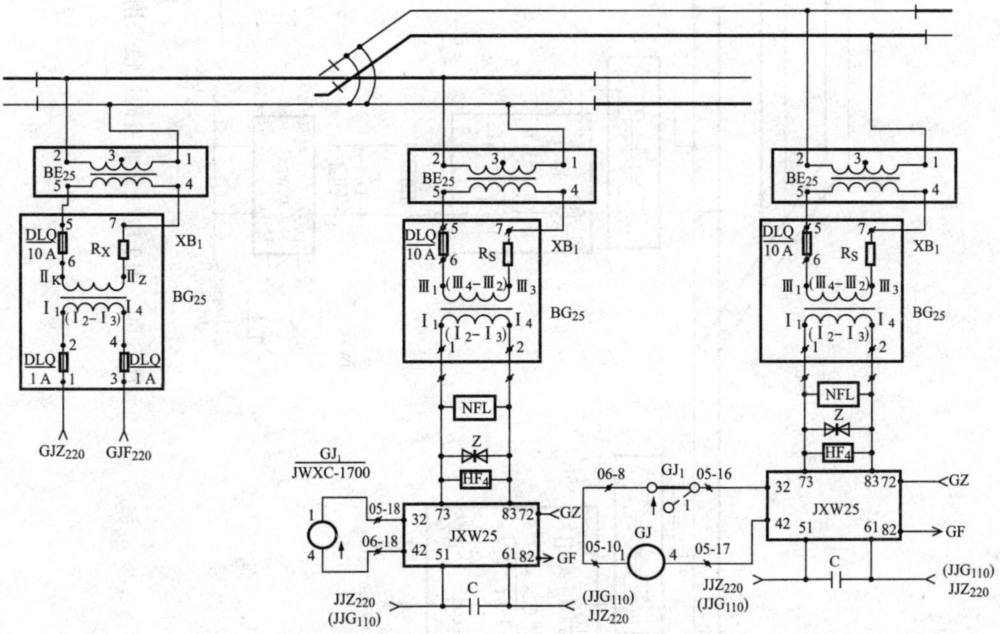

图 3-49 用于电气化非发码区段采用 JXW25-A 型接收器的一送二受微电子相敏轨道电路图

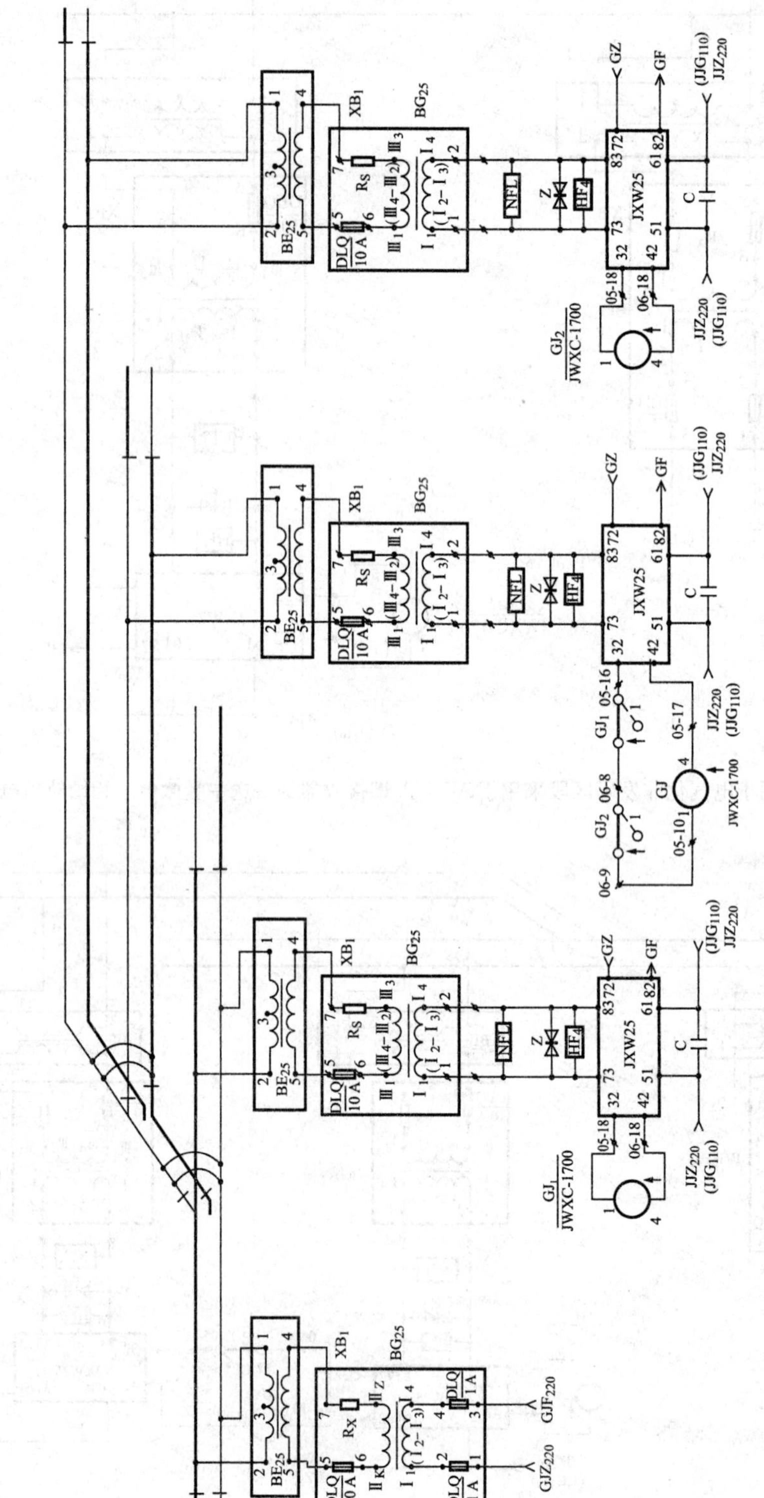

图 3-50　用于电气化非发码区段采用 JXW25-A 型接收器的一送三受微电子相敏轨道电路图

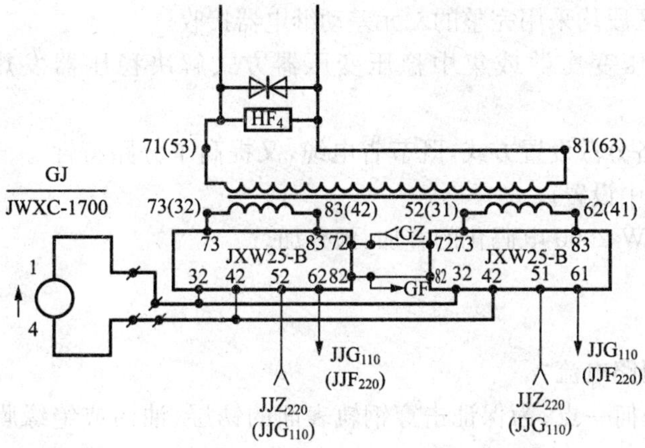

图 3-51　采用 JXW25-B 型接收器的一送一受微电子相敏轨道电路的局部电路图

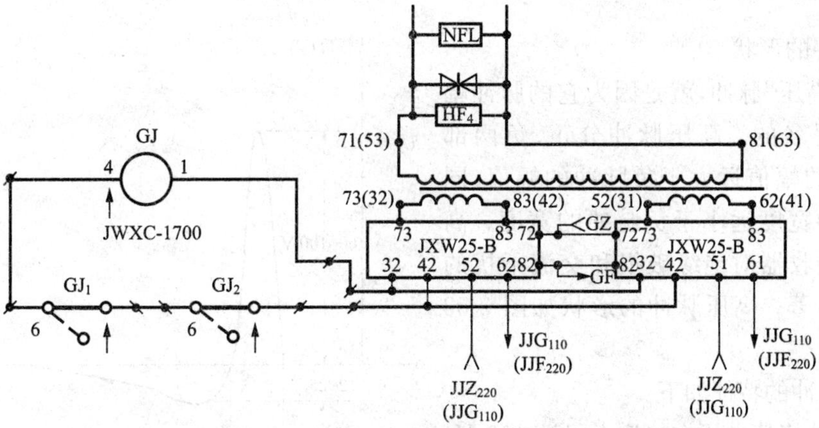

图 3-52　采用 JXW25-B 型接收器的一送三受微电子相敏轨道电路的局部电路图

第四节　高压脉冲轨道电路

由于钢轨表面生锈、撒砂和油污带来的严重分路不良，是长期以来影响行车安全的重大问题，一直没有得到有效解决。高压脉冲轨道电路采用发送高压脉冲不对称信号、提高轨面瞬间击穿电压的方法，利用脉冲尖峰击穿轨面氧化层，提高了轨道电路分路灵敏度，解决了分路不良的问题。

一、高压脉冲轨道电路的由来

高压脉冲轨道电路之前称为高压不对称轨道电路。这种轨道电路起初是为解决列车分路不良而研制的，由于应用过程中存在的问题不能克服，逐渐下道。高压脉冲轨道电路解决了这些问题，又得到了应用。

高压脉冲轨道电路解决了以下问题：

(1)采用高阻电抗器解决电气化区段在迂回回路存在的情况下送、受扼流同侧双断线无分路检查的安全隐患，同时，提高了轨道电路的抗干扰能力，使抗不平衡牵引电流可达 80 A 以上。

(2)凡有电分支区段均采用完整的二元差动继电器接收。

(3)采用并联稳压变压器或集中稳压变压器方式解决稳压器发热严重和电源冲击问题。

(4)采用发码设备分散设置方式,既节省电缆,又提高了分路特性 。电缆环阻≤20 Ω 的情况下可实现室内集中设置。

(5)实现了与 ZPW-2000 电码化的叠加、预叠加。

二、高压脉冲

1. 峰值电压与短路电流

在轨道电路的任何一点,为保证击穿钢轨表面的锈层、油污或绝缘膜,需要足够的峰值电压和为使接触不良的视在电阻减低到极限分路电阻以下所需要的足够电流。就是说,任何轨道电路,无论长短,在任何情况下,有足够高电压和足够大的电流,才能得到可靠的分路。

2. 脉冲的形状

所谓“高压”脉冲,就是因为它的脉冲幅值较高而得名的。高压脉冲分正、负两部分,正脉冲的幅值远大于负脉冲的幅值,同时正脉冲的宽度远小于负脉冲的宽度。高压脉冲的接收器对绝缘破损和交流干扰的防护效果显著。高压脉冲的形状如图 3-53 所示。

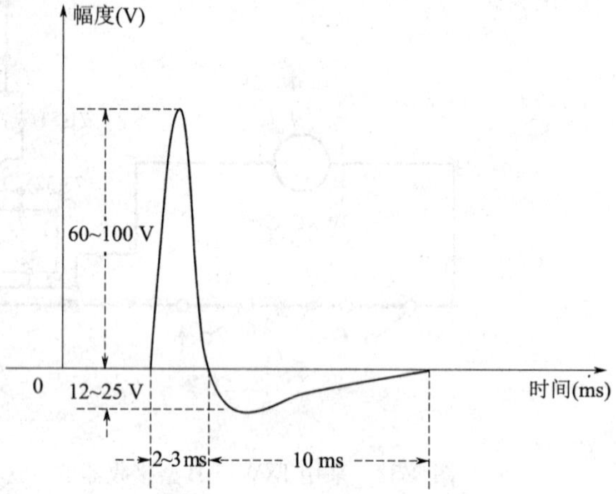

图 3-53　高压脉冲的形状图

高压脉冲的特征如下:

(1)脉冲峰值电压在轨道上可达 100 V。

(2)脉冲的宽度应使轨道电路接收端有满意的峰值电压。

(3)短轨道电路分流时的电流大于 100 A,长轨道电路分流时为 20 A 左右。

3. 脉冲重复频率

脉冲重复频率,应能在两脉冲之间使轨道继电器保持在正确的位置,在轨道电路分路之后的反应时间尽可能短。重复频率仍要相当低,以限制发送脉冲所需要的电能。轨道电路的阻抗很低,为使轨道电路得到较低的消耗,不能用高电压和大电流的持续供电。但高电压、大电流是击穿钢轨锈层、油污、绝缘层所必需的,为此采用间隔时间长、脉冲时间短的不对称脉冲。不对称脉冲具有很大的瞬时功率,而平均功率小,脉冲周期 1/3 s,每个轨道电路平均消耗功率小于 60 W,而不对称瞬时功率可达 10 000 W。

为了获得高能量、低消耗,高压脉冲轨道电路的发生器采用电容器的充、放电技术,即长时间的充电,瞬时放电的技术,连电期短,休止期长,脉冲占空比,约占 1%左右。这种轨道电路的电能消耗与列车占用与否无关,采用电容器储能后放电发送信息,虽发送变压器或扼流变压器的负载增大,但它不会使电量增加。因此,可以运用高电压、大电流的特性,去击穿钢轨生锈、污染等。

三、高压脉冲轨道电路组成和工作原理

高压脉冲轨道电路原理如图 3-54 所示。以非电码化双轨条发码器分散设置扼流变压器方式(C2 制式)为例。

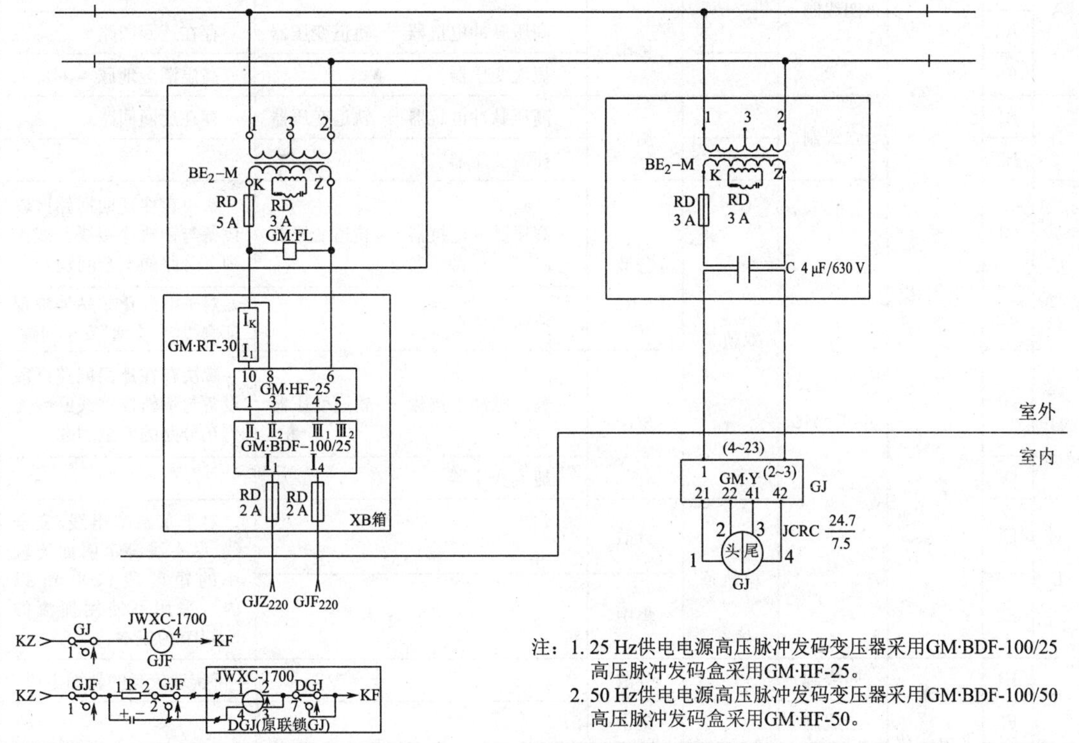

注:1. 25 Hz供电电源高压脉冲发码变压器采用GM·BDF-100/25
高压脉冲发码盒采用GM·HF-25。
2. 50 Hz供电电源高压脉冲发码变压器采用GM·BDF-100/50
高压脉冲发码盒采用GM·HF-50。

图 3-54 高压脉冲轨道电路原理图

发送端由发码变压器、发码盒、调整电阻、扼流变压器等器材构成；接收端由扼流变压器、四端电容、译码器、二元差动继电器构成。

室内轨道电源经电缆送至发码电源变压器的Ⅰ次侧，其Ⅱ次侧可提供 300 V、400 V、500 V的交流电压，可以根据轨面的锈蚀程度及轨道电路的长度选择合适的电压。

发码电源变压器Ⅱ次侧给发码盒提供工作电源，发码盒的输出经过调整电阻在扼流变压器的信号侧放电，产生头部和尾部不对称的高压脉冲，该脉冲经过扼流变压器传送至轨道。

在接收端，扼流变压器把轨道上的高压不对称脉冲信号传送到译码器上，译码器通过变换把高压脉冲中的正脉冲和负脉冲分别输出，供给二元差动继电器工作；如果极性相反，二元差动继电器不吸起，同时保证与相邻区段实现极性交叉，有可靠的绝缘破损防护功能。

四、高压脉冲轨道电路类型

高压脉冲轨道电路按牵引方式、是否电码化、发码器设置方式、变压器设置方式等有多种类型，见表 3-17。

表 3-17　高压脉冲轨道电路类型

型号		电气化/非电气化	电码化	双轨条/单轨条	发码器设置方式	变压器设置方式	使用范围
A	A1	电气化	四线制		分散	高压脉冲电抗器 ＋ 轨道变压器	存在迂回回路
	A2					扼流变压器	高温潮湿地区
	A3				集中	高压脉冲电抗器 ＋ 轨道变压器	存在迂回回路
	A4					扼流变压器	高温潮湿地区
B	B1		二线制		集中	高压脉冲电抗器 ＋ 轨道变压器	存在迂回回路
	B2					扼流变压器	
C	C1		非电码化	双轨条	分散	高压脉冲电抗器 ＋ 轨道变压器	解决存在迂回回路区段设备与钢轨连接线断线无列车分路的安全问题
	C2					扼流变压器	对于电气化车站能够保证侧线“一头堵”安全问题
D	D1				集中	高压脉冲电抗器 ＋ 轨道变压器	解决存在迂回回路区段设备与钢轨连接线断线无列车分路的安全问题
	D2					扼流变压器	
E	E1			单轨条	分散		对于车站牵出线、安全线、尽头线等牵引回流较小的短区段（200 m 以内），采用不使用扼流的E，以节约成本
	E2				集中		
F	F1	非电气化	四线制		分散		可实现较高的轨面电压
	F2		二线制		集中		
G	G1		非电码化		分散		
	G2				集中		
H	H1	电气化双制式	四线制		分散		
	H2		二线制		集中		

五、高压脉冲轨道电路主要部件

1. 发码变压器

GM·BDF-100/50 型和 GM·BDF-100/25 型高压脉冲发码变压器用于轨道电路区段发送端，与发码盒、发码电阻成套使用，构成高压脉冲发码器。它主要供给高压脉冲发码盒电源，其线圈电压如图 3-55 所示。

GM·BDF-100/50 型高压脉冲发码变压器用于非电气化区段，GM·BDF-100/25 型高压脉冲发码变压器用于电气化区段。

2. 发码盒

GM·HF-50 型高压脉冲发码盒与高压脉冲发码电源变压器、调整电阻配套使用，作为高压脉冲轨道电路的发码部分，发送高压脉冲不对称信号。高压脉冲发码盒的发送频率为 2.85～3.15 Hz。

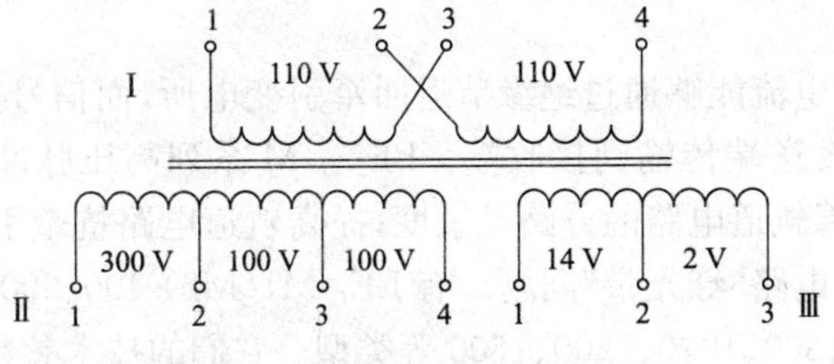

图 3-55　发码变压器线圈电压

发码盒电路如图 3-56 所示，由稳压变压器 WBQ、桥式整流器 Z_1、Z_2、储能电容器 C_7、晶闸管 3CT 和以 555 时基集成电路为核心的弛张振荡器等组成。

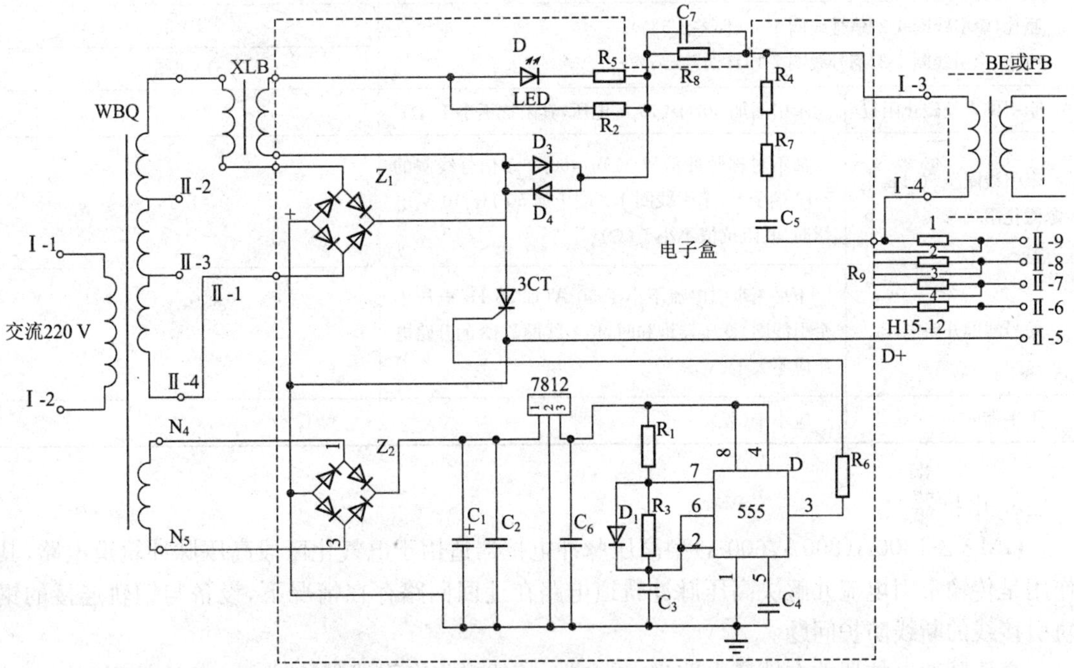

图 3-56　发码盒电路

轨道电路发送端从电网得到 50 Hz/220 V 电源，经稳压变压器 WBQ 输出二路电源。其一，为高压，输出 500 V，该电源又经限流变压器 XLD 和 Z_1 整流后，供高压不对称脉冲发送电路用；其二，为低压，输出 14 V，经 Z_2 整流滤波、稳压集成片 7812 稳压为 12 V，作弛张振荡器的电源。

当弛张振荡器有脉冲输出时，3CT 被触发导通，此时电容器 C_7 对负载进行迅速放电，便在扼流变压器 BE 的Ⅱ次线圈上形成一个高脉冲，当电容器放电终了，由于扼流变压器和轨道电路中电感的磁电感应，在负载上便形成尾巴脉冲。

发码盒放在室外 XB 箱内，或根据现场需要安装在室内。

GM・F_1-25 型高压脉冲发码器用于电气化区段；GM・F_1-50 型高压脉冲发码器用于非电气化区段。

3. 调整电阻

GM・RT-30 高压脉冲调整电阻用于高压脉冲轨道电路发送回路，调整高压脉冲的发送电压及轨道电路的发送端阻抗。

4. 扼流变压器

扼流变压器使牵引电流能够通过绝缘节返回牵引变电所，而信号电流则受到钢轨绝缘的隔离，并从轨道电路的发送端传输到接收端。$BE_{1(2)}$-M 系列高压脉冲扼流变压器，用于提高轨道电路终端阻抗，改善轨道电路的分路灵敏度；提高轨道电路抗牵引电流干扰的能力，改善由于脉冲干扰造成轨道电路“红光带”问题。有 BE_1-M1(M2)-400、600、800、1000、1200、1600，BE_1-M1(M2)-400、600、800、1000、1200、1600 等类型。它们的技术参数见表 3-18。

表 3-18　$BE_{1(2)}$-M 系列高压脉冲扼流变压器技术参数

型　号		BE_1-M1、BE_2-M1、BE_1-M2、BE_2-M2
同　名　端		1、4、6
匝比(牵引线圈 1-2/信号线圈 4-5)(误差±5%)		1∶3
匝比(牵引线圈 1-2/信号线圈 7-13)(误差±5%)		1∶6.5
牵引圈未经磁化阻抗	牵引圈加 50 Hz、10 V 电压，其阻抗不小于(Ω)	3
牵引线圈经 50 Hz 电源磁化阻抗	加不对称脉冲信号 300～400 V 于信号线圈的 7-13 端子上，牵引线圈 1-2 端子加 50 Hz、10 V 电压时，其阻抗值不小于(Ω)	1.5
信号线圈开路电压	不平衡牵引电流不小于 50 A(加 50 Hz 电压于牵引线圈)变压器饱和时，信号线圈 7-13 的开路电压应不大于(V)	200
不平衡度	应小于(%)	0.5

5. 电抗器

GM·Z-1000A(800A/600A)型高压脉冲电抗器适用于电气化区段高压脉冲轨道电路，其作用是传输牵引电流并解决高压脉冲轨道电路在迂回回路存在情况下，设备与钢轨连接的钢轨引接线的断线防护问题。

高压脉冲电抗器放在轨道电路送、受电端，接线时将牵引线圈的端子 1、2 连接到钢轨。并将中心点端子 3 与相邻轨道电路扼流变压器或高压脉冲电抗器的中心点相连。

6. 轨道变压器

GM·BG-150 型高压脉冲轨道变压器应用于高压脉冲与移频双制式轨道电路、高压脉冲与移频双叠加轨道电路，与高压脉冲电抗器配合，作为轨道变压器使用，或者在高压脉冲轨道电路非电气化区段中作为轨道变压器，其线圈电压如图 3-57 所示。

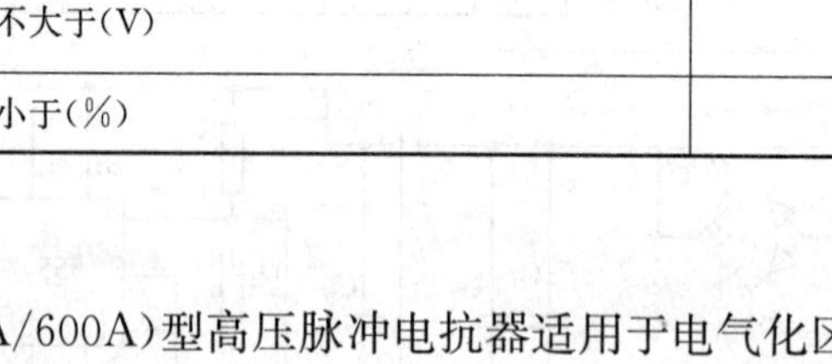

图 3-57　GM·BG-150 型高压脉冲轨道变压器线圈电压

7. 译码器

GM·Y 型高压脉冲译码器是采用积分式高压脉冲波形鉴别器，它在轨道电路接收端与扼流变压器和轨道继电器相连接，专门接收轨道上送来的高压脉冲。译码器由两个电路组成，一个电路专门接收扼流变压器、轨道变压器次级线圈输出的不对称脉冲的脉冲头，另一个电路接收扼流变压器、轨道变压器次级线圈输出的不对称脉冲的脉冲尾。译码器本身不设局部电源，它只有接收钢轨上送来的高压脉冲才能工作。图 3-58 为译码器原理图。

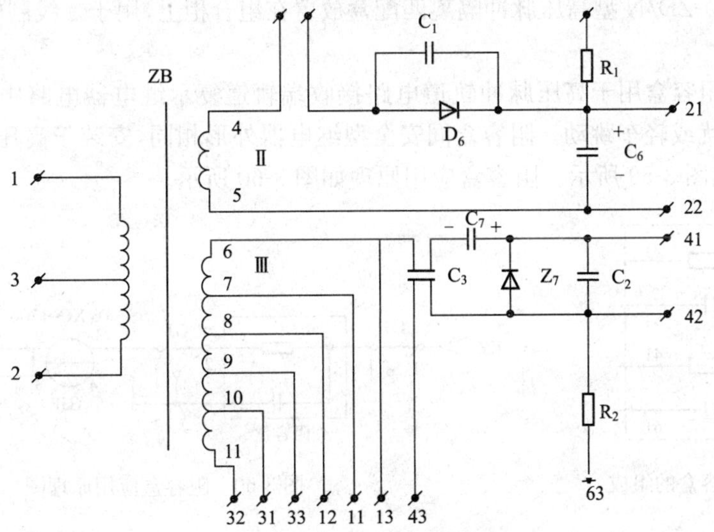

图 3-58　译码器原理图

译码器是有极性的，因此两个相邻轨道电路应该是极性交叉的。高压脉冲轨道电路的这一特点，能保证在轨道电路的钢轨绝缘节破损时，自动地起到防护作用。

译码器按照设备布置图放置于室内组合内，按照接线图进行合理配线：1、2(3)端子连接室外受端轨道侧，21、22 对接 JCRC 二元差动继电器 1、2 端子，41、42 对接 JCRC 二元差动继电器 3、4 端子，连接 4、23 端子，43 端子可与 11、12、33、31、32 中任一端子的连接(用于调整继电器头尾电压比例)。

8. 二元差动继电器

二元差动继电器是高压脉冲轨道电路组成的核心元件，它和译码器、扼流变压器构成电气化区段轨道电路的接收端。

9. JSDXC-A850 型时间继电器

为了达到低消耗、高灵敏度、高返还系数的目的，JCRC-24.7k/7.5k 型二元差动闭磁路继电器，只装设二组转换接点，必须设轨道继电器的复示继电器。它除了起到复示作用外，还采用缓动延时电路，进一步提高了站内轨道电路的抗干扰能力。高压脉冲轨道电路中用 JSDXC-A850 型时间继电器作轨道继电器的复示继电器。JSDXC-A850 型时间继电器采用数字处理技术，提高了原时间继电器的抗干扰能力，符合"故障—安全"原则。

10. 抑制器

GM·QY_1 型高压脉冲抑制器适用于高压脉冲轨道电路叠加 ZPW-2000 电码化区段，起隔离电码化作用。抑制器串联在高压脉冲轨道电路的受电端，用于抑制 ZPW-2000 信号，使之不影响高压脉冲轨道的正常工作。抑制器放置在 XB2(或 XB1)变压器箱中。

11. 隔离匹配盒

高压脉冲隔离匹配盒用于高压脉冲轨道电路叠加 ZPW-2000 电码化区段，其作用是通过 ZPW-2000 信号，隔离高压脉冲信号而保护 ZPW-2000 发送设备，使高压脉冲轨道电路与 ZPW-2000 电码化的正常叠加。

GM・HPG_2-ZD 型隔离匹配盒放置在 XB2（或 XB1）变压器箱中，用于四线制电码化电路。

GM・HPG_2-ZD/N 型高压脉冲隔离匹配盒放置在组合柜上，用于二线制电码化电路。

12. 阻容盒

RCH 系列阻容盒用于高压脉冲轨道电路接收端轨道复示继电器电路中，起缓动延时作用，防止瞬时干扰或轻车跳动。阻容盒同安全型继电器外形相同，安装于高压脉冲组合柜上。阻容盒的组成如图 3-59 所示。阻容盒应用原理如图 3-60 所示。

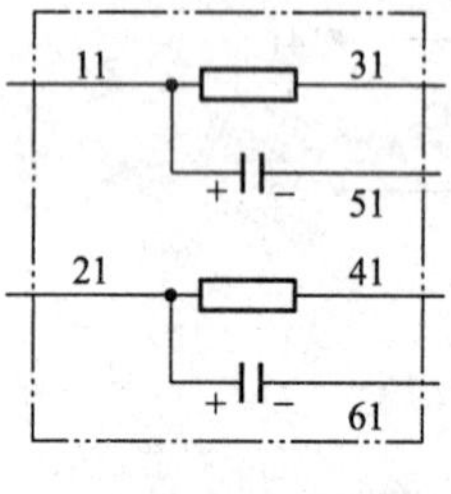

图 3-59　阻容盒的组成

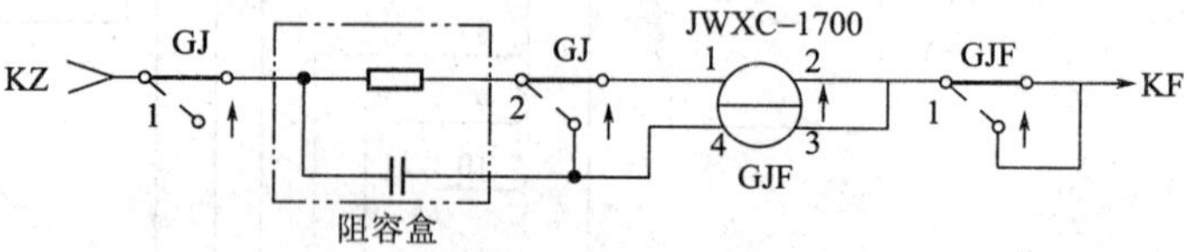

图 3-60　阻容盒应用原理图

第五节　移频轨道电路

移频轨道电路包括国产 4 信息、8 信息、18 信息移频轨道电路和引进的 UM71 无绝缘移频轨道电路，以及国产化的 WG-21A 型和 ZPW-2000 系列无绝缘移频轨道电路。现在大量使用的是 ZPW-2000 系列无绝缘移频轨道电路。在普速铁路，以继电编码的 ZPW-2000 系列无绝缘移频轨道电路构成自动闭塞。在高速铁路，区间采用 TCC 编码的 ZPW-2000A 型无绝缘轨道电路，站内采用与区间同制式的有绝缘轨道电路（又称一体化轨道电路）。

一、移频轨道电路

移频轨道电路是移频自动闭塞的基础，又用作监督该闭塞分区的空闲。它选用频率参数作为控制信息，采用频率调制的方式，把低频调制信号 F_C 搬移到较高频率（载频 f_0）上，以形成振荡不变、频率随低频信号的幅度作周期性变化的移频信号。移频信号波形如图 3-61 所示。从图中可看出，移频信号的变化规律，是以载频 f_0 为中心，作上、下边频偏移。即当低频信号为低电位时，载频向下偏移，为 $f_1=f_0-\Delta f$（称为下边频）；当低频信号为高电

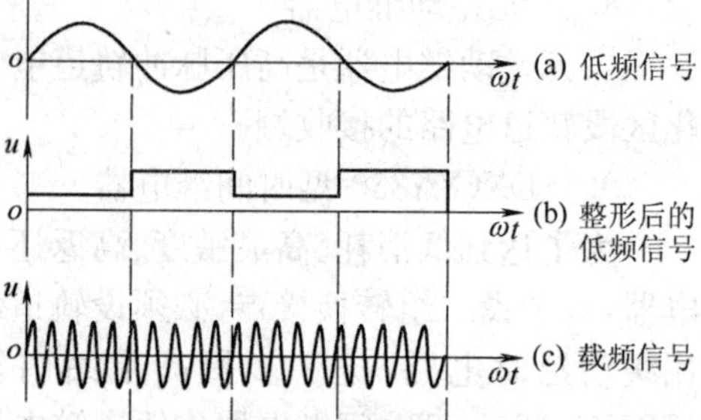

图 3-61　移频信号波形

位时，载频向上偏移，为 $f_2=f_0+\Delta f$（称为上边频）。可见，移频信号是受低频信号调制的作上、下边频交替变化，两者在单位时间内的变化次数与低频调制信号频率相同。

二、谐振式无绝缘轨道电路

ZPW-2000系列轨道电路为谐振式无绝缘轨道电路，采用调频方式，载频1 700 Hz、2 000 Hz、2 300 Hz、2 600 Hz，频偏±11 Hz，低频从10.3～29 Hz每隔1.1 Hz呈等差数列共18个。

ZPW-2000系列轨道电路由设在室内的发送器、接收器、轨道继电器、电缆模拟网络和设在室外的调谐单元、空芯线圈、匹配变压器及若干补偿电容组成，如图3-62所示。

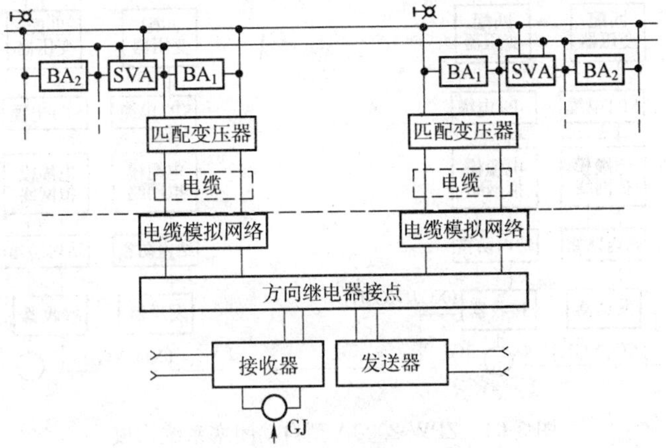

图3-62 谐振式无绝缘轨道电路

两个调谐单元 BA_1 与 BA_2 间距离29 m，空芯线圈SVA位于 BA_1、BA_2 的中间。BA_1、BA_2、SVA及29 m长的钢轨构成电气调谐区。电气调谐区又称电气绝缘节，用以取代传统的机械绝缘节，实现相邻轨道电路的隔离。

电气绝缘节如图3-63所示。调谐单元BA是构成电气绝缘节的主要部件。相邻轨道电路的载频不同，BA的型号也不同。BA_1 型由 L_1、C_1 构成，BA_2 型由 L_2、C_2、C_3 构成。

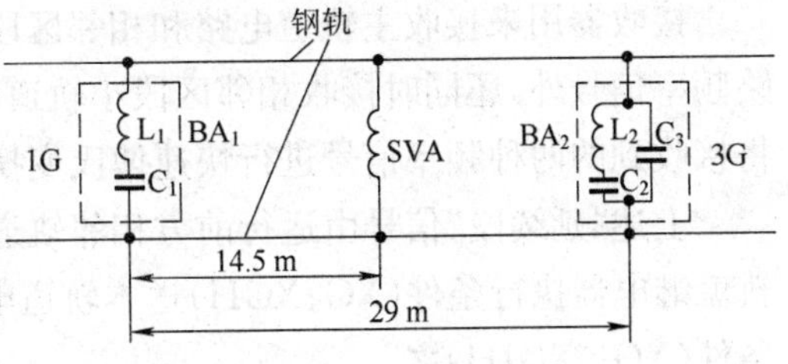

图3-63 电气绝缘节

电气绝缘是通过谐振来实现的，载频确定后，选择 BA_1 及 BA_2 的参数，使本区段的调谐单元对相邻区段的频率呈串联谐振，只有百分之几欧姆的阻抗，移频信号被短路；而对本区段的频率呈容抗，与26 m钢轨的电感和SVA的电感配合发生并联谐振，有2～2.5 Ω的阻抗，移频信号被接收。这样，某种载频的移频信号只能在本区段内传送，而不能向相邻区段传送，就像有绝缘节一样，构成了电气隔离。

空芯线圈SVA用来平衡两钢轨间的不平衡电流，还参加调谐区的工作及保证维修安全。补偿电容用来抵消钢轨的感性，保证轨道电路的传输距离。

三、ZPW-2000A型无绝缘轨道电路

ZPW-2000A型无绝缘轨道电路的室内设备包括发送器、接收器和电缆模拟网络，室外设备包括调谐单元、空芯线圈、匹配变压器、补偿电容。

有电气—电气绝缘节(JES—JES)结构和电气—机械绝缘节(JES—BA//SVA′)结构两种。两者电气性能相同。前者系统构成如图 3-64 所示。

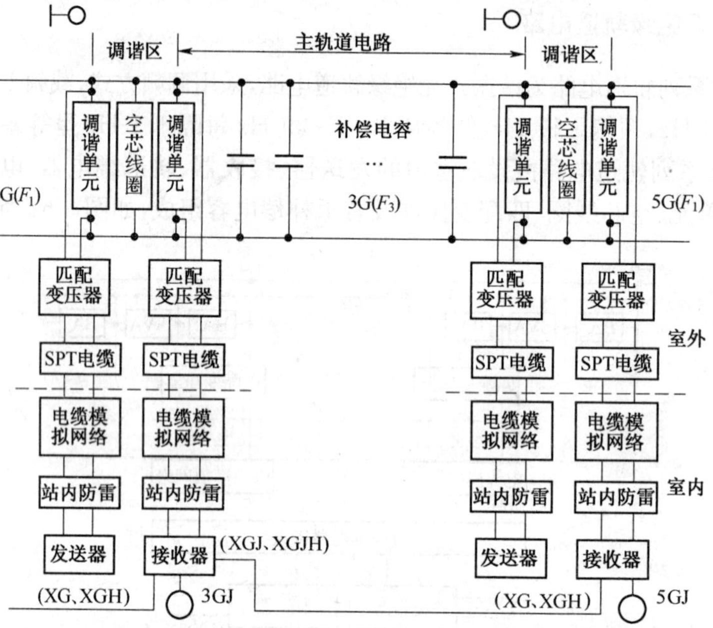

图 3-64　ZPW-2000A 型自动闭塞系统构成

ZPW-2000A 型无绝缘轨道电路将轨道电路分为主轨道电路和调谐区短小轨道电路两个部分,并将短小轨道电路视为列车运行前方主轨道电路的所属“延续段”。

发送器用来产生高精度、高稳定性的移频信号,同时向线路两侧主轨道电路、小轨道电路发送信号。

接收器用来接收主轨道电路和相邻区段发送器在调谐区构成的信号。除接收本主轨道电路频率信号外,还同时接收相邻区段小轨道电路的频率信号。接收器采用数字信息处理技术,将接收到的两种频率信号进行快速傅氏变换,获得两种信号能量谱的分布。

上述“延续段”信号由运行前方相邻轨道电路接收器处理,并将处理结果形成小轨道电路轨道继电器执行条件(XG、XGH)送本轨道电路接收器,作为轨道继电器(GJ)励磁的必要检查条件(XGJ、XGJH)之一。

这样,接收器用于接收主轨道电路信号,并在检查所属调谐区短小轨道电路状态(XGJ、XGJH)条件下,动作本轨道电路的轨道继电器(GJ)。另外,接收器还同时接收邻段所属调谐区小轨道电路信号,向相邻区段提供小轨道电路状态(XG、XGH)条件。

第六节　轨道电路的基本工作状态和基本参数

一、轨道电路基本工作状态

轨道电路的基本工作状态分为调整状态、分路状态和断轨状态三种。轨道电路在各种工作状态下，要受到许多外界因素的影响，其中受道砟电阻、钢轨阻抗和电源电压的影响最大。这三个参数的影响，对各种工作状态造成的影响又各不相同。

1. 轨道电路的调整状态

轨道电路的调整状态，就是轨道电路完整和空闲，接收设备(如轨道继电器)正常工作时的状态。

在调整状态，对轨道继电器来说，它从钢轨上接收到的电流越大，它的工作就越可靠。但这个电流值将随着道砟电阻、钢轨阻抗、发送电压的变化而变化。调整状态的最不利条件是：发送电压最低、钢轨阻抗最大、道砟电阻最小，同时轨道电路长度为极限长度。在最不利条件下，轨道电路接收设备应能可靠工作，反映轨道电路的空闲状态。

2. 轨道电路的分路状态

轨道电路分路状态，就是当轨道电路区段有车占用时，接收设备(如轨道继电器)应被分路而停止工作的状态。

当列车占用轨道时，它的轮对在两钢轨之间形成的电阻，按一般电路的分析，可看成是短路作用。但轨道电路是低电阻电路，所以列车占用时，只能看成两钢轨间跨接了一个分路电阻，故称分路状态。

分路状态的最不利条件是：发送电压最高、钢轨阻抗最小、道砟电阻最大、列车分路电阻也最大(车轻、轮对少、车轮与钢轨接触面不洁)。在分路状态的最不利条件下，轨道电路接收设备应能可靠地停止工作，反映轨道电路区段有车占用。

3. 轨道电路的断轨状态

轨道电路的断轨状态，是指轨道电路的钢轨在某处折断时的情况，此时钢轨虽已折断，但轨道电路仍可通过大地构成回路，接收设备中还会有一定值的电流流过。为了确保安全，断轨时，接收设备应不能工作。

断轨状态的最不利条件是，断轨时轨道电路的参数变化使轨道接收设备中获得最大电流。它除了与钢轨阻抗模值最小、发送电压最大有关外，断轨地点和道砟电阻的大小也有一定的影响。有一个使接收设备中电流最大的最不利数值——临界断轨地点和临界道砟电阻。

二、有关轨道电路分路的几个术语

1. 列车分路电阻

列车占用轨道电路时，轮对跨在两根钢轨上形成的电阻，就称为列车分路电阻。它由车轮和车轴本身的电阻，以及轮缘与钢轨顶部的接触电阻组成。由于轮缘与钢轨的接触面很小，因此车轮和车轴的电阻比接触电阻小得多，可忽略不计。所以列车分路电阻，实际上就是轮缘与钢轨的接触电阻。列车分路电阻的大小与轨道上分路的车轴数、车辆的载重情况、列车的运行状态、轮缘的装配质量和磨损程度、钢轨顶部的洁净程度等因素有关。它的变化范围很大，从千分之几欧姆到 0.06 Ω。

2. 分路效应

由于列车分路使轨道电路接收设备中电流减小，并处于不工作状态，称为有分路效应。在分路状态最不利条件下，有列车分路时，对于连续式轨道电路，要保证轨道继电器的端电压不大于它的可靠释放值；对于脉冲式轨道电路，要保证轨道继电器的端电压由不大于它的可靠不吸起值。分路效应在很大程度上决定了轨道电路的质量。

3. 分路灵敏度

分路灵敏度指在轨道电路的钢轨上，用一电阻在某点对轨道电路分路，若恰好能使轨道继电器线圈中的电流减小到释放值(脉冲式轨道电路为不吸起值)，则这个分路电阻值就叫作该点的分路灵敏度。轨道上各点的分路灵敏度不一样。分路灵敏度用电阻值(Ω)来表示。

4. 极限分路灵敏度

对某轨道电路来说，各点的分路灵敏度中的最小值，就是该轨道电路的极限分路灵敏度。

5. 标准分路灵敏度

标准分路灵敏度是衡量轨道电路分路效应优劣的标准。我国规定一般的轨道电路标准分路灵敏度为 0.06 Ω。对于一轨道电路，在分路状态最不利的条件下，用 0.06 Ω 的标准电阻线，在任何地点分路时轨道电路的接收设备必须停止工作，该轨道电路的分路效应才符合标准。

ZPW-2000 系列无绝缘轨道电路标准分路灵敏度为 0.15 Ω。

三、轨道电路的基本参数

轨道电路的基本参数指的是它的一次参数和二次参数。

1. 轨道电路的一次参数

轨道电路是通过钢轨传输电流的，钢轨铺设在轨枕上，轨枕置于道砟中，所以轨道电路是具有低绝缘电阻的电气回路。钢轨阻抗(钢轨电阻 R 和钢轨电抗 ωL 的向量和)和漏泄导纳(漏泄电导 G 和漏泄容抗$\frac{1}{\omega c}$的向量和)是轨道电路固有的电气参数。轨道电路的一次参数是 Z、Y、R、L、G、c 的总称。

(1)道砟电阻

轨道电路漏泄电流的径路如图 3-65 所示，轨道电路的漏泄电流是由一根钢轨经轨枕和道床流往另一根钢轨的，其大小由钢轨线路的绝缘阻抗，即道砟电阻决定的。道砟电阻是一个分布参数，通常以每千米钢轨线路所具有的漏阻值表示，称为单位道砟电阻，简称道砟电阻，用 r_d 表示，单位是 Ω · km。

由于漏泄电流是通过不同性质的导电介质流过的，钢轨和线路上的其他金属配件都有电子导电性；道床、轨枕均会有水分，它们都具有离子导电性，可把它们看作特殊的电解质。道砟电阻的大小，一方面取决于道床的材料、道床层的厚度、轨枕的材质和数量；另一方面还取决于温度、湿度的变化，以及道床土壤的导电率等因素。

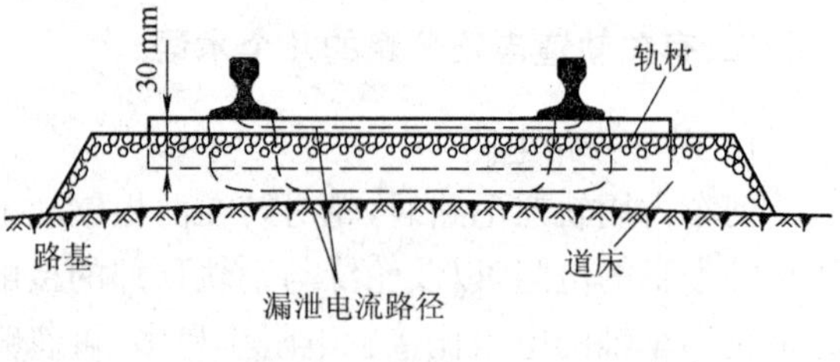

图 3-65　轨道电路漏泄电流的径路

可以用作道砟的材料很多，我国大部分地区用碎石作为道砟，它不大吸收水分，又不易导电，有利于提高道砟电阻。但当其中混有炉碴、煤屑、盐质溶液、金属粉末(列车制动时产生的)等杂质时，道砟电阻值就会下降。

我国使用的轨枕有木枕和钢筋混凝土轨枕。木枕经绝缘的防腐剂处理后，可提高道砟电阻值。当木枕有裂缝和腐朽等情况时，道砟电阻值要降低。每根木枕的绝缘电阻值在几十千欧，每千米铺设 1 600～2 400 根时，每千米轨枕绝缘电阻在 20 Ω 左右。

钢筋混凝土轨枕，钢轨底部有绝缘垫板，它的好坏对道砟电阻值有较大的影响，其电导率受环境影响比木枕显著，而且钢轨之间呈现的电容性要增强，会使漏泄电流增大。但信号电流频率较低，电容的作用很小。每根钢筋混凝土轨枕的绝缘电阻值为 70～80 Ω，则每千米仅有 0.04～0.05 Ω，垫上绝缘垫板后可达 50～150 Ω。

但实际的道砟电阻值远低于上述数值，是因为漏泄电流是经轨枕、道床和大地三条并联径路构成回路的。

在电子性和离子性导电元件的交界处，必然发生电化学反应，形成一种过渡层电阻，其大小与两钢轨的电位、环境温度湿度有关。温度、湿度升高时，电化学反应增强，使钢轨线路的绝缘阻抗降低。所以，夏季暴雨后 8～10 min 会出现道砟电阻的最小值。冬季，气温在零下时，道砟电阻值可达最大。道砟电阻的最大值和最小值会相差十几倍，甚至上百倍。

道砟电阻愈小，两钢轨间的漏泄电流就愈大，轨道电路消耗电能就会增多。而且道砟电阻值变化的范围越大，轨道电路的工作就越不稳定。因此，要保证轨道电路的稳定工作，必须尽量提高最小道砟电阻值。工务部门应积极采取措施，提高道床排水能力，定期清筛道床，及时更换腐朽及破裂的轨枕，努力改善道床质量。

(2)钢轨阻抗

每公里两根钢轨(回路)的阻抗，称为单位钢轨阻抗，简称钢轨阻抗，用 Z 表示，单位是 Ω/km。它包括钢轨本身的阻抗及钢轨接头处的阻抗。钢轨接头处的阻抗则包括接头夹板及导接线的阻抗和它们的接触电阻。接头夹板和钢轨间的接触电阻的大小和接头夹板、钢轨端部表面的污垢及锈蚀程度、螺栓的松紧、气候条件有关。它的变化范围很大。安装了钢轨接续线后，该接触电阻与接续线阻抗及接续线和钢轨间的接触电阻所并联，因此，钢轨接头处的总阻抗就显著降低，并且比较稳定。

当轨道电路中通以直流电流时，钢轨阻抗就是纯电阻，称为钢轨电阻。而当轨道电路中通以交流电流时，由于钢轨的磁导系数大，集肤效应明显，使有效截面减少，有效电阻增大。它在很大程度上取决于信号电流的频率，还与钢轨断面形状、电导率、磁导率有关。除了有效电阻外，还存在感抗。这样，交流时的总阻抗就比直流时大很多。

2. 轨道电路的二次参数

轨道电路的二次参数包括特性阻抗 Z_C 与传输常数 γ，它们是一次参数——钢轨阻抗 Z 和道砟电阻 r_d 的函数，所以称为二次参数。

轨道电路的钢轨阻抗和道砟电阻是均匀分布的，属于均匀分布参数传输线，可以用分布参数传输线的基本方程来反映轨道电路送、受电端的电压、电流的关系：

$$\begin{cases}\dot{U}_S=\dot{U}_Z\text{ch}\dot{\gamma}l+\dot{I}_Z\dot{Z}_C\text{sh}\dot{\gamma}l\\ \dot{I}_S=\dfrac{\dot{U}_Z}{\dot{I}_C}\text{sh}\dot{\gamma}l+\dot{I}_Z\text{ch}\dot{\gamma}l\end{cases}$$

式中 $\dot{U}_S$——轨道电路始端(送电端)电压；

$\dot{I}_S$——轨道电路始端(送电端)电流；

$\dot{U}_Z$——轨道电路终端(受电端)电压；

$\dot{I}_Z$——轨道电路终端(受电端)电流；

$\dot{Z}_C$——轨道电路的特性阻抗；

$\dot{\gamma}$——轨道电路的传输常数；

l——轨道电路长度。

特性阻抗：

$$\dot{Z}_C=\left|\sqrt{Z\cdot r_d}\right|e^{j\varphi_z/2}\quad(\Omega)$$

式中　Z——单位钢轨阻抗值，Ω/km；

r_d——单位道砟电阻，Ω·km；

φ_z——钢轨阻抗的幅角，rad。

对交流轨道电路来说，传输常数 $\dot{\gamma}=\beta+j\alpha$，是复数。$\beta$ 为轨道电路的衰耗常数，它反映了轨道电路电压、电流每千米的衰耗程度，单位为 1/km。α 为轨道电路的相移常数，它反映了轨道电路的电压、电流每千米的相移情况，单位为 rad/km。

$$\dot{\gamma}=\left|\frac{Z}{r_d}\right|e^{j\varphi_z/2}\quad(1/\text{km})$$

对于直流轨道电路来说，$\alpha=1$，$\gamma=\beta=\sqrt{\frac{Z}{r_d}}$。

在测算轨道电路一次参数时，通常的方法是从轨道电路始、终端电压、电流的关系中，先求出二次参数，再根据二次参数求得一次参数。

第七节　轨道电路的调整

一、轨道电路的调整

轨道电路的调整，要求在选择好限流电阻阻值和电源电压后，不论道床如何变化，各种参数如何波动，轨道电路都要能稳定可靠地工作，而不需要经常去调整，这就是一次调整法。

影响轨道电路的主要因素是道砟电阻。轨道继电器的端电压随道砟电阻变化的关系，用表格的形式列出来，就称为调整表，用曲线描绘出来就称为调整曲线。

二、调 整 表

调整表是依据轨道电路的转移阻抗公式，求得不同的道砟电阻值时的终端电流值，再根据终端电流值和轨道继电器的端电压的特征，用计算机编制出调整表。调整表作为现场日常维修的依据，而不必进行反复的计算。

所以，轨道电路调整，是在固定送电端限流电阻和受电端的情况下，按照调整表对送电端轨道变压器送电电压进行调整（通过轨道变压器端子的不同连接），以满足轨道电路对调整状态和分路状态的要求。

调整轨道电路，固定送电端限流电阻值对可靠分路和防止送电端分路时设备过载有利；固定受端变压器和受端电阻，也有利于可靠分路和抗干扰。

表 3-19 为一送一受无受电分支的 97 型相敏轨道电路（r_d=0.5 Ω/km）调整表。

表 3-19　一送一受无受电分支的 97 型相敏轨道电路调整表

轨道电路长度 L（m）	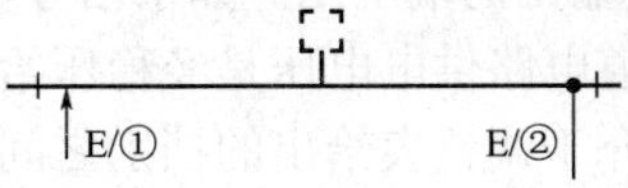									
	无附加扼流					有附加扼流				
	R_X(Ω)	R_S(Ω)	U_B(V)	U_{Jmin}(V)	U_{Jmax}(V)	R_X(Ω)	R_S(Ω)	U_B(V)	U_{Jmin}(V)	U_{Jmax}(V)
1 500	4.4	0.0	11.7	15.2	36.5	4.4	0.0	12.8	15.3	35.1
1 400	4.4	0.0	10.6	15.1	34.1	4.4	0.0	11.5	15.2	32.9
1 300	4.4	0.0	9.6	15.1	32.0	4.4	0.0	10.4	15.1	30.9
1 200	4.4	0.0	8.7	15.0	30.0	4.4	0.0	9.5	15.0	29.1
1 100	4.4	0.0	7.9	15.0	28.3	4.4	0.0	8.6	15.0	27.5
1 000	4.4	0.0	7.2	15.0	26.7	4.4	0.0	7.8	15.0	26.0
900	4.4	0.0	6.6	15.0	25.3	4.4	0.0	7.1	15.0	24.6
800	4.4	0.0	6.0	15.1	24.0	4.4	0.0	6.5	15.0	23.5
700	4.4	0.0	5.5	15.1	22.9	4.4	0.0	5.9	15.1	22.4
600	4.4	0.0	5.0	15.2	21.8	4.4	0.0	5.4	15.2	21.4
500	4.4	0.0	4.6	15.3	20.9	4.4	0.0	4.9	15.3	20.5
400	4.4	0.0	4.2	15.4	20.1	4.4	0.0	4.5	15.4	19.8
300	4.4	0.0	3.8	15.6	19.4	4.4	0.0	4.1	15.5	19.1
200	4.4	0.0	3.5	15.7	18.7	4.4	0.0	3.8	15.6	18.5
100	4.4	0.0	3.2	15.9	18.2	4.4	0.0	3.5	15.8	18.0

该调整表是按照满足调整、分路两种工作状态及送/受电端设备不过载的原则而编制的。目的是使制式技术能力范围内的轨道电路实现一次调整。调整表是按照特定参数计算而得，轨道电路的实际情况和计算值有差异，调整表只作为参考表。

调整表区别不同道砟电阻、不同区段长度、不同受电端数量、不同无受电分支数量、有无附加扼流，分别规定送电端轨道变压器的应调电压 U_B（作为调整标准），并相应给出轨道继电器的最高、最高参考电压 U_{Jmin}、U_{Jmax}（供日常监测轨道电路运用特性的参考）。

三、调整表的使用

轨道电路均应在送电端进行调整，调整方法为改变轨道变压器的输出端子，以找出合适的输出电压（U_B），送电端限流电阻（R_X）应按参考调整表中相应的规定值选取。

所有受电端变压器的变比和受电端加串的电阻（R_S），均应按参考调整表中的给出值选取。

轨道电路要做到一次调整，一般应经历一次雨季（漏泄最大时）把轨道继电器端电压调整到不低于表中所列最小值（U_{Jmin}），并确认翼片接触上止轮；晴天后再检查轨道继电器端电压应小于表中所列最大值（U_{Jmax}），并且检查能否确保分路，如分路良好则该区段即能实现一次调整。

调整表所给出的应调电压值U_B，是对应于信号楼向轨道电路供电的电压额定值220 V时，各轨道区段发送变压器应输出的端电压。如果信号楼向轨道电路供电电压不是220 V，应核算出应调电压值。但若轨道电路供电电压是经稳压给出的，则不必核算。

轨道电路的实际长度若介于调整表给出的挡别之间时，其应调电压允许就近选靠挡值。

轨道变压器实际输出电压（带载测量）不等于应调电压值时，除极限使用长度外，允许就近选靠输出端子；在极限使用长度时，只允许选定实际输出电压不大于应调电压值的端子。

例如，一段轨道电路长850 m，为一送一受无受电分支的97型相敏轨道电路，（r_d＝0.5 Ω/km），从调整表中可得U_B＝6.6 V。再查表3-10 BG_2-130/25型变压器Ⅱ次线圈使用端子连接表，6.6 V一栏，是连接$Ⅱ_3$-$Ⅲ_1$，使用$Ⅱ_2$-$Ⅲ_2$，或者查BG_2-130/25型Ⅱ次线圈Ⅱ次端子电压，有5.28 V和1.32 V，两者加起来就是6.6 V。此时BG_2-130/25型变压器连接Ⅱ次线圈的端子的2-3和Ⅲ次线圈的端子1-2，即可。轨道电路调整后，应进行分路试验。

复习思考题

1. 简述轨道电路的基本原理。
2. 轨道电路有哪些作用？
3. 轨道电路如何分类？
4. 各种轨道电路在铁路信号中有哪些应用？
5. 站内轨道电路如何划分？怎么命名？
6. 轨道电路由哪些部件组成？各起什么作用？
7. 道岔区段轨道电路有何特点？何为一送多受轨道电路？
8. 什么是轨道电路的极性交叉？有何作用？
9. 设置钢轨绝缘有哪些规定？何谓侵限绝缘？何谓死区段？
10. 电气化牵引区段对轨道电路有哪些特殊要求？
11. 25 Hz相敏轨道电路如何组成？有何特点？
12. 97型25 Hz相敏轨道电路有哪些改进？
13. 何谓双扼流、无扼流、空扼流？它们之间有哪些区别？各用于何处？
14. 简述微电子相敏轨道电路的原理，它有何优点？
15. 简述高压脉冲轨道电路的组成、原理和特点。
16. 何谓移频轨道电路？有何用途？
17. 简述移频轨道电路的工作原理。
18. 简述无绝缘移频轨道电路的原理。
19. 何谓轨道电路的三种工作状态？
20. 何谓分路灵敏度、极限分路灵敏度和标准分路灵敏度？
21. 何谓轨道电路的一次参数和二次参数？
22. 如何进行轨道电路调整？
23. 如何使用轨道电路调整表？
24. 今有三段一送一受无受电分支的97型轨道电路，长度分别为450 m、750 m和1 050 m，轨道变压器输入电压应为多大？Ⅱ次侧端子如何连接？
25. 轨道电路中用到哪些信号继电器？比较它们的异同。

第四章　道岔转换与锁闭设备

道岔的转换和锁闭设备包括转辙机、外锁闭装置、密贴检查器等，是直接关系行车安全的关键设备。道岔的操纵分为手动、电动两种方式。手动是作业人员通过道岔握柄在现场直接操纵道岔的转换与锁闭，这种方式效率低，劳动强度大，不能适应铁路现代化的要求，已基本绝迹。电动方式，是由各类转辙机转换和锁闭道岔，易于集中操纵，实现自动化。转辙机是重要的信号基础设备，它对于保证行车安全，提高运输效率，改善行车人员的劳动强度，起着非常重要的作用。

第一节　转辙机概述

转辙机是转辙和锁闭设备的核心和主体，除转辙机本身外，还包括各类杆件和安装装置。

一、转辙机的作用

转辙机的作用具体如下：

(1)转换道岔的位置，根据需要转换至定位或反位。

(2)道岔转至所需位置且密贴后，实现锁闭，防止外力转换道岔。

(3)正确地反映道岔的实际位置，道岔的尖轨密贴于基本轨后，给出相应的表示。

(4)道岔被挤或因故处于"四开"(两侧尖轨均不密贴)位置时，及时给出报警及表示。

二、对转辙机的基本要求

对转辙机的基本要求如下：

(1)作为转换装置，应具有足够大的拉力，以带动尖轨作直线往返运动；当尖轨受阻不能运动到底时，应随时通过操纵使尖轨回复原位。

(2)作为锁闭装置，当尖轨和基本轨不密贴时，不应进行锁闭；一旦锁闭，应保证不致因车通过道岔时的震动而错误解锁。

(3)作为监督装置，应能正确地反映道岔的状态。

(4)道岔被挤后，在未修复前不应再使道岔转换。

三、转辙机的技术要求

转辙机的技术要求如下：

(1)转辙机的安装应与道岔成方正，转辙机外壳纵侧面的两端与基本轨或中分线垂直距离的偏差，不大于 10 mm(外锁闭道岔，不大于 5 mm)。

(2)列车运行速度大于 120 km/h 的道岔应采用外锁闭装置。

(3)多点(含两点及以上)牵引道岔应采用多机牵引方式。

(4)发生挤岔时,转换设备应可靠切断道岔表示。

(5)列车运行速度大于 120 km/h 的线路,道岔应采用三相 380 V 电源电压的交流电动、电液转辙机牵引。其他线路可采用额定电压 160 V 直流电动、电液转辙机牵引。

(6)多机牵引道岔使用的不同动程的转辙机,应满足道岔同步转换的要求。

(7)尖轨、心轨的第一牵引点转辙机,应采用动作杆和锁闭杆同时锁闭的方式。

(8)道岔密贴检查:

①列车运行速度 160 km/h 及以下区段的道岔密贴检查应满足以下要求:

a. 单点牵引道岔牵引点中心线处有 4 mm 及其以上间隙时,密贴尖轨不得锁闭和接通道岔表示。

b. 两点及三点牵引道岔第一牵引点中心线处有 4 mm 及其以上间隙时,密贴尖轨不得锁闭和接通道岔表示,其余牵引点检查 6 mm。尖轨的密贴段,在牵引点间有 10 mm 及以上缝隙时不得接通道岔表示。

②列车运行速度大于 160 km/h 区段的道岔密贴检查应满足以下要求:

a. 牵引点中心线处尖轨与基本轨、心轨与翼轨间有 4 mm 及以上间隙时,锁闭机构不得锁闭和接通道岔表示。

b. 尖轨、可动心轨的密贴段,在牵引点间有 5 mm 及以上缝隙时不得接通道岔表示。

c. 多点牵引道岔在尖轨与基本轨和可动心轨与翼轨不密贴段的牵引点可不设表示杆,也不进行密贴检查,其他牵引点应设置表示杆。

(9)道岔表示:

①在第一牵引点中心线处尖轨或心轨密贴时有 4 mm 及以上间隙时,不得接通道岔表示。

②当尖轨或心轨从密贴位斥离至 5 mm 及以上缝隙时,应断开道岔表示。

(10)道岔表示电路中应采用反向电压不小于 500 V,正向电流不小于 300 mA 的整流元件;三相交流转辙机表示电路中应采用反向电压不小于 500 V,正向电流不小于 1 A 的整流元件。

(11)各种类型的转辙机及密贴检查装置应符合下列技术要求:

①能可靠地转换道岔。在尖轨与基本轨密贴后,将道岔锁闭在规定位置,并给出道岔位置的表示。

②正常转换道岔时,挤切销或保持联结装置应保证不发生挤切或挤脱。当道岔被挤时,同一组道岔上的转辙机或转换锁闭器、密贴检查装置的表示接点必须断开。

③安全接点应接触良好。在插入手摇把或钥匙时,安全接点应可靠断开,非经人工恢复不得接通电路。

④齿轮装置的各齿轮啮合良好,传动不磨卡,无过大噪声。

⑤各种类型的电液转辙机的油路系统不得出现渗漏和堵塞现象。

⑥整机密封性能良好,能有效防水、防尘。手摇把孔和钥匙孔处不漏水,不进尘土,机内无积水、无粉尘及杂物。各种零部件无锈蚀。

机内配线的接线片和接线端子的螺母无松脱、虚接和滑扣现象。配线的绝缘层无损伤。

(12)凡用于正线道岔第一牵引点的转辙机,动作杆和表示杆必须具备锁闭功能。

四、转辙机的分类

1. 按动作能源和传动方式分类，转辙机可分为电动转辙机和电动液压转辙机

电动转辙机由电动机提供动力，采用机械传动的方式。多数转辙机都是电动转辙机，包括我国铁路大量使用的ZD6系列电动转辙机、S700K型电动转辙机和ZD(J)9系列电动转辙机。

电动液压转辙机简称电液转辙机，由电动机提供动力，采用液力传动的方式。ZY(J)系列转辙机即为电液转辙机。

2. 按供电电源种类，转辙机可分为直流转辙机和交流转辙机

直流转辙机采用直流电动机，工作电源是直流电。ZD6系列电动转辙机和ZD9型电动转辙机就是直流转辙机，由直流220 V供电。ZY系列电液转辙机也是直流转辙机，亦由直流220 V供电。直流电动机的缺点是，由于存在换向器和电刷，易损坏，故障率较高。

交流转辙机采用三相交流电源，由三相异步电动机作为动力。目前提速道岔用的S700K型电动转辙机、ZYJ7型电液转辙机和ZDJ9型电动转辙机均为交流转辙机。交流转辙机采用感应式交流电动机，不存在换向器和电刷，因此故障率低，而且单芯电缆控制距离远。

3. 按锁闭道岔的方式，转辙机可分为内锁闭转辙机和外锁闭转辙机

内锁闭转辙机依靠转辙机内部的锁闭装置锁闭道岔尖轨，是间接锁闭的方式。ZD6系列等大多数转辙机均采用内锁闭方式。内锁闭方式，锁闭可靠程度较差，列车对转辙机的冲击大。

外锁闭转辙机虽然内部也有锁闭装置，但主要依靠转辙机外的外锁闭装置锁闭道岔，将密贴尖轨直接锁于基本轨，斥离尖轨锁于固定位置，是直接锁闭的方式。用于提速道岔的S700K型、ZDJ9型电动转辙机和ZYJ7型电液转辙机均采用外锁闭方式。外锁闭方式锁闭可靠，列车对转辙机几乎无冲击。

4. 按是否可挤，转辙机分为可挤型转辙机和不可挤型转辙机

可挤型转辙机内设挤岔保护(挤切或挤脱)装置，道岔被挤时，动作杆解锁，保护了整机。不可挤型转辙机内不设挤岔保护装置，道岔被挤时，挤坏动作杆与整机连接结构，应整机更换。电动转辙机和电液转辙机都有可挤型和不可挤型。

此外，各种转辙机还有不同转换力和动程的区别。

五、转辙机的设置

要根据道岔的类型和辙叉号确定转辙机类型和数量。道岔分为普通道岔、AT道岔和提速道岔。按辙叉类型分为固定辙叉和可动心轨。

一组道岔由一台转辙机牵引的称为单机牵引，由两台转辙机牵引的称为双机牵引，由两台以上转辙机牵引的称为多机牵引。

转辙机的数量视道岔号码、锁闭方式、固定辙叉还是可动心轨及转辙机类型而定。

1. 普速铁路转辙机的设置

普速铁路道岔的辙叉号主要是12号，以及9号和18号。在未提速的情况下，车站联锁区域内一般每组道岔均设一台转辙机。在采用12号AT道岔时，因其为弹性可弯道岔，尖轨加长且有弹性，需要采用两台转辙机来转换道岔，一台牵引尖轨尖端(第一点)，另一台牵引尖轨

腰部(第二点)。可动心轨道岔的心轨需两台转辙机牵引。18 号道岔尖轨亦需三个牵引点,可动心轨需三个牵引点。

交叉渡线的各道岔采用的转辙机与同规格的单开道岔相同。复式交分道岔的两组尖轨和两组可动心轨,多为内锁闭方式,一点牵引。

普通道岔、大部分 AT 道岔采用内锁闭方式,用的是 ZD6 系列电动转辙机或 ZY 系列电液转辙机。如为一点牵引的,采用 ZD6-D 型电动转辙机;两点牵引的,采用 ZD6-E 型和 ZD6-J 型电动转辙机。

在提速区段,提速道岔进一步加长了尖轨长度,为满足多点牵引多点检查的要求,需多台转辙机牵引。提速道岔采用外锁闭方式,用的是 S700K 型、ZYJ7 型和 ZDJ9 型转辙机。转辙机的数量要视道岔号码、固定辙叉还是可动心轨、S700K 型转辙机还是 ZYJ7 型转辙机而定。

普速铁路提速区段转辙机的具体数量见表 4-1。

表 4-1　普速铁路提速区段转辙机的具体数量表

<table>
<tr><th colspan="2">道岔类型</th><th colspan="2">辙叉号码</th><th>尖轨长度
(m)</th><th>尖轨
牵引点</th><th>可动心轨
牵引点</th><th>S700K 转辙机
(台)</th><th>ZYJ7 转辙机
(台)</th></tr>
<tr><td colspan="2" rowspan="5">单动道岔</td><td colspan="2">9 号提速道岔</td><td>13.46</td><td>2</td><td>—</td><td>2</td><td>1</td></tr>
<tr><td rowspan="2">12 号提速道岔</td><td>固定辙叉</td><td rowspan="2">13.88</td><td>2</td><td>—</td><td>2</td><td>1</td></tr>
<tr><td>可动心轨</td><td>2</td><td>2</td><td>4</td><td>2</td></tr>
<tr><td colspan="2">18 号提速道岔</td><td>15.68</td><td>3</td><td>2</td><td>5</td><td>2</td></tr>
<tr><td colspan="2">30 号提速道岔</td><td>27.98</td><td>6</td><td>3</td><td>9</td><td>9</td></tr>
<tr><td rowspan="4">双动道岔</td><td rowspan="2">两端提速</td><td rowspan="4">12 号提速道岔</td><td>固定辙叉</td><td rowspan="2">13.88</td><td>4</td><td>—</td><td>4</td><td>2</td></tr>
<tr><td>可动心轨</td><td>4</td><td>4</td><td>8</td><td>4</td></tr>
<tr><td rowspan="2">一端提速另一端非提速</td><td>固定辙叉</td><td rowspan="2">13.88</td><td>2</td><td>—</td><td>2</td><td>1</td></tr>
<tr><td>可动心轨</td><td>2</td><td>2</td><td>4</td><td>2</td></tr>
</table>

对表 4-1 需说明的是,9 号提速道岔是没有可动心轨的。18 号及以上道岔是没有固定辙叉的。两端提速,指两端道岔均在正线上;一端提速,指一端道岔在正线上另一端不在正线上,不在正线上的道岔不提速,仍采用 ZD6 系列转辙机。表中 ZYJ7 型为带副机的情况,也可以不带副机,其所需数量同 S700K。采用 ZDJ9 型转辙机时所需数量同 S700K。

2. 高速铁路转辙机的设置

高速铁路车站正线及到发线采用 18 号提速道岔,其尖轨长度 22.01 m,一组道岔有五个牵引点(尖轨三个,可动心轨两个)。联络线采用 38 号(尖轨长度 37.63 m)或 42 号(尖轨长度 47.248 m,可动心轨辙叉长度 24.050 m)。一组 38 号、42 号道岔有 9 个牵引点(尖轨 6 个,可动心轨 3 个)。62 号道岔尖轨有 8 个牵引点,心轨 4 个牵引点,共 12 个牵引点。每个牵引点要设一台交流转辙机(S700K 型、ZYJ7 型或 ZDJ9 型)。第一牵引点必须采用不可挤型转辙机。

其他道岔若为 AT 弹性可弯道岔,要双机牵引,采用一台 ZD6-E 型和一台 ZD6-J 型电动转辙机。

第二节　ZD6 系列电动转辙机

ZD6 系列电动转辙机用于非提速区段及提速区段的侧线上。它是在 ZD4 型、DFH 型等电动转辙机的基础上改进而成的系列，包括 A、B、C、D、E、F、G、H、J、K 等派生型号(B、C 型已不生产)。但 ZD6 型电动转辙机采用内锁闭方式，只适用于 43 kg/m、50 kg/m、50 kg/m AT 单开道岔，不适用于提速道岔。

ZD6-A 型是 ZD6 系列转辙机的基本型号，其他型号 ZD6 型转辙机都是以 ZD6-A 型为基础改进、完善而发展起来的。故本节以 ZD6-A 型电动转辙机为重点进行介绍。

一、ZD6-A 型电动转辙机

1. ZD6-A 型电动转辙机结构

ZD6-A 型电动转辙机主要由电动机、减速器、摩擦联结器、主轴、动作杆、表示杆、移位接触器、外壳等组成，如图 4-1 所示。

电动机为电动转辙机提供动力，采用直流串激电动机。

减速器用来降低转速以获得足够的转矩，并完成传动。由第一级齿轮和第二级行星传动式减速器组成。两级间以输入轴联系，减速器由输出轴和主轴联系。

用弹簧和摩擦制动板，组成输出轴与主轴之间的摩擦连接，防止尖轨受阻时损坏机件。

主轴由输出轴通过启动片带动旋转，主轴上安装锁闭齿轮。

锁闭齿轮和齿条块相互动作，将转动变为平动，通过动作杆带动道岔尖轨运动，并完成锁闭作用。

动作杆和齿条块用挤切销相连，正常动作时，齿条块带动动作杆。挤岔时，挤切销折断，动作杆和齿条块分离，避免机件损坏。

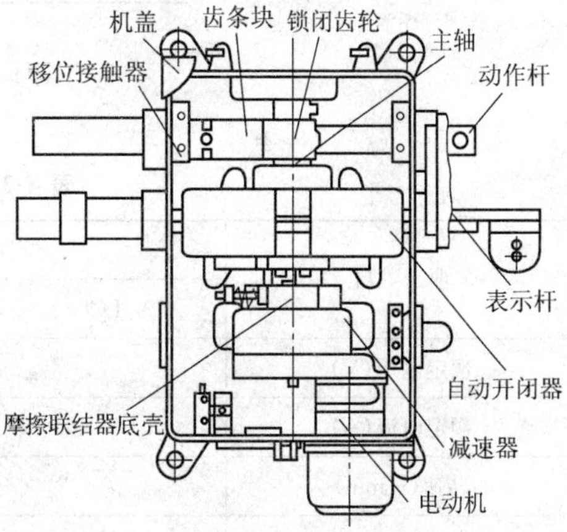

图 4-1　ZD6-A 型电动转辙机结构

表示杆由前、后表示杆及两个检查块组成。表示杆随尖轨移动，只有当尖轨密贴且锁闭后，自动开闭器的检查柱才能落入表示杆缺口，接通道岔表示电路。挤岔时，表示杆被推动，顶起检查柱，从而断开道岔表示电路。

自动开闭器由静接点、动接点、速动片、速动爪、检查柱组成，用来表示道岔尖轨所在位置。

移位接触器用来监督挤切销的受损状态，道岔被挤或挤切销折断时，断开道岔表示电路。

安全接点(遮断接点)用来保证维修安全。正常使用时，遮断接点接通，才能接通道岔动作电路。检修时，断开遮断接点，以防止检修过程中转辙机转动影响维修人员作业。

壳体用来固定转辙机各部件，防护内部机件免受机械损伤和雨水、尘土侵入，提供整机安装条件。它由底壳和机盖组成。底壳是壳体的基础，也是整机安装的基础。底壳上设有特定形状的窗孔，便于整机组装和分解。机盖内侧周边有盘根槽，内镶有密封用盘根(胶垫)。

2. 主要部件及作用

(1)电动机

电动机是电动转辙机的动力源，要求具有足够的功率，以获得必要的转矩和转速。电动机要图 4-2 电动机内部接线有较大的启动转矩，以克服尖轨与滑床板间的静摩擦。道岔需要向定、反位转换，要求电动机能够逆转。

ZD6-A 型电动转辙机配用断续工作制直流串激电动机。直流电动机的正转和反转可通过改变激磁绕组（定子绕组）中或电枢（转子绕组）中的电流方向来实现。为配合四线制道岔控制电路，采用正转和反转分开定子绕组的方式，如图 4-2 所示。两个定子绕组通过公共端子分别与转子绕组串联。电动机的技术参数见表 4-2。

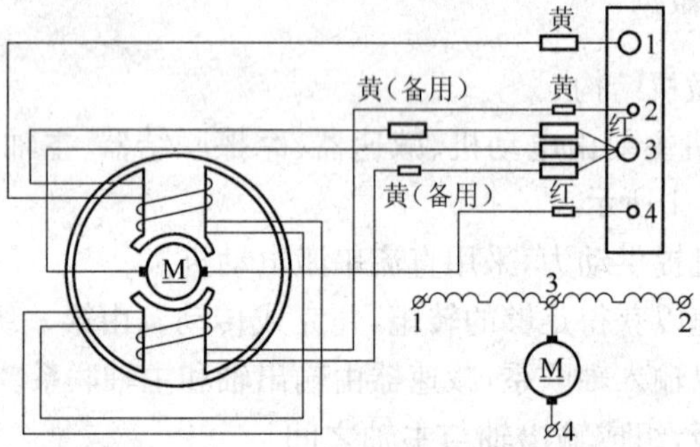

图 4-2　电动机内部接线

表 4-2　电动机的技术参数

项　目	型　号						
	DZG	DZ_1-A	DZ_1	DZG-Ⅲ	DZB	ZDF-1	ZDF-2
额定电压(V)	DC 160						
额定电流(A)	≤2						
转速(r/min)	≥2 400						
额定转矩(N·m)	0.882 6(0.09 kg·m)						
短时工作输出功率(V·A)	≥220				≥250		
单定子工作电阻 (20 ℃)(Ω)	(2.65±0.14)×2		(2.85±0.14)×2				
刷间总电阻 (20 ℃)(Ω)	5.1±0.245	4.9 ±0.245					

(2)减速装置

因体积、重量的限制，转辙机所用电动机功率不可能很大，为了得到较大的转矩来带动道岔转换，必须用减速装置把转速降下来。

ZD6-A 型电动转辙机的减速装置由两级组成，第一级为定轴传动外啮合齿轮，即小齿轮带动大齿轮，减速比为 103∶27，第二级为渐开线内啮合行星传动式减速器，减速比为 41∶1，于是总减速比为(103/27)×(41/1)=156.4。

行星传动式减速器如图 4-3 所示。内齿轮由靠摩擦联结器的摩擦作用“固定”在减速器壳内。内齿轮里装有外齿轮。外齿轮通过滚动轴承装在偏心的轴套上。偏心轴套用键固定在输入轴上。外齿轮上有八个圆孔，每个圆孔内插入一根套有滚套的滚棒。八根滚棒固定在输出轴的输出圆盘上。当外齿轮作摆式旋转时，输出轴就随着旋转。

当输入轴随第一级减速齿轮顺时针旋转时，偏心轴套也顺时针旋转，使外齿轮在内齿轮里沿内齿圈作逐齿啮合的偏心运动。当输入轴旋转一周，外齿轮也做一周偏心运动。外齿轮 41 个齿，内齿轮 42 个齿槽，两者相差一齿。因此，外齿轮做一周偏心运动时，外齿轮的齿在内齿轮里错位一齿。在正常情况下，内齿轮静止不动，迫使外齿轮在一周的偏心运动中反方向旋转一齿的角度(如图 4-3 中，外齿轮 1 从 A 进入 B，齿 2 进入 A)。当输入轴顺时针方向旋转 41 周，外齿轮逆时针方向旋转一周(齿 1 又返回原位 A)，带动输出轴逆时针方向旋转一周，这样就达到了减速的目的。外齿轮既在输入轴的作用下作偏心运动，又与内齿轮作用做旋转运动，类似于行星的运动，即既有自转又有公转，所以外齿轮称为行星齿轮，该种减速器称为行星传动式减速器。

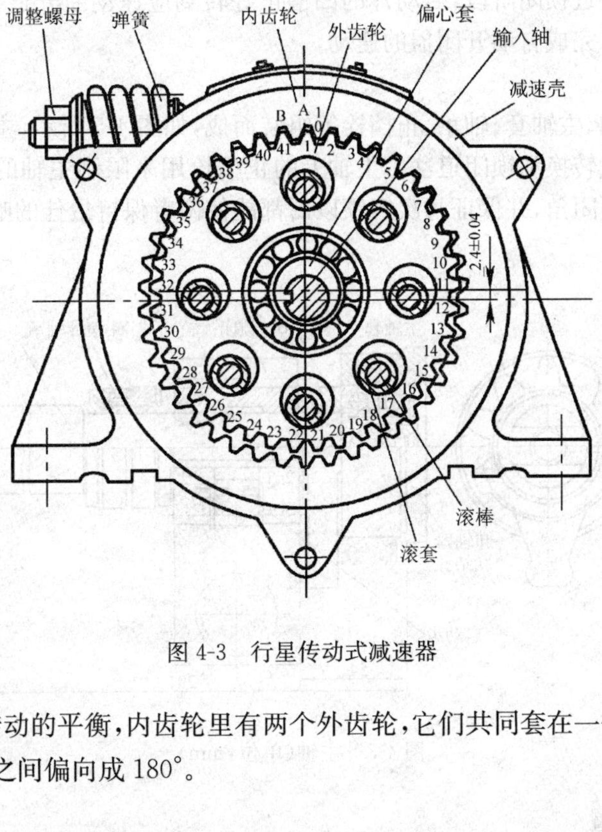

图 4-3　行星传动式减速器

为了达到机械转动的平衡，内齿轮里有两个外齿轮，它们共同套在一个输出轴圆盘的八根滚棒上，两个外齿轮之间偏向成 180°。

(3)传动装置

传动装置包括减速齿轮、输入轴、减速器、输出轴、启动片、主轴。减速齿轮、输入轴、减速器、输出轴作为减速装置已作介绍。

①启动片

启动片是介于减速器和主轴间的传动媒介，如图 4-4 所示，它联结输出轴与主轴，利用其正、反两面互相垂直成“十”字形的沟槽，在旋转时自动补偿两轴不同心的误差。它还与速动片相配合，在解锁、锁闭过程中控制自动开闭器的动作。

启动片除了起连接主轴的作用外，还对自动开闭器起控制作用。启动片的十字连接方法，使它与输出轴、主轴同步动作，因此能反映锁闭齿轮各个动作阶段（解锁、转换、锁闭）所对应的转角，用它来控制自动开闭器的动作最能满足要求。

启动片上有一梯形凹槽，道岔锁闭后总会有一个速动爪占据其中。道岔解锁时，启动片一方面带动主轴转动，另一方面利用其凹槽的坡面推动速动爪上的小滚轮，使速动爪抬起，以断开表示接点。在道岔转换过程中，两个速动爪均抬起。在道岔接近锁闭阶段，启动片的凹槽正好转到应速动断开道岔电机电路的速动爪下方，与速动片配合，完成自动开闭器的速动。

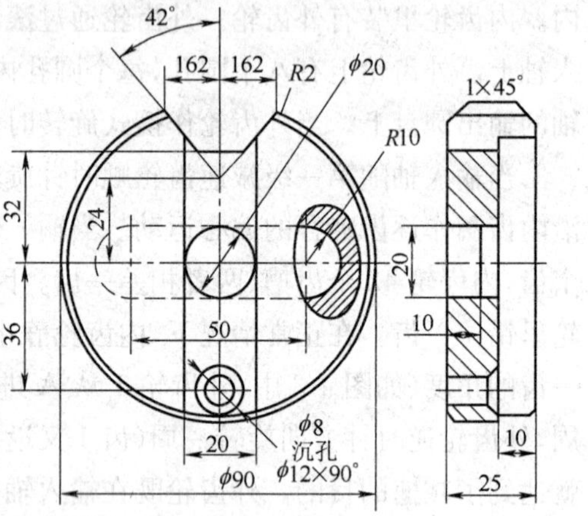

图 4-4　启动片（单位：mm）

②主轴

主轴主要由主轴、主轴套、轴承、止挡栓等组装而成，如图 4-5 所示，主轴带动锁闭齿轮，通过与齿条块配合完成转换和锁闭道岔。主轴上的止挡栓用来限制主轴的转角，使锁闭齿轮和齿条块达到规定的锁闭角，并保证每次解锁以后都能使两者保持最佳的啮合状态，使整机动作协调。

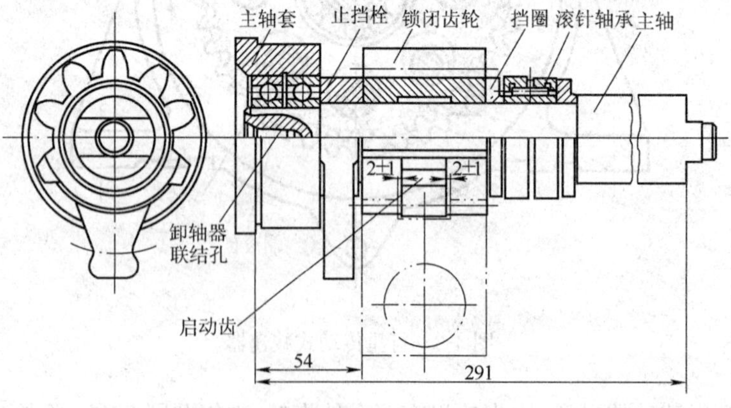

图 4-5　主轴（单位：mm）

(4)转换锁闭装置

转换锁闭装置由锁闭齿轮和齿条块、动作杆组成，用来把旋转运动改变为直线运动以带动道岔尖轨位移，并最后完成内部锁闭。

①锁闭齿轮和齿条块

锁闭齿轮如图 4-6(a)所示，共有 7 个齿，其中 1 和 7 是位于中间的启动小齿，在它们之间是锁闭圆弧。图 4-6 锁闭齿轮和齿条块齿条块上有 6 个齿 7 个齿槽，如图 4-6(b)所示。中间 4 个是完整的齿，两边的两个是中间有缺槽的削尖齿。缺槽是为了锁闭齿轮上的启动小齿能顺利通过而设的。

当道岔在定位或反位，尖轨与基本轨密贴时，锁闭齿轮的圆弧正好与齿条块的削尖齿弧面重合，如图 4-7 所示。这时如果尖轨受到外力要使之移动，或列车经过道岔使齿条块受到水平作用力，这些力只能沿锁闭圆弧的半径方向传给锁闭齿轮，它不会转动，齿条块及固定在其圆孔中的动作杆也不能移动，这样就实现了对道岔的锁闭。

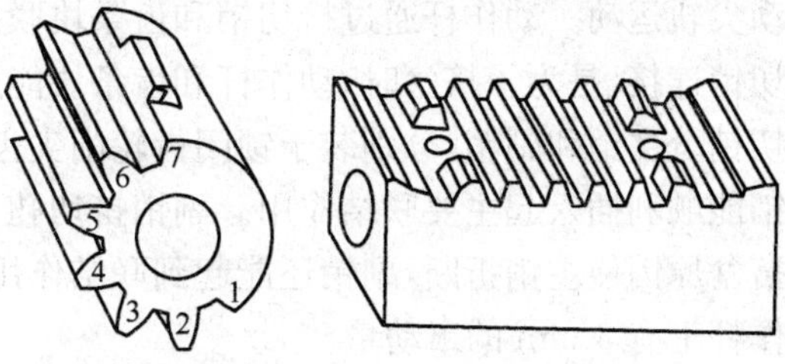

(a) 锁闭齿轮　　(b) 齿条块

图 4-6　锁闭齿轮和齿条块

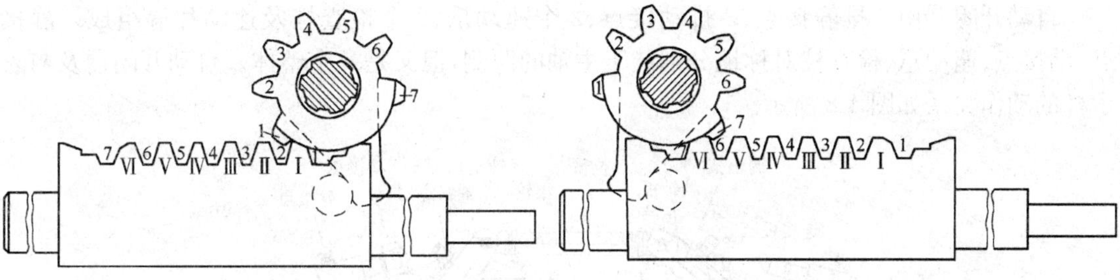

(a) 定位锁闭状态　　(b) 反位锁闭状态

图 4-7　转辙机的内锁闭

电动转辙机每转换一次，锁闭齿轮与齿条块要完成解锁、转换、锁闭三个过程。

a. 解锁

假设图 4-7(a)为定位锁闭状态，若要将道岔转至反位，电动机必须逆时针旋转，输入轴顺时针旋转，使输出轴逆时针旋转，通过启动片带动主轴及锁闭齿轮做逆时针转动。此时，锁闭齿轮的锁闭圆弧面首先在齿条块的削尖齿上滑退，锁闭齿轮上的启动小齿 1 从削尖齿Ⅰ旁经过。当主轴旋转 32.9°时，锁闭圆弧面全部从削尖齿上滑开，启动小齿 1 与齿条块齿槽 1 的右侧接触，解锁完毕。

b. 转换

启动小齿拨动齿条块，锁闭齿轮带动齿条块移动，即将转动变为平动。锁闭齿轮转至 306.1°时，齿条块及动作杆向右移动了 165 mm，使原斥离尖轨转换到反位，与另一基本轨密贴。

c. 锁闭

道岔转换完毕必须进行锁闭，否则齿条块及动作杆在外力作用下可倒退，造成“四开”的危险。道岔转换完毕后，锁闭齿轮继续转动到 339°，锁闭齿轮的启动小齿 7 在削尖齿Ⅵ旁经过，锁闭齿轮上的圆弧面与齿条块削尖齿弧面重合，实现了锁闭，如图 4-7(b)所示。此时，止挡栓碰到底壳上的止挡桩，锁闭齿轮停止转动。

②动作杆

动作杆是转辙机转换道岔的最后执行部件。动作杆一端与道岔的密贴调整杆相连接，带动尖轨运动。动作杆通过挤切销和齿条块联成一体，正常工作时，它们一起运动。之所以用挤切销连接，是为了挤岔时，动作杆和齿条块能迅速脱离联系，使转辙机内部机件不受损坏。挤切销分主销和副销，分别装于锁闭齿轮削尖齿中间开口处的挤切孔内。主销挤切孔为圆形，主销能顺利插入起主要联结作用。副销挤切孔为扁圆形，副销插入起备用联结作用。如果是非挤岔原因使主销折断，副销还能起到联结作用。这是因为，副销挤切孔为扁圆形，齿条块在动作杆上有 3 mm 的窜动量。

(5)自动开闭器

自动开闭器用来及时、正确反映道岔尖轨的位置，并完成控制电动机和挤岔表示的功能。在解锁过程中，由自动开闭器接点断开原表示电路，接通准备反转的动作电路；锁闭后，由自动开闭器接点自动断开电动机动作电路，接通表示电路。

自动开闭器由 4 排静接点、2 排动接点、2 个速动爪、2 个检查柱及速动片等组成。静接点、动接点、速动爪、检查柱对称地分别装于主轴的两侧，但又是一个整体。自动开闭器及与表示杆的动作关系如图 4-8 所示。

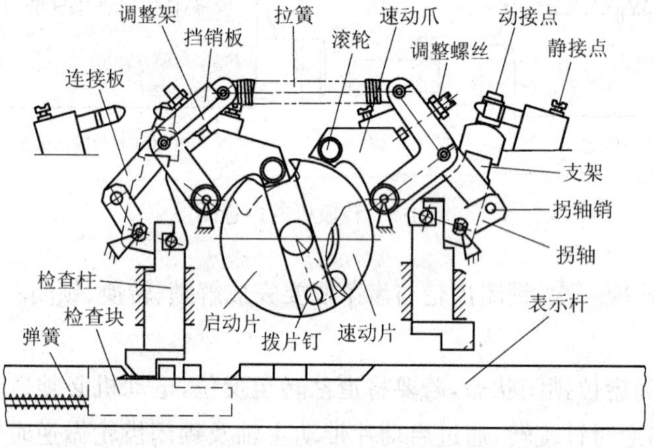

图 4-8　自动开闭器及与表示杆的动作关系

①自动开闭器的组成

自动开闭器分为接点部分、动接点块传动部分及控制部分。接点部分包括动接点块、静接点、接点座等。静接点左右对称地安装在接点座上。两组动接点块分别安装在左右拐轴上，拐轴以接点座为支承。动接点块可以在拐轴转动时改变对静接点组的接通位置。

动接点块传动部分包括速动爪及其爪尖上的滚轮、接点调整架、连接板和拐轴，这些部件左、右各有一套。调整接点调整架上的螺钉可以改变动接点插入静接点的深度。

控制部分由拉簧、检查柱、速动片(还应包括启动片)组成。拉簧连接两边的调整架，将两边的动接点拉向内侧，为动接点速动提供动力。检查柱在道岔正常转换时，对表示杆缺口起探测作用。道岔不密贴，缺口位置不对，检查柱不会落下，它阻止动接点块动作，不能构成道岔表示电路。挤岔时，检查柱被表示杆顶起，迫使动接点块转向外方，断开道岔表示电路。

②速动片

速动片如图 4-9 所示，它有一个矩形缺口，缺口对面有一腰形扁孔。速动片通过速动衬套套图 4-9 速动片在主轴上。启动片上的拨片钉插入速动片的腰形孔中。道岔锁闭后，拨片钉总是在腰形孔的一端。道岔解锁后，主轴反转，拨片钉在腰形孔中空走一段才拨动速动片一起转动。

速动片套在速动衬套上，速动衬套又卡在接点座上，它不随主轴转动。速动片直径比启动片略大，正常情况下总有一个速动爪的小滚轮压在它上面，所以即使主轴转动，速动片也不会跟着转。它的转动只有靠拨片钉拨动。

速动片的速动原理如图 4-10 所示。在锁闭齿轮进入锁闭阶段时，齿条块已不再动，为了完成内锁闭，主轴还在转动，启动片和速动片也在转动。这时启动片的梯形凹槽已经转到速动爪的下方，为速动爪的落下准备好条件。但是，速动片仍然支承着速动爪，使它不能落下。只有当速动片再转过一个角度，使速动爪突然失去支承，就在拉簧的强力作用下，迅速落向启动片凹槽底部，实现了自动开闭器的速动。因此速动的关键是尖爪从速动片的缺口尖角边(图中的 ab)突然跌落。否则，尖爪沿启动片梯形凹槽边(图中的 $a'b'$)下滑，就不会有速动效果。

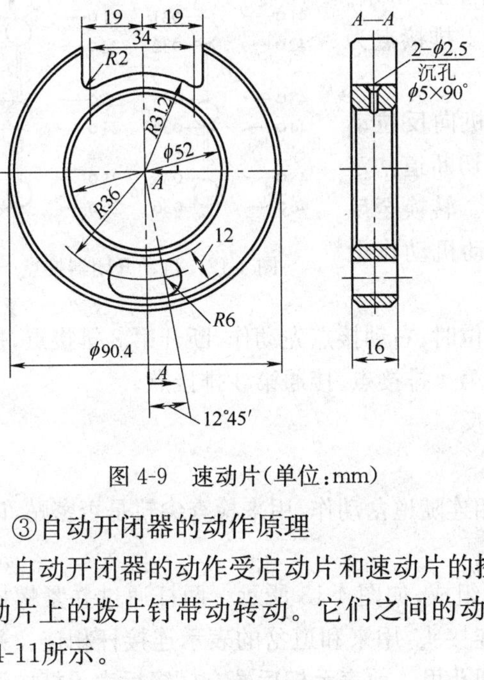

图 4-9　速动片(单位：mm)

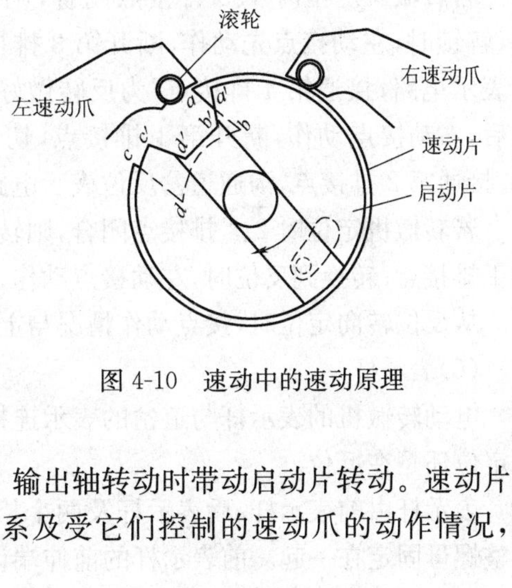

图 4-10　速动中的速动原理

③自动开闭器的动作原理

自动开闭器的动作受启动片和速动片的控制。输出轴转动时带动启动片转动。速动片由启动片上的拨片钉带动转动。它们之间的动作关系及受它们控制的速动爪的动作情况，如图 4-11所示。

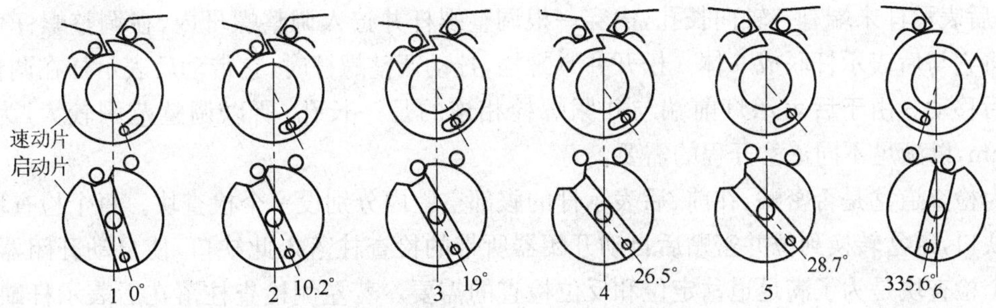

图 4-11　启动片、速动片及速动爪的动作关系

道岔在定位时，启动片沟槽与垂直线成 10.5°角，将这个起始状态作为 0°(图 4-11 中的位置 1)。假设启动片逆时针转动，固定在左速动爪上的滚轮与启动片斜面接触，左速动爪随滚轮沿斜面滚动向上升(图 4-11 中位置 2)，使 L 形调整架、连接板、拐轴、支架等相互传动(图 4-11)。当启动片转至 10.2°时，自动开闭器第 3 排接点断开；转至 19°，第 4 排接点开始接通；转至 26.5°时，左速动爪的滚轮升至最高(图 4-11 中的位置 4)，左动接点完全打入第 4 排静接点。启动片转至 28.7°时，拨片钉移动至速动片导槽尽头(图 4-11 中位置 5)，拨动速动片随启动片一起转动，一直转到 335.6°时，速动片缺口对准右速动爪，在弹簧作用下，右速动爪迅速落入速动片缺口内(图 4-11 中的位置 6)，带动右动接点，使第 1 排接点迅速断开，第 2 排接点迅速接通。同时，带动右检查柱落入表示杆检查块的反位缺口内，检查道岔确已转换至反位密贴状态。

④自动开闭器接点

自动开闭器有 2 排动接点，4 排静接点。它们的编号是，站在电动机处观察，自右至左分别为第 1 排、第 2 排、第 3 排，第 4 排接点，如图 4-12 所示。每排接点有 3 组接点，自上而下顺序编号，为第 1 排接点为 11-12、13-14、15-16，余类推。

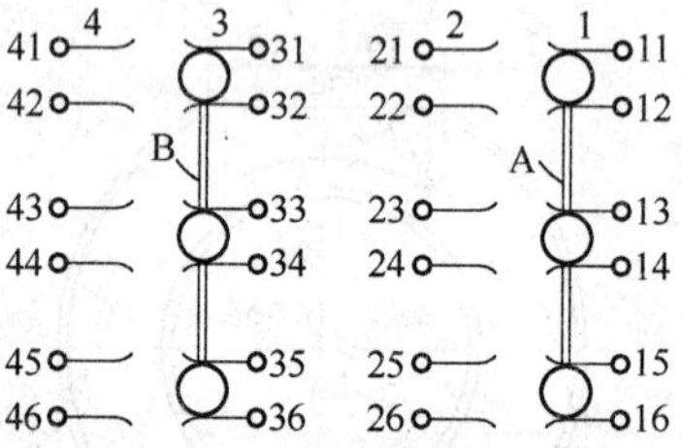

图 4-12　自动开闭器接点

若转辙机定位时 1、3 排接点闭合，则转辙机向反位动作，解锁时，左动接点先动作，断开第 3 排接点，切断道岔定位表示电路；接通第 4 排接点，为反转做好准备。转换至反位后，右动接点动作，断开第 1 排接点，切断电动机动作电路；接通第 2 排接点，沟通道岔反位表示电路。

若转辙机定位时 2、4 排接点闭合，则转向反位时，右动接点先动作，断开第 2 排接点，接通第 1 排接点；转换到反位时，左动接点动作，断开第 4 排接点，接通第 3 排接点。

从反位转向定位时，接点动作情况与上述相反。

(6)表示杆

电动转辙机的表示杆与道岔的表示连接杆相连随道岔动作，用来检查尖轨是否密贴，以及在定位还是在反位。

表示杆由前表示杆、后表示杆及两个检查块组成，如图 4-13 所示。两杆通过并紧螺栓和调整螺母固定在一起。前表示杆的前伸端设有连接头，用来和道岔的表示连接杆相连。并紧螺栓装在后表示杆的长孔与相对应的前表示杆圆孔里。前表示杆后端有横穿后表示杆的调整螺母，后表示杆末端有一轴向长孔，内穿一根调整螺杆并拧入调整螺母内，在调整螺杆颈部用销子将它与后表示杆联成一体。松开并紧螺栓，拧动调整螺杆时，它带动后表示杆在调整螺母内前后移动。由于后表示灯前端与并紧螺栓相连的是一长孔，所以调整范围较大，为 86～167 mm，以满足不同道岔开程的需要。

为检查道岔是否密贴，在前、后表示杆的腹部空腔内分别设一个检查块。每个检查块上有一个缺口，道岔转换到位并密贴后自动开闭器所带的检查柱落入此缺口，使自动开闭器动作。设两个检查块是为了满足道岔定位和反位检查的需要。若左侧检查柱落在后表示杆缺口中，则右侧检查柱将落在前表示杆缺口中，如图 4-14 所示。检查柱落入表示杆缺口时，两侧应各有 1.5 mm 的空隙。

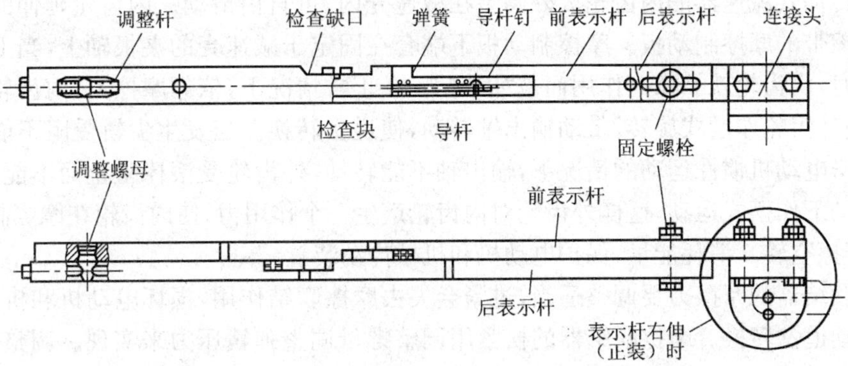

图 4-13　表示杆

在现场维修中调整表示杆缺口是一项重要的工作，应在道岔密贴调整好以后进行。先在动作杆伸出位置，调整表示连接杆螺母，使前表示杆上的标记与窗口标记重合，这时检查柱应落入表示杆缺口并保持每侧有 1.5 mm 的间隙。然后在动作杆拉入位置，道岔密贴后，松开并紧螺栓，调整后表示杆的螺母，使检查柱落入后表示杆的缺口且保持每侧有 1.5 mm 的间隙。再经几次定、反位动作试验，设备工作正常，上紧并紧螺栓，调整工作即告完毕。

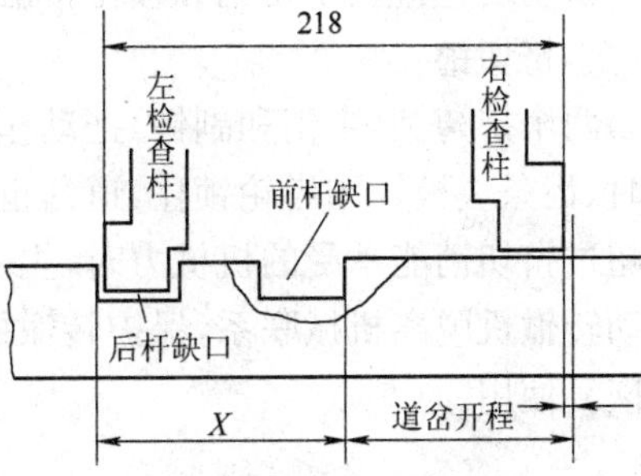

图 4-14　表示杆与检查柱的关系(单位:mm)

检查块轴向有一导杆，上面穿有弹簧和导杆钉，平时靠弹簧弹力顶住检查块，以完成对检查柱的检查。挤岔时，检查块缺口被检查柱占有，挤岔瞬间检查块动不了，挤岔的冲击力使表示杆向检查块运动，弹簧受到压缩，检查块和检查柱并未直接受到挤岔冲击力，不会损坏。另一方面，表示杆被挤，用缺口斜面迫使检查柱抬起，脱离检查块缺口，各部件不致受损。此时由于检查柱的抬起，自动开闭器的动接点立即退出静接点组，断开道岔表示电路。

(7)摩擦联结器

摩擦联结器是保护电动机和吸收转动惯量的联结装置。因为，当道岔因故转不到底时，电动机电路不能断开，如果电动机突然停转，电动机将会因电流过大而烧坏。另外，在正常使用中，道岔转换到位，电动机的惯性将使内部机件受到撞击或毁坏。要解决这两个问题，又要在正常情况下能带动道岔转换，就要求机械传动装置不能采用硬性联结而必须采用摩擦联结。因此 ZD6-A 型电动转辙机中在行星传动式减速器中安装了摩擦联结器。

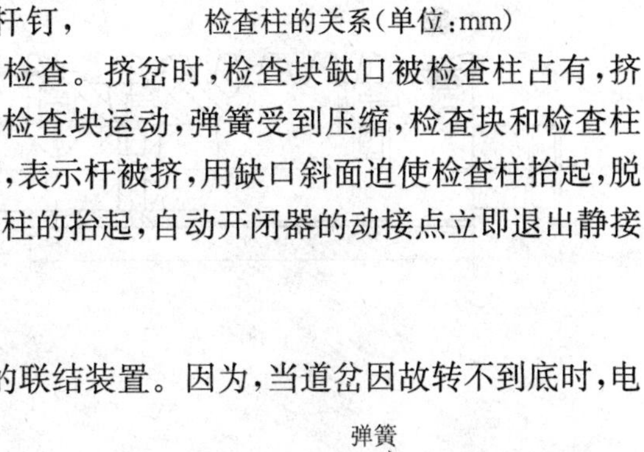

图 4-15　摩擦联结器的结构

ZD6-A 型电动转辙机的摩擦联结器是在行星传动式减速器内齿轮延伸部分的小外圆上套以可调摩擦板构成的，如图 4-15 所示。

行星传动式减速器的内齿轮大外圆装在减速壳内，可自由滑动。内齿轮延伸的小外圆上装上有摩擦带的摩擦制动板。摩擦制动板下端套在固定于减速壳的夹板轴上，当上端由螺栓弹簧压紧时，内齿轮就靠摩擦作用而被"固定"。在正常情况下，依靠摩擦力，内齿轮反作用于外齿轮，使外齿轮作摆式旋转，带动输出轴转动，使道岔转换。当发生尖轨受阻不能密贴和道岔转换完毕电动机惯性运动的情况下，输出轴不能转动，外齿轮受滚棒阻止而不能自转，但在输入轴带动下作摆式运动，这样外齿轮对内齿轮产生一个作用力，使内齿轮在摩擦制动板中旋转(称为摩擦空转)，消耗能量，保护电动机和机械传动装置。

摩擦联结器的摩擦力要调整适当，过紧会失去摩擦联结作用，损坏电动机和机件；过松不能正常带动道岔转换。摩擦联结器的松紧用调整螺母调整弹簧压力来实现。调整的标准是，额定摩擦电流应为额定动作电流的1.3～1.5倍。

(8)挤切装置

挤切装置包括挤切销和移位接触器，用来进行挤岔保护，并给出挤岔表示。

①挤切销

两个挤切销(主销和副销)把动作杆与齿条块连成一体，如图4-16所示。道岔在定位或反位时，齿条块被锁闭齿轮锁住，道岔也就被锁住。挤岔时，来自尖轨的挤岔力推动动作杆，当此力超过挤切销能承受的机械力时，主、副挤切销先后被挤断，动作杆在齿条块内移动，道岔即与电动转辙机脱离机械联系，保护转辙机主要机件和尖轨不被损坏。挤岔后，只要更换挤切销即可恢复使用。

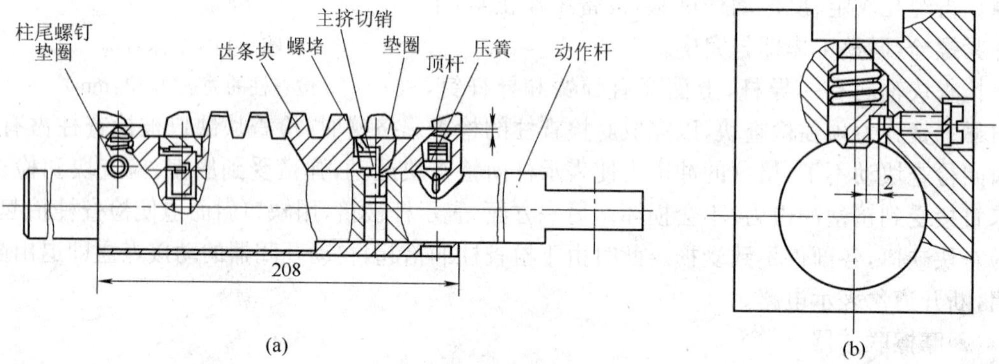

图4-16　挤切装置

②移位接触器

自动开闭器检查柱和表示杆中段特制了斜面，挤岔时表示杆被推动，表示杆中段的斜面顺着检查柱的斜面移动，将检查柱顶起，使一排动接点离开静接点组，从而断开了表示电路。若挤岔时表示杆无动程或动程不足，检查柱没有顶起来，表示电路断不开，这将十分危险。为了确保断开表示电路，ZD6系列电动转辙机设有移位接触器。

移位接触器安装于机壳内侧，动作杆上方，由触头、弹簧、顶销、接点等组成，如图4-17所示。它受齿条块内两端的顶杆控制(图4-16)。平时顶杆受弹簧弹力，顶杆下端圆头进入动作杆上成90°的圆坑内。挤岔时齿条块不动，挤切销被挤断，动作杆在齿条块内产生位移，顶杆下端被挤出圆坑，使顶杆上升，将移位接触器的顶销顶起，断开它的接点，从而断开道岔表示电路。移位接触器上部留有小孔，以便挤岔后予以恢复。

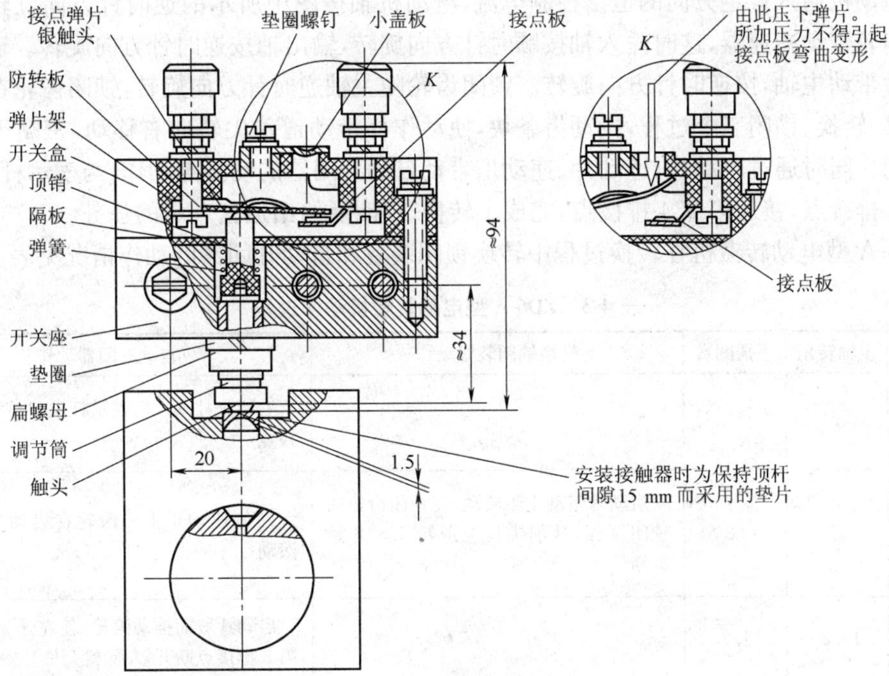

图 4-17　移位接触器(单位:mm)

3. ZD6-A 型电动转辙机整体动作过程

图 4-18 是 ZD6-A 型电动转辙机的传动原理图。图中表示的各机件所处的位置是处于左侧锁闭(假设为定位)的状态,此时自动开闭器第 1、3 排接点闭合。现简述从定位转向反位的传动过程。

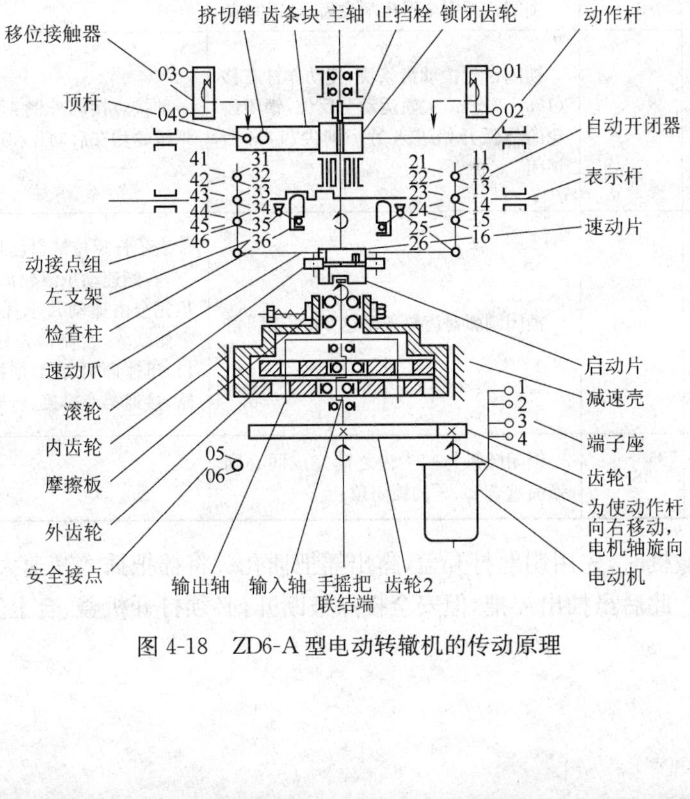

图 4-18　ZD6-A 型电动转辙机的传动原理

当电动机通入规定方向的道岔控制电流，电动机轴按图中所示的逆时针方向旋转。电动机通过齿轮带动减速器，这时输入轴按顺时针方向旋转，输出轴按逆时针方向旋转。输出轴通过启动片带动主轴，按逆时针方向旋转。锁闭齿轮随主轴逆时针方向旋转，锁闭齿轮在旋转中完成解锁、转换、锁闭三个过程，拨动齿条块，使动作杆带动道岔尖轨向右移动，密贴于右侧尖轨并锁闭。同时通过启动片、速动片、速动爪带动自动开闭器的动接点动作，与表示杆配合，断开第1、3排接点，接通第2、4排接点，完成了转换、锁闭及给出道岔表示的任务。

ZD6-A型电动转辙机在转换过程中转换锁闭装置和自动开闭器的动作情况见表4-3。

表4-3　ZD6-A型电动转辙机动作过程

道岔状态	主轴转角	手摇圈数	转换锁闭装置动作	自动开闭器动作
定位锁闭	0°			右检查柱落入后表示杆缺口接通1、3排接点
解锁	7.5°	0.85	启动片带动主轴转动，使锁闭齿轮的锁闭圆弧，从削尖齿上退转7.5°开始解锁	左侧速动爪上的滚轮在启动片凹槽中滚动
	10.2°	1.2		启动片坡面推动滚轮，使左速动爪抬高，第3排接点断开，左侧检查柱开始抬高
解锁	19°	2.2		启动片坡面继续推滚轮，动接点开始接通第4排静接点，为电动机反转准备条件
	26.5°	3		左速动爪完全爬上启动片弧面，动接点完全插入第4排静接点，左侧检查柱完全退出表示杆缺口
解锁	28.7°	3.3		启动片上拨钉片开始拨动速动片
	32.9°	3.7	锁闭圆弧完全退出削尖齿，解锁完成	
转换	306.1°	34.9	锁闭齿轮拨动齿条块，使动作杆右移(165±2)mm，尖轨运动至反位，锁闭齿轮的凸弧开始进入另一削尖齿，开始锁闭	动接点接向外侧1、4排接点，两个速动爪滚轮均在启动片和速动片上滚动
反位锁闭	335.6°	36.4	锁闭圆弧对齿轮条已达29.6°锁闭角	表示杆反位缺口已运动至右侧检查柱下方，右侧速动爪滚轮离开启动片弧面，速动爪完全由速动片承托。稍后，右侧速动爪突然跌落，右侧检查柱落入表示杆反位缺口，迅速断开第1排接点，切断电动机电路，接通第2排接点，接通反位表示电路
	339°	38.6	锁闭圆弧与削尖齿之间完成同心圆弧面重合32.9°的锁闭角	

手动摇动转辙机时，先用钥匙打开盖，露出摇把插孔。将摇把插入减速大齿轮轴。摇动转辙机至所需位置。此后虽抽出摇把，但安全接点被断开，必须打开机盖，合上安全接点，转辙机才能复原。

二、ZD6 系列电动转辙机

随着铁路运输的发展，重型钢轨和大号码道岔的大量上道，额定负载 2 450 N 的 ZD6-A 型不能满足要求，出现了满足各种需求的 ZD6 型转辙机的派生型号，逐步形成了 ZD6 系列。它们的主要技术特性见表 4-4。

表 4-4　ZD6 系列电动转辙机的主要技术特性

型　号	额定电压 DC (V)	额定转换力 (N)	动作杆动程 (mm)	表示杆动程 (mm)	转换时间 (s)	工作电流 (A)	动作杆主、副销抗箭切力 (N)	表示杆销抗箭切力 (N)
ZD6-A165/250	160	2 450	165^{+2}_{0}	135～185	≤3.8	≤2.0	主销 29 240±1 961 副销 29 240±1 961	—
ZD6-D165/350	160	3 430	165^{+2}_{0}	135～185	≤5.5	≤2.0	主销 29 240±1 961 副销 29 240±1 961	14 700～17 600
ZD6-E190/600	160	5 884	190^{+2}_{0}	140～190	≤9	≤2.0	主销 49 033±3 266 副销＞88 254	设固定检查缺口 ≥20 000
ZD6-F130/450	160	4 410	130^{+2}_{0}	80～130	≤6.5	≤2.0	主销 29 240±1 961 副销 49 033±3 266	14 700～17 600
ZD6-G165/250	160	5 884	165^{+2}_{0}	135～185	≤9	≤2.0	主销 29 240±1 961 副销 49 033±3 266	14 700～17 600
ZD6-H165/350	160	3 430	165^{+2}_{0}	80～185	≤5.5	≤2.0	主销 29 240±1 961 副销 29 240±1 961	—
ZD6-J165/650	160	5 884	165^{+2}_{0}	50～130	≤9	≤2.0	主销 29 240±1 961 副销 29 240±1 961	—
ZD6-K190/350	160	3 430	190^{+2}_{0}	80～130	≤7.5	≤2.0	主销 29 240±1 961 副销 49 033±3 266	—

注：各型转辙机均采用主、副杆同时与接头铁连接，双杆同时承担作用力的加强表示杆。
　　用于多机牵引时，包括第二及其以后各点的转辙机，应具备挤岔保护功能。

ZD6-A 型、D 型、F 型转辙机单机使用时，摩擦电流为 2.3～2.9 A，E 型和 J 型双机配套使用时，单机摩擦电流为 2.0～2.5 A。

1. ZD6-D 型转辙机

ZD6-D 型转辙机是在 ZD6-A 型的基础上研制的，适用于牵引 50 kg/m、50 kg/mAT、60 kg/m单开道岔、60 kg/mAT 单开道岔尖轨。它扩大了表示杆的功能，使之对尖轨也有机械锁闭作用，构成双锁闭。在表示杆检查块处增加一个销子（称为副锁闭销），使检查块与表示杆连为一体，检查柱落入缺口，道岔便被表示杆锁住。挤岔时副锁闭销切断，表示杆照常有挤岔断表示的功能。在前表示杆上设有前、中、后三个横穿孔，使后表示杆与之配合时有更大的选择余地，这样就扩大了表示杆动程的可调范围，使之既能适应普通道岔尖轨的动程，也能适应交分道岔和可动心轨道岔的动程需要。

2. ZD6-E 型转辙机

ZD6-E 型转辙机在原有电流消耗的前提下，增大了牵引力，扩大了转换动程，具有双锁闭功能，还设计了与之配套的新型电动机（与原电机通用）。适用于 50 kg/m 12 号 AT、60 kg/m

12 号 AT、18 号 AT、75 kg/m 12 号 AT、18 号 AT 道岔第一点牵引。将单侧圆弧锁闭改进为卧式圆柱体下方两侧对称圆弧接触面，实现双圆弧组成的圆槽锁闭，提高了锁闭的可靠性。启动齿结构从原来的半齿弱力启动改进为全齿啮合抗过载强力启动，提高了耐磨性能，延长了零件的使用寿命。强化了减速器，采用轴承钢，增设了固化板，行星齿轮的滚动轴承由滚珠式改为滚柱式，增加壳体局部厚度，提高了机械强度。

3. ZD6-F 型转辙机

ZD6-F 型在 ZD6-E 型基础上研制而成，将动程缩短为 130 mm，适用于 60 kg/m 以上可动心轨道岔的心轨第一点牵引。主要改进是：在主轴轴尾原有的弹性制动防逆转措施基础上，叠加了刚性制动防逆转措施，采用了专用启动片和专用速动片。在自动开闭器下方设有方棒锁闭杆，以满足辅助锁闭、监督心轨位置及挤岔报警的要求。

4. ZD6-J 型转辙机

ZD6-J 型是 ZD6-D 型的派生产品，适用于 60 kg/m AT 道岔的第二牵引点，用来辅助牵引尖轨。它与 ZD6-E 型转辙机配合牵引 AT 道岔，称为"双机牵引"制式。它更换了 ZD6-E 型转辙机的第一级减速齿轮，使之与 ZD6-E 型动作同步。用前表示杆的第一个横穿孔，以适用道岔第二点动程小的需要。取消杆内副锁闭销，使之顺利地实现挤岔报警。

此外，还有 ZD6-G 型转辙机，双锁闭，可挤型，适用于 60 kg/m 单开道岔。ZD6-H 型，单锁闭，可挤型，适用于 50 kg/m 复式交分道岔。它们的运用数量较少。

三、ZD6 型电动转辙机的安装

1. ZD6 型电动转辙机的安装装置

ZD6 型转辙机的安装装置如图 4-19 所示，由基础角钢尖端杆、密贴调整杆、连接杆、螺栓、螺母等组成。

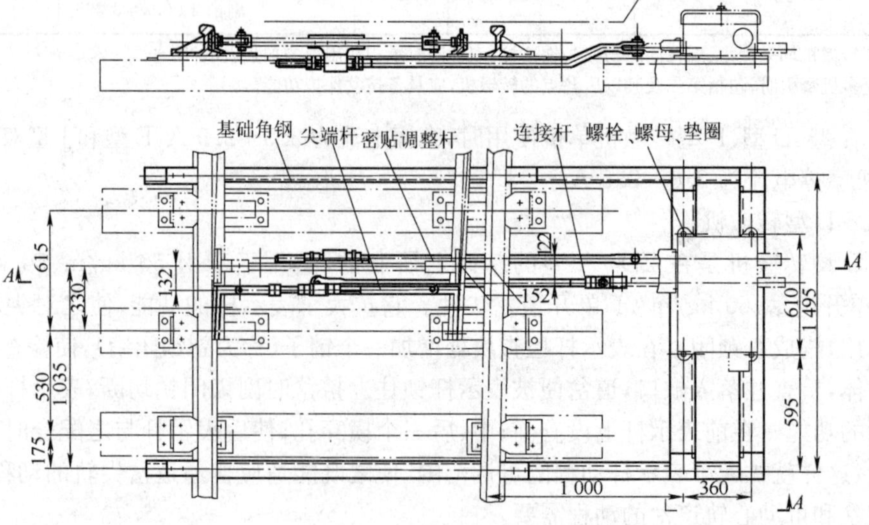

图 4-19　ZD6 型电动转辙机的安装装置(单位:mm)

ZD6 型转辙机安装在不等边角钢上，角钢通过角形铁固定在基本轨上，密贴调整杆通过立式杆架与道岔的第一连接杆相连，再通过螺栓与电动转辙机的动作杆相连。动作杆通过密贴调整杆、第一连接杆带动道岔尖轨转换并密贴。通过密贴调整杆上的轴套，可调整尖轨的密贴。尖端杆通过尖端铁固定在尖轨上，再通过舌铁与连接杆的接头铁相连，连接杆通过螺栓与电动转辙机的表示杆相连。这样，尖轨的位置可由表示杆来反映。通过尖端杆上的螺母可调整前表示杆缺口的位置。

2. ZD6 型转辙机的安装方式

电动转辙机宜设在线路外侧，一般都将转辙机的电动机对向岔尖，视电动转辙机的安装位置分为正装和反装。它们的区别在于动作杆相对于电动机的伸出位置。若站在电动机侧看，动作杆向右伸，即为正装；动作杆向左伸，即为反装。

无论电动转辙机正装，还是反装，在道岔定位时，都有动作杆伸出和拉入两种情况。即有四种情况：正装拉入为定位、正装伸出为定位、反装伸出为定位、反装拉入为定位，分别如图 4-20(a)、图 4-20(b)、图 4-20(c)、图 4-20(d)所示。其中正装拉入和反装伸出为定位时，自动开闭器第 1、3 排接点接通。正装伸出和反装拉入为定位时，自动开闭器第 2、4 排接点接通。据此来决定电动转辙机道岔电路采用何种类型。

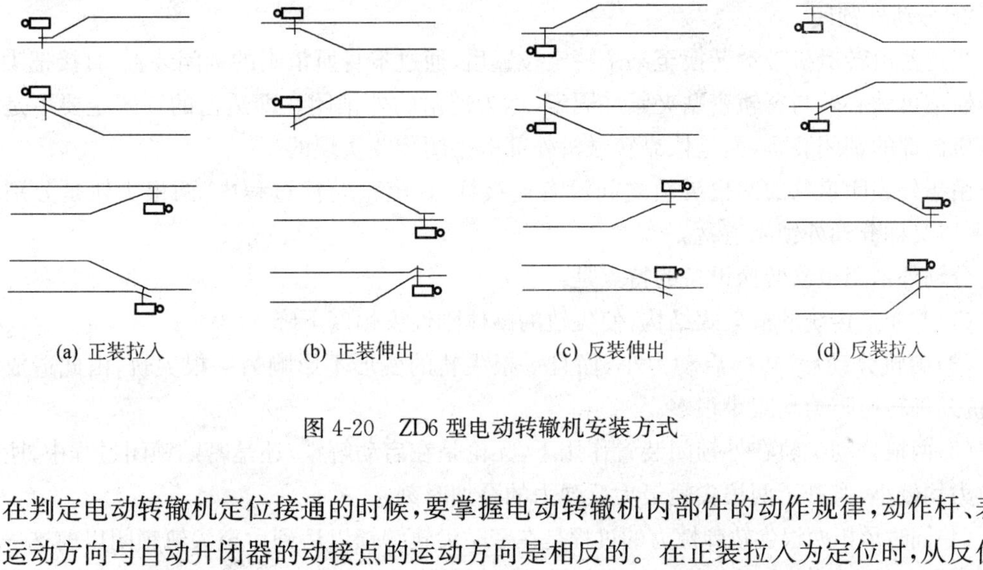

(a) 正装拉入　(b) 正装伸出　(c) 反装伸出　(d) 反装拉入

图 4-20　ZD6 型电动转辙机安装方式

在判定电动转辙机定位接通的时候，要掌握电动转辙机内部件的动作规律，动作杆、表示杆的运动方向与自动开闭器的动接点的运动方向是相反的。在正装拉入为定位时，从反位向定位转换时，表示杆向左运动，动接点向右运动，故定位时 1、3 排接点闭合。反装伸出也是如此。而在正装伸出为定位时，从反位向定位转换时，表示杆向右运动，动接点向左运动，故定位为 2、4 排接点闭合。反装拉入与此相同。

第三节　外锁闭装置

一、道岔的锁闭方式

道岔的锁闭是把尖轨或可动心轨等可动部分固定在某个开通位置，当列车通过时不受外力作用而改变。

道岔按其锁闭方式可分为内锁闭和外锁闭两种。

1. 内锁闭

内锁闭是当道岔由转辙机带动转换至某个特定位置后，在转辙机内部进行锁闭，由转辙机动作杆经外部杆件对道岔实现位置固定的。例如 ZD6 系列转辙机就是由其内部的锁闭齿轮的圆弧面和齿条块的削尖齿实现锁闭的。实质上，内锁闭方式锁闭道岔是对道岔可动部分进行间接锁闭。

内锁闭转换设备的特点是：

(1)结构简单，便于日常维护保养，并且转换比较平稳，属定力锁闭。

(2)道岔的两根尖轨由若干根连接杆组成框架结构，使尖轨部分的整体刚性较高，而且框式结构造成的反弹力和抗劲较大。

(3)由于两尖轨由杆件连接，当杆件受到外力冲击时，如发生弯曲变形，会使密贴尖轨与基本轨分离，严重威胁行车安全。

(4)当列车通过道岔产生冲击时，其冲击力经过杆件将直接作用于转辙机内部，使转辙机部件易于受损，挤切销折断，移位接触器跳开等。

因此，内锁式转换设备已不能适应提速的需要，必须采用分动外锁闭道岔转换设备。

2. 分动外锁闭

当道岔由转辙机带动转换至某个特定位置后，通过本身所依附的锁闭装置，直接把尖轨与基本轨或可动心轨与翼轨密贴夹紧并固定，称为道岔的外锁闭。即道岔的锁闭主要不是依靠转辙机内部的锁闭装置，而是依靠转辙机外部的锁闭装置实现的。

由于外锁闭道岔的两根尖轨之间没有连接杆，在道岔转换过程中，两根尖轨是分别动作的，所以又称分动外锁闭道岔。

分动外锁闭道岔转换设备的特点是：

(1)改变了传统的框架式结构，使尖轨的整体刚性大幅度下降。

(2)尖轨分动后，转换启动力小，而且一根尖轨的变形不影响另一根尖轨，由此造成的反弹、抗劲等转换阻力均减小很多。

(3)两根分动尖轨在外锁闭装置作用下，无论是在启动解锁，还是密贴锁闭过程中，所需的转换力均较小，避开了两根尖轨最大反弹力的叠加时刻。

(4)同时承担两根尖轨弹性力的过程是在密贴尖轨解锁以后到斥离尖轨锁闭以前这一较短的时间内，而此时正是电动机功率输出的最佳时刻，使电气特性和机械特性得到良好的匹配。

(5)外锁闭装置一旦进入锁闭状态，车辆过岔时，轮对对尖轨和心轨产生的侧向冲击力基本上传不到转辙机上，即具有隔力作用，有利于延长转辙机及各类转换部件的使用寿命。

(6)由于两尖轨间无连接杆，所以密贴尖轨很难在外力作用下与基本轨分离，可靠地保证了行车安全。

(7)由于密贴尖轨与基本轨之间由外锁闭装置固定，克服了内锁闭道岔靠杆件推力或拉力使尖轨与基本轨密贴易造成 4 mm 失效的较大缺陷。

分动外锁闭道岔尖轨转换采用分动方式，设多个牵引点，做到尖轨全程密贴，以防止尖轨反弹。还做到多点检查尖轨密贴情况。可动心轨也多点牵引。

外锁闭道岔转换设备消除了内锁闭方式的缺陷，适应了列车提速的要求。

二、钩式外锁闭装置

钩式外锁闭装置的锁闭方式为垂直锁闭。锁闭力通过锁闭铁、锁闭框直接传给基本轨。锁闭铁和锁闭框基本不承受弯矩，锁闭更加可靠。同时各配件全部是锻造调质处理，具有良好的综合机械性能。钩式外锁闭装置受力结构合理，能有效适应道岔尖轨的不良状态，锁闭可靠，安装调整方便。

可动心轨用钩式外锁闭装置结构简单，安装调整方便，动作灵活，4 mm 不锁闭容易实现。取消了道岔 Y 形接头拉板，解决了拉板松动的问题。可动心轨可以在锁钩楔形槽内自由伸缩，使心轨的爬行不影响外锁闭装置的锁闭。但锁钩较长，对生产工艺要求较高。

可动钩式外锁闭装置分为分动尖轨用和可动心轨用两种。

1. 分动尖轨用钩式外锁闭装置

(1)分动尖轨用钩式外锁闭装置的结构

分动尖轨用钩式外锁闭装置由锁闭杆、锁钩、锁闭框、尖轨连接铁、锁轴、锁闭铁组成，如图 4-21所示。

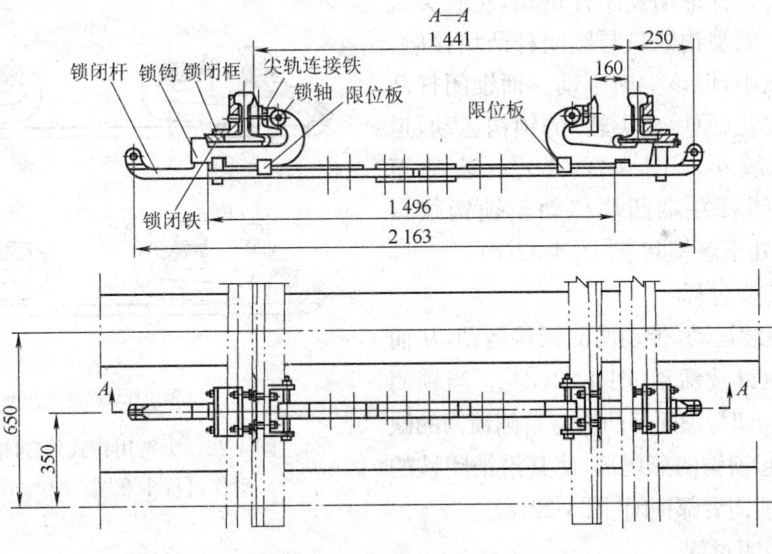

图 4-21　尖轨用钩式外锁闭装置(单位：mm)

锁闭杆的作用是通过安装装置与转辙机动作杆相连，利用其凸台和锁钩缺口带动尖轨。第一牵引点锁闭杆与第二牵引点锁闭杆凸台尺寸不同，不能通用。锁钩头部与销轴连接，下部缺口与锁闭杆凸台作用，通过连接铁带动尖轨运动，尾部内斜面与锁闭铁作用锁闭密贴尖轨和基本轨。第一点牵引点锁钩与第二牵引点锁钩也不能通用。其余各牵引点的锁闭杆、锁钩也不能通用。

锁闭框固定锁闭铁，支承锁闭杆。锁闭铁与锁钩作用锁闭尖轨和基本轨，导向槽在锁闭杆两侧槽内起导向作用。

锁闭框用螺栓与基本轨连接，锁闭铁插入锁闭框方孔内，并用固定螺栓紧固。尖轨连接铁用螺栓与尖轨连接，由锁轴将其与锁钩连接。锁钩底部缺口对准锁闭杆的凸块，并与锁闭杆共同穿入锁闭框。

(2)分动尖轨用钩式外锁闭装置动作原理

当转辙机动作杆带动锁闭杆移动，密贴尖轨处的锁钩缺口随之入槽并移动，当动作到另一侧尖轨与基本轨密贴时，锁钩沿锁闭杆斜面向上爬起，锁钩升至锁闭杆凸块顶面时，锁钩同时被锁闭铁和锁闭杆卡住不能落下，实现了锁闭。本侧锁钩的缺口卡在锁闭杆的凸起处不能移动，保持尖轨与基本轨的开口基本不变。

尖轨用钩式外锁闭装置解锁、转换、锁闭动作过程如图 4-22 所示(设左侧原处于密贴状态)。

①道岔解锁过程

开始转换前，左侧处于密贴锁闭状态[图 4-22(a)]。

转辙机动作杆带动锁闭杆运动，左侧尖轨(原密贴尖轨)的锁钩缺口与锁闭杆凸块接触，锁闭量逐渐减小，但该尖轨不动。而锁闭杆凸块带动右侧尖轨(原斥离尖轨)的锁钩运动，道岔开程逐渐减小，[图 4-22(b)]。运动至 60 mm时，锁闭杆左端凸块移动至锁钩缺口内，两根尖轨处于解锁状态[图 4-22(c)]。

②道岔转换过程

锁闭杆继续运动，带动两侧锁钩运动，从而带动两根尖轨继续活动[图 4-22(d)]。当锁闭杆动作 160 mm 时，锁闭杆凸块与右侧锁钩的缺口脱离，并抬起锁钩的燕尾部，使其沿锁闭铁的斜面上升，该锁钩后部锁闭[图 4-22(e)]。

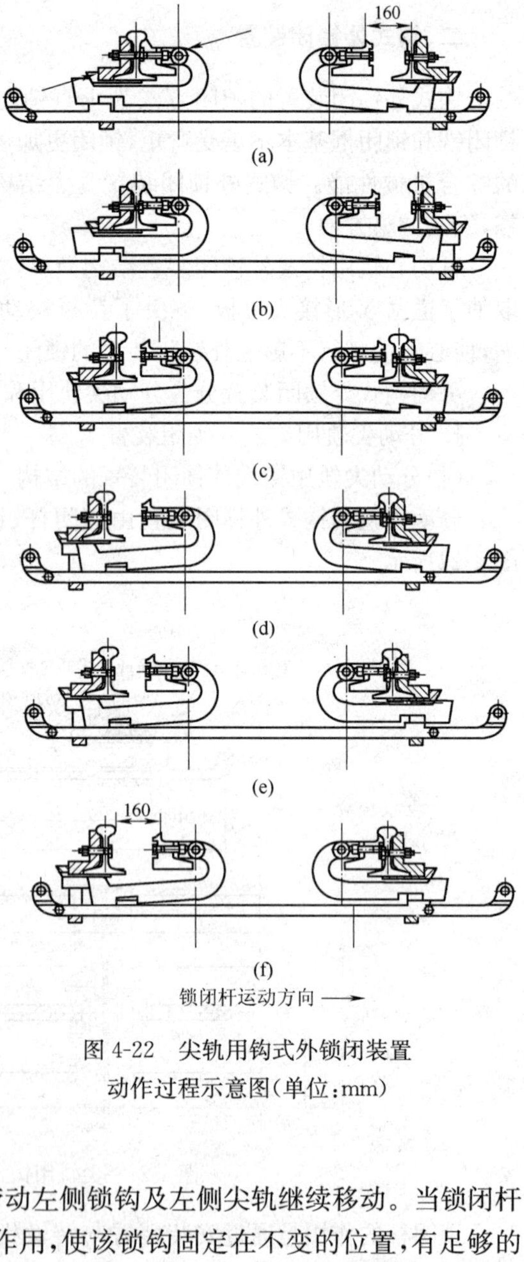

图 4-22　尖轨用钩式外锁闭装置动作过程示意图(单位:mm)

③道岔锁闭过程

虽然右侧尖轨已密贴，但锁闭杆继续运动，带动左侧锁钩及左侧尖轨继续移动。当锁闭杆动作 220 mm 时，右侧尖轨由于锁钩及锁闭框的作用，使该锁钩固定在不变的位置，有足够的锁闭量，实现了锁闭。这时左侧锁钩的缺口与锁闭杆的凸块相咬合，由于转辙机具有内锁作用，使锁钩处于不动位置，有足够的开程，对斥离尖轨也实现了锁闭[图 4-22(f)]。

2. 可动心轨用钩式外锁闭装置

(1)可动心轨用钩式外锁闭装置的结构

可动心轨用钩式外锁闭装置结构原理如图 4-23 所示。亦由锁闭杆、锁钩、锁闭框、锁闭铁组成，但锁闭杆的尺寸、锁钩的外形与尖轨所用完全不同。锁闭框安装在翼轨补强板上，直接与翼轨相连，心轨的凸缘插在锁钩的楔形槽内，可动心轨在槽内可前后伸缩，通过锁闭杆的横向运动牵引可动心轨转换并锁闭。

(2)可动心轨用外锁闭装置的动作原理

可动心轨用钩式外锁闭装置的工作过程也分为解锁、转换、锁闭三个阶段，如图 4-23 所示。图中可动心轨原密贴于左侧翼轨。锁闭杆向右运动，锁钩转动解锁[图 4-23(a)]。锁闭杆向右继续运动，锁闭杆带动锁钩，进而带动心轨转换至右侧翼轨[图 4-23(b)]。尖轨与翼轨密贴后，锁闭杆继续运动，直到锁钩转动锁闭[图 4-23(c)]。

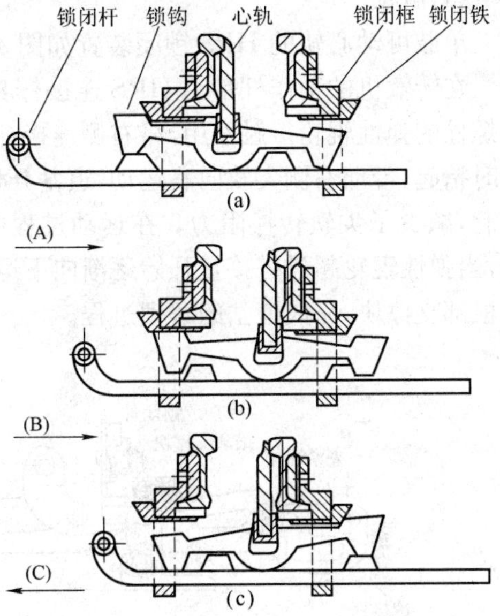

图 4-23 可动心轨用钩式外锁闭装置及动作示意图

三、HRS 锁闭装置

HRS 锁闭装置是 BWG 开发的专用于无砟道岔的锁闭装置。HRS 锁闭装置的特殊设计能使得尖轨与弹性支撑的基本轨一起在水平和竖向移动，从而确保尖轨岔尖的提升能与在高速列车条件下弹性变形的基本轨相平衡，从而有效地得到保护了尖轨岔尖不会被撞击。

HRS 锁闭装置固定了尖轨和基本轨的相对位置。在连杆中弹条的特殊运动允许需要控制的锁闭装置的脱扣、移动和固定。在转辙时，尖轨被从滑床板上抬起。弹条的形式使它能够水平地紧固尖轨和竖向地紧固基本轨。尖轨和基本轨之间的高差在基本轨的弹性降低后保持平整。承式伸缩支撑杆的形式允许尖轨相对于基本轨之间允许有 ±40 mm 的纵向移动量(自动补偿尖轨的位移)。即使高速道岔的尖轨很长，而且在冬、夏巨大的温差条件下，也能避免锁闭装置被卡住。

HRS 锁闭装置连杆采用多支点轴销转动原理，(节杆运动)尖轨锁闭和尖轨与锁闭单元连接均采用弹性连接方式，尖轨运动都是通过低维护的辊轮来实现的，不再使用滑动的、高维护的部件，克服了钩式外锁闭道岔由于尖轨串动爬行而造成钩式外锁闭道岔解锁不了的难题。

尖轨的 HRS 锁闭装置如图 4-24 所示。单肢可动心轨(用于 18 号道岔)的 HRS 锁闭装置如图 4-25 所示。

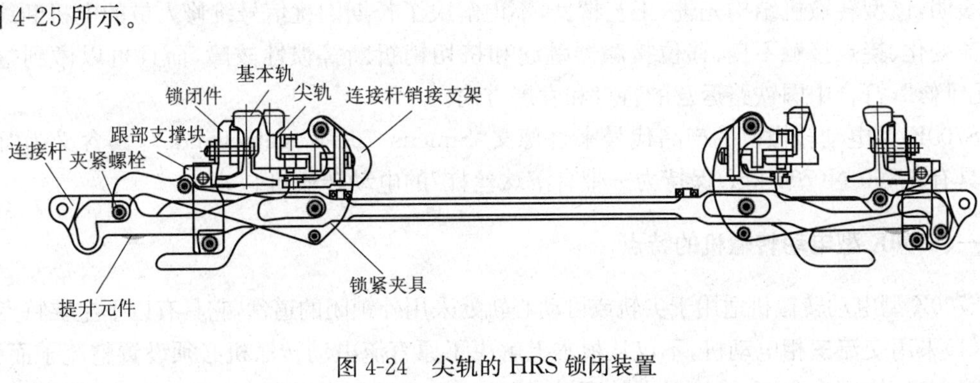

图 4-24 尖轨的 HRS 锁闭装置

HRS 锁闭装置动作过程经过了的解锁、转换、锁闭三个过程。

(1)解锁

单肢可动心轨的 HRS 锁闭装置如图 4-25 所示 ,开始转换前,尖轨处于右侧密贴锁闭状态。在转辙机的动作杆带动 HRS 连接杆自左向右伸出运动时,连接杆右侧的提升元件与偏心螺栓的弹性辊轮接触作用,将右侧连接杆抬起,由于锁紧夹具和连杆是一体的,锁紧夹具也同时抬起,带动右侧尖轨向右运动,道岔开程逐渐减小,同时也向上方抬起,尖轨被从滑床板上抬起,减少了尖轨转换阻力。在运动过程中,左侧的弹性辊轮保持横向水平位置尖轨处于锁闭,当弹性辊轮超过搭接量开始逐渐向下运动并落入连杆的底部时,偏心螺栓离开锁闭力支点的根部支撑块,完成道岔的解锁过程。

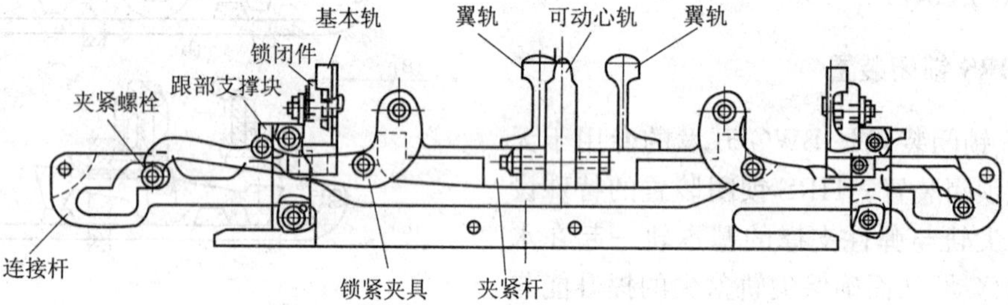

图 4-25　单肢可动心轨的 HRS 锁闭装置

(2)转换

锁紧夹、点承式伸缩支撑杆在连接杆带动下继续运动,当右侧尖轨与基本轨密贴后,偏心螺栓的弹性辊轮离开连接杆底部竖直向上运动,准备锁闭尖轨。

(3)锁闭

偏心螺栓的弹性辊轮竖直向上运动,同时偏心螺栓也向根部支撑块运动,将根部支撑块作为锁闭力支点,将尖轨下拉与基本轨紧紧锁闭,弹性辊轮水平移动直至连接杆无搭接量,道岔完成锁闭。

第四节　S700K 型电动转辙机

由于提速需要,S700K 型电动转辙机迅速在全路主要干线推广运用的转辙机。经数年的实践表明,该型转辙机结构先进,工艺精良,不但解决了长期困扰信号维修人员的电机断线、故障电流变化、接点接触不良、移位接触器跳起和挤切销折断等惯性故障,而且可以做到“少维护,无维修”,符合中国铁路运营的特点和发展方向。

S700K 型电动转辙机的产品代号来自德文“Simens-700-Kugelgewinde”,其含义为“西门子—具有 6 860 N(700 kgf)保持力—带有滚珠丝杠”的电动转辙机。

一、S700K 型电动转辙机的特点

S700K 型电动转辙机适用于尖轨或可动心轨处采用外锁闭的道岔,它具有以下主要特点:

(1)采用交流三相电动机,不仅从根本上解决了原直流电动转辙机必须设置整流子而引起的故障率高、使用寿命短、维修量大的不足,而且减少了控制导线截面,延长了控制距离,单芯电缆控制距离可达 2.5 km。

(2)采用直径 32 mm 的滚珠丝杠作为驱动装置,延长了转辙机的使用寿命。

(3)采用具有簧式挤脱装置的保持联结器,并选用不可挤型零件,从根本上解决了由挤切销劳损造成的惯性故障。

(4)采用多片干式可调摩擦联结器,经工厂调整加封,使用中无需调整。

二、S700K 型电动转辙机分类

S700K 型电动转辙机规格齐全,能满足道岔尖轨、可动心轨的双机、多机牵引的需要。

S700K 型电动转辙机的机身是通用的,经配件组装,可组成不同种类。不同种类的转辙机,动作杆有不同的动程,表示杆也有不同的动程,转换力不同,也可以根据需要重新进行组合成为新的种类。

根据安装方式不同,每一种类又分为左装、右装两种。左装(面对尖轨或心轨,转辙机安装在线路左侧)的转辙机型号用字母 A 加上奇数表示,如 A13、A15。右装(面对尖轨或心轨,转辙机安装在线路右侧)的转辙机型号用字母 A 加上偶数表示,如 A14、A16 等。不同种类的 S700K 型电动转辙机不能通用。S700K 型电动转辙机概况见表 4-5。

表 4-5　S700K 型电动转辙机概况

型号	动程(mm)	检测行程(mm)	额定转换力(N)	动作时间(s)	是否可挤	检测杆	用　于
A9/A10	220	120	6 000	≤6.6	不	C47/C48	第一牵引点
A13/A14	220	160	3 000	≤6.6	不	C 45/C46	第一牵引点
A15/A16	150	75	4 500	≤6.6	是	C73/C74	双机
A17/A18	220	120	3 000	≤6.6	不	C119/C120	多机
A19/A20	220	110	3 000	≤6.6	不	C71/C72	多机
A21/A22	220	100	2 500	≤6.6	不	C41/C42	第一牵引点
A23/A 24	150	85	4 500	≤6.6	不	C81/C82	多机
A27/A28	220	75	3 000	≤6.6	不	C73/C74	多机
A29/A30	150	85	4 500	≤6.6	是	C81/C82	双机
A31/A32	220	100	3 000	≤6.6	不	C123/C124	多机
A33/A34	150	65	4 500	≤6.6	不	C91/C92	多机
A35/A36	150	—	6 000	≤6.6	不	—	多机
A39/A40	220	140	3 000	≤6.6	不	C117/C118	多机
A41/A42	220	110	2 500	≤6.6	不	C121/C122	第一牵引点
A43/A44	220	—	3 000	≤6.6	不	—	多机
A45/A46	150	100	4 500	≤6.6	不	C123/C124	多机
A47/A48	150	75	4 500	≤6.6	不	C73/C74	多机
A49/A50	220	120	2 500	≤6.6	不	C47/C48	第一牵引点
A63/A64	220	130	2 500	≤6.6	不	C165/C166	第一牵引点
A69/A70	220	140	4 500	≤6.6	不	C167/C168	第一牵引点
A71/A72	220	85	3 000	≤6.6	不	C169/C170	第一牵引点

续上表

型号	动程（mm）	检测行程（mm）	额定转换力（N）	动作时间（s）	是否可挤	检测杆	用　于
A91/A92	220	120	4 000	≤6.6	不	C191/C192	多机
A 95/A96	220	75	4 000	≤6.6	不	C73/C74	多机
A101/A102	240	110	6 000	≤6.6	不	C71/C72	多机
A103/A104	220	75	6 000	≤6.6	不	C73/C74	多机
A105/A106	240	120	4 000	≤6.6	不	C119/C120	多机
A121/A 122	190	140	3 000	≤6.6	不	C117/C118	多机
A123/A124	165	110	3 000	≤6.6	不	C71/C72	多机
A125/A126	140	85	4 500	≤6.6	不	C81/C82	多机
A127/A128	120	—	4 500	≤6.6	不	—	多机
A129/A130	190	—	4 500	≤6.6	不	—	多机
A135/A136	240	100	4 000	≤6.6	不	C41/C42	多机
A141/A142	170	120	3 000	≤6.6	不	C119/C120	第一牵引点
A143/A144	120	65	4 500	≤6.6	不	C91/C92	多机
A145/A146	190	—	2 500	≤6.6	不	—	多机
A147A 148	170	—	4 500	≤6.6	不	—	多机
A149/A150	140	—	4 500	≤6.6	不	—	多机
A151/A 152	220	110	3 000	≤6.6	是	C71/C72	多机
A153/A154	150	—	6 000	≤6.6	不	—	多机

转辙机动作杆动程，包括转辙机带动可动轨经过的道岔开程和外锁闭装置完成锁闭所经过的距离。道岔动程指检测杆的行程，即转辙机带动可动轨所经过的道岔开程，两者不同。

三、S700K 型电动转辙机结构

1. S700K 型电动转辙机的整体结构

S700K 型电动转辙机主要由外壳、动力传动机构、检测和锁闭机构、安全装置、配线接口五大部分组成，其结构如图 4-26 所示。

(1)外壳

主要由铸铁底壳、机盖、动作杆套筒、导向套筒、导向法兰等组成。

(2)动力传动机构

主要由三相交流电动机、齿轮组、摩擦联结器、滚珠丝杠、保持联结器、动作杆等组成。

(3)检测和锁闭机构

主要由检测杆、叉形接头、速动开关组、锁闭块和锁舌、指示标等部分组成。

(4)安全装置

主要由开关锁、遮断开关、连杆、摇把孔挡板等组成。

(5)配线接口

主要由电缆密封装置、接插件插座组成。

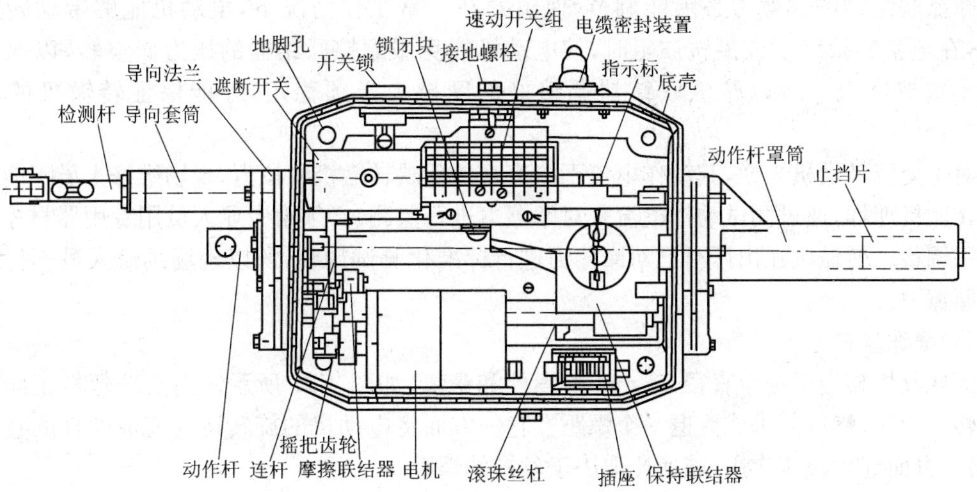

图 4-26　S700K 型电动转辙机结构图

2. S700K 型电动转辙机主要部件及其作用

(1)三相交流电动机

三相交流电动机为转辙机提供动力,为笼式转子,定子三个绕组呈星形接法。每相的引出线为单根多股软线,其星形汇接点在安全接点座第 61、71、81 端子上,由跨接片跨接。

由于采用交流电动机,没有直流电动机的整流子,自然消除了电机电枢断线、枢间混线、炭刷与整流子接触不良等惯性故障,从而提高了设备的可靠性和使用寿命,减少了维修量。

三相交流电动机的电气参数见表 4-6。

表 4-6　三相交流电动机的电气参数

额定电压(V)	额定电流(A)	额定功率(W)	功率因素	转速(r/min)	频率(Hz)	缘绝等级
三相 380	2	400	0.45	1 350	50	B 级

(2)齿轮组

齿轮组由摇把齿轮、电机齿轮、中间齿轮及摩擦联结器齿轮组成,其中摇把齿轮与电机齿轮是一个传递系统,使得能用摇把对转辙机进行人工操纵。电机齿轮、中间齿轮、摩擦联结器齿轮是一个传递系统,将电动机的旋转驱动力传递到摩擦联结器上,并将电动机的高速转速降速,以增大旋转驱动力,适应道岔转换的需要,这是转辙机的第一级降速。

(3)摩擦联结器

摩擦联结器将齿轮组变速后的旋转力传递给滚珠丝杠,摩擦联结器内有三对主被金属摩擦片,分别固定在外壳和滚珠丝杠上,摩擦片的端面有若干压力弹簧,通过调整弹簧压力,可以使主被摩擦片之间的摩擦结合力大小发生变化,实现了电动机和传动机构之间的软联结。这样,就可消耗因电动机转动惯性带来的电动机动作电路断开后的剩余动力。在尖轨转换中途受阻不能继续转换时不使电动机被烧毁,即当作用于滚珠丝杠上的转换阻力大于摩擦结合力时,主被摩擦片之间相对打滑空转,保护了电动机。

摩擦联结器的摩擦力必须能调节，使道岔在正常工作情况下，电动机能够带动转辙机工作，在道岔转换终了或尖轨被阻时，使电动机能克服摩擦联结器的压力而空转，以保证电动机不致被烧毁。所以摩擦联结器调整好的摩擦力必须稳定，才能保证转辙机的可靠工作。

对于交流转辙机来说，其动作电流不能直观地反映转辙机的拉力，现场维修人员不能像对直流转辙机那样，通过测试动作电流来对摩擦力进行监测，必须由专业人员用专用器材才能进行这一调整。转辙机在出厂时已对摩擦力进行标准化测试调整，所以现场维修人员不得随意调整摩擦力。

(4)滚珠丝杠

滚珠丝杠相当于一个直径 32 mm 的螺栓和螺母，如图 4-27 所示。当滚珠丝杠正向或反向旋转一周时，螺母前进或后退一个螺距。它一方面将电动机的旋转运动变成丝杠的直线运行；另一方面起到减速作用，减速比取决于丝杠的螺距。

(5)保持联结器

保持联结器是转辙机的挤脱装置，利用弹簧的压力通过槽口式结构将滚珠丝杠与动作杆连接在一起，如图 4-28 所示。当道岔的挤岔力超过弹簧压力时，动作杆滑脱，起到整机不被损坏的保护作用，相当于 ZD6 系列电动转辙机的挤岔装置。

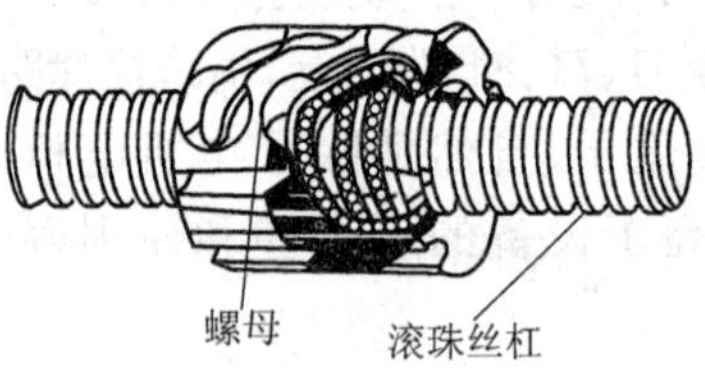

图 4-27　滚珠丝杠

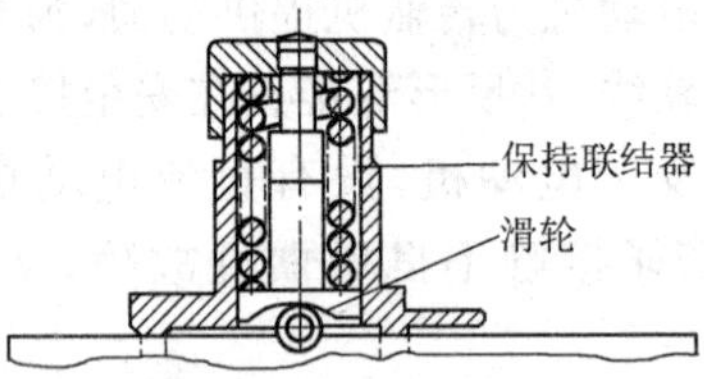

图 4-28　保持联结器

根据现场实际需要，保持联结器可采用可挤型和不可挤型。可挤型是指保持联结器利用其内部弹簧的压力将滚珠丝杠和动作杆连接在一起，弹簧的挤岔阻力可分别设定为 9 kN、16 kN、24 kN、30 kN 等，当道岔的挤岔阻力超过弹簧设定压力时，动作杆滑脱，实现挤岔时的整机保护。不可挤型是工厂将保持联结器内部的弹簧取消，放一个止挡环，用于阻止与动作杆相连的保持栓的移动，成为硬连接结构。挤岔锁定力为 90 kN。当道岔挤岔阻力超过 90 kN 时，挤坏硬连接结构的保持联结器，需整机送回工厂修理。

保持联结器的顶盖是加铅封的，维修人员不得随意打开。铅封打开后，必须由专职人员重新施封，以保证其安全可靠地运用。

(6)检测杆

检测杆随尖轨或心轨转换而移动，用来监督道岔在终端位置时的状态。检测杆有上、下两层，上层检测杆用于监督拉入密贴的尖轨或心轨拉入时的工作状态，下层检测杆用于监督伸出密贴的尖轨或心轨伸出时的工作状态，如图 4-29 所示。

上、下层检测杆之间没有连接或调整装置，外接两根表示杆，分别调整。道岔转换时，由尖轨或可动心轨带动检测杆运动。当密贴尖轨或可动心轨密贴，斥离尖轨或可动心轨到达规定位置，上、下层检测杆的大小缺口对准转辙机的锁闭块时，锁舌才能弹出。就是说，密贴尖轨或可动心轨，斥离尖轨或可动心轨到达规定位置时，才能给出有关表示。

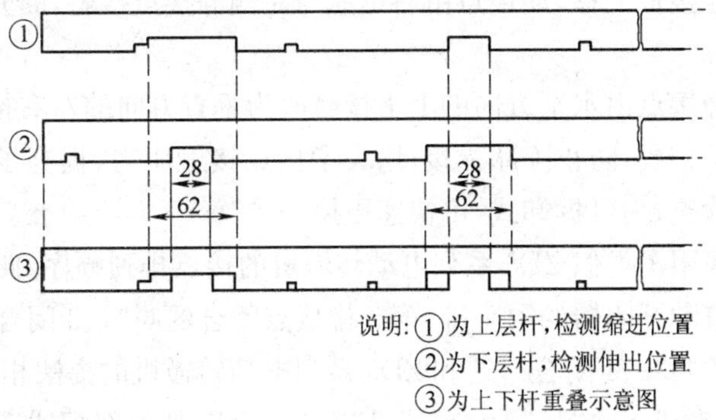

图 4-29　左装式 S700K 型电动转辙机检测杆示意图(单位：mm)

(7)锁闭块和锁舌

道岔在终端位置，当检测杆指示缺口与指示标对准时，锁闭铁及锁舌应能正常弹出。

锁闭块的正常弹出使速动开关的有关启动接点闭合及表示接点断开。

锁舌的正常弹出用于阻挡转辙机的保持联结器的移动，实现转辙机的内部锁闭。锁舌的伸出量一般大于或等于 10 mm，但最小伸出量不得小于 9 mm。

转辙机开始动作后，锁舌在锁闭块的带动作用下应能正常缩入。锁闭块的缩入，应可靠地断开表示接点。锁舌的缩入，应完成转辙机的内部解锁。

(8)TS-1 型接点系统

S700K 型电动转辙机原采用沙尔特堡接点组，其体积小，结构单薄，抗振能力明显不足，在使用过程中，接点接触不良、接点螺丝滑扣松动、虚焊等故障逐年上升。由于该接点在转换过程中没有动作扫程，遇特定条件会出现接点冰冻黏接故障。该种接点的封闭结构给查找故障、更换接点带来不便。为了减少故障，提高设备运用质量，研制了 TS-1 型新型接点系统，以取代沙尔特堡接点。

TS-1 型接点系统由开关盒、转换驱动机械、插接件等组成，如图 4-30 所示。

TS-1 型接点和沙尔特堡接点组安装尺寸不同，S700K 型转辙机两滑块上部大盖板需重新制作。

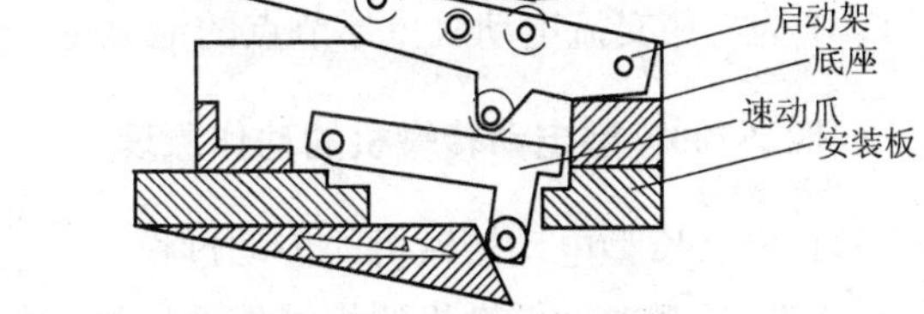

图 4-30　TS-1 型接点系统

当转辙机电动机旋转，滚珠丝杠下方的动作推板开始动作时，锁闭滑块由左向右推移，大滑块前端斜面驱动速动爪滚轮向上顶起，并推动启动架向上提升，启动架前部滚轮逐步将开关盒下部连板向上推动，开关盒中动接点也随之开始动作，中部接点拉簧随动接点拐臂由右向左摆动，并拉伸，动接点触头向上移动与左侧静接点摩擦后断开，从而断开原表示电路。当上下拐臂过中心点后，动接点由于拉簧作用，从左侧迅速转换与右侧静接点接触，接通反转电路。当转辙机转至终点，检测杆到位后，另一组接点下部的大滑块由右向左移动，在复位大弹簧的作用下，速动爪落下，启动架尾部抬起，左侧滚轮推动连接板上移，动接点由右迅速与左侧静接点接触，断开转辙机动作电路，接通新的表示电路。

该接点组将动、静接点由水平方向的上下接触改为垂直方向的左右接触，减少了列车振动对接点的损伤；增设了扫程，防止冻冰黏接；增大了接点接触压力，提高了接触可靠性；接点组壳体透明敞开，方便检查；为可拆卸式，可快速更换。

TS-1 型接点组采用了类似 ZD6 系列电动转辙机的接点排列顺序，便于掌握。

道岔在定位时，自动开闭器的第 1 排、第 3 排接点闭合的叫"1、3 闭合"，自动开闭器的第 2 排、第 4 排接点闭合的叫"2、4 闭合"，这和 ZD6 系列电动转辙机的提法相同。

S700K 型电动转辙机无论"1、3 闭合"还是"2、4 闭合"，其内部配线完全一样，只需通过室外连线 X_2 与 X_3、X_4 与 X_5 的交叉和二极管的换向来实现。

(9)开关锁与安全接点座

开关锁是操纵遮断开关闭合和断开的机构，用来在检修人员打开电动转辙机机盖进行检修作业或车务人员插入摇把转换道岔时，可靠断开电动机动作电路，防止电动机误动，保证人身安全。当钥匙立着插入并逆时针转动 90°时，遮断开关被可靠断开。恢复时需提起开关锁上的锁闭销，同时将插入的钥匙顺时针转动 90°，遮断开关被可靠接通。

遮断开关接通时，摇把挡板能有效阻挡摇把插入摇把齿轮，防止用钥匙打开电动转辙机机盖。断开遮断开关时，摇把能顺利插入摇把齿轮或用钥匙打开电动转辙机机盖，此时电动机的动作电源被可靠地切断，不经人工操纵和确认，不能恢复接通。

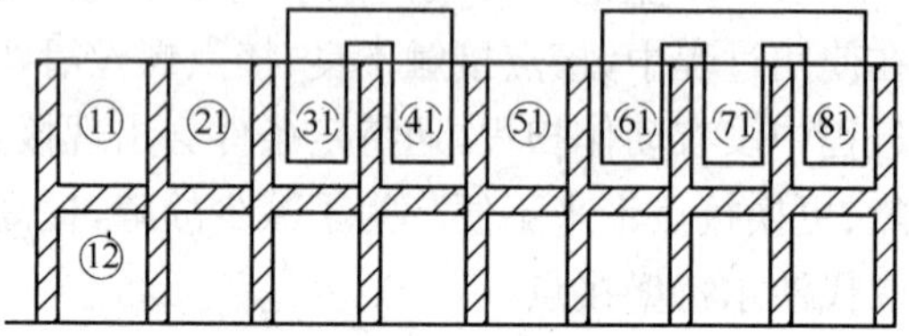

图 4-31　安全接点座

安全接点座如图 4-31 所示。安全接点 11-12是遮断开关，它在开关锁的直接操纵下闭合和断开，需要进行内部检修或人工断开动作电路时，用钥匙打开开关锁，断开安全接点，切断动作电路，起到保护作用。人工摇动道岔时，打开摇把孔板，也断开安全接点，防止在手摇道岔时室内扳动道岔使其误动。

端子 31、41 为安全接点 11-12、电动机引线 U、速动开关接点 25、26 的汇流排。端子 61、71、81 为三相交流电动机星形节点的汇流排。

四、S700K 型电动转辙机的动作原理

1. S700K 型电动转辙机的传动过程

S700K 型电动转辙机的机械传动机构按如下过程工作：

(1)电动机的转动通过减速齿轮组，传递给摩擦联结器。

(2)摩擦联结器带动滚珠丝杠转动。

(3)滚珠丝杠的转动带动丝杠上的螺母水平移动。

(4)螺母通过保持联结器经动作杆、外锁闭杆带动道岔转换。

(5)道岔的尖轨或可动心轨经外表示杆带动检测杆移动。

2. S700K 型电动转辙机的动作过程

S700K 型电动转辙机的动作可分为三个过程：第一为解锁过程，也是断开表示接点的过程；第二为转换过程；第三为锁闭过程，也是接通表示接点的过程。现以 220 mm 动程转辙机定位拉入为例分述各过程。

(1)解锁及断开表示接点过程

当操纵道岔，需使转辙机动作杆由拉入变为伸出位置时，三相电动机得到 380 V 交流电源，使电动机顺时针方向旋转，经齿轮组及摩擦联结器使滚珠丝杠向顺时针方向旋转，从而使丝杠上的螺母向左侧运动。在运动过程中，由操纵板将锁闭块顶进，使表示接点断开，同时带动左锁舌向缩进方向运动，直至左锁舌完全缩进。

(2)转换过程

在转辙机解锁后，由于三相电动机继续转动，故滚珠丝杠上的螺母继续向左运动，带动保持联结器向左运动，由于保持联结器与动作杆固定为一体，使动作杆向左侧(伸出方向)运动，带动道岔尖轨或可动心轨进行转换，当动作杆运动 220 mm 时，即完成了转换过程。

(3)锁闭及接通表示接点过程

当动作杆向左侧运动了 220 mm 时，检测杆在尖轨带动下运动了 160 mm 或在可动心轨带动下运动了 117 mm，这时锁闭块弹出，接通表示接点，同时右锁舌也弹出，锁住保持联结器，使动作杆不得随意窜动。

3. S700K 型电动转辙机的动作程序

S700K 型电动转辙机的动作程序与 ZD6 型电动转辙机的动作程序大致相同，即：断表示→解锁→转换→锁闭→给出另一位置表示。

以 220 mm 动程的 S700K 型电动转辙机为例，其动作程序为：

电动机转动→中间齿轮转动→摩擦联结器转动→滚珠丝杠转动→丝杠螺母移动→操纵板将锁闭块顶入，断开原表示→锁舌缩入，解锁→滚珠丝杠螺母带动保持联结器移动→外锁闭装置开始解锁→动作杆移动 60 mm 时外锁闭装置解锁完毕→道岔转换→动作杆移动 220 mm 时内检测杆缺口对准锁闭块，锁闭块弹出，进入检测杆缺口→锁舌伸出→断开启动电路，接通表示。

与 ZD6 系列电动转辙机不同的是，S700K 型电动转辙机具有表示电路自检锁闭功能，卡缺口时，锁舌伸不出来，内锁闭无法锁闭，不能接通表示电路，即有道岔表示时转辙机必须在内锁闭状态。而 ZD6 系列电动转辙机表示电路不检查锁闭，检查柱不落槽，转辙机照样能实现内锁闭。

五、S700K 型电动转辙机的安装装置

1. S700K 型电动转辙机牵引外锁闭道岔的方式

各牵引点分别由一台转辙机牵引，各台转辙机同时动作，采用钩式外锁闭装置。

2. S700K 型电动转辙机尖轨的安装装置

用于 12 号提速道岔尖轨第一、第二牵引点的 S700K 型电动转辙机安装分别如图 4-32 和图 4-33 所示。

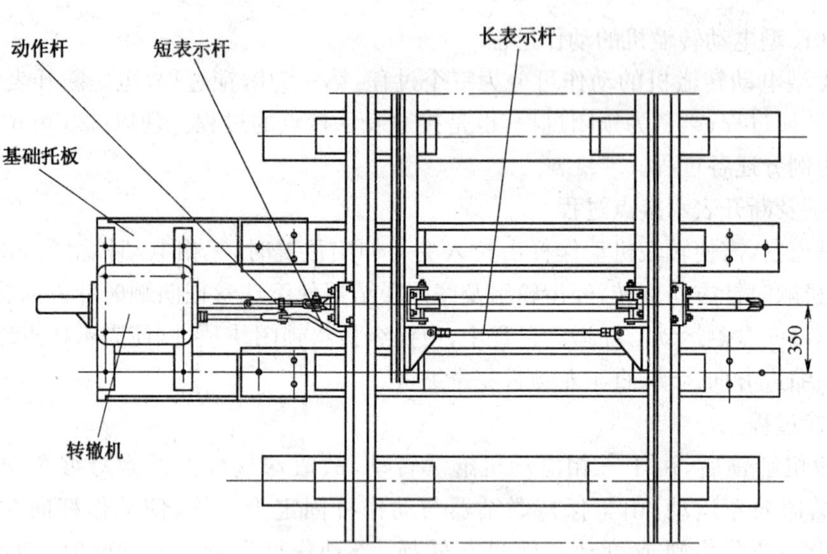

图 4-32　用于尖轨第一牵引点的 S700K 型电动转辙机安装图

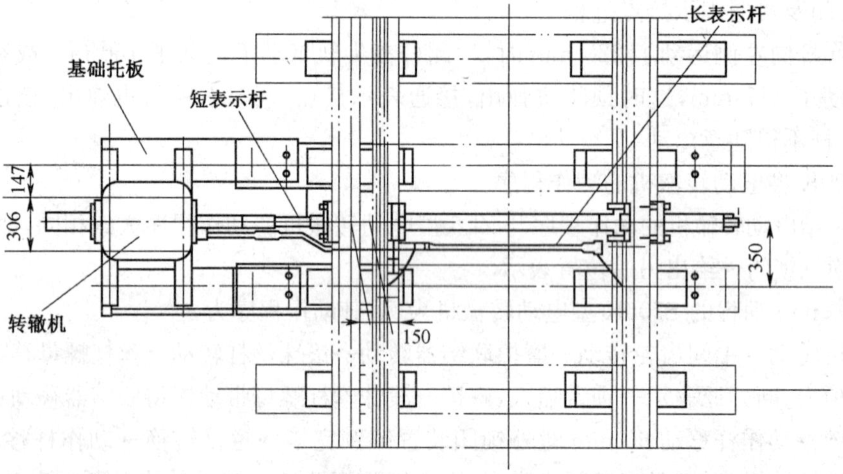

图 4-33　用于尖轨第二牵引点的 S700K 型电动转辙机安装图(单位:mm)

对应每一牵引点将转辙机固定在托板上,经钢枕与钢轨连接。安装装置主要由托板、弯头动作杆、尖端铁、长表示杆、短表示杆等组成。

3. S700K 型电动转辙机可动心轨的安装装置

用于 12 号提速道岔可动心轨的 S700K 型转辙机安装如图 4-34 所示。每个牵引点的安装装置包括托板、动作杆、表示杆。

六、S700K 型电动转辙机的调整

分动外锁闭道岔调整的基本顺序是:先调整第一牵引点,再调整第二牵引点;先调密贴,再调锁闭量,最后调表示缺口。

1. 密贴调整

外锁闭道岔可通过以下方式调整尖轨与基本轨的密贴:

(1)通过增加或减少锁闭铁与锁闭框之间的调整片来调整。

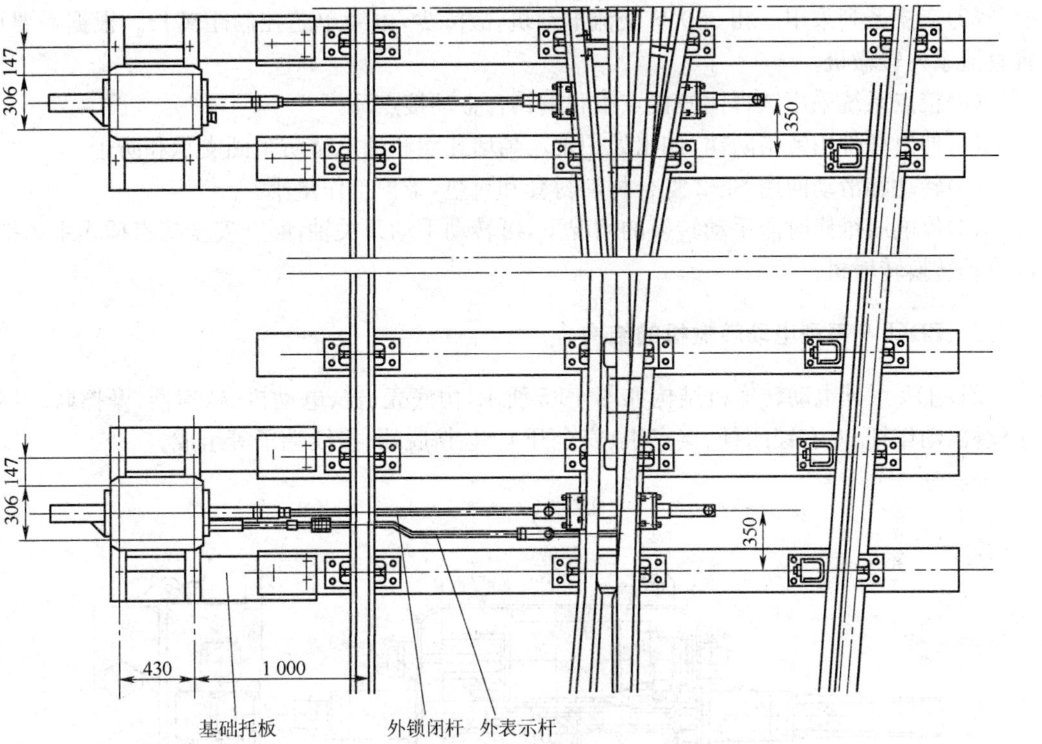

图 4-34　12 号道岔可动心轨的 S700K 型电动转辙机安装图(单位:mm)

(2)通过转动偏心滑块来调整。每转动偏心滑块的一个面,厚度变化 1 mm,最厚面与最薄面相差 3 mm。

对可动心轨的调整,当需微量调整时可选择偏心滑块的厚度进行,该滑块同尖轨部分。

2. 锁闭量调整

定、反位锁闭量之差大于 3 mm 时,可通过减少密贴调整片,同时在尖轨连接铁和尖轨间增加调整垫来调整。

3. 转辙机表示缺口调整

当尖轨与基本轨处于密贴状态时,观察缺口标记是否处于检测缺口的中心位置,如偏离可调整与尖轨连接的外表示杆的长度,使缺口至最佳位置(1.5±0.5) mm。心轨表示缺口不论定位、反位均要求达到(1.5±0.5) mm,如不符合规定,则可调整外表示杆的长度来实现。调整时,应先调伸出位置缺口,后调缩进位置缺口。

第五节　ZD(J)9 系列电动转辙机

ZD(J)9 系列电动转辙机是为我国铁路提速的需要研制的,是根据道岔的不同转换动程和转换力及交流、直流不同供电方式开发的系列产品,具有转换力大、效率高等特点。既适用于多点牵引分动外锁闭道岔的转换,也可用于尖轨联动的内锁闭道岔的转换,还适用于高速铁路。

一、ZD(J)9 系列电动转辙机的特点

ZD(J)9 系列电动转辙机具有以下特点:

(1)采用滚珠丝杠减速,效率较高。

(2)交流系列采用三相 380 V 交流电动机,故障少,电缆单芯控制距离长。根据需要可配置直流系列转辙机。

(3)接点系统采用铍青铜静接点组和铜钨合金动接点环。

(4)伸出杆件用镀铬防锈,伸出处用聚乙烯堵孔圈和油毛毡防尘圈支承和防尘。

(5)转动和滑动面用 SF-2 复合材料衬套和衬垫,维护工作量小。

(6)停电或维修时需手动转换的情况下,可转动手动开关轴,断开安全接点插入手摇把,予以手动转换转辙机。

二、ZD(J)9 系列电动转辙机的结构

ZD(J)9 系列电动转辙机结构如图 4-35 所示,由底壳、盖、电动机、减速器、摩擦联结器、滚珠丝杠、动作杆、左右锁闭杆、接点组、安全开关组、挤脱器、接线端子等组成。

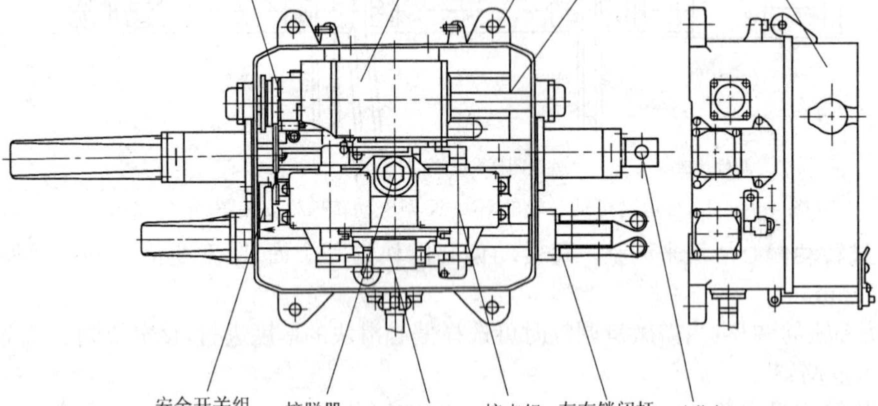

图 4-35　ZD(J)9 系列电动转辙机结构图

1. 电动机

(1)交流电动机

为 Y90S-6 型专用交流电动机,其电气参数见表 4-7。

表 4-7　交流电动机电气参数

额定电压(V)	额定电流(A)	单线电阻(Ω)	额定转矩(N·m)	最大转矩(N·m)	最小堵转转矩(N·m)	转速(r/min)
三相 380	≤1.5	54	2	≥3	≥2.6	≥1 330
三相 380	≤2.1	0	2	—	—	—

(2)直流电动机

直流电动机电气参数见表 4-8。

表 4-8　直流电动机电气参数

额定电压(V)	额定电流(A)	转矩(N·m)	转速(r/min)	缘绝等级
160	≤2	2.6	≥980	F 级

2. 减速器

为两级减速，在改变转换力或转换时间时，可以变动减速比。ZDJ9-A 型第一级速比为 38/26，第二级速比为 46/18，总速比为 3.74。ZDJ9-B 型第一级速比为 44/20，第二级速比亦为 46/18，总速比 5.63。这时由于双机牵引的道岔要求第二牵引点先动，使得宏观上达到同步。

3. 滚珠丝杠

选用国产磨削丝杠，直径 ϕ32 mm，导程 10 mm。由于导程大，滚珠也大，故可靠性高。

4. 摩擦联结器

采用干摩擦，主动片是 4 片外摩擦片，用钢带加工，被动片为 3 片内摩擦片，用 12 个弹簧加压。

5. 自动开闭器

自动开闭器接点组与 ZD6 型相同，只是将动接点支架改进成为有两处压嵌连接的结构，因此左右调整板设在同侧，缩小了接点组尺寸，减少了零件品种。

6. 安全接点

采用沙尔特堡接点。

7. 接线端子

采用笼式弹簧的 2 线接线端子，由于接线部分没有螺纹连接，使用中无需检查或重新拧紧，能抗振动和冲击，是一种免维护的接线端子。

三、ZD(J)9 系列电动转辙机的动作原理

ZDJ9 型电动转辙机动作原理如图 4-36 所示。电动机上装有减速器，电动机的驱动力矩经减速器减速后传到摩擦联结器。由摩擦联结器的内摩擦片通过花键传动滚珠丝杠，将转动转换为螺母的平动。螺母外套有推板套，其上固定有动作板。推板套推动动作杆上的锁块，在锁闭铁作用下，形成了转辙机的解锁、转换、锁闭过程。ZDJ9-A 型电动转辙机的锁闭铁直接固定在底壳上；ZDJ9-B 型电动转辙机的锁闭铁被挤脱器固定在底壳上，挤脱力(28±2) kN。

ZDJ9-A 型电动转辙机的左右锁闭杆分别与第一牵引点两根分动的尖轨相连，在动作杆上的锁块被推板套锁闭在锁闭铁上，与密贴尖轨相连的锁闭杆被锁闭柱锁在密贴位置，这样就形成了双杠锁闭。一根锁闭杆上锁闭用的直缺口和挤岔表示用的斜缺口的距离与尖轨动程有关，只能适用于(160±6) mm。超过此动程范围需另配锁闭杆。锁闭杆断面为 20 mm×50 mm，其弯曲程度为 ZD6 型表示杆的 3.7 倍，保证了第二锁闭的可靠性。

ZDJ9-B 型电动转辙机的左右表示杆与第二牵引点的两根分动的尖轨相连，表示杆内检查块的结构、密贴检查和挤岔断表示原理均与 ZD6 型电动转辙机相同。其仅在动作杆上有锁闭，故为单杆锁闭。挤岔时，通过斥离尖轨的动作，使表示杆的斜面推动检查柱断开表示接点，给出挤岔表示。同时斥离尖轨推动外锁闭杆，进而推动动作杆，当动作杆上的挤岔力超过挤脱力时，锁闭铁就脱开挤脱柱，动作杆解锁。此时，锁闭铁移动 8 mm，锁闭铁上凹槽推动水平顶杆，再推动竖顶杆、动接点支架，从而断开表示。非经人工恢复锁闭铁，不能再接通表示。

为防止惯性反弹，在推板套与动作杆间加有阻尼机构。当推板套推动锁块进入锁闭位，动作杆停止不动，推板套继续前进，到动作板使电动机电源断开时，推板套因惯性继续前进，推板套与动作杆间有相对移动，推板套内的弹簧在动作杆槽的斜面上压缩，弹力使摩擦块在动作杆侧面上摩擦而吸收惯性，即防止了惯性反弹。

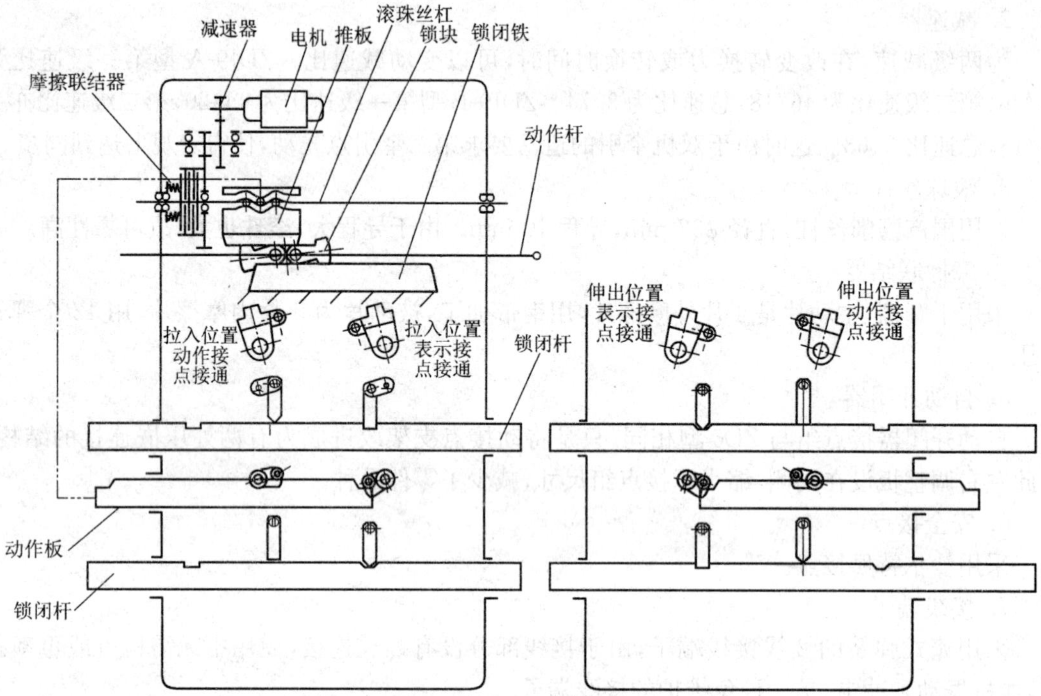

图 4-36　ZDJ9-A 型电动转辙机动作原理图

四、ZD(J)9 系列电动转辙机

ZD(J)9 系列电动转辙机分成 ZDJ9 型交流系列和 ZD9 型直流系列，两者的区别仅在于分别采用交流电动机和直流电动机。交流转辙机电源电压为 AC 380 V，直流转辙机电源电压为 DC 220 V，它们的工作电流均不大于 2 A。

ZDJ9 型和 ZD9 型转辙机又分为 A、B、C、D、E、F 不同的派生型号，它们的基本情况见表 4-9。其中 A、B 为分动外锁闭道岔所用，分别用于第一、第二牵引点。C、D 为联动内锁道岔所用，分别用第一、第二牵引点。E 用于非提速区段第二牵引点，F 用于单机牵引的道岔。ZDJ9-K 型适用于高速铁路，基本情况见表 4-10。

表 4-9　ZDJ9 型转辙机主要技术特性

型号		额定转换力(kN)	动程(mm)	锁闭(表示)杆动程(mm)	动作时间不大于(s)		挤脱力(kN)	锁闭方式	挤切方式	适用范围
交流系列	直流系列				交流	直流				
ZDJ9 170/4k	ZD9 170/4k	4	170±2	152±4	5.8	8	28±2	双杆内锁	可挤	尖轨动程 152 mm 以下道岔
ZDJ9-A220/2.5k	ZD9-A220/2.5k	2.5	220±2	160±4	5.8	8	—	双杆内锁	不可挤	分动外锁双机牵引第一点，三机牵引第一点、第二点，心轨第一点

续上表

型号		额定转换力(kN)	动程(mm)	锁闭(表示)杆动程(mm)	动作时间不大于(s)		挤脱力(kN)	锁闭方式	挤切方式	适用范围
交流系列	直流系列				交流	直流				
ZDJ9-B150/4.5k	ZD9-B150/4.5k	4.5	150±2	75±4	5.8	8	28±2	单杆内锁	可挤	分动外锁双机牵引第二点，三机牵引第三点，心轨第二点
ZDJ9-C220/2.5k	ZD9-C220/2.5k	2.5	220±2	160±20	5.8	8	—	双杆内锁	不可挤	联动内锁第一牵引点
ZDJ9-D150/4.5k	ZD9-D150/4.5k	4.5	150±2	75±20	5.8	8	28±2	单杆内锁	可挤	联动内锁第二牵引点

表 4-10　ZDJ9-K 型转辙机主要技术特性

型号	电源电压	动程(mm)	锁闭(表示)杆动程中间值(mm)	额定转换力(kN)	工作电流(A)	动作时间(s)	单线电阻(Ω)	挤脱力(kN)	适用范围
220/2.5k/160		220	160	2.5				—	尖轨第一牵引点
190/3.5k/140		190	140	3.5				—	尖轨第二牵引点
165/4k/110		165	110	4					尖轨第三牵引点
140/4.5k/85	AC 三相 380 V	140	85	4.5	≤2	≤5.8	≤54	28±2	尖轨第四牵引点
120/4.5k		120	—	4.5					尖轨第五、六牵引点
220/2.5k/120		220	120	2.5				—	心轨第一牵引点
190/3.5k		190	—	3.5				—	心轨第二牵引点
150/4.5k		150	—	4.5				28±2	心轨第三牵引点

第六节　ZY 系列电液转辙机

电动液压转辙机(以下简称电液转辙机)是采用电动机驱动、液压传动方式来转换道岔的一种转辙装置。液压式转辙机取消了齿轮传动和减速器，简化了机械结构，将机械磨损减至最低程度，减少了维修工作量，并且适用于提速道岔。但液压传动对液压介质要求较高，对元件要求也高，传动效率较低。

目前，在提速道岔上大量采用 ZYJ7 型电液转辙机，故本节重点介绍 ZYJ7 型。

一、ZY 系列电动液压转辙机

1. ZY 系列电液转辙机概述

ZY 系列电动液压转辙机分为普通型和快速型，普通型电液转辙机又分为直流电液转辙机和交流电液转辙机。普通型电液转辙机有 ZY(J)1、ZY(J)2、ZY(J)3、ZY(J)4、ZY(J)5、ZY(J)6、ZYJ7 型,有 J 字的是交流转辙机。其中,ZY(J)1、ZY(J)2、ZY(J)3 和 ZYJ7 型是整体式,ZY(J)4、ZY(J)5、ZY(J)6 型是分体式(液压站和转辙机主机分设)。ZYK 是快速型。

ZYJ4、ZYJ7 型分别与 SH5、SH6 型转换锁闭器配套用于多点牵引道岔上(也可多机多点牵引),ZYJ5 型为挤岔保护型,ZYJ6 型为挤岔断表示型。目前使用较多是 ZYJ4、ZYJ6 和 ZYJ7 型。

电液转辙机型号表示法:

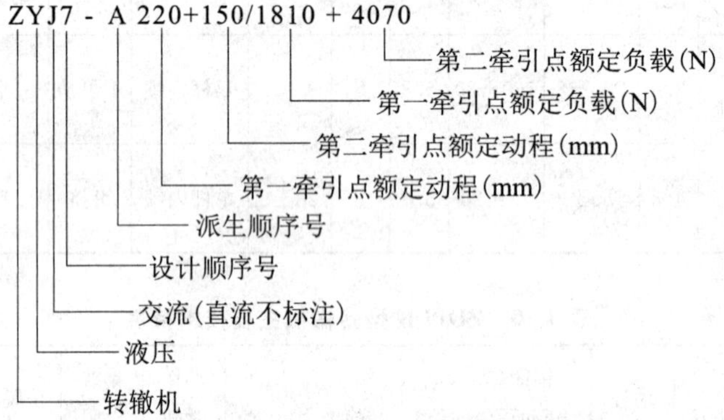

2. 液压传动概述

液压传动是用液体为工作介质来传送能量的。油压传动是液压传动的一种,是利用油液的压力来传递能量的。

(1)液压传动原理

液压传动借助于处于密闭容器内的液体的压力来传递能量和动力。液体虽然没有立体的几何形状,却有几乎不变的容积。当它被容纳于密闭的系统之中时,就可以将压力由一处传递到另一处。当高压液体在管道、油缸中流动时,就能传递机械能。任何液压传动都是建立在这种通过处于密闭容器中的受压液体流动来传递机械能的基础上的。

(2)液压传动的优点

①易于获得很大的力或力矩,并且易于控制。使用油泵容易获得较高的压力(7～35 MPa),油缸的有效承压面积较大,可获得很大的力或力矩。例如一个内径 30 cm 的油缸,油液压力为 19.6 MPa 时,活塞杆上可产生 1 385 kN 力,这是其他传动方式难以做到的。

②易于实现直线的往复运动,直接推动工作机构,适合牵引道岔尖轨移位。

③易于调整调速比。如用节流阀调速时,流量变速若由 0.02 l/min 变到 100 l/min,调速比就达 5 000,这是其他传动方式无法比拟的。

④输出功率大、体积小。油泵的外形尺寸仅为同功率电机的 12%～13%,重量仅为 10%～20%。

⑤传动平稳、均匀。

⑥在往复和旋转运动中,可以经常快速而无冲击地变速和换向,由于液压机构重量轻,惯性小,可获得高速反应。中等功率的电动机启动,正常需要 1～2 s,而同功率的液压机不超过 0.1 s。

⑦易于获得各种复杂的动作。

⑧易于布局及操纵，根据需要可增设多个牵引点。

⑨易于防止过载事故。

⑩操纵力较小。

⑪自动润滑，元件的寿命较长。

⑫易与电气设备配合，制作出性能良好、自动化程度很高的复合控制系统。

(3)液压传动的缺点

①容易出现泄漏。液压系统要求液体在密闭的容器内进行工作，但压力油通过密封处的间隙必然产生内部和外部的微量泄漏。这种泄漏超过一定量时，会影响液压传动的效率，还会影响运动的平稳性。

②油的黏度随温度变化会引起工作机构的不稳定性。油温低时黏度高，工作机构的速度要慢一些；温度高时黏度下降，工作机构的速度要快一些。所以在要求工作机构速度恒定的液压传动系统中，就得随温度的变化调整油量。

③空气渗入液压系统后会引起系统工作不良，例如发生振动、窜动、爬行、噪声，都是由于空气渗入液压系统而造成的。尤其是在密封或液压系统设计的不合理时，空气很容易渗入。

④元件精度要求高，不易加工，价格较贵，对使用维修的要求较高。

⑤液压油易受污染，从而加剧元件的磨损和堵塞，使整机性能下降，寿命缩短，甚至损坏。

3. 电液转辙机基本结构

电液转辙机由动力系统(直流电动机或交流电动机)、液压系统、油路系统、转换锁闭系统和接点系统组成。

ZYJ1 型～ZYJ6 型电液转辙机油路系统如图 4-37 所示，由油泵、流量调节阀、溢流阀、单向阀、滤清器及各部接头、油管、油路板组成。ZYJ7 型将油路板改为溢流板体。

油泵是整个系统的动力源，用来将机械能变为液体的压力能。流量调节阀、溢流阀、单向阀等组成操纵控制装置，用以调节控制液压油的流向、流量和压力，实现不同的工作循环。油缸是系统的执行机构，它把液压能变换成机械能。滤清器、油箱(或油池)等是辅助装置。

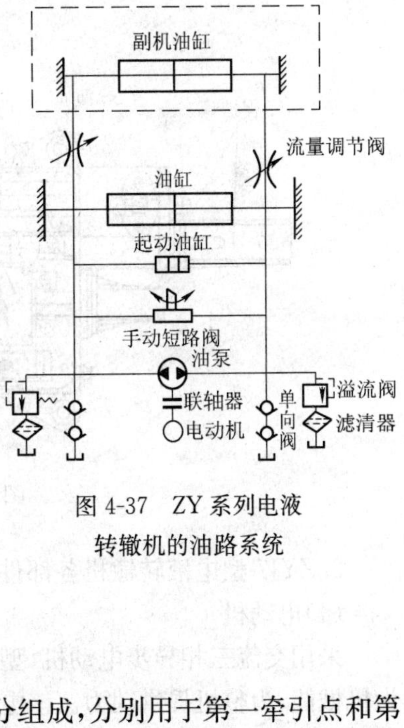

图 4-37 ZY 系列电液转辙机的油路系统

二、ZYJ7 型电动液压转辙机

1. ZYJ7 型电液转辙机结构

ZYJ7 型电液转辙机由主机和 SH6 型转换锁闭器两部分组成，分别用于第一牵引点和第二牵引点、第三牵引点。ZYJ7 型电液转辙机、SH6 型转换锁闭器结构分别如图 4-38 和图 4-39 所示。

ZYJ7 型电液转辙机主机主要由电动机、油泵、油缸、启动油缸、接点系统、锁闭杆、动作杆等部分组成。SH6 型转换锁闭器(亦称副机)主要由油缸、挤脱接点、表示杆、动作杆组成。

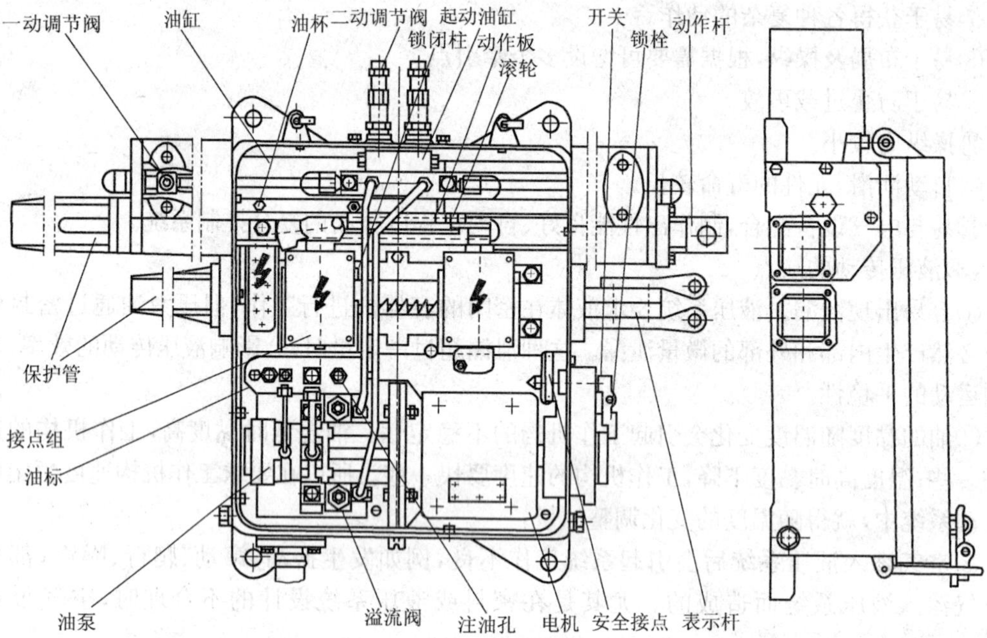

图 4-38　ZYJ7 型电液转辙机结构图

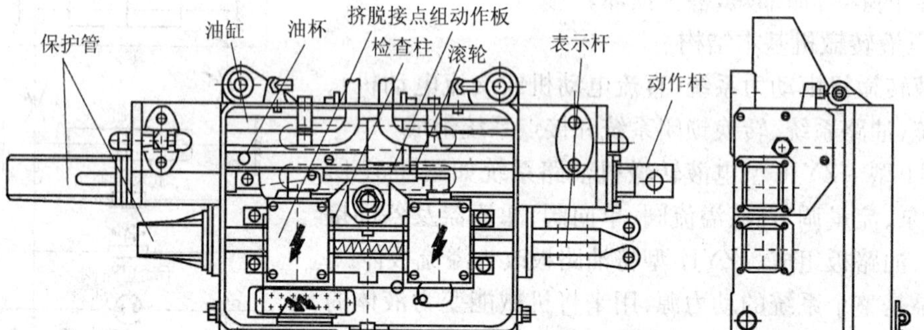

图 4-39　SH6 型转换锁闭器结构图

2. ZYJ7 型电液转辙机各部件

(1)电动机

采用交流三相异步电动机,型号为 Y90S-6-B35,其电气参数见表 4-11。电动机将电能变为机械能,为整机提供动力。该电动机增加了惯性轮,保证转辙机转换到位后开闭器接点不致颤动。

表 4-11　交流电动机电气参数

额定电压(V)	额定电流(A)	额定功率(W)	功率因素	转速(r/min)	频率(Hz)	绝缘等级
三相 380	≤2	750	0.70	≥910	50	B 级

(2)油泵

采用双向斜盘轴向柱塞式油泵,额定压力 9 MPa,排油量 2.1 ml/r。双向柱塞泵的特点是构造简单,寿命长,工作可靠,其结构如图 4-40 所示。泵内装有 9 个不同的柱塞,柱上有弹簧和钢球,并装有厚薄不同的钢质片,下边有沟槽。在受力挤压后便吸起和挤出液压油。当电动机带动油泵往一个方向旋转时,泵的柱塞就可从一端吸出液压油注入另一端,经反复高速吸出和注入,即可泵出液压油;电动机反转时,可带动油泵从另一端吸出和注入液压油,泵出反方向液压油,所以称为柱塞式油泵。ZYJ7 型的油泵结构是改进型的,取消了柱塞弹簧(只保留一根弹簧),提高了容积效率和机械效率。

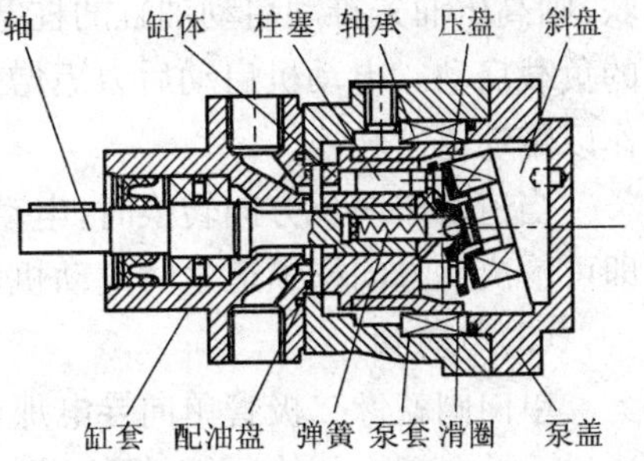

图 4-40　油泵结构图

(3)油缸

油缸由活塞杆、缸座、缸筒、缸套、接头体、连接螺栓和密封圈组成,如图 4-41 所示。活塞杆两端的螺孔与连接螺柱的一端紧固,连接螺栓另一端与杆架相连,杆架又连在机体外壳上。这样就使得活塞杆固定,用缸筒运动来推动尖轨或心轨转换。油缸用来将注入缸内的液压力转换成机械力,以推动尖轨或可动心轨转换。油缸动程为转辙机动程加 50 mm。

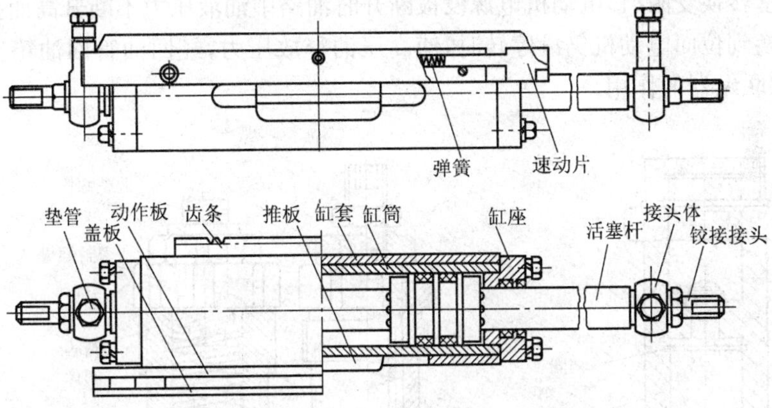

图 4-41　油缸及推板

(4)启动油缸

启动油缸的作用是在电动机刚启动时先给一个小的负载,待转速提高、力矩增大时再带动负载,来克服交流电动机启动性能的不足。

启动油缸由缸体、缸筒、柱塞、垫块、螺堵及 O 形圈组成,如图 4-42 所示。启动油缸用两个接头阀将油路板与缸体上的两个孔连接起来,使得其在油路中与油缸并联。柱塞和缸筒位于启动油缸体内。

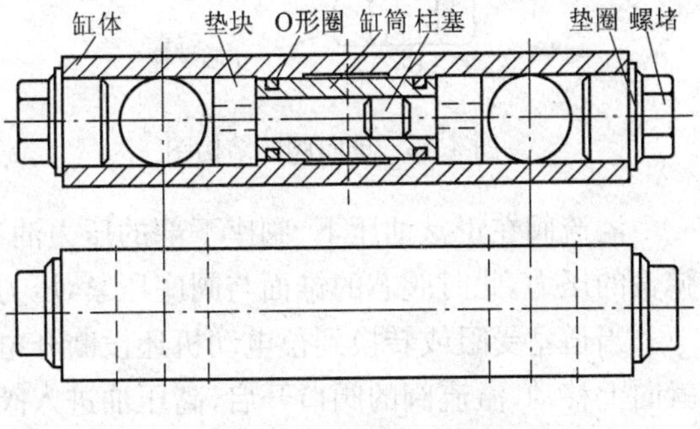

图 4-42　启动油缸的结构图

当电动机刚启动时，若油泵右侧为高压油，则启动油缸右孔为高压，因启动油缸与油缸并联，则高压油先推动启动油缸的柱塞向左移动，由于柱塞力很小，相当于电动机只带一个很小的负载启动。电动机启动后力矩增大，启动油缸也已被充满，液压油再充入油缸，推动油缸动作以带动道岔转换。

当道岔需向反方向转换时，电动机反转，油缸左孔为高压，这时启动油缸的柱塞向右移动，即可解决反方向操纵道岔时电动机启动力矩小的问题。

(5)单向阀

单向阀就像二极管单向导电那样，正向的液压油流畅通，反向的液压油流则被关闭而不能通过。单向阀由阀体、空心螺栓、钢球、O 形圈、挡圈等组成，如图 4-43 所示。阀体内有两个钢球，装在与空心螺栓同心的圆槽内，螺栓与油路板间经加垫的密封圈坚固连接。为防止失灵，做成双层阀门。挡圈用来防止钢球封死上部出油口。

单向阀可使液压油从空心螺栓底部掀起钢球顺利进入，此时另一端的单向阀被返回油流冲击而使钢球堵在空心螺栓的圆槽内，封住油口即堵死了油流通道。这样就有效地保证了油流单方向通过。油路中单向阀的通畅和堵塞性能的好坏直接影响着油路的正常工作。

(6)溢流阀

溢流阀主要由阀体和阀芯等组成，如图 4-44 所示。阀芯装在阀体顶端并用弹簧、弹垫、密封螺母紧固。溢流阀的作用是，通过调整弹簧弹力，保证油路中液压油的压力不超过一定的限值，以防止道岔转换受阻时，电动机电源没被断开时油路中油液压力不断升高而损坏各部液压件；当道岔转换到位而电动机仍没停转时，使高压油释放压力，经回油管回油箱。它相当于电动转辙机摩擦联结器的作用。

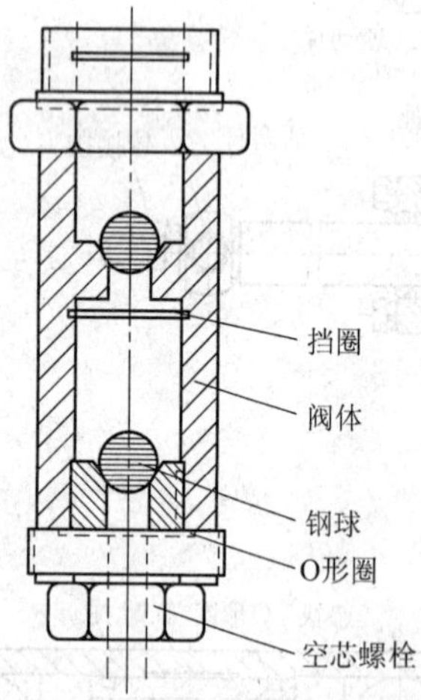

图 4-43　单向阀的结构图

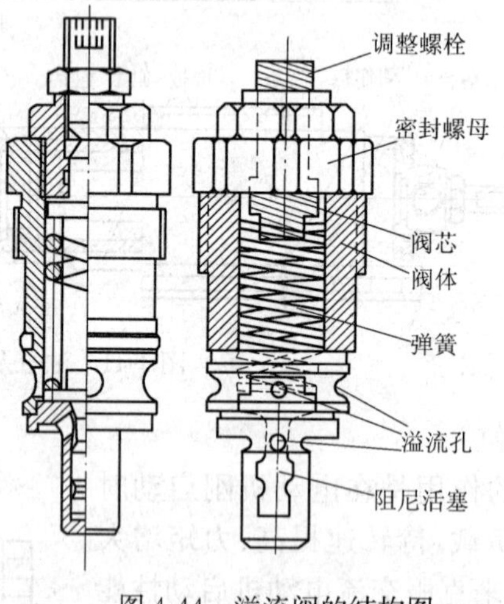

图 4-44　溢流阀的结构图

溢流阀在正常油压下，阀座下部的压力油进入阻尼活塞底部，形成向上的液压力小于调压弹簧的压力，此时阀芯的锥面与阀座压紧，压力油被堵住，溢流阀不溢流。

当道岔受阻或转换到位电动机还没断开电源时，油压增大，此压力大于弹簧的压力，阀芯就向上移动，溢流阀的阀口开启，高压油进入阀座上部，经阀体侧孔流入溢流板的回油孔使液压油流回油箱，构成溢流。当油路中压力降到小于此数值时，压力弹簧恢复原位，阀芯的锥面又压紧了阀座，将压力油封堵住。这样就可使油路中压力大于一定数值(可根据需要调整弹簧的压力)时开始溢流，既保证了油路正常动作，也保护了液压件不被损坏。

(7)调节阀

调节阀(调节螺柱)用来改善副机油缸与主机油缸在转换道岔时的同步性。

(8)节流阀

节流阀设在主机油缸活塞杆的两端，用来调节进入主机油缸液压油的流速。

(9)滤清器

滤清器也称滤芯，用合金粉末压铸而成，用来防止杂物进入溢流阀及油缸，造成油路卡阻，以保证油路系统的可靠性。

(10)推板

推板是嵌在油缸套上的矩形钢板，其大部分嵌在缸套内，斜面凸起露在缸套外面，如图 4-41所示。突起的斜面动作时推动锁块，从而使动作杆运动。

(11)动作杆

方型动作杆上装设两个活动锁块，与油缸侧面的推板配合工作。动作杆外侧有圆孔，用销子和外锁闭杆连接。转换道岔时，油缸带动推板，推板推动锁块，锁块通过轴销与动作杆相连。道岔转换至锁闭位置时，推板将动作杆上的锁块挤于锁闭铁斜面上。

(12)锁闭杆

主机的伸出与拉入位置各设一根锁闭杆，外端通过长、短外表示杆与尖轨相连。内方开有方槽，与接点组系统的锁闭柱方棒相配合。当尖轨转换到位锁闭后，锁闭柱落入锁闭杆上的方槽内，使接点接通相应的表示电路。由于锁闭杆上方槽为矩形，锁闭柱下端也为矩形，所以具有锁闭作用，故称为锁闭杆。两锁闭杆分别连接在两尖轨上，一根作锁闭杆，另一根即作为斥离尖轨的表示杆。

(13)表示杆

副机的伸出与拉入位置各设一根表示杆，外端通过长、短表示杆与尖轨连接。内方开有斜槽，与接点组系统的检查柱下端斜角相配合，检查道岔位置。当尖轨转换到位锁闭时，检查柱下端落入表示杆缺口，使接点接通相应位置的表示电路。副机表示杆不起锁闭作用。挤岔时，检查柱上提断开表示电路。

(14)接点组

电液转辙机可采用普通自动开闭器，也可采用沙尔特堡 S800aW40 型速动开关。如采用沙尔特堡 S800aW40 型速动开关时，则接点排列如图 4-45 所示。

接点编号方法是：站在电动机、油泵一侧，两排接点左边的第一位数为 1，右边的第一位数为 2；由近至远是第二位数的 1、2、3、4、5，每组接点的左上为第三位数的 1，右上为 2，左下为 3，右下为 4。

当动接点架转换 9°时，将常闭的 23-1-2 接点断开，断开表示。电液转辙机转换终了，启动片掉入圆弧内，开关迅速动作，依靠开关的弹力接通反位的 13、21、14-1-2 接点，接通新的表示电路。若此时，锁闭杆缺口不对，不能接通表示电路。

ZYJ7 型转辙机的接点开关转换位置关系如图 4-45 所示。

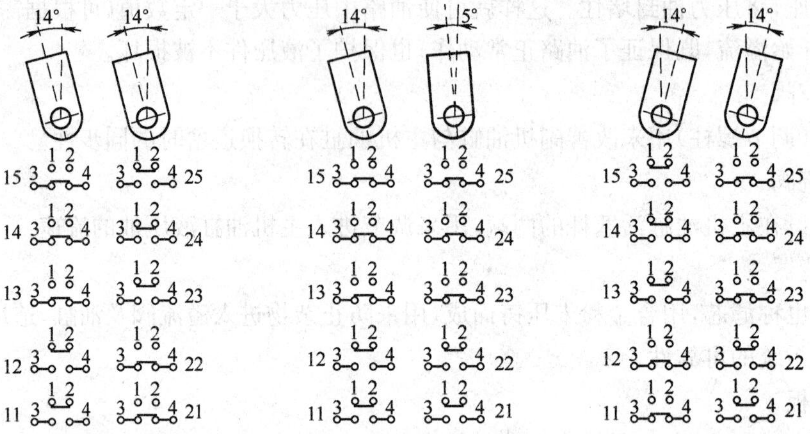

(a) 定位　(b) 转换9°　(c) 反位

图 4-45　ZYJ7 型转辙机的接点开关转换位置关系图

(15)挤脱器

挤脱器安装在 SH6 型转换锁闭器上。挤脱器与锁闭铁经定力机构与机壳连在一起。当道岔被挤时(挤切力大于该挤脱器预先调整的压力 30.4 kN 时)锁闭铁位移,转换接点组断开表示电路,及时给出挤岔表示。

挤脱器由机壳上立柱形的固定桩与动作杆连接的锁闭铁靠凹凸槽吻合连接。固定桩内装有环形弹簧,经紧固后将锁闭铁与机壳连接起来。挤脱器如图 4-46 所示。

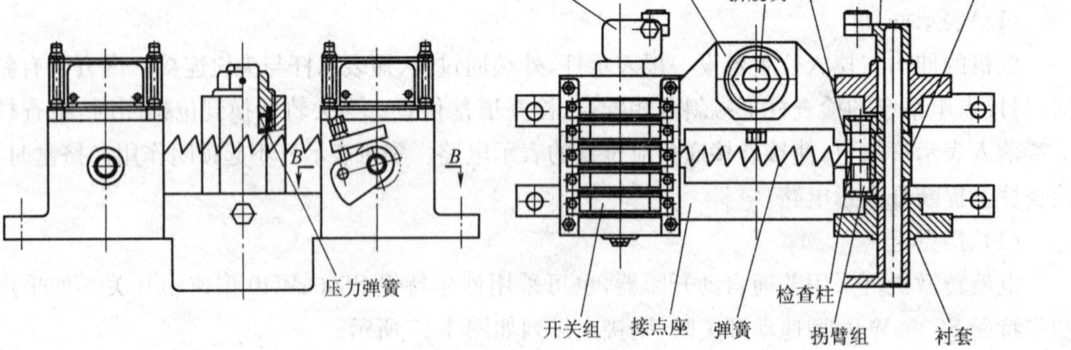

图 4-46　挤脱器

如果道岔被挤,动作杆带动锁闭铁挤出凹槽,启动片随之移动,斜面带动拐臂轴上的小滚轮抬起,使动接点退出,断开表示电路。此时动作杆连接的锁闭铁与机壳上的固定桩失去连接,来自动作杆的挤切力再不能传给内方的其他部件,起到了挤岔保护作用。

另外,道岔被挤时,表示杆的移动也能及时断开表示,可以说是双重保护。

3. ZYJ7 型电液转辙机的动作原理

(1)ZYJ7 型电液转辙机的油路系统

①ZYJ7 型电液转辙机油路系统的组成

ZYJ7 型电液转辙机的油路系统为闭式系统，如图 4-47 所示。

油路系统可分成四部分：动力源、操纵控制装置、执行机构和辅助装置。

油泵是整个系统的动力源，用以将机械能变成液压油的压力能。

调节阀、单向阀、溢流阀等组成操纵控制装置，用以调节液压油的压力、流向和流量，从而实现不同的工作循环。

油缸是系统的执行机构，可以把液压油的压力能变成机械能。

滤清器、油池是辅助装置。

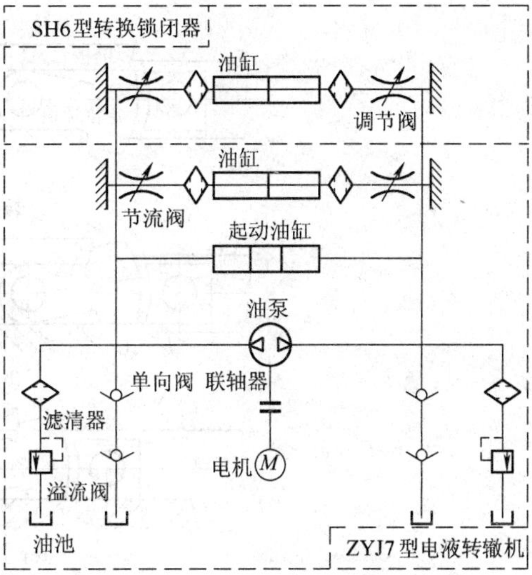

图 4-47　ZYJ7 型电液转辙机的油路系统

②ZYJ7 型电液转辙机油路系统的动作原理

当电动机带动油泵逆时针方向旋转时，油泵从油缸右侧腔内吸出油，泵出的液压油经活塞杆中心圆孔注入油缸的左腔，即左腔内为高压油，由于活塞杆固定不动，所以高压油推动油缸向左移动。当油缸动作到位时，油泵从右边的单向阀吸出油，泵出的液压油经左侧的滤清器和溢流阀回到油池。

电动机带动油泵顺时针方向旋转时，油泵从油缸左侧腔内吸入油，泵出的高压油通过活塞杆空腔进入油缸右侧，使油缸右腔为高压，此时油缸向右移动。

(2)ZYJ7 型电液转辙机机械动作原理

ZYJ7 型电液转辙机的解锁、转换锁闭作用原理如图 4-48 所示。

当道岔转换至定位位置时(例如拉入)，推板的拉入锁闭面与拉入锁块的锁闭面相吻合使锁块不能移动，拉入锁块的斜锁闭面与锁闭铁拉入锁闭面相互吻合，使锁块和动作杆不能伸出，此时称为转辙机拉入锁闭状态，如图 4-48(a)所示。

当电动机启动，泵出的高压油推动油缸向伸出方向移动时，推板随油缸移动，移动 25 mm 时推板拉入锁闭面全部退出拉入锁块的锁闭面。此时，转辙机为解锁状态。

推板继续移动，即带动伸出锁块、销轴、动作杆移动，动作杆又带动拉入锁块离开锁闭铁拉入锁闭面，迫使拉入锁块移动，拉入锁块动作面跟随推板拉入动作面。这时转辙机进入了转换状态，如图 4-48(b)所示。

油缸和推板继续移动，至伸出锁块锁闭面将要与锁闭铁伸出锁闭面接触，则进入增力状态。这时伸出锁块由推板伸出动作面和锁闭铁伸出锁闭面接触。此后推板再向前 15.2 mm (动作杆相应动作 7.6 mm)即为增力阶段。推板继续移动 9.8 mm(从两面开始接触，共移动 25 mm)伸出锁块斜锁闭面与锁闭铁伸出锁闭面完全密贴吻合，转辙机为伸出锁闭状态，如图 4-48(c)所示。

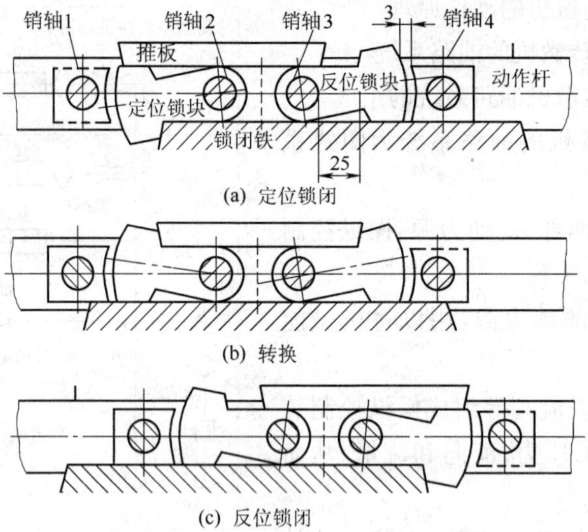

图 4-48　ZYJ7 型电液转辙机的解锁、转换锁闭作用原理图

(3)ZYJ7 型电液转辙机的检查和表示

ZYJ7 型电液转辙机的检查和表示装置由固定座、拐臂、锁闭检查柱、轴承座、传动杆及齿轮、动作板、速动片、弹簧、接点组和内/外表示杆组成。

转辙机处于拉入位置时，锁闭检查柱与内表示杆的主锁闭杆缺口对应，只有缺口对准，锁闭检查柱方可落入检查口。用此来检查道岔尖轨密贴，并通过拐臂带动接点组构成表示电路。

转辙机在伸出位置时，锁闭检查柱与副锁闭杆缺口对应，即检查了此时尖轨的密贴。

接点组与动作板、速动片、启动片的动作关系如图 4-49 所示。

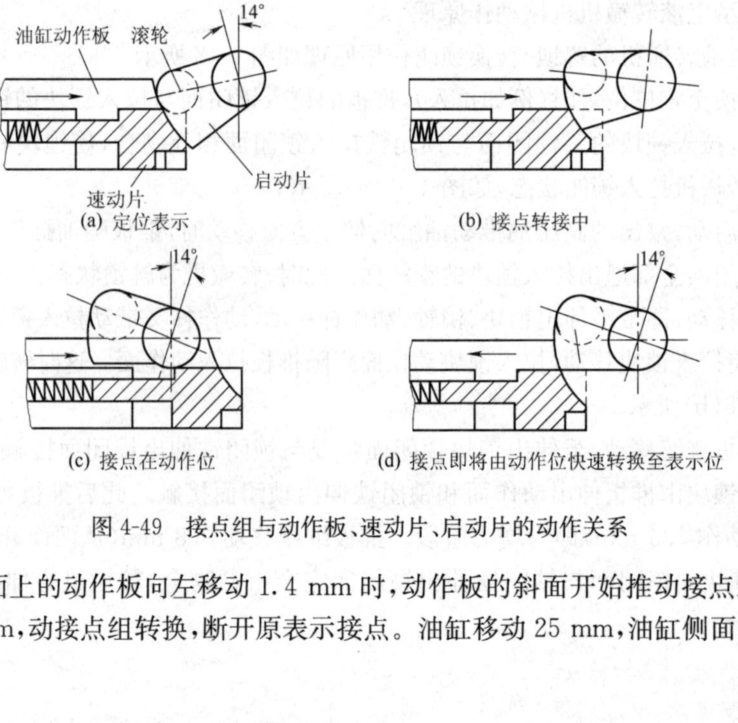

图 4-49　接点组与动作板、速动片、启动片的动作关系

当油缸侧面上的动作板向左移动 1.4 mm 时，动作板的斜面开始推动接点组的滚轮。油缸移动 17.4 mm，动接点组转换，断开原表示接点。油缸移动 25 mm，油缸侧面的推板刚接触

反位锁块的锁闭面时，推板将定位锁块解锁，油缸解锁动程结束。道岔尖轨转换，当尖轨与基本轨密贴时，油缸走完了转换动程，油缸侧面的推扳动作面进入反位锁块的锁闭面，动作杆不再动作，油缸继续移动的锁闭动程为 17.4 mm。当锁闭动程为 23.6 mm 时，接点组的启动片在弹簧的作用下，快速落入动作板上速动片圆弧内，即快速地断开电动机电源，接通现表示接点。

当自动开闭器使用沙尔特堡 S800aW40 型速动开关时，其接点由拐臂轴上的凸轮带动。

由此可见，转辙机实现了两处锁闭：①将动作杆通过锁块锁在锁闭铁上（锁闭铁连接底壳）；②将锁闭杆通过锁闭柱、接点座锁在底壳上。

（4）ZYJ7 型电液转辙机的手动转换

为满足电源中断或发生其他故障对转换道岔及检修作业的需要，ZYJ7 型电液转辙机设置了手动装置，分为手摇装置和扳动装置两种。

手摇装置是用摇把直接摇动电动机机轴，因电机与油泵相连，可使油泵泵出液压油。顺时针摇动时，右侧泵出液压油，反之左侧泵出液压油，油缸则沿着液压油方向移动。插入摇把前应先断开安全接点。手摇电液转辙机时只要在主机处摇动，副机即被带动。

扳动装置由扳手、方轴齿轮、齿条、拉板、钩块组成。扳手转动方轴和齿轮，齿轮带动齿条连同钩块（钩块直接钩在油缸的缺口上）直接动作油缸。道岔自定位扳至反位，扳手需转动 1.6 圈。在扳手插入方轴前应确认短路阀被打开。

4. ZYJ7 型电液转辙机种类及使用

各种类型的 ZYJ7 型电液转辙机简况见表 4-12。各种类型的 SH6 型转换锁闭器简况见表 4-13。

表 4-12　各种类型的 ZYJ7 型电液转辙机简况

型号	电源电压(AC 三相)(V)	额定转换力(kN)	动程(mm)	工作电流(A)	动作时间(s)	单线电阻(Ω)	最大溢流压力(MPa)
ZYJ7	380	2.5	220±2	≤2.0	≤5.5	≤54	14
ZYJ7-A	380	2.5	220±2	≤2.0	≤5.5	≤54	14
ZYJ7-B	380	4.2	220±2	≤2.0	≤7.0	≤54	14
ZYJ7-C	380	4.2	220±2	≤2.0	≤7.0	≤54	14
ZYJ7-D	380	2.5	220±2	≤2.0	≤5.5	≤54	14
ZYJ7-F	380	2.5	200±2	≤2.0	≤5.5	≤54	14
ZYJ7-H	380	2.5	190±2	≤2.0	≤5.5	≤54	14
ZYJ7-J	380	3.5	190±2	≤2.0	≤5.5	≤54	14
ZYJ7-K	380	2.5	180±2	≤2.0	≤5.5	≤54	14
ZYJ7-L	380	4.0	180±2	≤2.0	≤6.5	≤54	14
ZYJ7-M	380	3.5	170±2	≤2.0	≤5.5	≤54	14
ZYJ7-N	380	4.2	170±2	≤2.0	≤6.5	≤54	14
ZYJ7-P	380	4.2	170±2	≤2.0	≤6.5	≤54	14
ZYJ7-R	380	4.2	150±2	≤2.0	≤5.5	≤54	14
ZYJ7-T	380	5.0	150±2	≤2.0	≤8.0	≤54	14

续上表

型号	电源电压(AC三相)(V)	额定转换力(kN)	动程(mm)	工作电流(A)	动作时间(s)	单线电阻(Ω)	最大溢流压力(MPa)
ZYJ7-U	380	4.2	140±2	≤2.0	≤5.0	≤54	14
ZYJ7-V	380	4.2	130±2	≤2.0	≤5.5	≤54	14
ZYJ7-W	380	4.2	120±2	≤2.0	≤5.0	≤54	14
ZYJ7-X	380	4.2	100±2	≤2.0	≤5.5	≤54	14
ZYJ7-Y	380	4.2	80±2	≤2.0	≤5.5	≤54	14
ZYJ7-Z	380	2.5	240±2	≤2.0	≤5.5	≤54	14

表 4-13　各种类型的 SH6 型转换锁闭器简况

型　　号	额定转换力(kN)	动程(mm)	型　　号	额定转换力(kN)	动程(mm)
SH6	2.5	200±2	SH6-H	5.0	150±2
SH6-A	2.5	190±2	SH6-J	4.2	140±2
SH6-B	2.5	170±2	SH6-K	4.0	130±2
SH6-C	4.2	170±2	SH6-L	4.2	120±2
SH6-E	4.2	150±2	SH6-M	4.2	100±2
SH6-F	2.5	150±2	SH6-N	4.2	80±2

对于各型道岔的尖轨和可动心轨，可根据具体情况选用 ZYJ7 型电液转辙机和 SH6 型转换锁闭器的组合进行牵引，主要考虑不同的动程。一台 ZYJ7 型电液转辙机一般和一台 SH6 型转换锁闭器进行组合，也可以和两台 SH6 型转换锁闭器进行组合。当然，各牵引点也可以都采用电液转辙机，而不用转换锁闭器。

5. ZYJ7 型电液转辙机的安装装置

采用单机多点牵引时，ZYJ7 型电液转辙机安装在尖轨或可动心轨的第一牵引点处，SH6 型转换锁闭器安装在尖轨或可动心轨的第二牵引点(18 号提速道岔尖轨尚有第三牵引点)处。采用单机单点牵引时，每个牵引点设一台 ZYJ7 型电液转辙机。它们固定在托板上，经钢枕与钢轨线路连接。安装装置主要由托板(也是成对使用)、弯头动头杆、尖端铁及长、短表示杆等组成。各部件的安装和作用与前述 S700K 型电动转辙机安装装置基本相同。

6. ZYJ7 型电液转辙机的调整

尖轨和可动心轨的密贴调整与 S700K 型电动转辙机的密贴调整相同。ZYJ7 型的表示杆缺口调整可直接拧主、副表示杆的调整螺母，使检查柱落入主表示杆缺口，其缺口间隙应为(2±0.5) mm[转换锁闭器应为(4±1.5) mm]。定、反位可以分别调整，互不影响。

第七节　密贴检查器

JM 型密贴检查器用于检查尖轨和可动心轨的密贴状态，也可以用于道岔挤岔时切断表示。现主要安装在 200 km/h 以上的提速区段。

一、JM 型密贴检查器的结构

JM 型密贴检查器的基本情况见表 4-14。

表 4-14 JM 型密贴检查器的基本情况

型号	表示杆最大动程（mm）	尖轨斥离检查距离（mm）	接点组数	安装方式	备注
JM-A170/25	170	≤25	1	线路两侧	每个牵引点 2 台
JM-A170/65	170	≤65	1	线路两侧	每个牵引点 2 台
JM-A190/65	190	≤65	1	线路两侧	每个牵引点 2 台
JM-A1155/65	155	≤65	2	线路中间	每个牵引点 1 台
JM2-L170/65	170	≤65	1	线路两侧	每个牵引点 2 台
JM2-L2170/25	160	≤25	1	线路两侧	每个牵引点 2 台
JM2-Z160/65	160	≤65	2	线路中间	每个牵引点 1 台

以 JM-A 型密贴检查器为例，其结构如图 4-50 所示，由表示杆、启动片、速动片、接点组等组成。每台检查器设有两组表示接点和两组斥离接点。接点系统采用圆弧接点，在动接点轴上装配有用花键连接的调整板、动接点组和拐臂。

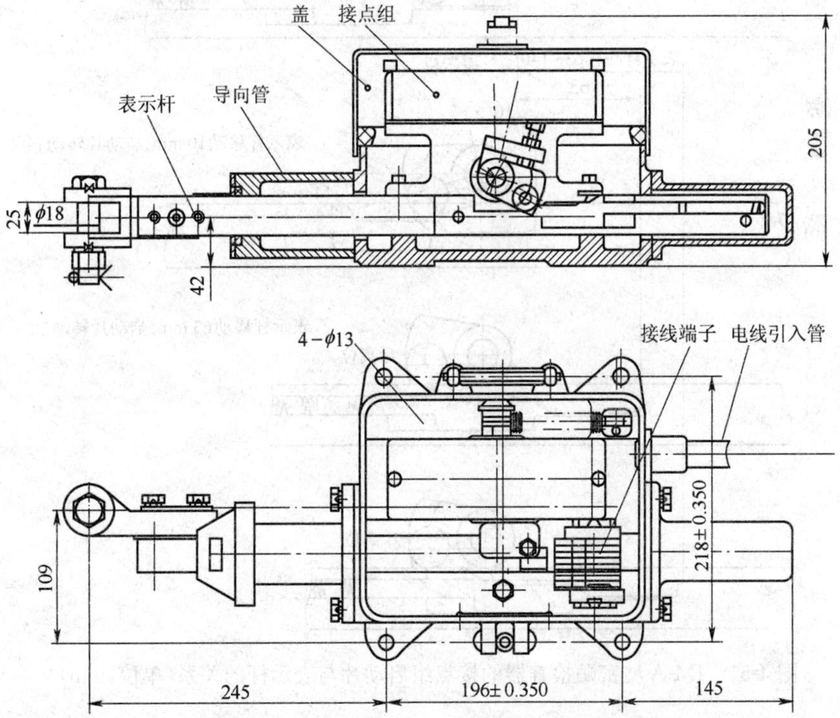

图 4-50 JM-A 型密贴检查器结构图（单位：mm）

JM-A 型密贴检查器仅能检查一根尖轨的密贴和斥离状态，因此每组道岔两根尖轨需要两台密贴检查器，分别安设在线路两侧。

机内接线端子设有 8 个两线端子，机外配线经电线引入管引入，电线引入管是一根内径为 ϕ22 mm、长 1 m 的空气胶管，安装时将三通接头紧固在电缆盒上。引出的两个接头上，各连接一根胶管，一根胶管与密贴检查器上的直通接头相连；另一根胶管经变径接头与安装装置的过道钢管相连，再经另一端的变径接头和胶管，与线路另一侧的密贴检查器上的接头相连。直通接头与密贴检查器和三通接头间均有橡胶垫圈密封。

二、JM 型密贴检查器的工作原理

调整板和启动片的连接，启动片及其滚轮和表示杆的速动原理均与 ZDJ9 型电动转辙机的动作板的速动原理相同。

当表示杆到位后，拐臂在拉簧的拉动下，将动接点快速接通表示位；在表示杆拉出时，启动片上滚轮与表示杆上第一斜面接触开始，表示杆水平移动 10 mm，如图 4-51(b)所示，启动片上的滚轮与表示杆上槽内平面接触，动接点组转换 14°到中间位，可靠地切断表示，此时表示接点和斥离接点均断开。

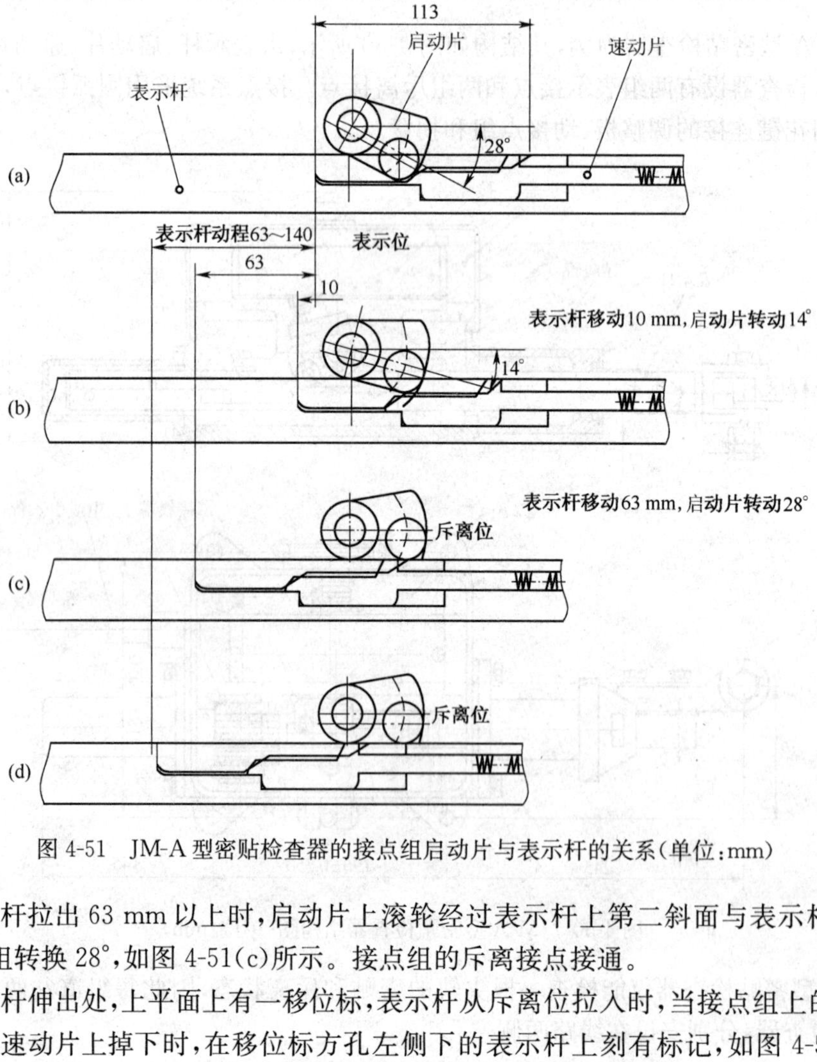

图 4-51　JM-A 型密贴检查器的接点组启动片与表示杆的关系(单位：mm)

在表示杆拉出 63 mm 以上时，启动片上滚轮经过表示杆上第二斜面与表示杆上平面接触，动接点组转换 28°，如图 4-51(c)所示。接点组的斥离接点接通。

在表示杆伸出处，上平面上有一移位标，表示杆从斥离位拉入时，当接点组上的启动片刚从表示杆内速动片上掉下时，在移位标方孔左侧下的表示杆上刻有标记，如图 4-52 所示，此时，表示杆再向内移动，标记离移位标方孔左侧的距离，即为表示缺口的距离。

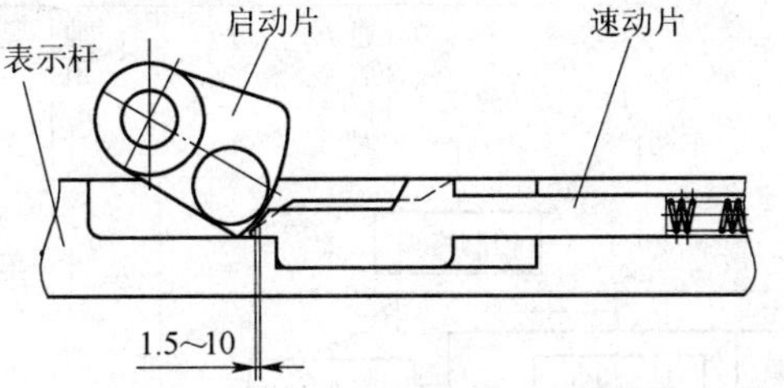

图 4-52　JM-A 型密贴检查器的表示缺口检查(单位:mm)

3. 主要技术特性

(1)表示杆动程，65～140 mm。

(2)密贴检查缺口，1.5～10 mm 可调。

(3)挤岔断表示的动程，从启动片的滚轮接触表示杆斜面开始为 10～13 mm。

(4)设在道岔两侧的密贴检查器，一台密贴检查器的表示杆及其接点组检查尖轨的密贴位置，另一台密贴检查器的表示杆及其接点组检查尖轨的斥离 65 mm 以上位置；当道岔转换后，则上述表示杆的功能互换。

(5)每台密贴检查器设有两组表示接点和两组斥离接点。

(6)密贴检查器动接点环打入静接点片的深度应不小于 4 mm。

(7)密贴检查器各接点片的接点压力应在 3.5～10 N 之间。

(8)滚轮在表示杆缺口中平面或上平面滚动时，启动片离开表示杆的平面应为 0.3～0.8 mm。

(9)安装于两牵引点间的密贴检查器，在密贴检查器位置处尖轨与基本轨间的间隙≥5 mm 时，不应接通道岔表示。

第八节　道岔融雪设备

运行速度 200 km/h 及以上的高速铁路需安装电加热道岔融雪设备(简称融雪设备)。当发生降雪时，系统可自动或人工启动电加热融雪电路。融雪设备是道岔转辙设备的基本组成部分，也是防雪灾的重要措施。虽然《高速铁路设计规范》规定：在我国 0 度等温线(秦岭—淮河)以北地区，且 20 年年平均降雪日在 10 天及以上的车站，接、发动车组列车进路上的道岔应设置道岔融雪系统。但是，在 0 度等温线以南地区，为防雪，也大量安装融雪设备。

一、系统组成

融雪设备是道岔转辙设备的基本组成部分之一，由控制中心、车站控制终端、控制柜、环境检测装置、电加热元件、隔离变压器、接线盒、连接线缆和信息通道等组成。集中供电方式融雪设备框图如图 4-53 所示，分散供电方式融雪设备框图如图 4-54 所示。

1. 控制中心

控制中心设备主要包括：服务器、工作站、网络设备、电源设备、电磁干扰防护设备。

控制中心在融雪设备处于自动控制方式时进行远程控制，根据需要可在调度所设远程控制终端。

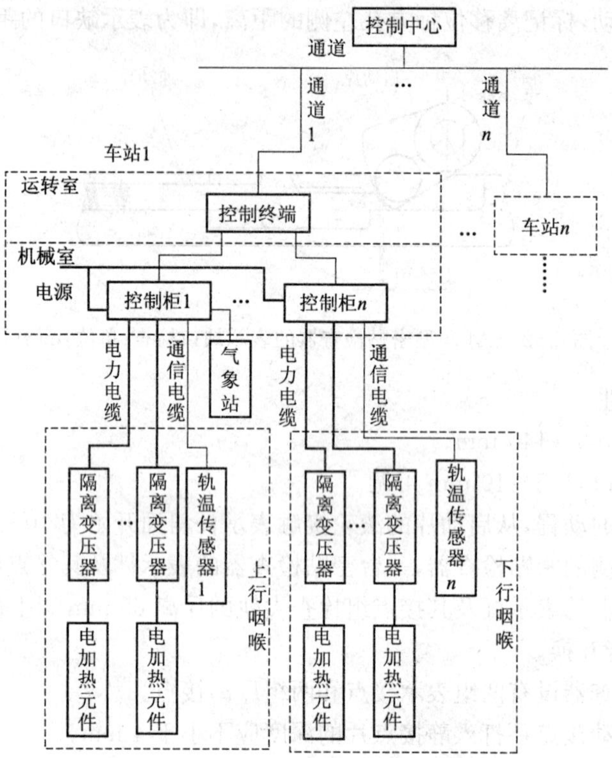

图4-53　集中供电方式融雪设备框图

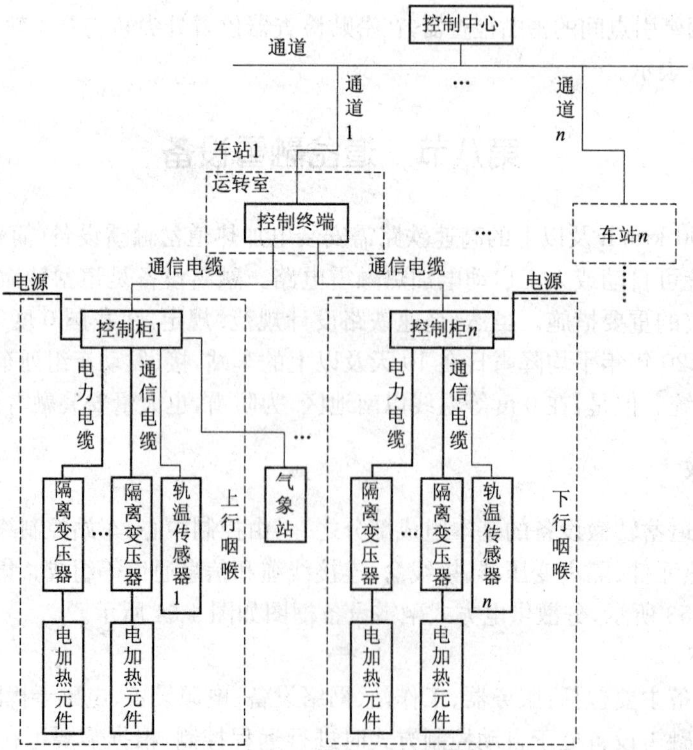

图4-54　分散供电方式融雪设备框图

2. 车站控制终端

车站控制终端设于车站运转室，能对加热电路设定参数、测试特性、控制系统启动和关闭。控制终端宜设于车站，根据需要可在调度所设远程控制终端。

3. 控制柜

控制柜根据供电方式可设于室内或室外，接受车站控制终端指令，并经隔离设备控制室外电加热元件开启和关闭。

控制柜设于信号机械室，能对加热电路设定参数、测试特性、控制系统启动和关闭。控制柜由计算机、接口设备、输入/输出电路等组成。控制柜安装于机械室内时，机柜的要求应符合客运专线铁路信号产品暂行技术条件《铁路室内通用机柜》的有关规定；控制柜安装于室外道岔旁时，其外形及尺寸为长 1 250 mm×宽 500 mm×高 1 360 mm。当一个控制柜容量不能满足现场使用时，可增设辅助控制柜。

4. 环境检测装置

环境检测装置包括温度传感器、雪传感器等。钢轨温度传感器可按每咽喉区设一处或多处。传感器外壳应有良好的防护外界撞击能力。电路板、接线头处应进行密封处理，不渗水。

5. 电加热元件

电加热元件安装于尖轨（心轨）、基本轨（翼轨）的轨腰或底部，滑床板，牵引点及其他可利用位置。两根电加热元件间应有不小于 20 mm 的间隙。电加热元件和钢轨、滑床板等接触面为面接触。为适应不同安装位置要求，电加热元件有直接型、L 型等规格。

电加热元件外层导热材料为镍铬合金钢，电加热元件中心电热材料为镍铬合金或铜镍合金，电热材料和外层导热材料间为高压氧化镁绝缘层。

电加热元件的额定工作电压：AC 55 V、AC 110 V、AC 220 V；额定加热功率：200～600 W/m（根据道岔辙叉号的大小选定）；电热转换效率不小于 96%。

电加热元件的引线头和电加热元件间进行隔热处理，引线端密封，在长期振动下不渗水。电加热元件耐冲击、耐腐蚀。

电加热元件连接线应采用防腐密封绝缘护套导电线缆，导电性能指标应不低于截面积为 4 mm^2 的铜导线；连接线套管采用绝缘材料并具有一定强度；连接线套管和电加热元件、接线盒的连接处应密封良好。

电加热元件寿命应不少于 10 年。

6. 隔离变压器

隔离变压器用于防止对轨道电路的干扰，容量 2.5～15 kV·A。

隔离变压器（三相或单相）Ⅰ次侧线圈电压：AC 380 V/220 V，AC 440 V；Ⅱ次侧线圈电压：AC 220 V。效率：不低于 90%。在额定电压和额定负载下，接通加热电路瞬间的冲击电流应不大于额定电流的 10 倍。

7. 接线盒

接线盒应采用金属结构，盒体密封。接线盒内采用铜材料端子连接方式。接线盒和连接线套管处应密封良好。

8. 供电电缆和信息传输电缆

环境检测装置和控制柜间信息传输应采用专用数据线对（扭绞或星绞通信线对）。

控制柜至电缆盒、隔离变压器间的供电电缆应采用电力电缆。

9. 信息通道

车站融雪设备至控制中心的信息通道可采用铁路运输综合数字通道、独立的数字通道或与其他号专用通道合用。

二、供电电源

采用三相 TN-S（五线）供电系统时，电源电压为 AC 380 V，电压波动范围为－20%～＋15%。采用接触网单相供电时，电源电压为 AC 440 V（220 V×2），电压波动范围为－24%～＋10%。融雪专用动力变压器容量应根据需要融雪的道岔型号、数量设计确定。

三、控制方式

融雪设备应具有手动和自动控制方式。手动控制优先，处于手动控制方式时，自动控制无效。

融雪设备处于自动控制方式时，由控制中心进行远程控制。

融雪设备在实现各种工作方式时，应根据使用操作级别设有身份认证等安全手段。

在车站控制柜、车站控制终端和控制中心应能完成有关参数设定，加热电路特性测试，启动和关闭系统，有选择的启动或关闭某一加热电路。

在控制柜、车站控制终端和控制中心均应能实时监视到融雪设备处于任一工作方式时的信息：输入电源电压、电流、频率值；输入电源断电、缺相报警；加热电路的工作状态，加热电路的工作电压、电流；传感器的工作状态及测量数据显示；电路故障报警；加热电路对地绝缘；控制柜柜门状态及开门报警；接触器、断路器、漏电保护器的工作状态。

复习思考题

1. 转辙机有何作用？如何分类？

2. 每组道岔设一台转辙机的说法对吗？为什么？

3. 简述 ZD6 型电动转辙机的结构和各部件的作用。

4. 电动机在电动转辙机中起什么作用？如何使它正、反转？

5. 简述减速器的结构和减速原理。

6. ZD6 型电动转辙机如何传动？如何对道岔起到转换、锁闭作用？如何调整道岔密贴？

7. ZD6 型电动转辙机的自动开闭器由哪些部件组成？如何实现速动？

8. 简述自动开闭器的动作原理，其接点如何编号？如何动作？

9. 表示杆有哪些作用？在正常和挤岔时如何动作？如何调整表示杆缺口？

10. 摩擦联结器有何作用？如何发挥这些作用？

11. 挤切装置如何起到挤岔保护作用？

12. 简述 ZD6 型电动转辙机的整体动作过程。

13. ZD6 系列电动转辙机主要有哪些型号？各有什么特点？用于何处？

14. ZD6 型电动转辙机如何安装？何为正装和反装？在什么情况下定位 1、3 排接点接通？在什么情况下定位 2、4 排接点接通？举例说明。

15. 道岔有哪几种锁闭方式？比较它们的优缺点，提速道岔要采用何种锁闭方式？为什么？

16. 简述钩式外锁闭装置的结构和动作原理。

17. 尖轨和可动心轨用的钩式外锁闭装置有何异同？

18. S700K 型电动转辙机有何特点？

19. 简述 S700K 型电动转辙机的结构和动作原理。

20. ZDJ(9)型电动转辙机有哪些特点？它与 ZD6、S700K 相比有何异同？

21. 液压传动有何优缺点？

22. 简述 ZYJ7 型电液转辙机的结构和动作原理。

23. ZYJ7 型电液转辙机是否一定要和 SH6 型转换锁闭器配套使用？为什么？

24. 非提速的 9 号、12 号道岔如何配置 ZD6 和 ZD9 型转辙机？提速的 9 号、12 号、18 号道岔(包括固定辙叉和可动心轨)如何配置 S700K、ZDJ9 和 ZYJ7 型转辙机？

25. 附图所示举例站场在提速和非提速情况下如何配置转辙机？比较它们的异同。

第五章　防雷和接地装置

铁路信号设备易遭雷电袭击，造成设备的损坏或误动，影响铁路运输生产。因此，信号设备必须对雷电予以防护，并且设置接地装置。

第一节　信号设备防雷

信号设备往往是与电线路或钢轨连接在一起的，雷电通过电线路、钢轨袭击信号设备，因此必须对雷电进行防护，防止和减少雷害，进一步提高设备的可靠性。目前信号设备越来越普遍地采用电子器件，它们承受雷害的能力更小，更必须有完善的防雷措施。

一、雷害及防雷

1. 雷害

雷电是一种自然现象，由于它的能量极大，极易对设备和人体造成严重损伤。

雷电有直接雷和感应雷两种。直接雷是直接侵入设备或与设备相关联的传输线上的雷电，其雷电压可高达几十万伏，但袭击信号设备的概率很小。

感应雷是由于电磁感应作用，在电气设备上感应出的雷电压，在设备中流过感应电流。感应雷又分为纵向感应雷和横向感应雷。纵向感应雷是感应到设备两侧（如钢轨）上的极性相同、大小相等的感应电压，如图 5-1(a)所示。横向感应雷是感应到信号设备两侧的极性不同的感应电压，如图 5-1(b)所示。

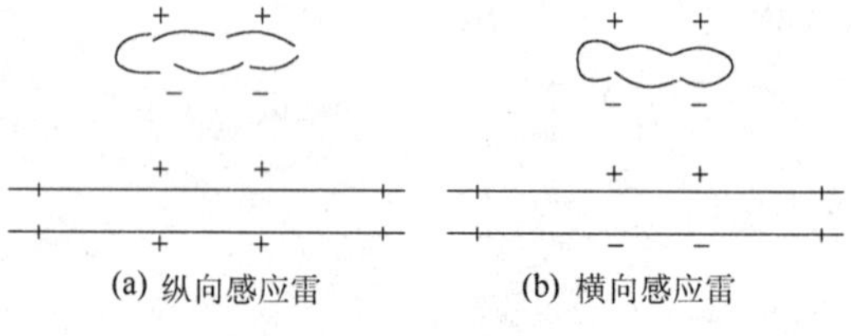

图 5-1　感应雷示意图

感应雷的发生概率高，袭击信号的次数相当频繁。因为信号设备点多面广，设备本身属于低压电气设备或电子设备，绝缘耐压程度较低，易受雷害破坏。从技术经济角度出发，信号设备主要是对感应雷进行防护。

2. 雷电侵入信号设备的主要途径

雷电侵入信号设备的主要途径是交流电源线、轨道电路、电缆等。

(1)由交流电源侵入

雷电冲击波侵入高压电线路传至高压变压器，若该变压器未装避雷器或避雷器失效，雷电波幅值又较大，就会击穿变压器初、次级绕组间绝缘。这样，数百千伏的雷电压就会直接侵入交流低压电源，严重破坏低压侧的信号设备。

若雷电冲击波电压幅度不高，不足以动作高压避雷器，或不足以击穿变压器绝缘侵入低压回路时，雷电冲击波还会通过绕组间分布电容耦合的方式，侵入信号低压回路。

低压电源线和信号设备相连接，对雷电压来说，可认为它们的电位为零。因此，电容的耦合作用可如图 5-2(a)所示的回路表示，其等效电路如图 5-2(b)所示。图中 C_0 为高压导线和绕组对大地的电容，C_1 为高压绕组对铁芯和外壳的电容，C_2 为低压绕组对铁芯和外壳的电容。

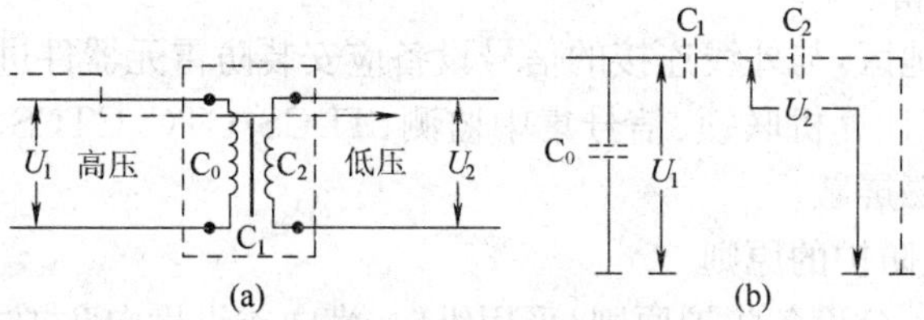

图 5-2　电容的耦合作用

当高压侧出现高压 U_1 时，低压侧将出现相应的电压 U_2，$U_2=\dfrac{C_1}{C_1+C_2}\times U_1$。假设 $U_1=35\ \text{kV}$，$C_2/C_1=20$，则 $U_2=1.67\ \text{kV}$。如此高的电压，对低压回路中的信号设备是危险的。当 C_2 与 C_1 的比值较小或者 U_1 较大时，对信号设备的危险更大。

如果高电压线路的雷电冲击波电不对称，或者两条线路上避雷器的放电电压或残压值不一致，变压器高压绕组两端就可能出现电压 ΔU_1，在低压绕组中将感应出电压 ΔU_2。假设 $U_1=35\ \text{kV}$，初、次级变压比为 50，则 ΔU_2 为 0.7 kV。这么高的电压，加到信号设备上也有一定的危险性。

(2)由轨道电路侵入

轨道电路用钢轨作为传输线，它一般高出地面，有的铁路旁有高山、树木，有的是大桥，也容易遭雷击。

轨道电路虽然安装在轨枕上，但由于轨道电路较长，又有泄漏和电容，并且均匀分布，钢轨本身又有一定的电阻，当雷电袭击时不能立即泄放掉，雷电波将传送一段距离。雷击侵入轨道后，对轨道电路器材来说，易造成损坏。

(3)由电缆侵入

铁路信号的室内外设备通过电缆连接起来。雷电从电缆侵入，并传输至室内设备。电缆附近的大地遭受雷击时，电缆护套可能被击穿，雷电流直接侵入芯线或雷电流沿电缆铠装流动，对芯线产生较高的感应电压。同时，当一根电缆的一根芯线有过电压侵入时，其他芯线也将产生感应电压。

此外，当雷击点距信号设备较近时，造成雷击点大地电位上升并波及信号设备，使之产生闪络(沿固体表面发生的破坏性放电，通常只引起绝缘介质强度的暂时丧失)或击穿(贯穿固体发生的破坏性放电，导致绝缘介质强度的永久性破坏)。

3. 纵向电压和横向电压

电线路一旦遭受雷电过电压的侵袭，则该电压波由侵袭地点沿线路向两端传播，形向纵向电压和横向电压。

纵向电压指导线或设备对地的电压，每条导线上的折射电压或反射电压均为纵向电压。

横向电压指两导线间的电位差。由于每条导线感应过电压的不平衡、线路阻抗的不一致、防雷元件冲击点火电压的离散性、被保护设备阻抗及接地电阻的影响，都造成横向电压。

纵向过电压及横向过电压，对人身安全和信号设备的正常运行都会带来极大的危害。纵向过电压将使设备的绝缘闪络、击穿，甚至起火。横向过电压会击穿、烧毁信号设备尤其是电子器件。

4. 信号设备的防雷

在有雷电活动的地区，与外线连接的信号设备应安装防雷元器件进行防护。

对安装电子设备(计算机联锁、信号集中监测、TDCS/CTC、CTCS、ZPW-2000 等)的机房应进行有效的室内电磁屏蔽。

(1)信号设备雷电防护的原则

①按照分区、分级、分设备防护原则，采用纵向、横向或纵横向防护方式。

不同雷电活动的地区，应采用相应的防雷措施。不同雷电活动是指有雷暴的时间多少。按年均雷暴日(N)的多少，雷电活动地区可分为少雷区($N\leqslant 15$)、中雷区($15<N\leqslant 40$)、多雷区($40<N\leqslant 90$)、强雷区($N>90$)。

采用多级防护时，各级防护元件应配置合理。要保证各级防雷设备顺序工作，以有效抑制雷电压。一般情况下，各级防雷元件不宜直接并联，避免动作电压低、时间快的防雷元件先动作，使其他元件不起作用。所以各级间应有延迟措施，使防雷元件逐级启动。通常，前级或前几级防雷元件采用通流容量大、启动快的元件，使大部分雷电能由防雷元件泄入大地。

②采取屏蔽、等电位连接、良好的接地及合理布线等措施，改善信号设备电磁兼容环境。

③信号设备、器材须具有符合规定的耐受过电压、过电流的能力，满足电磁脉冲抗扰度的要求。

④防雷元器件应与被防护设备匹配设置，保证雷电感应电磁脉冲过电压限制到被防护设备的冲击耐压水平以下。

匹配设置是指在冲击电压作用下，防雷设备的放电特性和被保护设备耐压水平之间的匹配，要求防雷设备伏—秒特性曲线始终在被保护设备的伏—秒特性曲线之下，并留有一定裕度，如图 5-3 所示。这样，可使设备得到可靠的防雷保护。

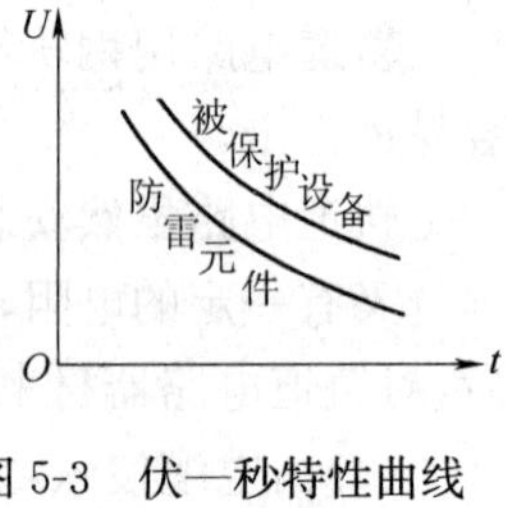

图 5-3　伏—秒特性曲线

被保护设备为电气设备时，保护设备的保护电压应低于被保护设备的绝缘耐压；如果被保护设备为电子设备时，防护设备的保护电压应低于电子设备的工作电压和击穿电压。

⑤防雷装置的设置、动作和故障状态，不得改变被保护系统的电气性能，不得影响被保护设备的正常工作，并应满足故障导向安全的原则。

信号设备的防雷不同于其他设备的防雷，不仅要考虑不致因雷击而损坏设备或使设备错误动作，而且要尽量做到设备不间断使用，以确保正常运用。因此，在选用防雷元件时，要特别注意不用易造成短路的防雷元件。当被保护设备接入防雷设备后，对被保护设备的输出功率、接收灵敏度或频率特性不应产生不良的影响。

(2)信号设备防雷的要求

①浪涌保护器的连接线应尽可能短，防雷电路的配线与其他配线应分开，不允许其他设备借用并联型防雷设备的端子。

②防雷元器件的安装应牢固，标志清晰，并便于检查。

③避雷带、避雷网、引下线、避雷针无腐蚀及机械损伤，锈蚀部位不得超过截面的 1/3。

④进出信号机械室的信号传输线路不得与电力线路靠近和并排敷设。不得已时电力线路和信号传输线路的间距：电力电缆与信号缆线平行敷设时，不小于 600 mm；采用接地的金属

线槽或钢管防护的，不小于 300 mm。条件受限时应采用屏蔽电缆布放，电缆金属护套和电缆屏蔽层应做接地处理。

5. 机房电磁环境防护

为抗御直击雷和降低雷电电磁干扰，信号机房的建筑物应采用法拉第笼进行电磁屏蔽。信号机房建筑物屋顶不允许设置避雷针。

(1)法拉第笼

法拉第笼由屋顶避雷网、避雷带和引下线、机房屏蔽和接地系统构成。

①避雷网

避雷网由不大于 3 m×3 m 的方形网格构成，每隔 3 m 与避雷带焊接连通。网格由 40 mm×4 mm 的热镀锌扁钢交叉焊接构成。热镀锌钢材的镀层厚度为 20～60 μm。

②避雷带

避雷带应采用不小于 ϕ8 mm 热镀锌圆钢沿屋顶周边设罩一圈，距墙体高度 0.15 m，并用热镀锌圆钢均匀设置避雷带支撑柱，支撑柱间距不大于 1 m。

③引下线

引下线是避雷带与接地装置的连接线，沿机房建筑物外墙均匀垂直敷设 4～6 根，安装应平直，并与其他电气线路距离大于 1 m 。引下线的固定卡钉布置应均匀牢固，间距宜小于 2 m。

引下线宜采用 40 mm×4 mm 热镀锌扁钢或不小于 ϕ8 mm 热镀锌圆钢，上端与避雷带焊接连通，焊接处不得出现急弯(弯角 R 不小于 90°)，下端与地网焊接。

引下线与分线柜的间距应不小于 5 m。

为节省投资和合理利用资源，法拉第笼也可利用建筑物的钢筋混凝土结构或框架结构建筑物，实现引下线和大空间屏蔽网的作用。引下线利用建筑物内主钢筋时，主钢筋应与接地装置(地网)、避雷带焊接。

(2)安装电子设备的机房的法拉第笼屏蔽

安装电子设备的机房宜采用更完善的室内法拉第笼屏蔽，应符合以下标准：

①屏蔽层应选用铁板或铝板等电磁屏蔽材料，板材厚度应不小于 0.6 mm。

②门窗屏蔽应采用截面积不小于 3 mm^2、网孔小于 80 mm×80 mm 的铝合金网，并用不小于 16 mm 的软铜线与地网或屏蔽层可靠连接。

③金属板间每间隔 500 mm 必须焊接或用不小于 2 mm^2 的软铜线可靠连接。

④屏蔽层必须在引下线与地网连接处用不小于 25 mm^2 的软铜线可靠连接。

⑤机房已经预留钢筋接地端子板的屏蔽层还应与钢筋接地端子板拴接。

⑥机房地面宜采用防静电地板，其金属支架间应互相可靠连接，或在金属支架底部采用 0.1×20 mm 铜箔带构成与支架一致的网格，铜箔带交叉处用锡焊接。

⑦互相连接的金属支架或网格铜箔带应采用 10 mm^2 的铜带(扁平铜网编织带)应与地网或屏蔽层连接，至少 4 处，铜带一端加线鼻后与地网或屏蔽层拴接，另一端用锡焊接。

二、信号设备综合防雷

信号设备雷电电磁脉冲防护应根据防护需要，采取等电位连接、屏蔽、接地、合理布线，安装防雷元器件(浪涌保护器、防雷变压器等)等措施进行综合防护(简称综合防雷)。

1. 避雷针的设置

雷害严重的车站(场)或电子设备集中的区域，可在距电子设备和机房 15～30 m 的地点安装一支或多支独立避雷针。避雷针不应设置在信号设备建筑物屋顶。

2. 引入信号机械室的电力线的防雷

引入信号机械室的电力线应采用多级雷电防护，单独设置电源防雷箱。电源防雷箱设置地点应符合防火要求，连接线应采用阻燃塑料外护套多股铜线。第Ⅰ级（电源配电盘）电源防雷箱应有故障声光报警、雷电计数和状态显示，连接线截面积不小于10 mm^2；第Ⅱ级设在电源屏电源引入侧，连接线截面积不小于6 mm^2；第Ⅲ级设在微电子设备（指计算机终端电源稳压器或UPS前），连接线截面积不小于2.5 mm^2。

3. 室外引入信号机械室的信号线缆、通信等其他线缆的防雷

室外引入信号机械室的信号线缆、通信等其他线缆应设置浪涌保护器。浪涌保护器应集中设置在室内防雷柜或分线柜上。

浪涌保护器的连接线应采用阻燃塑料外护套多股铜线，截面积不小于1.5 mm^2，并联连接方式时长度不大于0.5 m（条件不允许时可适当延长，但不得大于1.5 m），大于1.5 m时必须采用凯文接线法；浪涌保护器接地线长度应不大于1 m。

4. 进/出信号机械室的信号电缆的屏蔽

进/出信号机械室的信号电缆应进行屏蔽连接，并与机械室环形接地装置连接。设置贯通地线时，室外通过箱、盒的干线电缆金属护套和钢带相互间顺次连接（拧、焊，并与金属材料箱盒及大地绝缘）或分别接向箱、盒接地汇集端子后连接贯通地线；未设贯通地线时，室外通过箱、盒的干线电缆金属护套和钢带相互间顺次连接（并与金属材料箱盒及大地绝缘）或分别接向箱、盒接地汇集端子，并在区间信号机（含分割点）、车站两端等电缆始/终端处连接屏蔽地线。电气化区段或接地系统有较大干扰时，可只在机械室界面一端接地。半自动闭塞区段设置的贯通地线，室外始（终）端应设置良好的接地装置。

5. 进/出机械室的其他金属设施

应与建筑物环形接地装置连接，并在建筑物界面做等电位连接。

6. 进入雷电综合防护的机房

严禁同时直接接触墙体（含屏蔽层、金属门窗、水暖管线等）与信号设备。需要接触信号设备时，必须采取穿绝缘鞋或在地面铺垫绝缘胶垫等措施。

三、防雷元器件

目前使用的防雷元器件主要有金属陶瓷放电管（GDT）、金属氧化物压敏电阻器（MOV）、瞬变电压抑制器（TVS二极管）和防雷变压器等。随着信号设备的发展，阀式避雷器和硒片已不作为主要防雷元件。

1. 金属陶瓷放电管

金属陶瓷放电管具有通流容量大、残压较低、雷击后使回路处于断路状态等优点，但响应时间慢，因此一般用于信号设备的防雷电路粗保护环节，主要起导线间和导线对大地间的隔离作用。金属陶瓷放电管按电极数量分为二极放电管和三极放电管。

（1）金属陶瓷二极放电管

金属陶瓷二极放电管（以下简称二极放电管）是一种充气管。以R-250TA为例，其结构如图5-4所示，由管帽、陶瓷管、热屏、瓷座、钍钨丝、电极等组成。电极由纯铁制成，上面绕有钨丝，以提高电极的耐热性和导热性。陶瓷管内衬有一铁质圆管，叫热屏，用来将电极间产生的

电弧热量均匀地散发出去。陶瓷管内充以一定压力的氖气。管的两端用铁镍合金与内部电极进行金属陶瓷封接。管表面涂有耐高温的优质绝缘漆，以提高瓷管表面绝缘电阻，防止放电管的点火电压受光照影响。金属陶瓷管能通过很大的电流而不损坏。

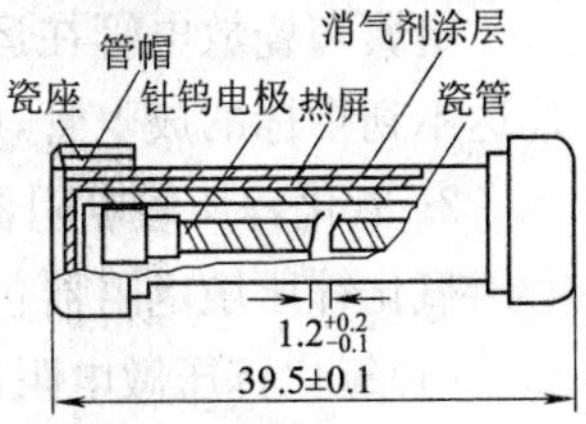

图 5-4　金属陶瓷二极放电管(单位:mm)

放电管具有在正常情况下不导电，出现过电压时电极间很快被击穿，过电压消失后立即恢复的特性。利用放电管的这一特性，将其安装在线路与大地之间，在线路上出现过电压时，放电管被击穿，大部分雷电流对地泄放，降低了线路地位，设备得到了保护。

二极放电管本身在防护性能上存在着缺陷，即当用两个二极放电管构成的防雷电路进行防雷时，如果它们的放电时间不一致，将在线路上产生横向冲击电压，并加到设备上。为克服二极放电管的缺陷，用一个金属陶瓷三极放电管来代替两个二极放电管。

(2)金属陶瓷三极放电管

金属陶瓷三极放电管(以下简称三极放电管)的结构如图 5-5 所示。它有两个线路电极和一个接地电极。在三极放电管中，如果有一个电极放电，在管子中就产生并充满了离子和电子，从而诱发其他电极也放电，大大减小了各电极间的放电时间差，最大限度地抑制了两线间冲击电压的产生，提高了防护效果。三极放电管构成的防雷电路如图 5-6 所示。

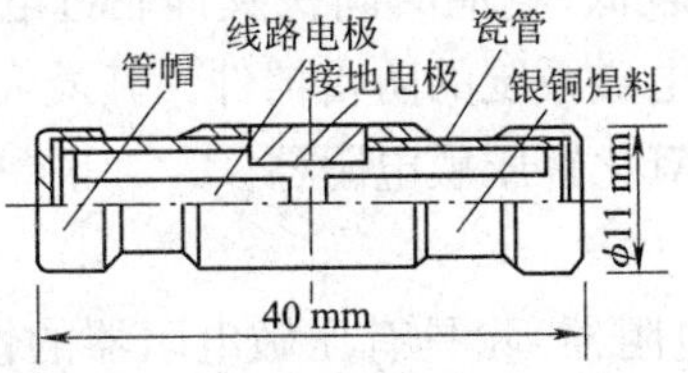

图 5-5　金属陶瓷三极放电管结构

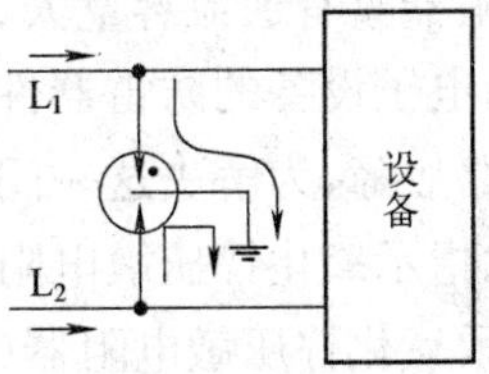

图 5-6　三极放电管构成的防雷电路

三极放电管除对称性能好外，还具有冲击放电电压低、通流容量大、遮光性能好、极间电容小、绝缘电阻高等优点。

(3)放电管的型号命名

国产放电管的型号命名为：

□ R—□ T □

- 耐冲击电流能力(8/20 μs;A—20 kA;B—10 kA)
- 材质(T—陶瓷)
- 标称直流点火电压(V)
- 放电管代号
- 放电管极数(2—二极放电管;3—三极放电管)

(4)续流及其切断

放电管通过大电流冲击后，管内氖气得到充分游离而进入弧光放电状态，在线路电压和电流能满足弧光放电条件的情况下，如果放电介质得不到恢复，线路电流一直流过放电管，该电流称为续流。如不能及时切断续流，不仅会烧坏放电管，而且将影响设备的正常工作。所以在使用中要充分考虑这一问题，如果线路电阻不能可靠切断续流时，应串联电阻或压敏电阻器。

金属陶瓷放电管在运用中不可避免地将逐渐老化或性能下降，为此必须定期进行测试。凡达不到指标的放电管，应及时予以更换。

2. 氧化锌压敏电阻器

氧化锌压敏电阻器包括一般的压敏电阻器和劣化指示压敏电阻器。

(1)氧化锌压敏电阻器

氧化锌压敏电阻器(以下简称压敏电阻器)是以氧化锌为主，添加氧化铋、氧化钴、氧化锰和氧化锑等金属氧化物经过充分混合后造粒成型，再经烧结而成的，其结构如图 5-7 所示。氧化锌颗粒直径一般为 10～50 μm，被 1 μm 以下的晶体层所包围。氧化锌压敏电阻器的非线性特性主要是由晶体层所形成的。在低电场强度下，其电阻率很高，而当电场强度达 10^6～10^7 V/m 时，其电阻率骤然下降进入低电阻状态，即压敏电阻器的电阻值随所加电压而改变。在正常工作电压下，压敏电阻器呈高阻，只有微安级漏泄电流流过。侵入过电压时，压敏电阻变为低阻，过电压被抑制，设备就得到了保护。

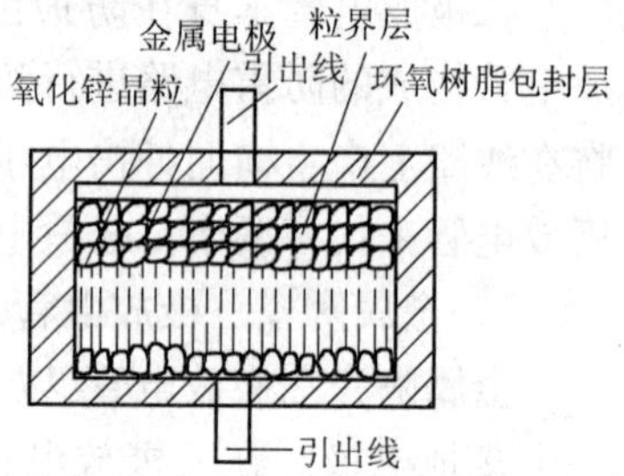

图 5-7　压敏电阻器的结构

压敏电阻器具有通流容量大、非线性特性好、残压较低、响应时间快及抑制过电压能力强等特点，作为电子设备的防雷器件较为理想，也可作为电磁系统的防雷器件。其最大的缺点是可能出现短路故障，为解决这一问题，研制了劣化指示氧化锌压敏电阻器。

(2)劣化指示氧化锌压敏电阻器

劣化指示氧化锌压敏电阻器(简称劣化指示压敏电阻器)除具有压敏电阻器的性能外，它的通流容量更大(最大可达 40 kA)，并具有热熔断器、大电流熔断器和报警装置，使其在失效时能自动脱离使用线路，给出明显指示，进行报警告示。而且采用标准化模块结构设计，在使用过程中免予测试，使用安装维护更为方便。

劣化指示压敏电阻在正常工作电压下，始终处于高阻状态，其各项特性参数均未劣化，热熔断器及大电流熔断器均不会脱扣，机械装置不动作，保护模块窗口显示绿色，表示工作在正常状态，如图 5-8(a)所示。

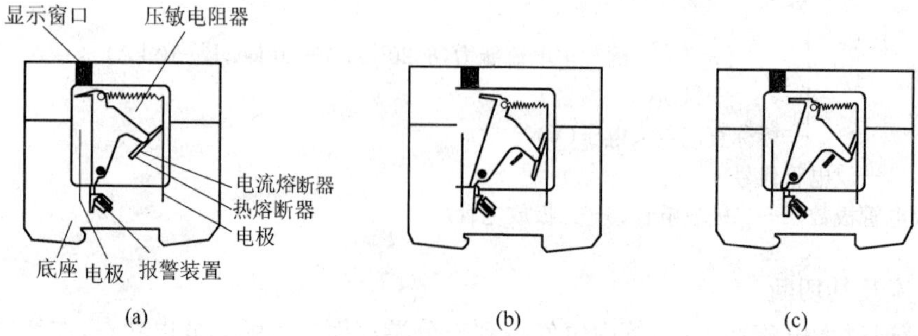

图 5-8　劣化指示压敏电阻器的工作状态

劣化指示压敏电阻器在遭受过电压侵袭时，处于导通状态，限制过电压，保护所防护的设备。当它长期遭受过电压时，特性有所劣化，表现为漏电流增大。当漏电流继续增大时，压敏电阻器功耗不断增大，自身发热，当所发热量大于热熔断器熔化所需热量时，热熔断器因受热而脱开，使压敏电阻器脱离所使用线路，防止发生火灾。同时机械装置动作，防护模块显示窗口由绿色变为红色，表示发生故障，如图 12-8(b)所示。

劣化指示压敏电阻器在遭受超出其能承受的额定电流脉冲侵袭时，大电流熔断器断开，使压敏电阻器脱离所使用的线路。同时机械装置动作，防护模块显示窗口由绿色变为红色，表示出现故障，如图 12-8(c)所示。

近来有采用碳化硅压敏电阻器的，该压敏电阻器不存在漏电和击穿不恢复的问题。

(3)压敏电阻器的型号命名

压敏电阻器的型号命名为

MYL 47/3

——冲击通流容量(8/20 μs 二次；kA)

——标称电压(V)

——防雷

——压敏电阻

3. 瞬变电压抑制器

瞬变电压抑制器又称瞬态电压抑制器，TVS 管是瞬态电压抑制器的简称。它一种齐纳二极管，与普通稳压管相比，瞬态功率更大，响应速度特别快(为 ns 级)，漏电流低，无损坏极限，体积小。但通流容量小，耐浪涌冲击能力较放电管和压敏电阻差，只能作为雷电细保护，适宜于电子设备的防雷。

TVS 二极管在线路板上与被保护线路并联，当工作电压低于瞬变电压抑制器的击穿电压时，呈现高阻，对跨接的电路没有影响。当雷电侵入出现过电压时，TVS 二极管便发生雪崩，能以 10^{-12} s 量级的速度，将其两极间的高阻抗变为低阻抗，给瞬时电流提供一个超低电阻通路，将过电压限制到一定水平，保护了被保护的设备。当瞬时脉冲结束以后，TVS 管自动回复高阻状态，整个回路进入正常电压。承受多次冲击后，其参数及性能会发生退化，而只要工作在限定范围内，TVS 管将不会发生损坏或退化。

瞬态电压抑制器在运用中不可避免地逐渐老化或性能下降，必须定期进行测试。凡达不到指标的元件应及时予以更换。

4. 防雷变压器

普通变压器在初、次级绕组间存在级间电容。级间电容由三部分组成，即初级和铁芯间的电容 C_1，次级和铁芯间的电容 C_2，初级与次级间的电容 C_{12}。普通变压器的 C_{12} 为几十皮法，电压转换系数在 1/5 左右。因此，初级绕组的纵向电压可通过电容耦合到次级。当雷电波侵入初级时，次级可感应出相高的电压。

防雷变压器在设计、取材和工艺上均采用特殊结构，最重要的是静电屏蔽接地，即在初、次级间串入面积足够大的金属板作屏蔽体，如图 5-9 所示。这使 C_{12} 大大降低。电压转移系数 $T_k=\dfrac{C_{12}}{C_2+C_{12}}$，当 C_{12} 很小时，T_K 必然很小。$U_2=T_KU_1$，这样，由初级侵入的纵向雷电过电压，只有极少部分耦合到次级。

四、信号设备浪涌保护器

信号设备浪涌保护器(SPD)用于电源引入处和室内/外信号传输线,对信号设备进行雷电防护。

1. 浪涌保护器的结构

浪涌保护器采用密封结构,由防雷元器件组成,如轨道电路所用 FL-GD-1 型浪涌保护器的原理如图 5-10 所示,由压敏电阻器和金属陶瓷二极放电管串联而成,可以频繁动作,寿命长。浪涌保护器 L_1、L_2端子并联接在被保护设备输入线路两端,CS 是测试端子。浪涌保护器具有劣化指示和报警功能,可安装在室外变压器箱内。

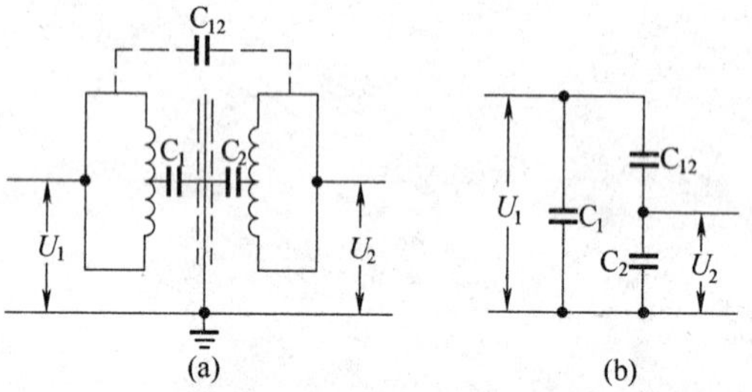

图 5-9　防雷变压器原理图

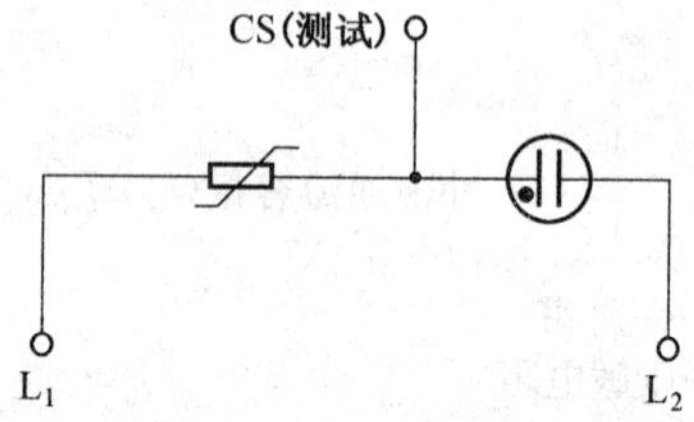

图 5-10　FL-GD-1 型浪涌保护器的原理图

FL-GD-1 型浪涌保护器的冲击通流容量(8～20 μs)≥10 kA,限制电压 1 kV(10/700 μs)≤700 V。

2. 对信号设备浪涌保护器的要求

(1)信号设备浪涌保护器必须取得 CRCC(中国铁路产品认证中心)认证后方可上道使用。

(2)有劣化指示和报警功能的浪涌保护器,当劣化指示由正常色转为失效色或报警后应及时更换。接触不良、漏电流过大、发热、绝缘不良的不得继续使用。

(3)当浪涌保护器处于劣化或损坏状态时,须立即自动脱离电路且不得影响设备正常工作。

(4)浪涌保护器并联使用时,在任何情况下不得成为短路状态;串联使用时,在任何情况下不得成为开路状态。

(5)浪涌保护器对地有连接的,除了放电状态,其他时间不得构成导通状态;否则必须辅以接地检测报警装置。

(6)用于电源电路的浪涌保护器,应单独设置,应具有阻断续流的性能,工作电压在 110 V 以上的应有劣化指示。

(7)室外的电子设备应在缆线终端入口处设置浪涌保护器或防雷变压器。

(8)室内数据传输线浪涌保护器的设置应根据雷害严重程度确定。

3. 电源浪涌保护器

外电网引入机房建筑物应采用多级雷电防护。第Ⅰ级电源防雷应有故障声光报警、雷电计数和状态显示(三相电源每一相线均应有状态显示)等功能。

(1)信号电源防雷箱

电源防雷应采用信号电源防雷箱方式,电源防雷箱一般固定在室内低压配电箱旁;信号防雷箱设置地点应符合防火要求。

信号设备机房的电源应采用 TN-S 系统。三相电源供电的机房，应采用 L（相线）—L、L—PE(保护地线)和 N(中性线)—PE 全模防护的并联三相电源防雷箱；单相电源供电的机房，应采用 L—N、L—PE 和 N—PE 的单相电源防雷箱。

信号电源防雷箱一般由浪涌保护器、空气开关、雷电计数器、等电位接地端子、防雷地线引接线等组成。例如 FDX-380(Q)电源防雷箱的电路原理如图 5-11 所示。

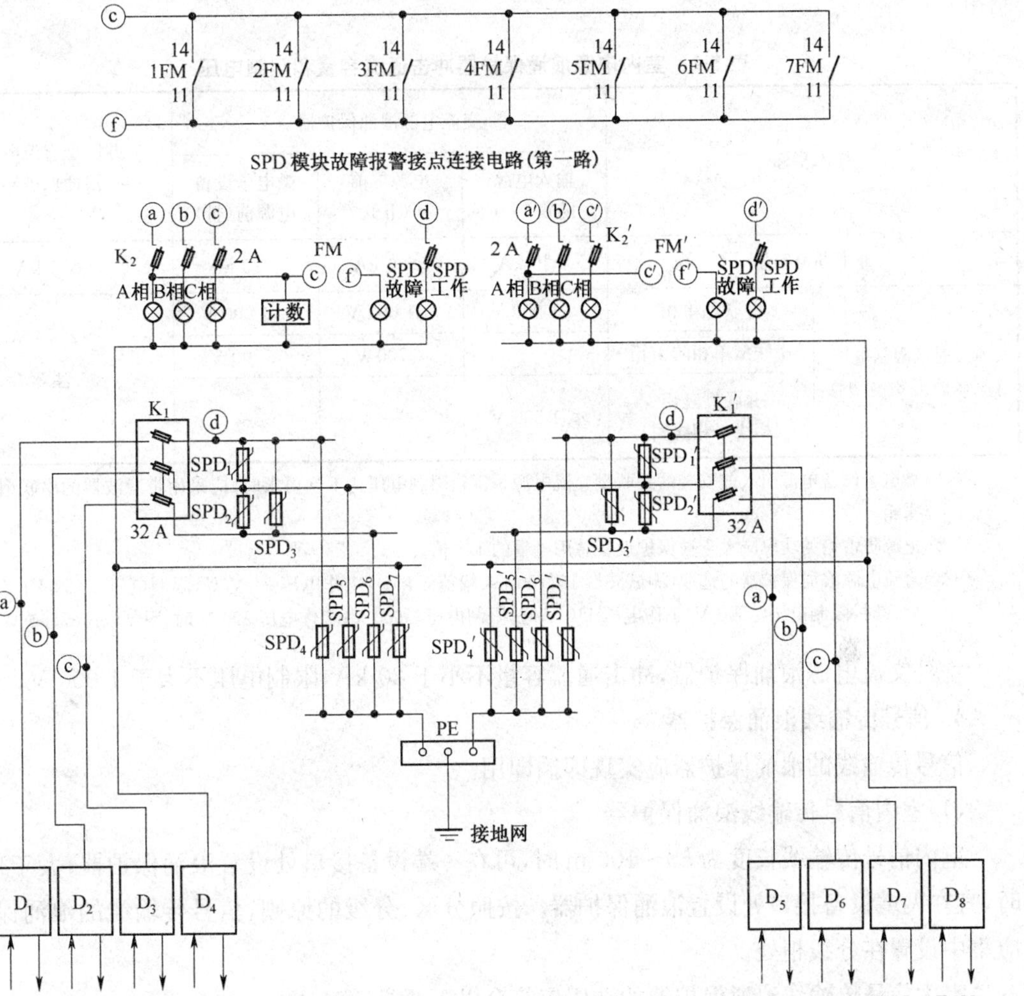

图 5-11　FDX-380(Q)电源防雷箱的电路原理图

图中，K_1、K_1'为三路空气开关；K_2、K_2'为单路空气开关；$SPD_1 \sim SPD_4$、$SPD_1' \sim SPD_4'$为浪涌保护器；雷电计数器，每次冲击电压大于或等于 1 kV 时计数一次。

两路 380 V 交流电源输入配线采用凯文接线方式，即室内低压配电箱输出端接至防雷箱的分线器，再由该分线器端子引至用电设备的输入端。

浪涌保护器采用了全保护模式，即相线—相线(L—L)间，相线—保护地线(L—PE)间，和中性线—保护地线(N—PE)间的全模防护。

电源引入线与浪涌保护器之间串接断路器,防护长时间过电流损坏浪涌保护器。

具有雷击浪涌计数和防雷故障指示灯、供电状态指示灯。

(2)电源浪涌保护器

用于电源电路的浪涌保护器,应单独设置;必须具有阻断续流的性能;工作电压在110 V以上的,应有劣化指示。室内电源浪涌保护器应按表5-1选取冲击通流容量和限制电压。

表5-1 室内电源浪涌保护器冲击通流容量和限制电压

技术指标		交流电源浪涌保护器			并联型直流电源浪涌保护器
		输入电源防雷(Ⅰ)	电源屏前(Ⅱ)	微电子设备电源前(Ⅲ)	
冲击通流容量		≥40 kA	≥20 kA	≥10 kA	≥10 kA
3 kA时的限制电压(测试波形8/20 μs)	并联型单相	≤1 000 V	≤1 000 V	≤1 000 V	注3
	串联型单相防雷箱	—	≤700 V	≤700 V	
	并联型三相(相线—相线间)	≤1 500 V	—	—	

注:1. 微电子设备电源引入前安装的并联型交流电源防雷箱限制电压达不到要求时,应采用带滤波器的串联型电源防雷箱。

2. 电源防雷箱的功率应大于被保护设备总用电量的1.2倍。

3. 直流电源浪涌保护器的选取(测试波形10/700 μs、幅值5 kV):工作电压24 V时,限制电压≤450 V;工作电压48 V时,限制电压≤500 V;工作电压110 V时,限制电压≤600 V;工作电压220 V时,限制电压≤800 V。

室外交流电源浪涌保护器,冲击通流容量不小于20 kA,限制电压不大于1 000 V。

4. 信号传输线浪涌保护器

信号传输线的浪涌保护器应实现即插即用。

(1)室内信号传输线浪涌保护器

室内信号传输线长度为50~100 m时,可在一端设备接口处设置浪涌保护器;大于100 m时,宜在两端设备接口处设置浪涌保护器。按照分区、分级的原则,信号传输线的浪涌保护器应集中设置在分线柜处。

室内信号传输线浪涌保护器的选用应符合以下要求:

①采集、驱动信号传输线浪涌保护器冲击通流容量不小于1.5 kA,工作电压不大于24 V,限制电压不大于60 V。

②视频信号传输线浪涌保护器冲击通流容量不小于1.5 kA,工作电压不大于5 V,限制电压不大于10 V。

③RS-232、RS-422、RJ45、G.703/V.35等通信接口信号传输线浪涌保护器冲击通流容量不小于1.5 kA,工作电压10 V,限制电压不大于40 V。

④其他室内信号传输线浪涌保护器冲击通流容量不小于5(10)kA,限制电压按表5-2选取。

表 5-2　室内信号传输线浪涌保护器限制电压

序号	信号设备名称(工作电压)	限制电压(测试波形 10/700 μs、幅值 5 kV)(V)			
		交流模块		直流模块	
		并联	串联	并联	串联
1	轨道电路发送和接收端(24 V)	—	—	≤500	≤60
2	轨道电路发送和接收端(36 V)	—	—	≤500	≤80
3	轨道电路发送和接收端(48 V)	≤600	≤110	≤500	≤100
4	轨道电路发送和接收端(60 V)	—	—	≤500	≤100
5	轨道电路发送和接收端(110 V)	≤650	≤220	≤550	≤220
6	轨道电路发送和接收端(220 V)	≤1 000	≤500	≤800	≤500
7	电码化轨道区段(≥220 V)	≤1 500	—	≤1 200	—

(2)室外信号传输线浪涌保护器

室外信号传输线宜在两端设置浪涌保护器。安装于室外的电子设备宜在电缆线入口处设置浪涌保护器或防雷变压器。与室外传输线相连的各种信号变压器应采用防雷型变压器。

浪涌保护器可安装在室外变压器箱内。

室外信号传输线浪涌保护器冲击通流容量不小于 10 kA,限制电压按表 5-3 选取。

表 5-3　室外信号传输线浪涌保护器限制电压

序号	信号设备名称(工作电压)	限制电压(测试波形 10/700 μs、幅值 5 kV)(V)			
		交流模块		直流模块	
		并联	串联	并联	串联
8	信号点灯、道岔表示、道岔启动(220 V 时)	≤1 000	≤500	≤800	≤500
9	道岔启动(380 V 时)	≤1 500	—	≤1 200	—
10	其他 220 V 回路	≤1 000	≤500	≤800	≤500
11	其他 110 V 回路	≤650	≤220	≤550	≤220
12	其他 48 V 回路	≤600	≤110	≤500	≤100
13	其他 24 V 以下回路	—	—	≤500	≤60

注:并联型交流 SPD 的标称放电电流(测试波形 8/20 μs)分别为 20 kA、10 kA 和 5 kA。并联型直流 SPD 标称放电电流(测试波形 8/20 μs)分别为 10 kA 和 5 kA

第二节　信号设备接地装置

一、地　　线

信号设备应设防雷地线、安全地线和屏蔽地线。信号设备的防雷装置应设防雷地线。信号机械室内的组合柜、计算机联锁机柜、闭塞设备机柜、电源屏、控制台,以及电气化区段的信号机梯子等应设安全地线,电气化区段的电缆金属护套应设屏蔽地线。

安装防静电地板的机房应设防静电地线,微电子设备需要时可设置逻辑地线。上述地线均由共用接地系统的地网引出。

室内外信号设备设置的综合接地装置、安全地线、屏蔽地线(包括信号计算机和微电子系统保护地线)和防雷地线的接地电阻值应符合的要求是:综合接地装置(建筑物接地体、贯通地线、地网、其他共用接地体等),其接地电阻值应小于 1 Ω。

未设贯通地线的区段,室内外信号设备可采用分散接地的方式,接地电阻值参照表 5-4 确定。任意两种地线间隔距离应在 20 m 以上。两个接地系统之间不得互相连通。因条件限制以上两组接地不能分开时可共用一组接地体,接地电阻应小于 1 Ω。

表 5-4 信号设备地线接地电阻值

序号	接地装置使用处所	土壤分类	黑土、泥炭土	黄土、砂质黏土	土加砂	砂土	土加石
		土壤电阻率(Ω·m)	50 以下	50～100	101～300	301～500	501 以上
		设备引入回线数	接地装置接地电阻值小于 (Ω)				
1	防雷地线	—	10	10	10	20	20
2	安全地线	—	10	10	10	20	20
3	屏蔽地线	—	10	10	10	20	20
4	微电子计算机保护地线	—	4	4	4	4	4

室内信号设备的接地装置应构成网状(地网)。

接地导线上严禁设置开关、熔断器或断路器。

二、地　网

地网应由建筑物四周的环形接地装置、建筑物基础钢筋构成的接地体相互连接构成。对既有建筑物进行地网改造时,应了解建筑物结构、原有防直击雷装置、原有接地和接地体的分布等。

接地体应设置永久性明显标志。

1. 基础接地网

新建建筑物混凝土基础的钢筋必须焊接成基础接地网,网格宽度不大于 3 m;既有建筑物为钢筋混凝土基础的,可利用混凝土基础钢筋作为基础接地网。

2. 环形接地装置

环形接地装置由水平接地体和垂直接地体组成,应环绕建筑物外墙闭合成环,受条件限制时可不完全环周敷设,但应尽可能沿建筑物周围设置,以便与地网连接的各种引线就近连接。水平接地体距建筑物外墙间距不小于 1 m,埋深不小于 0.7 m。垂直接地体可采用石墨接地体、铜包钢、铜材、热镀锌钢材(钢管、圆钢、角钢、扁钢)或其他新型接地材料,电气化区段应采用石墨接地体。

环形接地装置必须与建筑物四角的主钢筋焊接,并应在地下每隔 5～10 m 就近与机房建筑物基础接地网钢筋连接。

环形接地装置的标志应清晰明了,应在地面上竖立标桩或在墙面上设置铭牌。

建筑物内所有不带电的自来水管、暖气管道等金属物体都必须与环形接地装置(或与建筑物钢筋、机房屏蔽层)做等电位连接。

3. 接地体

接地体分为水平接地体和垂直接地体。

(1) 水平接地体

水平接地体距建筑物外墙间距不小于 1 m,埋深不小于 0.7 m。

水平接地体可采用以下材料:

①40 mm×4 mm 热镀锌扁钢。

②镀层厚度大于 250 μm、直径大于 14 mm 的镀铜圆钢。

③不小于 50 mm^2 铜带或缠绕的电缆。

④与贯通地线材质相同。

难以避开污水排放和土壤腐蚀性强的地点时,水平接地体应选用耐腐蚀性材料,采用热镀锌扁钢时,镀层不宜小于 60 μm。

(2)垂直接地体

在避雷带引下线处应设垂直接地体,垂直接地体必须与水平接地体可靠焊接。接地电阻不满足要求时,可增设垂直接地体,其间距不宜小于其长度的 2 倍并均匀布置。

垂直接地体可采用石墨电极、铜包钢、铜材、热镀锌钢材(钢管、圆钢、角钢、扁钢)或其他新型接地材料,电力牵引区段宜采用石墨接地体。

①采用热镀锌钢管时,钢管壁厚不小于 3.5 mm。

②采用热镀锌角钢,角钢不小于 50 mm×50 mm×5 mm。

③采用热镀锌扁钢时,扁钢不小于 40 mm×4 mm。

④采用热镀锌圆钢时,圆钢直径不小于 8 mm。

难以避开污水排放和土壤腐蚀性强的地点时,垂直接地体应采用石墨接地体。

4. 降低接地电阻的措施

要求接地电阻不得大于 1 Ω。当接地电阻难以达到要求时,可采取深埋接地体、设置外延接地体、换土、在接地体周围添加经环保部门认可的降阻剂或其他新技术、新材料等措施。

三、贯通地线

1. 贯通地线的作用

电气化区段、繁忙干线、铁路枢纽、编组站、强雷区和埋设地线困难地区及微电子设备集中的区段,应设置贯通地线。

设置贯通地线的区段,铁路沿线及站内的各种室外信号设备的各种地线均应就近与贯通地线连接。

贯通地线任一点的接地电阻不得大于 1 Ω,以便各种信号设备的各种地线可靠接地。

2. 贯通地线的材料

贯通地线应采用截面积不小于铜当量 35 mm^2、耐腐蚀并符合环保要求的材料。

引接线(贯通地线与设备接地端子的连接线)采用 25 mm^2 的多股裸铜缆焊接或压接,焊接时焊接长度不小于 100 mm,并套 150 mm 长热熔热缩带防护。

3. 贯通地线的设置

贯通地线与信号电缆同沟埋设于电缆(槽)下方土壤中,距电缆(槽)底少于 300 mm。隧道、桥梁应两侧敷设贯通地线；与桥梁墩台接地装置的接地连接线应设置成无维修方式。上、下行线路分线时，应分别敷设贯通地线。

贯通地线在信号机房建筑物一侧，采用 50 mm^2 裸铜线与环形接地装置连接，信号楼两端各连接两次。

四、接地汇集线

1. 接地汇集线的设置

控制台室、继电器室、防雷分线室（或分线柜）、计算机室和电源室（电源引入处）应设置接地汇集线。

电源室电源防雷箱处、防雷分线室（或分线柜）处的接地汇集线应单独设置，与环形接地装置单点冗余连接。

信号机房面积较大时，可设置与环形接地装置单点冗余连接的总接地汇集线。信号机房分布在几个楼层时，各楼层可分别设置总接地汇集线。

2. 接地汇集线的材质和连接

(1)控制台室等处的接地汇集线应采用大于宽 30 mm、厚 3 mm 的紫铜排，环形设置时不得构成闭合回路。铜排相互连接应采用双螺杆进行固定，接触部分长度不少于 60 mm。接地汇集线之间的连接线应与墙体及屏蔽层绝缘。引入信号机械室的各种线缆的屏蔽护套应与接地汇集线可靠连接。

(2)电源室等处的接地汇集线应单独设置，与环形接地装置单点冗余连接。其余接地汇集线可采用 2 根截面积不小于 25 mm^2 有绝缘外护套的多股铜线或紫铜排相互连接后，再与环形接地装置单点冗余连接。

(3)室内走线架、组合柜、电源屏、控制台、机架、机柜等所有室内设备必须与墙体绝缘，其安全地线、防雷地线、屏蔽地线等必须以最短距离就近分别与接地汇集线连接。

(4)走线架应连接良好，不得构成环形闭合回路，已构成闭合回路应加装绝缘。室内同一排的金属机架、柜之间采用截面积大于 10 mm^2 多股铜线连接后，再用 2 根不小于 25 mm^2 有绝缘外护套的多股铜线或紫铜排与接地汇集线连接。

(5)信号机房面积较大设总接地汇集线时，控制台室、继电器室、计算机房等安装电子系统设备的机房接地汇集线可分别与总接地汇集线连接，也可相互连接后，用 2 根不小于 25 mm^2 有绝缘外护套的多股铜线或紫铜排与总接地汇集线连接。

(6)各楼层可分别设置总接地汇集线时，总接地汇集线间应采用 2 根不小于 25 mm^2 的有绝缘外护套的多股铜线或紫铜排进行连接。

(7)接地汇集线与环形接地装置的连接线，应采用 2 根不小于 25 mm^2 的有绝缘护套多股铜线单点冗余连接。电源室电源防雷箱处（电源引入处）、分线柜处、其余等接地汇集线在环形接地装置上的连接点相互间距应不小于 5 m。

引下线在环形接地装置上的连接点，与以上三种接地汇集线在环形接地装置的连接点的相互间距也应不小于 5 m。在信号楼周长太小限制的特殊情况下，其相互间距最近处不得小于 3 m。

(8)无线天线的接地装置应单独设置，并距环形接地装置 15 m 以上，特殊情况下不应小于 5 m；确因条件限制，间距达不到要求时，与接地汇集线在环形接地装置上的连接点之间的间距不小于 5 m；无线天线设在屋顶的，其接地线可与避雷网焊接。

(9)建筑物内所有不带电的自来水管、暖气管道等金属物体，都必须与环形接地装置(或与建筑物钢筋、计算机室屏蔽层)做等电位连接。

五、ZPW-2000 自动闭塞的接地

1. ZPW-2000 自动闭塞的接地设置

ZPW-2000 自动闭塞的室外箱盒及信号机等所有相关的金属设备外壳的安全地线、防雷地线及屏蔽地线应用 25 mm^2铜缆与贯通地线可靠连接。也可将各地线用 7 mm^2铜缆环接后接到方向盒地线端子，然后用 25 mm^2铜缆连接到贯通地线上，分别如图 5-12 (a)和图 5-12(b)所示。未设置贯通地线的接地应用 25 mm^2铜缆与接地体可靠连接，如图 5-12(c) 所示。

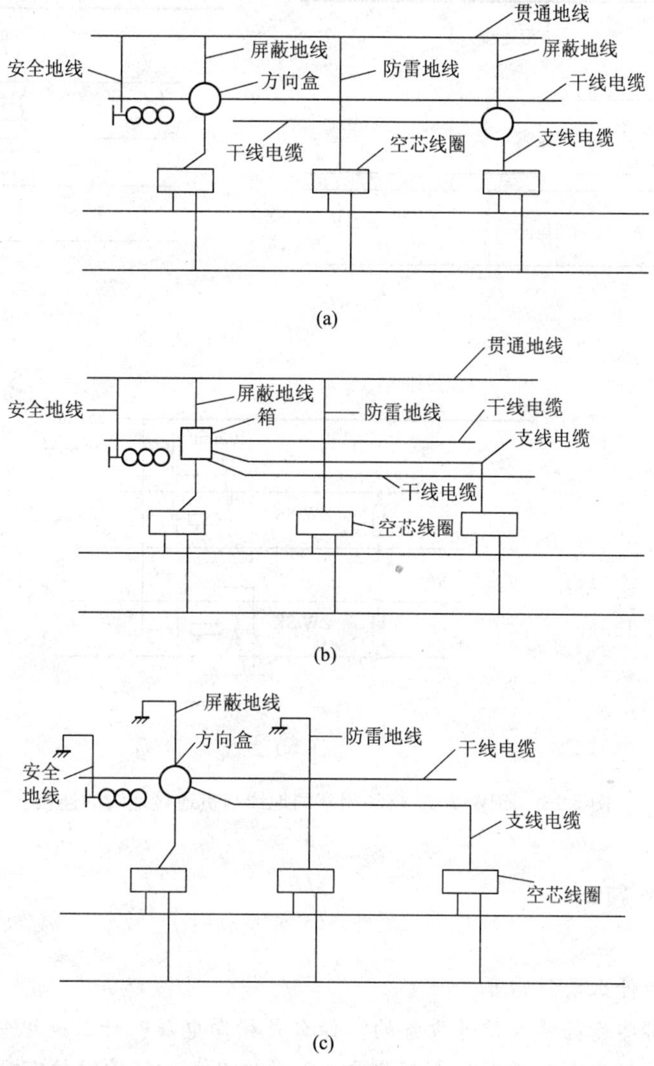

图 5-12　ZPW-2000 自动闭塞的接地设置

2. ZPW-2000 自动闭塞的地线与贯通接地线的连接

地线与贯通地线进行 T 型压接或采用焊接，并与贯通地线同深埋设。

完全横向连接处，由构成完全横向连接的扼流或空芯线圈中点接至贯通地线，如图 5-13(a)所示，空芯线圈或扼流中心点与贯通地线用 25 mm² 铜缆连接，横向连接的中心点之间用 70 mm² 铜线连接。

在有空芯线圈的简单横向连接处，将空芯线圈中心点与防雷单元用 10 mm² 铜缆连接，防雷单元与贯通地线应用 25 mm² 铜缆连接，横向连接的空芯线圈或扼流中心点之间应用 70 mm² 铜线连接，如图 5-13(b)所示。

没有做横向连接的空芯线圈，中心点用 10 mm² 铜缆与防雷单元连接，防雷单元与贯通地线连接用 25 mm² 铜缆，如图 5-13(c)所示。

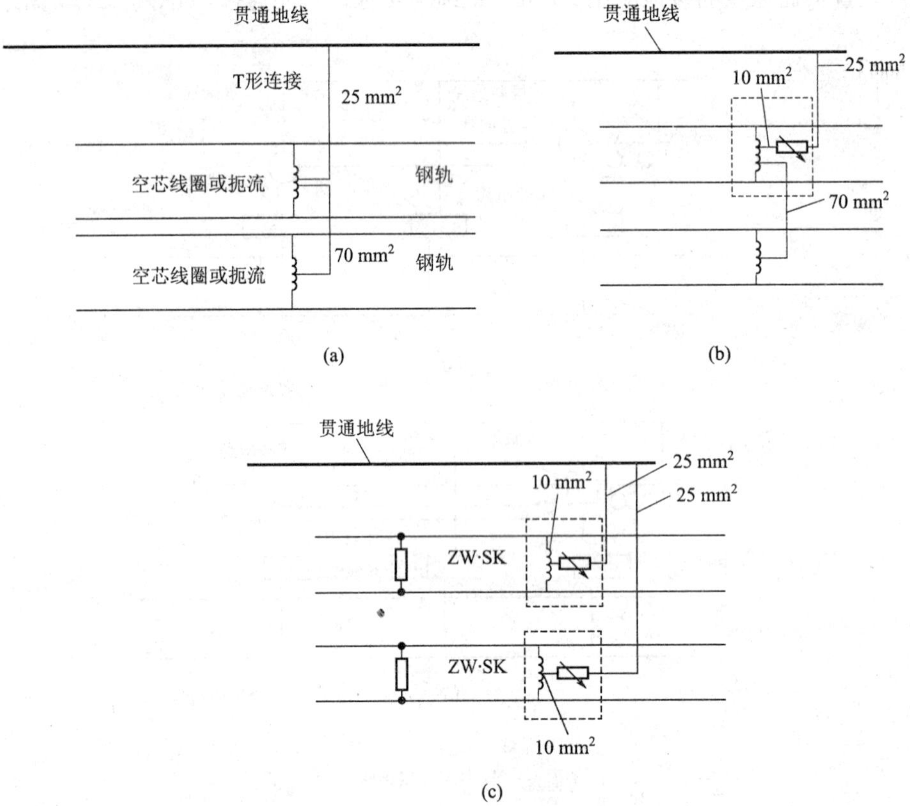

图 5-13　ZPW-2000 自动闭塞的地线与贯通接地线的连接

复习思考题

1. 信号设备为什么要防雷？
2. 雷电是从哪些途径侵入信号设备的？什么是横向电压？什么是纵向电压？
3. 信号设备防护有哪些原则？有哪些要求？对机房电磁环境防护有哪些要求？
4. 什么是信号设备综合防雷？包括哪些措施？
5. 简述金属陶瓷放电管的结构和工作原理。二极放电管和三极放电管有何异同？
6. 简述氧化锌压敏电阻器的结构和工作原理。劣化指示压敏电阻器有何特点？

7. 简述瞬变电压抑制器的工作原理。
8. 防雷变压器与普通变压器相比有何区别？如何起到防雷作用？
9. 浪涌保护器如何组成？为什么会具有良好的防雷效果？
10. 电源引入处和信号传输线如何防雷？
11. 哪些情况下要设地线？
12. 何谓地网？对地网的材质和连线有哪些要求？
13. 什么情况下要设贯通地线？对贯通地线有哪些要求？
14. 什么情况下要设接地汇集线？对其有哪些要求？
15. ZPW-2000 移频自动闭塞如何接地？

参考文献

[1] 中国铁路总公司．铁路技术管理规程(普速铁路部分)[S]. 北京:中国铁道出版社,2014.

[2] 中国铁路总公司．铁路技术管理规程(高速铁路部分)[S]. 北京:中国铁道出版社,2014.

[3] 中华人民共和国铁道部．铁路信号设计规范[S]. 北京:中国铁道出版社,2006.

[4] 中国铁路总公司．普速铁路信号维护规则　技术标准[S]. 北京:中国铁道出版社,2015.

[5] 中国铁路总公司．高速铁路信号维护规则　技术标准[S]. 北京:中国铁道出版社,2016.

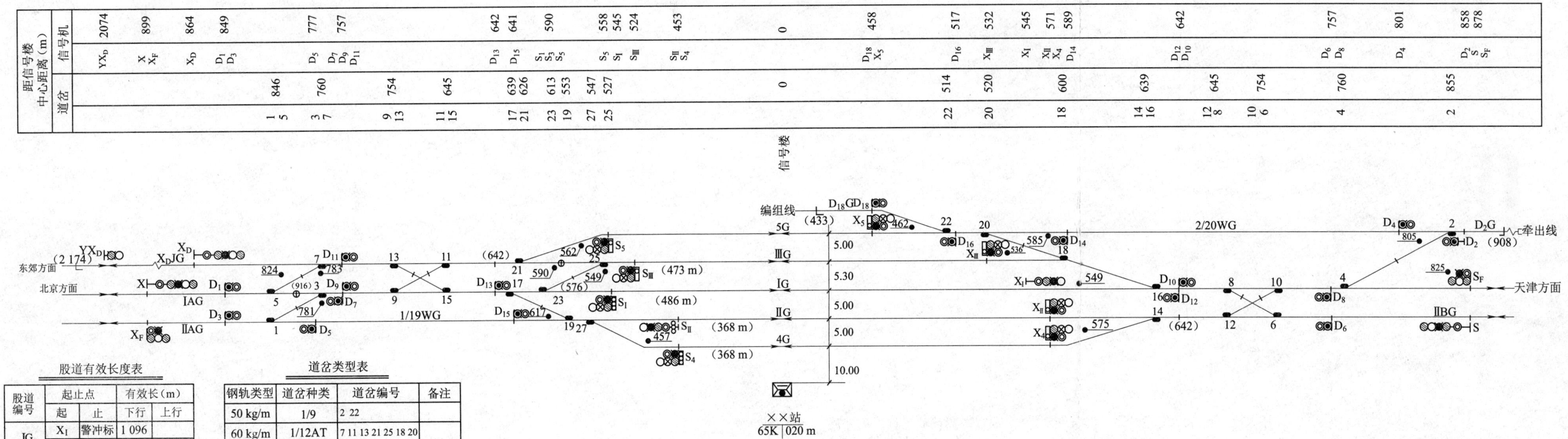

股道有效长度表

股道编号	起止点 起	止	有效长（m）下行	上行
ⅠG	$X_Ⅰ$	警冲标	1 096	
	$S_Ⅰ$	警冲标		1 094
ⅡG	$X_Ⅱ$	警冲标	1 028	
	$S_Ⅱ$	警冲标		1 028
ⅢG	X_3	警冲标	1 060	
	S_3	警冲标		1 060
4G	X_4	警冲标	1 028	
	S_4	警冲标		1 028
5G	X_5	警冲标	1 020	
	S_5	警冲标		1 020

道岔类型表

钢轨类型	道岔种类	道岔编号	备注
50 kg/m	1/9	2 22	
60 kg/m	1/12AT	7 11 13 21 25 18 20	
60 kg/m	1/12提速	9 15 4 6 8 10 12	固定辙叉
60 kg/m	1/12提速	1 3 5 17 19 23 27 14 16	

附图　举例站场信号设备平面布置图